中华传统文化核心读本

余秋雨题

传承中华文化精髓

建构国人精神家园

古文观止
精粹

原编 【清】吴楚材 吴调侯
注译 安中玉
主编 唐品

天地出版社 TIANDI PRESS

图书在版编目（CIP）数据

古文观止精粹/唐品主编.—成都：天地出版社，2017.4（2021年3月重印）

（中华传统文化核心读本）

ISBN 978-7-5455-2402-4

Ⅰ.①古… Ⅱ.①唐… Ⅲ.①古典散文—散文集—中国②《古文观止》—通俗读物 Ⅳ.①H194.1

中国版本图书馆CIP数据核字（2016）第283127号

古文观止精粹

出品人	杨 政
主 编	唐 品
责任编辑	陈文龙
封面设计	思想工社
电脑制作	思想工社
责任印制	葛红梅

出版发行	天地出版社
	（成都市槐树街2号 邮政编码：610014）
网　　址	http://www.tiandiph.com
	http://www.天地出版社.com
电子邮箱	tiandicbs@vip.163.com
经　　销	新华文轩出版传媒股份有限公司

印　　刷	河北鹏润印刷有限公司
版　　次	2017年4月第1版
印　　次	2021年3月第8次印刷
成品尺寸	170mm×230mm 1/16
印　　张	28.25
字　　数	477千字
定　　价	39.80元
书　　号	ISBN 978-7-5455-2402-4

版权所有◆违者必究

咨询电话：（028）87734639（总编室）
购书热线：（010）67693207（市场部）

如有印装错误，请与本社联系调换。

序言

上下五千年悠久而漫长的历史，积淀了中华民族独具魅力且博大精深的文化。中华传统文化是中华民族无数古圣先贤、风流人物、仁人志士对自然、人生、社会的思索、探求与总结，而且一路下来，薪火相传，因时损益。它不仅是中华民族智慧的凝结，更是我们道德规范、价值取向、行为准则的集中再现。千百年来，中华传统文化融入每一个炎黄子孙的血液，铸成了我们民族的品格，书写了辉煌灿烂的历史。

中华传统文化与西方世界的文明并峙鼎立，成为人类文明的一个不可或缺的组成部分。中华民族之所以历经磨难而不衰，其重要一点是，源于由中华传统文化而产生的民族向心力和人文精神。可以说，中华民族之所以是中华民族，主要原因之一乃是因为其有异于其他民族的传统文化！

概而言之，中华传统文化包括经史子集、十家九流。它以先秦经典及诸子之学为根基，涵盖两汉经学、魏晋玄学、隋唐佛学、宋明理学和同时期的汉赋、六朝骈文、唐诗宋词、元曲与明清小说并历代史学等一套特有而完整的文化、学术体系。观其构成，足见中华传统文化之广博与深厚。可以这么说，中华传统文化是华夏文明之根，炎黄儿女之魂。

从大的方面来讲，一个没有自己文化的国家，可能会成为一个大国甚至富国，但绝对不会成为一个强国；也许它会强盛一时，但绝不能永远屹立于世界强国之林！而一个国家若想健康持续地发展，则必然有其凝聚民众的国民精神，且这种国民精神也必然是在自身漫长的历史发展中由本国人民创造形成的。中华民族的伟大复兴，中华巨龙的跃起腾飞，离不开中华传统文化的滋养。从小处而言，继承与发扬中华传统文化对每一个炎黄子孙来说同样举足轻重，迫在眉睫。中华传统文化之用，在于"无用"之"大用"。一个人的成败很大程度上取决于他的思维方式，而一个人的思维能力的成熟亦绝非先天注定，它是在一定的文化氛围中形成的。中华传统文化作为涵盖经史子集的庞大思想知识体系，恰好能为我们提供一种氛围、一个平台。潜心于中华传统文化的学习，人们就会发现其蕴含的无穷尽的智慧，并从中领略到恒久的治世之道与管理之智，也可以体悟到超脱的人生哲学与立身之术。在现今社会，崇尚中华传统文化，学习中华传统文化，更是提高个人道德水准和构建正确价值观念的重要途径。

近年来，学习中华传统文化的热潮正在我们身边悄然兴起，令人欣慰。欣喜之余，我们同时也对中国现今的文化断层现象充满了担忧。我们注意到，现今的青少年对好莱坞大片趋之若鹜时却不知道屈原、司马迁为何许人；新世纪的大学生能考出令人咋舌的托福高分，但却看不懂简单的文言文……这些现象一再折射出一个信号：我们现代人的中华传统文化知识十分匮乏。在西方大搞强势文化和学术壁垒的同时，国人偏离自己的民族文化越来越远。弘扬中华传统文化教育，重拾中华传统文化经典，已迫在眉睫。

本套"中华传统文化核心读本"的问世，也正是为弘扬中华传统文化而添砖加瓦并略尽绵薄之力。为了完成此丛书，我们从搜集整理到评点注译，历时数载，花费了一定的心血。这套丛书涵盖了读者应知必知的中华传统文化经典，尽量把艰难晦涩的传统文化予以通俗化、现实化的解读和点评，并以大量精彩案例解析深刻的文化内核，力图使中华传统文化的现实意义更易彰显，使读者阅读起来能轻松愉悦并饶有趣味，能古今结合并学以致用。虽然整套书尚存瑕疵，但仍可以负责任地说，我们是怀着对中华传统文化的深情厚谊和治学者应有的严谨态度来完成该丛书的。希望读者能感受到我们的良苦用心。

前言

　　《古文观止》之"古文"，是指骈文与制义文之外的文言散文，此书包括了传、记、论、书、序、表、诏、赞、碑文、墓志铭、散赋、疏、策、祭文、寓言等，体裁十分完备。《古文观止》之"观止"一词源于《左传·襄公二十九年》之"季札观周乐"（见《古文观止》卷二）："观止矣！若有他乐，吾不敢请已。"意谓："我所观赏的乐舞已达到最高境界，如果还有其他乐舞，我也不敢再请求观赏了。"所以"观止"有观赏到极致、高境界之艺术的意思。此书借用此词，是对所选古文思想内涵与艺术境界的高度赞誉。

　　《古文观止》是自清代以来最为流行的古代散文选本之一。该书是由清代吴楚材、吴调侯二人所选编，最初刊行于康熙三十四年(1695)，是一部优秀的古文读物。自刊行以来已有三百余年，虽然年代久远，但不曾枯竭，对一代一代读者，始终具有新鲜感，保持着旺盛的生命力。

　　《古文观止》的选文，上起周代下迄明末，共222篇，分为12卷。所选文章注重题材和文体风格的多样性，不仅有史传、论说文，还有见闻札记、山水游记、杂文小品和其他应用文，大体上反映出我国古代文章绚丽多姿的面貌。除此之外，还编选了少量历代传诵的著名骈文和韵文。它冲破了骈散之分的束缚，不仅选散体古文，对于骈体古文之精华也没有忽略，虽仅区区几篇，但可见古文发展演变之印迹，不能不说这种观点是相当高明的。这本书里的水光山色、弓戈剑戟、长吁短叹，掩不住的总是浓浓淡淡的血痕。当他们在人生旅途上目光凝重的时候，谁也不会想到，这些远古的文字，记住了一些人，也让一些人被后人记住了。这就是这本书的魅力所在。

《古文观止》以散文为主，兼取骈文。基本上均为历代传诵的名篇，具有"永恒的艺术魅力"。从这点来看，《古文观止》是一部形象的历代散文大观，也是一部活生生的散文发展历程。在编排上，全书按时代先后分为7个时期，每个时期都有重点作家和作品。由此可以纵观古文发展的源流，也可以分析各个作家的不同风格。加上入选的文章多属久经传诵的佳作，所以此书流传至今。

另外，《古文观止》虽为当时的普通古文爱好者所选编，但是在这些不朽的经典中，蕴含着丰富的历史知识、成熟的人生经验、高深的文章美学，乃至博远的宇宙哲理。在中国浩瀚的散文之海里，优秀之作实在太多了，而《古文观止》所选作品真是做到了蒙童读来不高，学人读来不低，像家喻户晓的《唐诗三百首》一样——这两部选集堪称中国传统文学通俗读物的双璧。

为了帮助广大古文爱好者更好地理解《古文观止》一书，编者特意在《古文观止》原著的基础上，精心选文一百余篇，辑成此书。本书将原文、注释、译文融为一体，附以简明扼要的题解和评析，不仅全面地诠释了作品的思想内涵，更使读者轻松闲逸地品味中国数千年的文学经典。

在写作本书的过程中，我们参考了一些近年来出版的有关《古文观止》的编著资料，谨向原作者表示衷心感谢！限于笔者水平，书中难免有许多疏漏，敬请广大读者批评指正。

目录

卷一 周文

- 郑伯克段于鄢 …………002
- 周郑交质 …………008
- 石碏谏宠州吁 …………011
- 曹刿论战 …………014
- 宫之奇谏假道 …………017
- 齐桓下拜受胙 …………020
- 子鱼论战 …………022
- 介之推不言禄 …………025
- 烛之武退秦师 …………028
- 蹇叔哭师 …………031

卷二 周文

- 王孙满对楚子 …………036
- 齐国佐不辱命 …………039
- 楚归晋知罃 …………043
- 吕相绝秦 …………046
- 祁奚请免叔向 …………052
- 晏子不死君难 …………055

- 季札观周乐 …………058
- 子产却楚逆女以兵 …………062
- 吴许越成 …………065

卷三 周文

- 祭公谏征犬戎 …………070
- 召公谏厉王止谤 …………075
- 单子知陈必亡 …………078
- 展禽论祀爰居 …………083
- 叔向贺贫 …………087
- 春王正月 …………090
- 宋人及楚人平 …………093
- 晋献公杀世子申生 …………097
- 杜蒉扬觯 …………099

卷四 战国文

- 司马错论伐蜀 …………104
- 邹忌讽齐王纳谏 …………109

01

- 颜斶说齐王 …… 112
- 冯谖客孟尝君 …… 115
- 触詟说赵太后 …… 122
- 唐雎不辱使命 …… 127
- 谏逐客书 …… 130
- 卜居 …… 135
- 宋玉对楚王问 …… 138

卷五 汉文

- 五帝本纪赞 …… 142
- 秦楚之际月表 …… 144
- 孔子世家赞 …… 147
- 滑稽列传 …… 149
- 太史公自序 …… 154

卷六 汉文

- 高帝求贤诏 …… 162
- 过秦论（上） …… 164
- 论贵粟疏 …… 170
- 李陵答苏武书 …… 176
- 报孙会宗书 …… 184
- 诫兄子严敦书 …… 189
- 前出师表 …… 192

- 后出师表 …… 197

卷七 六朝唐文

- 陈情表 …… 204
- 兰亭集序 …… 208
- 归去来辞 …… 211
- 桃花源记 …… 215
- 五柳先生传 …… 219
- 北山移文 …… 222
- 谏太宗十思疏 …… 227
- 滕王阁序 …… 231
- 春夜宴桃李园序 …… 237
- 陋室铭 …… 239
- 阿房宫赋 …… 241
- 获麟解 …… 245
- 杂说一 …… 248
- 杂说四 …… 250

卷八 唐文

- 师说 …… 254
- 圬者王承福传 …… 258
- 应科目时与人书 …… 263
- 送李愿归盘谷序 …… 266

- 祭十二郎文 …… 270
- 柳子厚墓志铭 …… 277
- 书褒城驿壁 …… 283

卷九　唐宋文

- 桐叶封弟辩 …… 288
- 捕蛇者说 …… 291
- 愚溪诗序 …… 295
- 待漏院记 …… 299
- 岳阳楼记 …… 304
- 谏院题名记 …… 308
- 纵囚论 …… 311

卷十　宋文

- 梅圣俞诗集序 …… 316
- 醉翁亭记 …… 320
- 秋声赋 …… 324
- 辨奸论 …… 328
- 心术 …… 332
- 留侯论 …… 337
- 晁错论 …… 342

卷十一　宋文

- 凌虚台记 …… 348
- 潮州韩文公庙碑 …… 352
- 前赤壁赋 …… 358
- 后赤壁赋 …… 362
- 三槐堂铭 …… 366
- 六国论 …… 370
- 上枢密韩太尉书 …… 374
- 黄州快哉亭记 …… 378
- 寄欧阳舍人书 …… 382
- 游褒禅山记 …… 387

卷十二　明文

- 送天台陈庭学序 …… 392
- 司马季主论卜 …… 396
- 卖柑者言 …… 399
- 亲政篇 …… 402
- 象祠记 …… 408
- 信陵君救赵论 …… 412
- 沧浪亭记 …… 418
- 青霞先生文集序 …… 421
- 蔺相如完璧归赵论 …… 425
- 五人墓碑记 …… 428

卷一

周文

郑伯克段于鄢

《左传·隐公元年》

【题解】

本篇选自《左传》，讲述的是春秋时期，因庄公寤生，使姜氏生厌而偏爱公叔段，继写庄公在谋求霸业之前，欲擒故纵，一举平定了弟弟公叔段与母亲姜氏勾结发动叛乱之事。反映了统治阶层钩心斗角的矛盾冲突。

【原文】

初①，郑武公娶于申②，曰武姜，生庄公及共叔段。庄公寤生③，惊姜氏，故名曰寤生。遂恶之。爱共叔段，欲立之。亟请于武公④，公弗许。

【注释】

①初：当初，从前。《左传》追述以前的事情常用这个词，这里指郑伯克段于鄢以前。②郑武公：名掘突，郑桓公的儿子，郑国第二代君主。③寤生：难产的一种，出生时胎儿的脚先出来。寤：同"牾"，倒着。④亟（qì）请于武公：屡次向武公请求。亟，屡次。于，介词，向。

【译文】

当初，郑武公从申国娶回一个妻子，名叫武姜。后生下庄公和共叔段两个儿子。庄公出生时难产，姜氏受到了惊吓，所以给他取名叫寤生，姜氏因此就厌恶他。她偏爱共叔段，一心想立他做太子。她屡次向郑武公请求，武公都不答应。

【原文】

及庄公即位，为之请制。公曰："制，岩邑也①，虢叔死焉。他邑唯命。"请京，使居之，谓之京城大叔。

【注释】

①岩邑：险要的地方。

【译文】

等到庄公即位做了郑国国君的时候，姜氏又请求庄公把制邑封给共叔段。庄公说："制邑，是一个地势险要的地方，东虢国的国君虢叔就死在那里。如果是封给其他城邑，我一定会答应。"姜氏又替共叔段请求京邑作封地，庄公答应了，就让共叔段住在了那里，人们称他为"京城太叔"。

【原文】

祭仲曰："都城过百雉①，国之害也。先王之制：大都，不过参国之一②；中，五之一；小，九之一。今京不度，非制也。君将不堪。"公曰："姜氏欲之，焉辟害！"对曰："姜氏何厌之有！不如早为之所。无使滋蔓。蔓，难图也。蔓草犹不可除，况君之宠弟乎！"公曰："多行不义必自毙。子姑待之。"

【注释】

①雉：量词。长三丈高一丈为一雉。②参：同"三"。国：此指国都。

【译文】

郑国的大夫祭仲对庄公说："分封的都城，如果城墙超过了三百方丈，那就会成为国家的祸害。先王的制度规定：大的都邑的城墙，不得超过国都的三分之一；中等都邑的城墙，不超过五分之一；小的都邑的城墙，不超过九分之一。如今京邑的城墙不符合制度，违背了先王的制度，恐怕你会受不了。"庄公说："姜氏要这样，我又怎么能避开这种祸害呢？"祭仲回答说："姜氏哪里有满足的时候！不如早点给共叔段安排个居所，不要让祸根滋长蔓延，一滋长蔓延就很难对付了。蔓延的野草尚且不能够除尽，更何况是您宠爱的弟弟呢！"庄公说：

"不合道义的事情做多了,必然会自取灭亡。你姑且等着看吧!"

【原文】

既而大叔命西鄙①、北鄙贰于己。公子吕曰:"国不堪贰,君将若之何?欲与大叔,臣请事之;若弗与,则请除之,无生民心。"公曰:"无庸②,将自及。"

【注释】

①鄙:偏远的城镇。②无庸:意思是说不用除掉大叔。

【译文】

过了不久,共叔段把郑国西部和北部的边邑暗中归于自己的管辖区内。大夫公子吕说:"国家不能有两个国君,您打算怎么处理这件事?如果您打算把郑国交给太叔,就请您允许我侍奉他;如果不交给太叔,就请您除掉他,不要让郑国的老百姓产生疑虑。"庄公说:"不用除掉他,他即将自取灭亡。"

【原文】

大叔又收贰以为己邑,至于廪延。子封曰:"可矣,厚将得众。"公曰:"不义不昵,厚将崩①。"

【注释】

①厚:谓土地扩大。崩:山塌,这里指垮台、崩溃。

【译文】

共叔段又把郑国西北部的边邑改为自己统辖的地方,而且扩展到了廪延。公子吕说:"可以行动了!如果他的地域扩大了,他将得到更多老百姓的拥护。"庄公说:"多行不义之事,老百不会亲近他,地方占得再大也必然会垮台。"

【原文】

大叔完聚,缮甲兵,具卒乘,将袭郑。夫人将启之①。公闻其期,曰:

"可矣！"命子封帅车二百乘以伐京。京叛大叔段。段入于鄢。公伐诸鄢。五月辛丑，大叔出奔共。

【注释】

①夫人将启之：夫人，指武姜。启之，给段开城门，即做内应。启，开门。

【译文】

共叔段修筑城墙，集中民力、粮草，修缮盔甲兵器，准备好兵马战车，意图偷袭郑国国都。姜氏也准备为他打开城门做内应。庄公打听到共叔段偷袭郑国国都的日期，便说："可以行动了！"于是命令公子吕率领两百辆战车去讨伐京邑。京邑的百姓背叛了共叔段。共叔段逃到了鄢城。庄公又追到鄢城去讨伐他。五月二十三日，共叔段又逃往共国。

【原文】

书曰："郑伯克段于鄢。"段不弟，故不言弟。如二君，故曰克。称郑伯，讥失教也，谓之郑志。不言出奔，难之也。

【译文】

《春秋》上记载说："郑伯克段于鄢。"共叔段不遵守做弟弟的本分，所以不称他是弟弟。他跟庄公如同是两国国君在争斗，所以说是"克"。直称庄公为郑伯，是讥讽他对弟弟的失教，表示这样的结果正是庄公的意愿。不说太叔出奔，是对郑庄公的责难。

【原文】

遂寘姜氏于城颍①，而誓之曰："不及黄泉，无相见也！"既而悔之。颍考叔为颍谷封人，闻之，有献于公。公赐之食。食舍肉。公问之。对曰："小人有母，皆尝小人之食矣，未尝君之羹，请以遗之。"公曰："尔有母遗，繄我独无！"颍考叔曰："敢问何谓也？"公语之故，且告之悔。

【注释】

①寘（zhì）：同"置"，安置，这里有"放逐"的意思。城颍（yǐng）：地

名，在今河南临颍县西北。

【译文】

此后，郑庄公便把姜氏安置到了城颍，并发誓说："不到黄泉，不再见面。"不久他就后悔了。有个叫颍考叔的人，是颍谷掌管疆界的官吏，听说庄公有悔意，便借机进献礼品。庄公赐给他饭食，他吃饭时故意把肉留下。庄公问他为什么要这样。他回答说："我家中有母亲，我吃的东西她都尝过，就是没尝过君王赐给的肉羹，请您允许我把肉带回去让母亲尝尝。"庄公说："你有母亲可以孝敬，唯独我没有！"颍考叔说："请问您这话是什么意思？"庄公就把他对母亲发的誓言告诉了他，并且告诉他自己很后悔。

【原文】

对曰："君何患焉！若阙地及泉，隧而相见，其谁曰不然？"公从之。公入而赋："大隧之中，其乐也融融①！"姜出而赋："大隧之外，其乐也泄泄！"遂为母子如初。君子曰：颍考叔，纯孝也。爱其母，施及庄公。《诗》曰："孝子不匮，永锡尔类。"其是之谓乎！

【注释】

①融融：同下文的"泄（yì）泄"，都用来形容和乐自得的心情。

【译文】

颍考叔回答说："在这件事上您又担心什么呢？只要您挖条地道见到了泉水，再打一条隧道，在里面与您母亲相见。谁说这就不是黄泉相见呢？"庄公听从了他的话。庄公走进隧道去见姜氏，赋诗说："隧道里面，母子相见，多么和乐自得啊！"姜氏走出隧道时，也赋诗说："隧道外面，母子相见，多么舒畅快乐啊！"于是恢复了以往的母子关系。君子说：颍考叔是一位真正的孝子。他不仅孝顺自己的母亲，而且把这种孝心推广到郑庄公身上。《诗经》上说："孝子的孝心没有穷尽，他永远把自己的孝心分给你的同类。"这大概说的就是这种情况吧！

【评析】

这是一篇记事散文，记述了春秋时代郑国王室之间为了夺国君权位而进行的一场你死我活的斗争。

本文开头叙述武姜竟因两个儿子出生情况的不同，而偏爱公叔段。文中叙事依照明、暗两线，共叔段在明，庄公在暗。写共叔段恃宠恣肆、贪婪愚蠢，在母亲的溺爱下，恣意妄为，结果只落得"出奔共"的下场。写庄公老谋深算、阴险狡猾、先发制人，为了权势，为了地位，对弟弟姑息放纵，有意养成他的恶性，趁着好时机，置亲情于不顾，以绝后患。最后又写庄公对姜氏的处置，继而在颍考叔的感召下，与姜氏"母子如初"，宣传了儒家的"孝"的观念。

文章通过这件事，进而把庄公与其弟共叔段争权夺利的矛盾不断激化，最终让他们兵戎相见、骨肉相残。反映了当时统治阶级内部斗争的残酷，也暴露了封建伦理道德的虚伪。

周郑交质

《左传·隐公三年》

【题解】

周平王是借助郑国的力量才得以东迁，所以郑武公、郑庄公父子掌握了东周的朝政大权。郑国势力不断强大，周王室日趋衰落。因此，周平王想通过交换人质来缓解矛盾，取得对方的信任，但此举并没有使两国和睦相处，郑国接连不断的骚扰导致周、郑关系破裂。

【原文】

郑武公、庄公为平王卿士。王贰于虢①，郑伯怨王。王曰："无之。"故周郑交质。王子狐为质于郑②，郑公子忽为质于周。

【注释】

①贰于虢：二心，这里有"偏重"的意思。这里指平王想把一部分政权分给虢执掌。虢（guó），指西虢公，周王室的执政大臣。②质：人质，两国之间为了互取信任，相互牵制，而派往对方作抵押的人，一般是国君或贵族之后。

【译文】

郑武公、郑庄公先后担任周平王的执政大臣。周平王想把一部分权力分让给西虢公，为此郑庄公怨恨周平王。周平王辩解说："没有此事。"于是，两国之间为了取得互信，便交换人质。周平王的儿子狐在郑国做人质，郑庄公的儿子忽在周朝做人质。

【原文】

王崩,周人将畀虢公政①。四月,郑祭足帅师,取温之麦②。秋,又取成周之禾。周郑交恶③。

【注释】

①畀(bì):给予,授予。②祭(zhài)足:即祭仲,郑国大夫。③交恶:互相仇恨。交:互相。恶:怨恨。

【译文】

周平王驾崩后,周王室又准备让西虢公掌政。四月,郑国大夫祭仲率领军队强行收割了周王室温地的麦子。秋天,又强收了成周的稻谷。由此,周、郑两国互相仇恨。

【原文】

君子曰:"信不由中①,质无益也。明恕而行②,要之以礼,虽无有质,谁能间之③?苟有明信④,涧溪沼沚之毛⑤,蘋蘩蕰藻之菜,筐筥锜釜之器,潢污行潦之水⑥,可荐于鬼神⑦,可羞于王公⑧,而况君子结二国之信,行之以礼,又焉用质?《风》有《采蘩》、《采蘋》,《雅》有《行苇》、《泂酌》,昭忠信也。"

【注释】

①中:同"衷",内心。②明恕:互相体谅。③间:离间。④明信:彼此了解,坦诚相待。⑤毛:这里指野草。⑥潢:积水池。污,积水。行潦,流动的积水。⑦荐:享祭,祭祀。⑧羞:名词当动词用,进献的意思。

【译文】

君子说:"如果诚信不是发自内心,盟约抵押也没有用。如果开诚布公,互相谅解行事,并受礼教的约束,就算没有人质,谁又能离间他们呢?如果确实有诚信,彼此了解,山涧溪流中的野草,蕨类水藻这样的野菜,竹筐铁锅一类的器具,低洼处沟渠中的水,都可以用来供奉鬼神,进献给王公为食,更何况是君子缔结的两国之间的信约,按礼去行事,又哪里用得着人质呢?

《国风》中有《采蘩》、《采苹》，《大雅》中有《行苇》、《泂酌》，这些讲的都是忠信的道理啊！"

【评析】

本文记叙了春秋初期周王室和诸侯国之间，为了权力和利益尔虞我诈，甚至用互换人质的手段来取得暂时的信任与和睦，刻画出了虚伪的周平王和强势的郑庄公。

全文简要介绍了周、郑两国互换人质的起因、经过和结果之后，借君子之口，从"信"、"礼"的角度叙事论事，进而说明"信不由中，质无益也"这样一个道理，严厉批判了周、郑两国不诚信的行为。还进一步指出，如果内心不存诚意，只靠人质维系关系，那么决裂终将难以避免。

石碏谏宠州吁

《左传·隐公三年》

【题解】

西周时期奉行嫡长子继承制，庶子必须服从长子，目的在于解决权位和财产的继承与分配问题，稳定社会的秩序。卫庄公宠爱庶子，为以后家族的政治动乱埋下了隐患。因此，石碏便向卫庄公提出劝谏：教子以义方，防患于未然。

【原文】

卫庄公娶于齐东宫得臣之妹①，曰庄姜。美而无子，卫人所为赋《硕人》也②。又娶于陈，曰厉妫，生孝伯，蚤死。其娣戴妫生桓公③，庄姜以为己子。公子州吁，嬖人之子也④。有宠而好兵，公弗禁，庄姜恶之。

【注释】

①卫：国名，姬姓，在今河南淇县一带。齐：国名，姜姓，在今山东北部、中部地区。②《硕人》：出自《诗经·卫风》中的一篇，是歌颂庄姜美丽的诗篇。③娣：古代诸侯嫁女，常常妹妹随嫁。④嬖（bì）人：指宠妾。

【译文】

卫庄公娶了齐国太子得臣的妹妹为夫人，名叫庄姜。她的容貌很漂亮，却没有生子，她就是卫国人作《硕人》诗赞美的那个人。卫庄公又从陈国娶了一位夫人，名叫厉妫，生了儿子孝伯，很早就死掉了。跟她陪嫁来的妹妹戴妫又生了桓公，庄姜便把桓公当作自己的儿子来抚养。公子州吁，是庄公宠妾所生的儿子，很得庄公的宠爱。州吁喜欢玩弄兵器，庄公却不阻止，庄姜因此很讨厌他。

【原文】

　　石碏谏曰："臣闻爱子，教之以义方①，弗纳于邪。骄奢淫佚，所自邪也。四者之来，宠禄过也。将立州吁，乃定之矣；若犹未也，阶之为祸②。夫宠而不骄，骄而能降，降而不憾，憾而能眕者③，鲜矣。且夫贱妨贵，少陵长，远间亲，新间旧，小加大④，淫破义，所谓六逆也；君义，臣行，父慈，子孝，兄爱，弟敬，所谓六顺也。去顺效逆，所以速祸也。君人者，将祸是务去；而速之，无乃不可乎⑤？"弗听。其子厚与州吁游，禁之，不可。桓公立，乃老。

【注释】

　　①义方：为人行事的规范。②阶：阶梯，引申为导引、酿成。③眕：克制，安定。④加：欺凌、侵犯。⑤无乃不可乎：恐怕不可以吧。

【译文】

　　卫国大夫石碏劝谏庄公说："我听说爱自己的儿子，就应该以正确的礼法来教导约束他，不让他走上邪路。骄傲、奢侈、淫乐、放荡，都是邪恶的根源。这四种恶习的产生，是宠爱、得益过分的缘故。如果要立州吁做太子，那就要赶快确定下来；如果还没有确定，又如此溺爱他，这样做会逐步酿成祸乱。受宠爱而不骄傲，骄傲而能受压制，受了压制而又不怨恨，有怨恨而又能忍耐，这样的人太少了啊。况且，低贱的妨碍高贵的，年少的欺凌年长的，疏远的离间亲近的，新来的挑拨旧有的，权势低的超越权势高的，淫乱破坏道义，这就叫作六逆。国君行事合乎道义，臣子服从命令，父亲慈爱儿子，儿子孝顺父亲，哥哥爱护弟弟，弟弟敬重哥哥，这就叫作六义。舍弃顺礼而效法逆礼，这就是招致祸害的根由。作为国君应该致力除掉祸害，现在却加速祸害的到来，这样做恐怕不可以吧？"庄公不听其劝谏。石碏的儿子石厚和州吁交往，石碏加以阻止，但石厚不听从。于是等到卫桓公即位，石碏就告老还乡了。

【评析】

　　本文开门见山，直击主题。石碏针对卫庄公宠爱州吁，放任州吁骄奢放荡，因此他提出"爱子，教之以义方"为教子之法，点明了邪路、骄傲、奢侈、淫乐、放荡都是邪恶的根源。接着从"六顺"、"六义"为绝患之本，分析了庄公过分宠爱庶子的行为不符合礼法和伦理道德规范，以致贻祸于后代。

全篇重在"谏"字，说明作为父母应该如何正确地教导子女。父母爱自己的孩子是人之常情，但是过分的溺爱则容易使孩子走上歧途。教育孩子的关键就在于：自己要明白规则，更要让孩子明白规则，宠爱有一定范围，超出了感情的范畴，必然会导致严重的后果。

曹刿论战

《左传·庄公十年》

【题解】

　　齐、鲁长勺之战，虽然齐国兵力十分强大，但由于鲁国采取了曹刿的计谋，最终战胜了齐国。文章以传神的笔墨记载了曹刿自荐与破敌的经过，在他身上体现了一个普通百姓以国家利益为重及参政议政的自觉性，反映了曹刿卓越的政治才能和军事才华。

【原文】

　　十年春，齐师伐我。公将战。曹刿请见。其乡人曰："肉食者谋之①，又何间焉②？"刿曰："肉食者鄙③，未能远谋。"遂入见。问："何以战？"公曰："衣食所安④，弗敢专也⑤，必以分人。"对曰："小惠未遍，民弗从也。"公曰："牺牲玉帛，弗敢加也⑥，必以信。"对曰："小信未孚，神弗福也。"公曰："小大之狱⑦，虽不能察，必以情。"对曰："忠之属也，可以一战。战则请从。"

【注释】

　　①肉食者：指居高位、享厚禄的大官。②间：参与，参加。③鄙：浅陋，无知。④所安：养生之物。⑤专：独享。⑥加：虚夸。⑦狱：诉讼案件。

【译文】

　　鲁庄公十年春天，齐国军队来攻打鲁国，鲁庄公正准备迎战。曹刿请求拜见庄公。他的同乡说："大官们会谋划这件事的，你又何必参与呢？"曹刿说："大官们都目光短浅，不能深谋远虑。"于是他进宫去拜见庄公。他问庄公：″您凭借什么跟齐国作战？″庄公说：″衣食是使人生活安定的东西，我不敢独自享用，一定会把它们分给别人。″曹刿说：″这种小恩小惠并不能遍及百姓，百姓是不会因此而听从您的。″庄公说：″祭祀用的牛羊、玉帛之类，我从来不敢虚报，一定做到诚实可信。″曹刿说：″这点小小的诚意还不能使人信服，神不会因此而保佑您的。″庄公说：″大大小小的诉讼案件，即使不能一一明察，我也一定要处理得合情合理。″曹刿答道：″这是对百姓尽本职的事，可以凭这一点去应战。如果作战，请允许我跟随您去。″

【原文】

公与之乘，战于长勺。公将鼓之，刿曰：″未可。″齐人三鼓，刿曰：″可矣。″齐师败绩。公将驰之，刿曰：″未可。″下视其辙，登轼而望之，刿曰：″可矣！″遂逐齐师。

【译文】

庄公和曹刿同坐一辆战车出发，在长勺与齐军交战。庄公正准备下令击鼓进兵，曹刿说：″不行。″齐军击过三次战鼓后，曹刿说：″可以了。″齐军大败，庄公正要下令驱车追赶齐军，曹刿说：″不可以。″他跳下战车，察看了齐军车轮碾出的痕迹，又登上战车的横木去眺望齐军，才说：″可以了。″于是鲁庄公下令追击齐军。

【原文】

既克，公问其故。对曰：″夫战，勇气也。一鼓作气，再而衰，三而竭。彼竭我盈[1]，故克之。夫大国，难测也，惧有伏焉。吾视其辙乱，望其旗靡[2]，故逐之。″

【注释】

[1]盈：满，充沛，这里指士气旺盛。[2]靡：倒下。

【译文】

战胜了齐军后，庄公询问曹刿获胜的原因。曹刿回答道：″作战，是全靠战士们的勇气的。第一次击鼓，能够振作勇气；第二次击鼓，勇气开始衰退；第三次击鼓，勇气就耗尽了。正当敌军的勇气竭尽时，而我军勇气正旺，所以才打败了齐军。然而齐国是强国，我们难以预料（它的情况），惧怕有埋伏。我观察到他们车轮的痕迹混乱，看见他们的旗帜已倒下，因此才让您下令追击他们。"

【评析】

　　本文记叙了曹刿以"肉食者鄙"，即当官的见识浅薄，不能考虑周全为理论基础，面对实力强大的齐国，弱小的鲁国运用曹刿这位没有权势之谋士的战略原则战胜了齐国。

　　文章首先交代战前的形势，通过引用乡人的评论，反衬出曹刿的爱国、果敢和深谋远虑。其次在问及庄公"何以战"时，庄公却只想到通过小恩小惠收买人心，求得神灵的保佑，最终在曹刿的追问下想到治"狱"，曹刿这才予以肯定，显示出曹刿富有计谋。最后写曹刿的"一鼓作气"成为作战打仗的经典理论，也强调了人心向背是决定战争胜负的首要条件，突出了曹刿能够抓住战机，并且能够"取信于民"的战略思想，体现了他智勇双全、善于把握有利时机克敌制胜的才能。

　　同时，文章也告诉人们，遇事一定要沉着、冷静、果断，善于分析。只要我们把事情分析透彻，掌握事情的发展脉络，就完全可能寻找出解决问题的突破口。

宫之奇谏假道

《左传·僖公五年》

【题解】

僖公五年，晋献公两次向虞国借道攻打虢国，虞国国君贪图财宝，答应了晋国的要求。本篇介绍的是第二次借道的经过。虞国大夫宫之奇劝谏虞公不要被晋国的花言巧语，以及宗族观念、神权思想所蒙蔽，但虞公不听谏言，最终虢国、虞国先后为晋国所灭，虞公成为晋国的俘虏。

【原文】

晋侯复假道于虞以伐虢①。宫之奇谏曰："虢，虞之表也②。虢亡，虞必从之。晋不可启，寇不可玩，一之为甚，其可再乎？谚所谓'辅车相依③，唇亡齿寒'者，其虞、虢之谓也。"公曰："晋，吾宗也④。岂害我哉？"

【注释】

①晋侯：晋献公。复：又。假：借。鲁僖公二年，晋曾向虞借道伐虢，灭下阳。②表：外表，这里指外围、屏障。③辅：同"酺"，面颊。车：牙床骨。④宗：同祖，同一宗族。晋、虞、虢都是姬姓国，同一祖先。

【译文】

晋献公再次向虞国国君借道以攻打虢国。宫之奇劝阻虞公说："虢国是虞国的屏障。如果虢国灭亡了，我们虞国也会跟着灭亡。晋国的这种贪心不能让它开启，对入侵之敌不可以放松警惕。上次我们答应晋国借道已经很过分了，难道还允许第二次吗？俗话说：'面颊和牙床骨互相依托，没了嘴唇，牙齿就得受凉。'这就如同我们虞国和虢国相互依从的关系啊。"虞公说："晋君是我们的同宗，难道他会加害我们吗？"

【原文】

对曰："大伯、虞仲，大王之昭也。大伯不从，是以不嗣。虢仲、虢叔，王季之穆也，为文王卿士，勋在王室，藏于盟府。将虢是灭，何爱于虞？且虞能亲于桓、庄乎，其爱之也？桓、庄之族何罪，而以为戮，不唯逼乎？亲以宠逼，犹尚害之，况以国乎？"

【译文】

宫之奇回答说："太伯、虞仲都是周太王的儿子。就因为太伯不听从父命，所以没能继承王位。虢仲、虢叔都是王季的儿子，也是周文王执掌国政的大臣，也曾为王室立下过汗马功劳，功勋受封的典册还藏在官府里。现在，晋国一心想要消灭掉虢国，又怎么可能会怜惜虞国呢？况且，它对虞国还能比对桓叔、庄伯的后代更亲吗？桓叔、庄伯两个家族又有什么罪过，竟成了晋侯杀戮的对象。不就是因为他们威胁到晋侯了吗？亲族之间因为权势的争夺，尚且加以杀戮，何况是国与国之间呢？"

【原文】

公曰："吾享祀丰洁，神必据我①。"对曰："臣闻之，鬼神非人实亲，惟德是依。故《周书》曰：'皇天无亲，惟德是辅。'又曰：'黍稷非馨，明德惟馨。'又曰：'民不易物，惟德繄物②。'如是，则非德民不和，神不享矣。神所冯依③，将在德矣。若晋取虞而明德以荐馨香，神其吐之乎？"

【注释】

①据：依附，这里指保佑。②繄（yī）：其物，那件物品。③冯：同"凭"，依附，凭借。

【译文】

虞公说："我祭祀鬼神的物品丰盛而且洁净，神灵必然会保佑我的。"宫之奇回答说："我听说鬼神不会随随便便亲近某一个人，他只会保佑那些有德行的人。因此，《周书》上说：'上天不会亲近某一个人，只会对有德行的人加以辅佐。'又说：'黍稷这类祭品的味道并不是真正有芳香，而只有美德才有芳香，鬼神才会去享用。'又说：'人们拿来的祭品虽然没有什么异同，但只有那些有德行的人进献的才算是真正的祭品，鬼神才乐意享用。'如此说来，如果没有德行，百姓就不和睦，祭品再丰盛再洁净，鬼神也不会享用。神灵只会保佑那些有德行的人。如果晋国消灭了虞国，崇尚德行，把芳香的祭品进献给鬼神，鬼神难道还会吐出来吗？"

【原文】

弗听，许晋使。宫之奇以其族行，曰："虞不腊矣①。在此行也，晋不更举矣。"冬，晋灭虢。师还，馆于虞②，遂袭虞，灭之，执虞公③。

【注释】

①腊：年终的大祭，这时可以放纵官民饮酒作乐。②馆：驻扎，住。③执：逮捕，俘虏。

【译文】

虞公不听从宫之奇的劝阻，答应给晋国使者借道。宫之奇便率领他的家族离开了虞国，他说："虞国等不到年终腊祭就要灭亡了。晋国会在这次借道之行中灭掉虞国，不必再次出兵了。"这年冬天，晋国消灭了虢国。晋军回师途中驻扎在了虞国，乘机袭击虞国，一举将其歼灭，并且俘虏了虞公。

【评析】

本文记叙的是历史上有名的假道灭虢事件。晋国再次向虞国借道，其用心实在险恶。幸有贤臣坦诚相谏，准确分析了虞、虢两国唇齿相依的关系，但冥顽不化的虞公既不听劝，也不抗争，最终导致国破家亡，为天下人留下"虞公之不可谏"的笑柄。

虞国的灭亡，就灭在虞公太依赖同族关系和神灵保佑的愚昧思想，对不义之徒抱有不切实际的幻想。

齐桓下拜受胙

《左传·僖公九年》

【题解】

葵丘之盟确立了齐桓公在诸侯中的霸主地位。本文写周天子派使者赐胙肉以示对齐桓公的尊敬，在诸侯面前，齐桓公谦恭有礼、恪守礼仪、下拜受胙，无疑带有矫揉的成分。

【原文】

夏，会于葵丘①，寻盟②，且修好，礼也。

【注释】

①葵丘：今河南兰考县境内。②寻：同"燖"，把冷了的东西重新温一温，这里指重申过去的盟约。

【译文】

夏天，齐桓公在葵丘与各国诸侯会盟，是为了重申原来的盟誓，进一步发展友好关系，这是合乎礼的。

【原文】

王使宰孔赐齐侯胙①，曰："天子有事于文武，使孔赐伯舅胙。"齐侯将下拜。孔曰："且有后命。天子使孔曰：'以伯舅耋老②，加劳③，赐一级，无下拜。'"对曰："天威不违颜咫尺④，小白余，敢贪天子之命，'无下拜！'？恐陨越于下⑤，以遗天子羞。敢不下拜！"下，拜，登，受。

【注释】

①胙：祭祀用的肉。周王赐给异姓诸侯祭肉，是一种优礼。②耋：年七八十为耋。③加劳：加上有功劳于王室。周襄王因得齐桓公的支持，才能继承王位。④咫尺：形容很近。咫：八寸。⑤陨越：倒下去，坠落。这里指有违礼法。

【译文】

周襄王派宰孔赏赐齐侯一块祭肉。宰孔说："天子正忙于祭祀文王、武王，特派我来，赏赐伯舅一块祭肉。"齐侯将要下阶拜谢。宰孔说："且慢，后面还有别的诏令。天子让我告诉您：'因为伯舅年纪已老，加上有功劳于王室，特赐爵一级，不必下阶拜谢。'"齐桓公回答说："上天的威严距离我的颜面不过咫尺，小白我岂敢贪受天子之命而不下阶跪拜？我唯恐违背礼法于下，致使天子为此蒙羞。"于是，齐桓公便下阶、跪倒拜谢，登堂，恭受祭肉。

【评析】

本文篇幅很短。围绕齐桓公"下拜"之事，描写了周天子祭祀的盛大礼仪场面，受宠若惊的齐桓公下拜接受祭肉，赞美了齐桓公功德巍巍、以身作则、尊王守分，在一定程度上恢复了君臣之道，也表现出齐桓公正人先正己、率天下以正的霸主气度。

文末四字：下，拜，登，受，这四个动作描写，刻画出了齐桓公凡事从长远考虑、多智多谋的性格特征，接着把臣子领受天子赏赐时的四个动作一字一句、一字一顿地描写出来，使得全篇的整体画面庄严又肃穆。

子鱼论战

《左传·僖公二十二年》

【题解】

　　宋襄公是春秋五霸之一，实际上他国力薄弱，缺乏威望，不是个霸才。这篇文章记泓水之战，由于迂腐昏聩的宋襄公指挥不当，对敌作战时还满口仁义道德，墨守成规。大司马子鱼建议抓住战机，攻其不备，但宋襄公坚持迂腐教条，拒绝接受子鱼的正确意见，结果导致宋军大败。

【原文】

　　楚人伐宋以救郑。宋公将战①。大司马固谏曰②："天之弃商久矣，君将兴之，弗可赦也已③。"弗听。

【注释】

　　①宋公：宋襄公，名兹父。②大司马：掌管军政、军赋的官职，这里指公孙固。③赦：原谅，饶恕。

【译文】

　　楚国人攻打宋国用以援救郑国。宋襄公准备迎战。大司马公孙固劝阻说："上天不肯降福给我们商朝已经很久了，君主现在要复兴它，这种违背上天的罪过是不可饶恕的啊。"宋襄公不听从他的劝谏。

【原文】

　　及楚人战于泓。宋人既成列，楚人未既济①，司马曰："彼众我寡，及其未既济也，请击之。"公曰："不可。"既济而未成列，又以告。公曰："未可。"既陈而后击之②，宋师败绩。公伤股，门官歼焉。

【注释】

①济：渡河。②陈：同"阵"，这里作动词，即摆好阵势。

【译文】

宋襄公和楚军在泓水交战。宋军早已摆好了战斗的阵势，而楚军还没全部渡过泓水。司马说："对方兵多，我方兵少，趁楚军还没有全部渡过泓水，请您下令进攻他们。"宋襄公说："不行。"等到楚军全部渡过之后，但还没有摆好战斗阵势时，司马再次请求宋襄公下令攻击他们。宋襄公说："不行。"等楚军摆好阵势以后，宋军才发动进攻，结果宋军大败，宋襄公大腿受伤，禁卫官也被一举歼灭了。

【原文】

国人皆咎公。公曰："君子不重伤，不禽二毛。古之为军也，不以阻隘也。寡人虽亡国之余，不鼓不成列①。"子鱼曰："君未知战。勍敌之人②，隘而不列，天赞我也。阻而鼓之，不亦可乎？犹有惧焉。且今之勍者，皆吾敌也。虽及胡耇③，获则取之，何有于二毛？

【注释】

①成列：排成战斗阵势。②勍：同"劲"，勍敌即"劲敌"。③胡耇（gǒu）：年纪很大的人。胡：年老。

【译文】

国人都责备宋襄公。宋襄公说："君子不杀伤已经受伤的敌人，不俘虏头发已经斑白的敌人。古代的用兵之道，不凭借险阻的地形攻击敌人。我虽然是亡国者的后裔，但也不会下令攻击尚未列队的敌军。"子鱼说："主公不懂得怎样作战啊。强大的敌人，因地势险阻而未摆好阵势，这是上天在帮助我们。我们趁着敌方为地势所阻而进攻他们，这不也可以吗？就这样还怕不能取胜呢。况且当前那些强者都是我们的敌人。即使是年纪很大的老人，能俘虏的也全都抓回来，对于那些头发斑白的人又有什么值得去怜惜的呢？

【原文】

　　明耻教战①，求杀敌也。伤未及死，如何勿重？若爱重伤，则如勿伤；爱其二毛，则如服焉。三军以利用也②，金鼓以声气也。利而用之，阻隘可也。声盛致志，鼓儳可也③。"

【注释】

　　①明耻：使认识什么是耻辱。教战：教授作战的技能。②三军：春秋时，诸侯大国有三军，即上军、中军、下军。这里泛指军队。用：施用，这里指作战。③儳（chán）：不整齐。这里指没有摆成阵势的军队。

【译文】

　　使战士认识什么是耻辱，教导士兵如何作战，都是为了杀害敌人。敌人受了伤却还没有死，为什么不能再次杀害他们呢？如果不忍心再次去杀害那些受伤的敌人，那还不如刚开始就不杀伤他们；如果怜惜那些头发斑白的敌人，那还不如向他们屈服。军队是凭借有利时机来进行战斗，用击鼓来助长声势的。抓住有利的时机就使用，在险要的地方攻击敌人也是可以的。既然盛大的金鼓之声充分鼓舞起了士兵的战斗意志，那么攻击未成列的敌人也是可以的。"

【评析】

　　本文以时间为轴线，以顺叙手法记述了宋、楚争霸过程中最关键的泓水之战。

　　首先交代战争背景，即楚军为救郑而攻打宋国。接着详写交战场面，描绘了一个腐败、愚昧的君主，既无审时度势之能，又无慧眼独具之才，竟然不自量力，与国力强盛、窥伺霸主地位已久的楚国开始了泓水之战，结果又在战争中假装仁慈，抱着"不乘人之危"的教条不放，不听从子鱼"扬己之长，避己之短，抓住战机，先发制人"的规劝，故而错失战机，最终落荒而逃。

介之推不言禄

《左传·僖公二十四年》

【题解】

　　介之推是随从晋文公流亡国外的功臣，曾割股给晋文公充饥，备尝艰辛。但晋文公登基后，封赏功臣，介之推没有向其他人那样向晋文公求取封赏，而是隐居绵山以终。介之推认为国君上应天命，功臣不应徼功求赏，进而塑造了一个迷信天命、独善其身、安贫乐道的人物形象。

【原文】

　　晋侯赏从亡者，介之推不言禄①；禄亦弗及。

【注释】

　　①介之推：晋国贵族，曾割自己腿上的肉以食文公。

【译文】

　　晋文公赏赐曾经跟随他流亡国外的人，介之推不称功求赏，因此赏赐也没有他的份儿。

【原文】

　　推曰："献公之子九人①，唯君在矣。惠、怀无亲，外内弃之。天未绝晋，必将有主。主晋祀者，非君而谁？天实置之，而二三子以为己力②，不亦诬乎？窃人之财，犹谓之盗，况贪天之功以为己力乎？下义其罪，上赏其奸，上下相蒙，难与处矣。"其母曰："盍亦求之③？以死谁怼④？"

【注释】

①献公：晋文公的父亲。君：指晋文公。惠：晋惠公。怀：晋怀公。惠公是文公的弟弟，怀公是惠公的儿子。②二三子：相当于现在讲的"那几位"，指跟随晋文公逃亡国外的人。③盍：何不。④怼：埋怨，怨恨。

【译文】

介之推说："献公有九个儿子，现在只有文公还在世。惠公、怀公还没有亲信，国外诸侯、国内子民都厌弃他们。上天不灭绝晋国，就必定会有新君主。主持晋国祭祀的人，不是文公又会是谁呢？这实在是上天要立他为君，那些跟随他逃亡的人却认为是自己的功劳，这不是欺君罔上吗？偷窃别人的钱财，都被称之为盗贼，何况是贪上天的功劳，而认为是自己的功劳呢？臣子将这种欺骗当作道义，君王却对欺骗者给予赏赐，上下互相欺瞒，我难以跟他们相处啊！"他母亲说："你为何不去要赏赐呢，这样死了又能埋怨谁呢？"

【原文】

对曰："尤而效之①，罪又甚焉。且出怨言，不食其食。"其母曰："亦使知之，若何？"对曰："言，身之文也；身将隐，焉用文之②？是求显也。"其母曰："能如是乎？与汝偕隐。"遂隐而死③。

【注释】

①尤：过失，罪过。②文：修饰，装饰。此处有"表白"之意。③遂隐而死：指晋文公因寻找不到隐居在山里的介之推，就放火焚山，想借此让介之推出来，谁知介之推宁死也不出山，焚身于火海之中。

【译文】

介之推回答说："我明知这种行为是罪过，现在却又让我去效仿他们，那罪过就大了。况且我已经口出怨言，不能再享用他的俸禄。"他母亲说："那么也应该让国君知道这件事，怎么样？"介之推回答说："言语，是身体的装饰；身体都要隐藏了，还用装饰吗？这样是乞求显贵啊。"他母亲说："你能够这样做吗？那我同你一起去隐居。"于是就隐居山林，直到死去。

【原文】

晋侯求之不获，以绵上为之田，曰："以志吾过，且旌善人①。"

【注释】

①旌：表扬，表彰。

【译文】

晋文公一直在寻找他们，但一直没找到，就把绵上的田作为介之推的祭田，说："用这来记下我的过失，并且用来表彰光明磊落的人。"

【评析】

全文采用对话的形式叙事写人，着重记叙了介之推决定隐居时与母亲的一番对话，细致入微、系统完整地揭示了介之推不言禄、隐而死的前因后果，再现了他在仕与隐、进与退之间抉择、徘徊的心路历程。

文中的介之推是一个不求荣华显达，藐视富贵，不贪功好利之人，并且是个大孝子，他那种不追逐名利、超脱物欲的处世态度，至今仍为人们所推崇。

烛之武退秦师

《左传·僖公三十年》

【题解】

晋、秦两国借口郑国曾对晋文公无礼且与楚国亲近，联合起来攻打郑国。郑国危如累卵，于是派烛之武去瓦解离间两国。烛之武围绕"郑亡利秦还是利晋"展开论述，以有理有据的言辞打动了秦穆公，不费一兵以卒便解除了郑国的危难，他的胆识、才智为后人所赞叹。

【原文】

晋侯、秦伯围郑①，以其无礼于晋，且贰于楚也②。晋军函陵，秦军氾南。

【注释】

①晋侯：晋文公。秦伯：秦穆公。②贰：有二心，这里是依附的意思。

【译文】

晋文公和秦穆公联合围攻郑国，就因为郑文公曾经对晋文公无礼，而且在背叛晋国的同时又依附楚国。晋军驻扎在函陵，秦军驻扎在氾水之南。

【原文】

佚之狐言于郑伯曰①："国危矣！若使烛之武见秦君，师必退。"公从之。辞曰："臣之壮也，犹不如人；今老矣，无能为也已。"公曰："吾不能早用子，今急而求子，是寡人之过也。然郑亡，子亦有不利焉！"许之。

【注释】

①佚之狐：郑国大夫。

【译文】

郑国大夫佚之狐对郑文公说："郑国处于危险之中，如果让烛之武去拜见秦穆公，一定会说服他们撤退。"郑文公听从了他的建议。烛之武却推辞说："我年轻的时候，尚且比不上别人；现在老了，更不能有什么作为了。"郑文公说："我早先没有重用您，如今到了危急关头才来求您，这是我的过错。但是郑国如果灭亡了，对您也不利啊！"于是烛之武不再推辞，答应了他。

【原文】

夜缒而出。见秦伯，曰："秦、晋围郑，郑既知亡矣。若郑亡而有益于君，敢以烦执事。越国以鄙远①，君知其难也。焉用亡郑以陪邻②？邻之厚，君之薄也。若舍郑以为东道主③，行李之往来，共其乏困，君亦无所害。且君尝为晋君赐矣，许君焦、瑕，朝济而夕设版焉④，君之所知也。夫晋何厌之有？既东封郑，又欲肆其西封。若不阙秦，将焉取之？阙秦以利晋⑤，唯君图之。"

【注释】

①鄙：边疆，这里作动词用。远：偏远的地方（指郑国）。②陪：增厚，增强。③东道主：东方道路上招待宿食的主人。因为郑在秦东，所以这么说。④朝济而夕设版焉：（晋惠公）早上渡过黄河（回国），晚上就筑城防御。济，渡河。设版，指筑墙。版，筑土墙用的夹板。⑤阙：损害，侵害。

【译文】

夜晚，烛之武就用绳子缚住身体从城上坠下去。拜见秦穆公，烛之武说："秦、晋两国围攻郑国，郑国人已经知道要灭亡了。如果灭掉郑国对您有利，那么就烦劳您的军队了。越过邻国把远方的郑国作为自己的边邑，您知道其中肯定有一定的困难。您为何要灭掉郑国而去增强邻国的实力呢？增强了邻国的实力，等于是削弱了秦国的实力啊。如果您放弃围攻郑国，让它成为东方道路上的主人，贵国的使者来来往往，郑国也可以随时提供给他们缺少的东西，这对您也没有什么害处。况且您曾经给予过晋国恩惠，晋公许诺把焦、瑕两座城池送给您，可是他早上刚渡过黄河回国，晚上就修筑防御工事，这您是知道的。晋国哪里会有知足的时候呢？等它把东边的疆界扩展到郑国，又会想扩张它西边的疆界。如果不侵害秦国，他又到哪里去夺取土地呢？损害秦国而有利于晋国，请君王好好考虑这件事。"

【原文】

秦伯说①，与郑人盟，使杞子、逢孙、杨孙戍之，乃还。子犯请击之。公曰："不可。微夫人之力不及此②。因人之力而敝之③，不仁；失其所与，不知；以乱易整④，不武。吾其还也。"亦去之。

【注释】

①说：同"悦"，欢喜，高兴，此指赞同。②微：非，没有。③敝：败坏、损害之意。④乱：动乱，指关系破裂、互相攻战。整：友好和睦。

【译文】

秦穆公很高兴，随即与郑国结成联盟，并委派晋国大夫杞子、逢孙、杨孙帮助戍守郑国，自己率军回国去了。大夫子犯请求袭击秦军。晋文公说："不行！如果没有秦国国君的力量，我们就到不了今天这地位。依靠别人的力量取得成功之后又反过来去侵犯他，这是不仁义的；失去友好邻邦，这是不明智的；用战乱来代替和睦，这是不勇武的。我们还是撤回去吧。"于是晋军也撤离了郑国。

【评析】

本文记叙了春秋时期一场三国两方大战——秦、晋伐郑一触即发之际，烛之武只身来到秦营，凭借对局势的洞悉和过人的辩才，说服秦穆公罢兵休战，顷刻间分化秦晋联盟，瓦解了这场战争。高度肯定了烛之武忠于国家、不畏艰险、化干戈为玉帛的大智大勇，塑造出了一位富有计谋的说客形象。

文中把其他人物也刻画得生动传神。郑文公，平时有眼无珠，把贤人投闲置散，危急时却又抱佛脚。秦穆公，过于贪图小便宜，轻易背盟毁约。晋文公，不忘秦穆公旧恩，不肯攻击盟国，有霸主风度。

蹇叔哭师

《左传·僖公三十二年》

【题解】

烛之武退秦军后,秦穆公派遣杞子等人驻扎在郑国。秦穆公轻信杞子从郑国送来的情报,兴师动众远袭郑国,结果消息泄露,无功而返。秦穆公出兵之前征求蹇叔的意见,却又不顾其劝阻,执意出师伐郑,导致了秦、晋崤之战和秦国在这次战争中的惨败。

【原文】

杞子自郑使告于秦曰[①]:"郑人使我掌其北门之管[②],若潜师以来[③],国可得也。"穆公访诸蹇叔,蹇叔曰:"劳师以袭远,非所闻也。师劳力竭,远主备之,无乃不可乎?师之所为,郑必知之。勤而无所,必有悖心。且行千里,其谁不知?"

【注释】

①杞子:秦国大夫,留在郑国帮助戍守的将领。②管:钥匙,此指防守。③潜:秘密地。

【译文】

秦国大夫杞子从郑国派人密告秦穆公说:"郑国人让我掌管他们国都北门的钥匙,如果此时秦国秘密派军队前来攻打郑国,就定能占领郑国。"秦穆公为此事来征询蹇叔的意见。蹇叔说:"让军队跋山涉水去进攻远方的国家,这是我从未听说过的事情。军队长途跋涉,到达郑国时必定是精疲力竭,而远方的郑国又有防备,这大概不可行吧?我们的军队如此兴师动众,郑国一定会察觉。让士兵们辛苦一场却一无所得，他们一定会有怨恨之心。况且，军队要远行千里，还有谁会不知道呢？"

【原文】

公辞焉。召孟明、西乞、白乙，使出师于东门之外。蹇叔哭之，曰："孟子①，吾见师之出而不见其入也。"公使谓之曰："尔何知！中寿②，尔墓之木拱矣③！"

【注释】

①孟子：即孟明。"子"是古代对男子的美称。②中寿：六七十岁。③拱：两手合抱。

【译文】

秦穆公却不听蹇叔的劝告。他召集孟明、西乞和白乙三位将领，命令他们率兵从东门出师。蹇叔为他们而哭，说："孟明啊！我只能看着秦军出师，却看不到秦军回师了！"秦穆公派人对蹇叔说："你懂什么！你若是活到六七十岁的话，你坟墓上种的树该长到两手合抱粗了（意思是你早该死了）！"

【原文】

蹇叔之子与师，哭而送之，曰："晋人御师必于殽。殽有二陵焉①；其南陵，夏后皋之墓也；其北陵，文王之所辟风雨也。必死是间，余收尔骨焉。"秦师遂东。

【注释】

①殽：同"崤"，山名。崤山有两陵，南陵和北陵，相距三十五里，地势险要。

【译文】

蹇叔的儿子也在出征的队伍中。他哭着送儿子，说："晋军必定在崤山狙截我们的军队。崤山共有两座山峰：南面那座是夏王皋的坟墓，北面那座是周文王当年避雨之地。你们必定会在这两峰之间丧命,到时候我就去到那里给你收尸骨!"秦国的军队于是就向东出发了。

【评析】

本文记叙了秦、晋崤之战前,秦国老臣蹇叔在大军出征郑国之前劝阻的事。

文中秦穆公执迷不悟,不听蹇叔的劝阻,一意孤行,劳师攻郑,最终招致惨败。蹇叔三次痛哭:一是为国家,既慨叹秦师的有去无回,又是提醒统帅要高度谨慎,高度肯定了他的忠君爱国、料事如神、深谋远虑;二是为自己的家,为儿子上战场送死而满腔悲痛;三是哭"谏",一心希望秦穆公早日醒悟,来停止这三军之行。一句"余收尔骨",更是将其因诀别爱儿而无比痛楚的心情描绘得淋漓尽致。同时,也讥讽和批判了秦穆公的贪功心切、粗陋浅薄、刚愎自用。

卷二

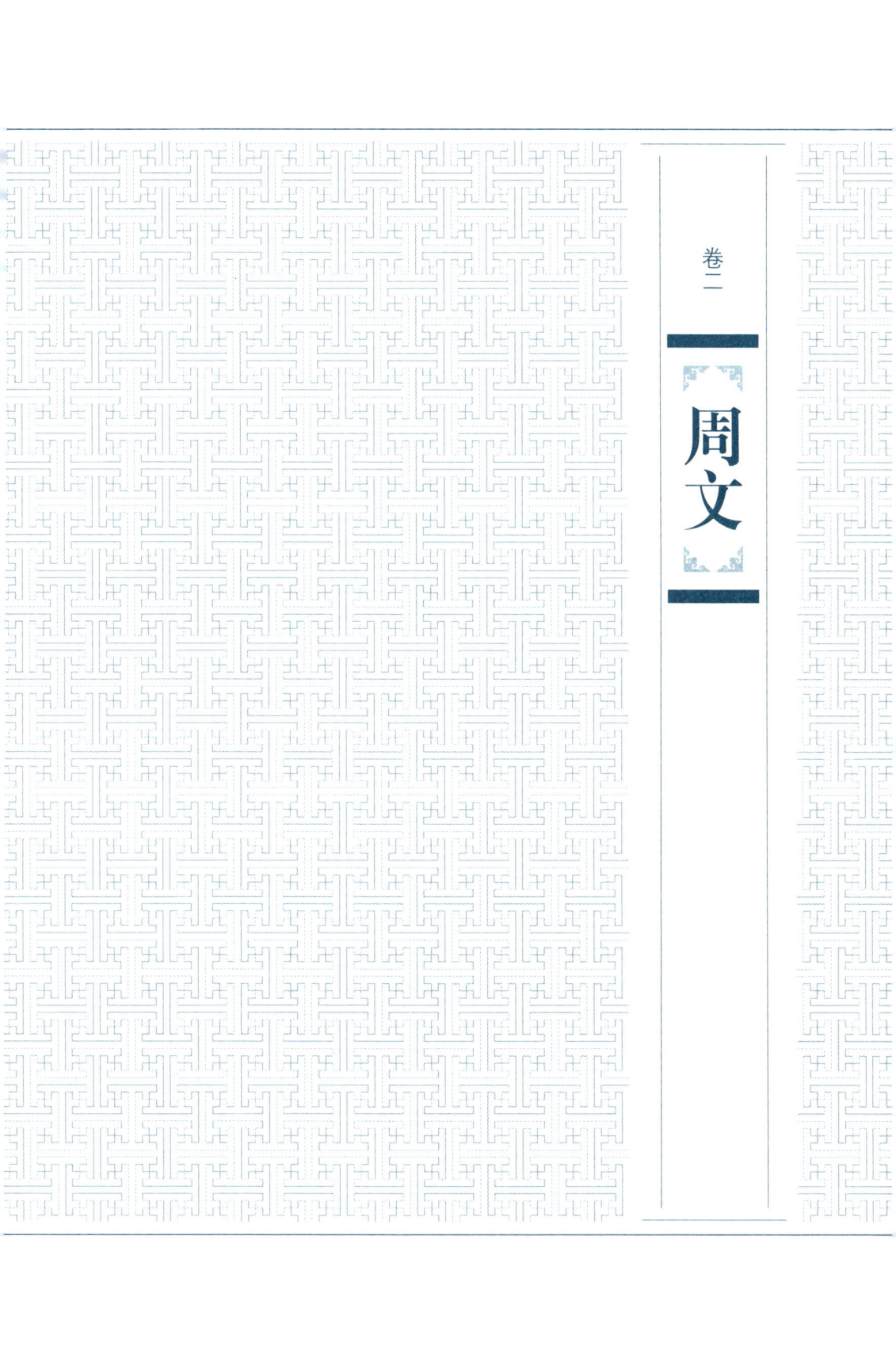

周文

王孙满对楚子

《左传·宣公三年》

【题解】

春秋时期，周室王权衰落，诸侯争霸，中原逐鹿。楚庄王先后吞并周边一些小国，接着便陈兵于周朝边境，询问九鼎的轻重，伺机取代周王朝。王孙满借题发挥，就鼎的轻重问题，讥讽楚庄王，说他只靠武力而不靠德行是无法真正服人的，更不能达到统治天下的目的。

【原文】

楚子伐陆浑之戎①，遂至于洛，观兵于周疆②。定王使王孙满劳楚子。楚子问鼎之大小轻重焉。对曰："在德不在鼎。昔夏之方有德也，远方图物③，贡金九牧，铸鼎象物，百物而为之备，使民知神、奸。故民入川泽、山林，不逢不若④。螭魅罔两⑤，莫能逢之。用能协于上下，以承天休⑥。

【注释】

①陆浑之戎：西北少数民族的一支，原居今甘肃敦煌一带，后迁居到近河南洛水两岸。②观兵：检阅军队，这里有耀武扬威的意思。③图物：描绘各地的奇异事物。④不若：不顺，不利之物。⑤螭魅罔两：即螭魅魍魉，山林水泽中的精灵妖异。⑥天休：上天赐予的福分。

【译文】

楚庄王讨伐陆浑之戎，于是来到洛河，在周王朝的边境上摆开阵势以炫耀军力。周定王派大夫王孙满前来慰问楚庄王。楚庄王趁机问起了九鼎的大小和轻重。王孙满回答说："统治天下在于德行，而不在于有鼎。从前夏代实行德政的时候，远方的人就把他们当地的各种奇异之物绘制成图，进献给夏王，九州之长也把金属品贡献上来。禹王用这些金属铸成九鼎，还在上面描绘出各种奇异的图像，使百姓懂得哪些是神明，哪些是邪恶的东西。所以百姓进入山川沼泽时，就不会碰到不顺利的事情。山川木石的鬼怪，百姓也不会碰到。因此才能使上下团结，以领受上天赐予的福分。

【原文】

桀有昏德，鼎迁于商，载祀六百。商纣暴虐，鼎迁于周。德之休明①，虽小，重也。其奸回昏乱，虽大，轻也。天祚明德，有所厎止②。成王定鼎于郏鄏，卜世三十，卜年七百，天所命也。周德虽衰，天命未改。鼎之轻重，未可问也。"

【注释】

①休明：美好光明。②厎（zhǐ）：最终的年代。

【译文】

夏桀昏乱无德，九鼎便被迁到商朝，经历了六百年。商纣王暴虐无道，九鼎又被迁到周朝。如果天子德行美好光明，九鼎虽小，但也无法迁走。如果天子行为昏乱，九鼎再大，也可以迁走。上天保佑德行好的人也是有限度的。成王将九鼎固定安放在王城郏鄏的时候，曾经占卜，周朝可以传世三十代，历年七百，这是上天的安排。虽然现在周朝的德行衰落了，天命还未更改。九鼎的轻重，您就不必过问了。"

【评析】

这件事情是在楚庄王征伐陆浑之戎后，转兵至周室的洛邑，并在周室边境上摆兵列阵时发生的。

夏、商、周三朝都把鼎当作王权的象征。面对楚国的来势汹汹，周王以礼相待。楚庄王一直野心勃勃，便趁机问起了周王鼎的轻重，大有取代周王、一统天下的意图。王孙满站在维护周王朝的立场上，看穿了楚庄王的野心，便处处用"德"和"天命"为有利的武器，打击了他的嚣张气焰。

"天命"当然是迷信的说法，但就当时的形势来说，周朝还可维持"天子"的名义。楚国如果侵犯周王，势必激起各诸侯国的反对。因此，王孙满的警告便很有分量，也很有说服力。

齐国佐不辱命

《左传·成公二年》

【题解】

本文讲述齐、晋鞌之战后，战败的齐国向晋国求和，宾媚人求和之时紧扣晋人的无理要求，抓住其把柄，进行了犀利的反击，扭转了逆势。晋国在理屈词穷的被动局面下，最后答应讲和。显示了宾媚人善于把握局势、机智善辩和高超的外交才能。

【原文】

晋师从齐师，入自丘舆①，击马陉②。齐侯使宾媚人赂以纪甗、玉磬与地③。"不可，则听客之所为。"

【注释】

①丘舆：地名，齐国境内，在今山东益都县内。②马陉（xíng）：地名，齐邑名，在益都县的西南。③宾媚人：齐国上卿，即国佐。甗（yǎn）：陶器，甑的一种，是一种礼器。玉磬：乐器。纪：古国名。为齐所灭。纪甗玉磬，是齐灭纪时所得到的珍宝。

【译文】

晋军追击齐军，从丘舆进入齐国境内，攻打齐国的马陉。齐顷公派遣宾媚人带着纪国的炊器、玉磬和土地前去求和，还叮嘱说："他们不答应，那就听从他们的要求吧。"

【原文】

　　宾媚人致赂，晋人不可，曰："必以萧同叔子为质，而使齐之封内尽东其亩①。"对曰："萧同叔子非他，寡君之母也；若以匹敌②，则亦晋君之母也。吾子布大命于诸侯，而曰必质其母以为信，其若王命何③？且是以不孝令也。《诗》曰：'孝子不匮，永锡尔类。'若以不孝令于诸侯，其无乃非德类也乎？

【注释】

　　①尽东其亩：田地垄亩全改为东西方向，以后晋国的兵车过入齐境便于通行。古代田亩制，一亩宽一步、长百步，有东西向和南北向的不同。②匹敌：对等，这里指国君的地位平等。③王命：先王以孝治天下的遗命。

【译文】

　　宾媚人将礼物献给晋国人，晋国人果然不肯讲和，说："必须要萧同叔的女儿做人质，而且还要使齐国境内的所有土地全部改成东西方向才可以。"宾媚人回答说："萧同叔的女儿不是别人，那就是我们国君的母亲啊；以地位来看，也就是晋国国君的母亲。您向诸侯发布命令说一定要用晋国国君的母亲做人质，以作为换得信任的条件，这样您将先王以孝治天下的命令置于何地？这是让人做不孝的事情啊。《诗经》中说：'孝子行孝道没有任何缺失，上天将会永远赐福于你的同类。'如果对诸侯下不孝的命令，这恐怕不是施恩德于同类吧？

【原文】

　　先王疆理天下，物土之宜，而布其利①。故《诗》曰：'我疆我理，南东其亩。'今吾子疆理诸侯，而曰'尽东其亩'而已，唯吾子戎车是利，无顾土宜，其无乃非先王之命也乎？反先王则不义，何以为盟主？其晋实有阙②。四王之王也，树德而济同欲焉③；五伯之霸也，勤而抚之，以役王命；今吾子求合诸侯，以逞无疆之欲。《诗》曰：'敷政优优④，百禄是遒⑤。'子实不优，而弃百禄，诸侯何害焉？

【注释】

　　①"先王"一句：疆理，指对田地的划分与治理。物，考察，察看。布，

分布。②阙：缺点，过失。③济：满足的意思。同欲：共同的欲望。④敷：同"布"。优优：平和的样子。⑤百禄：百福，百种福禄。遒：积聚。

【译文】

先王划定疆界，治理土地，要看土地适宜种植什么，然后再种植合适的农作物。所以《诗经》中说：'我划定疆界，治理土地，使田埂有的顺着南北方向，有的顺着东西方向。'如今您划分各国的土地，却说'将田埂全部改为东西走向'，只顾有利于您的战车出入，不顾土地的自然条件，这恐怕不是先王的遗命吧？违反先王的命就是不义，这样还怎么做盟主呢？这实在是晋国的过失啊！四王统一天下的时候，树立德行，完成大家共同的心愿。五伯称霸诸侯的时候，勤勤恳恳，安抚诸侯，执行先王的遗命。现在您想联合诸侯，却一心只想满足自己没有限度的欲望。《诗经》说：'实行平和的政策，各种福禄都会汇聚起来。'您现在实行的政策不平和，自己抛弃了各种福禄，这对诸侯又有什么害处呢？

【原文】

不然，寡君之命使臣，则有辞矣。曰'子以君师辱于敝邑，不腆敝赋①，以犒从者②；畏君之震，师徒挠败③。吾子惠徼齐国之福④，不泯其社稷，使继旧好，唯是先君之敝器、土地不敢爱。子又不许，请收合余烬⑤，背城借一⑥。敝邑之幸，亦云从也；况其不幸，敢不唯命是听？'"

【注释】

①不腆敝赋：不强大的军队。腆：丰厚。赋：军队。②犒：本指慰劳军队，这里是一种外交辞令，意思是与晋人作战。③挠败：挫折失败。④徼：同"邀"，求取，祈求。⑤余烬：指残余的军队。⑥背城借一：背靠着城，再打一仗。意即在城下决一死战。

【译文】

如果您不肯讲和，我国国君已在我来之前吩咐我说：'您率领军队来到我们的国土上，我们以微薄的军力来与您作战。由于畏惧您的威严，我们的军队遭到了挫败。承蒙您为求取齐国的福佑，没有灭掉我们的国家，使我们能够保持旧日的友好关系，因此，我们国君绝不吝惜自己的宝物和土地。但您又不答应，那就请您允许我们收集残兵败将，在我国城下决战。即使我国侥幸打胜了，以后还是会听从您的命令；倘若不幸战败，那就更加不敢不听从您的命令了！'"

【评析】

　　齐、晋两国交战，齐国惨败，齐侯便派使臣带厚礼前去讲和，但晋国恃强凌弱，提出两点要求：以齐君的母亲作为人质，同时还要求齐国变更田地的走向。

　　面对晋国的盛气凌人和无理要求，使臣毫不退让，抓住了对方的薄弱环节，也提出两条：一条以"孝德"为武器，指出晋国与秦国的地位相同，齐君之母也是晋君之母，这种做法就是违背了先王以孝治天下的命令，是为不孝；另一条以《诗经》中的名句，"四王和五伯以德行治理天下"，这样的要求违背了先王的命令，是为不义。最后，使臣又向晋国示弱，说如果晋国不同意求和，齐军只有拼死一战，但不论结果如何，齐国都会尊重晋国的要求，如此又给足了晋王面子。

　　使臣的辩辞虽然委婉，但有理有据，最终使晋国不得不答应讲和。

楚归晋知䓨

《左传·成公三年》

【题解】

公元前597年，晋国和楚国发生战争，最后楚胜而晋败。楚国活捉晋国大夫知䓨，而晋国也生擒楚国公子榖臣。八年后，晋、楚两国互换囚徒。知䓨身为徒囚徒，但在楚王面前，没有半点卑躬屈膝，对楚王的无理问话予以有力的反驳。

【原文】

晋人归楚公子榖臣，与连尹襄老之尸于楚，以求知䓨。于是荀首佐中军矣①，故楚人许之。王送知䓨，曰："子其怨我乎？"对曰："二国治戎，臣不才，不胜其任，以为俘馘②。执事不以衅鼓③，使归即戮，君之惠也。臣实不才，又谁敢怨？"

【注释】

①中军：古代军事编制，分为左、中、右三军，一般为主帅亲率中军。②俘馘（guó）：俘虏。馘，战争中割下敌人尸首的右耳朵，来记战功。③衅鼓：古代的一种祭礼，用牲畜的血来涂抹钟鼓，这里是杀掉的意思。

【译文】

晋人计划将楚国公子榖臣和连尹襄老的遗体归还给楚国，以此要求换回知䓨。当时荀首已经升任晋国中军副帅，所以楚人答应了晋国的要求。楚王在送知䓨回国的时候，问他说："您怨恨我吗？"知䓨回答说："两国交战，下臣没有才能，不能担当重任，所以做了俘虏。您的兵将没有杀掉我，并且让我回晋国去接受诛戮，这是您的恩惠啊。下臣实在没有才能，又敢怨恨谁呢？"

【原文】

王曰："然则德我乎？"对曰："二国图其社稷，而求纾其民①，各惩其忿，以相宥也②，两释累囚，以成其好。二国有好，臣不与及，其谁敢德？"王曰："子归何以报我？"对曰："臣不任受怨，君亦不任受德。无怨无德，不知所报。"

【注释】

①纾：宽舒，这里是解除苦难的意思。②宥：原谅，宽恕。

【译文】

楚王说："既然这样，那么你感激我吗？"知罃回答说："两国为了国家大业，希望能减轻百姓痛苦，所以彼此抑止自己的愤怒而互相原谅，双方都释放战俘，以结成友好。两国的友好，下臣不曾与谋，我又感激谁呢？"楚王说："你回去以后，用什么报答我？"知罃回答说："下臣无所怨恨，君王也不受恩德。没有怨恨，没有恩德，我不知道该怎样报答。"

【原文】

王曰："虽然，必告不穀。"对曰："以君之灵，累臣得归骨于晋①，寡君之以为戮，死且不朽。若从君之惠而免之，以赐君之外臣首；首其请于寡君，而以戮于宗，亦死且不朽。若不获命，而使嗣宗职，次及于事②，而帅偏师以修封疆，虽遇执事，其弗敢违。其竭力致死，无有二心，以尽臣礼。所以报也！"王曰："晋未可与争。"重为之礼而归之。

【注释】

①累臣：被俘虏的人，这里是知罃的谦称。②次及于事：事，军事，这里是担任军事职位。

【译文】

楚王说："即使是这样，你也应该把您的想法告诉我。"知罃回答说：

"如果承蒙你的恩惠，我能够活着回到晋国，即使我们国君将我处死，我死而不朽。如果再承蒙您的恩惠，我没有被处死，而是把我赐给您的外臣荀首，荀首再向国君请命，将我处死在自己宗庙中，我也死而不朽。如果国君不杀我，而让我继承先祖的职位，继续在军中任职，率领军队以治理边疆，即使碰到君王的文武官员，我也不敢违抗我国军令。我会竭尽全力作战，绝无二心，以尽到为臣的职责，这就是我要报答您的。"楚王说："晋国，是不能和它较量的。"于是就为知䓨举行了隆重的礼仪，然后送他回国。

【评析】

本文记述了知䓨被俘几年，因为晋、楚两国和解，交换俘虏，在回国之前和楚王的一段对话。一个是即将被释放的俘虏，另一个是一国之君，二人有问有答，尤为巧妙。

知䓨作为一个俘虏，楚王想利用他可能怨恨、可能感激的心理，以"怨我"、"德我"、"报我"等试探性词句对知䓨进行逼问。面对楚王的逼问，知䓨处处避开锋芒，答非所问，却又在情在理。

面对第一问，知䓨不直接回答，而将被俘的缘由归结为是自己"不胜其任"，委婉地绕开"怨"字；面对第二问，知䓨同样不正面回答，而将话头转向两国利益，认为这是两国之间的交易，巧妙地将私情搁置一边；面对第三问，知䓨承接前两问的回答，打消了楚王试图笼络的念头。三问过后，知䓨又以"竭力致死，无有二心"这样充满正气、不卑不亢的回答，将楚王的问话架空，让楚王无言以对。

知䓨的机智答语，不仅保住了自己的性命、得到了楚王的尊重，也为晋国赢得了荣耀。由此可知，一个人只有自尊自爱，才能最终获得他人的尊重。

吕相绝秦

《左传·成公十三年》

【题解】

秦、晋是相邻的两个强国，他们之间往来很多，为了政治利益，世代联姻，但又互相争斗。公元前580年，秦、晋交恶，晋国派吕相前往秦国与之绝交，于是产生了这篇外交辞令。全文以雄辩壮阔著称，在委婉中锋芒毕露，强词夺理，揭示了当时大国之间激烈的政治、军事、外交斗争的实质，对后世之作产生了较大的影响。

【原文】

晋侯使吕相绝秦，曰："昔逮我献公及穆公相好，戮力同心①，申之以盟誓，重之以昏姻②。天祸晋国，文公如齐，惠公如秦。无禄，献公即世。穆公不忘旧德，俾我惠公用能奉祀于晋。又不能成大勋，而为韩之师。亦悔于厥心③，用集我文公④，是穆之成也。

【注释】

①戮力同心：齐心协力。戮，并力。②重之以昏姻：用婚姻的形式巩固这种友好关系。重：加重。昏：同"婚"。③厥心：他的心里。厥：他。④集：成就，支持。

【译文】

晋厉公派遣大夫吕相去跟秦国绝交，说："从前我国献公和你们穆公一直非常友好，两国齐心协力，并把这种关系用盟约誓言确定下来，并互通婚姻来巩固两国的友好关系。不料，上天有意降灾祸给晋国，文公逃奔齐国，惠公逃奔秦国。不幸，献公去世了，秦穆公不忘昔日的恩情而使我惠公继承君位。可惜秦穆公不能支持惠公完成大业，反而发动了韩原之战。事后，穆公也很后悔，于是支持我文公回国为君，这都是秦穆公的功劳。

【原文】

"文公躬擐甲胄①，跋履山川，逾越险阻，征东之诸侯虞、夏、商、周之胤而朝诸秦，则亦既报旧德矣。郑人怒君之疆场，我文公帅诸侯及秦围郑。秦大夫不询于我寡君，擅及郑盟。诸侯疾之，将致命于秦。文公恐惧，绥靖诸侯。秦师克还，无害，则是我有大造于西也②。

【注释】

①躬擐（huàn）甲胄：亲自穿着铠甲、戴着头盔。躬：亲自。擐：穿。②造：功劳。西：指秦国，在晋国之西。

【译文】

"我文公披甲戴盔，跋山涉水，历尽艰难险阻，征伐东方诸侯，使虞、夏、商、周的后代都来朝见秦国，这算是报答秦穆公昔日的恩德了。郑国人侵占秦国边境，我文公便率领诸侯和秦国军队一起去围攻郑国。秦国大夫未与我文公商量，就擅自与郑国订立盟约。诸侯对此心怀痛恨，决心与你们拼命决战，文公担心秦国受损，便说服了诸侯，秦国军队才得以回国，没有受到危害，这也是我们对秦国很大的恩德吧！

【原文】

"无禄，文公即世，穆不为吊，蔑死我君，寡我襄公，迭我殽地①，奸绝我好，伐我保城，殄灭我费滑，散离我兄弟，挠乱我同盟，倾覆我国家。我襄公未忘君之旧勋，而惧社稷之陨，是以有殽之师。犹愿赦罪于穆公。穆公弗听，而即楚谋我。天诱其衷②，成王陨命③，穆公是以不克逞志于我。

【注释】

①迭：同"轶"，指突然袭击。②天诱其衷：上天引导他们的意愿。诱，引导。③陨：同"殒"，灭亡。

【译文】

"不幸,文公去世,秦穆公却没有前来吊唁,这是轻视我文公,欺侮我襄公,接着你们又袭击我们的殽地,断绝同我们的友好,攻打我们的城堡,灭掉我们的邻邦滑国,离间我们兄弟国的关系,扰乱我们的盟邦,颠覆我们的国家。我们襄公没有忘记穆公昔日的恩情,但又害怕国家遭受灭亡,因此才会有殽地之战。我们希望穆公宽免我们的罪过,但穆公不接受,反而拉拢楚国来谋害我们。上天保佑我国,使楚成王丧命,进而使秦穆公侵犯我国的阴谋未能得逞。

【原文】

"穆、襄即世,康、灵即位。康公,我之自出,又欲阙剪①我公室,倾覆我社稷,帅我蟊贼②,以来荡摇我边疆,我是以有令狐之役。康犹不悛③,入我河曲,伐我涑川,俘我王官,剪我羁马,我是以有河曲之战。东道之不通,则是康公绝我好也。

【注释】

①阙剪:阙,同"掘",挖掘。剪,削弱。②蟊贼:原指吃禾苗的害虫,这里比喻危害国家和人民的人,指晋文公的儿子公子雍。③悛:悔改。

【译文】

"秦穆公、晋襄公去世,秦康公和秦灵公即位。康公是我们晋献公的外甥,但他居然想削弱我们的公室,颠覆我们的国家,他率公子雍一起扰乱我们的边境,于是我们才有了令狐之战。康公虽然战败,但还不肯悔改,又入侵我国河曲一带,攻打我们的涑川,劫掠我们的王宫,占领我们的羁马,又导致了河曲之战。我们和秦国之间断绝邦交,正是因为康公断绝了同我们的友好关系。

【原文】

"及君之嗣也,我君景公引领西望,曰:'庶抚我乎?'君亦不惠称盟。利吾有狄难,入我河县,焚我箕、郜,芟夷我农功①,虔刘我边陲②。我是以有辅氏之聚。君亦悔祸之延,而欲徼福于先君献、穆,使伯车来命我景公,曰:'吾与女同好弃恶，复修旧德，以追念前勋。'言誓未就，景公即世。我寡君是以有令狐之会。君又不祥，背弃盟誓。

【注释】

①芟（shān）夷：毁坏。农功：农作物。②虔刘：杀戮的意思。

【译文】

"等到您即位之后，我们景公怀着殷切的希望说：'秦国总算要抚恤我国了吧！'不料，您也不肯施舍，也不打算与我国结盟，却利用我国与狄国作战之时，进攻我们黄河地区，焚烧我箕、郜两地，抢割我国的农作物，杀害我边疆的百姓，因此才有辅氏之战。您也为我们两国战祸蔓延而感到懊悔，希望向两国的献公、穆公求福，所以您派遣伯车来传令给我们景公说：'我们和你们重归于好，恢复昔日我们友好的关系，一起来追念先王的功德吧！'盟约还未达成，景公就去世了。我们厉公与您在令狐举行了盟誓。您又产生了不善之心，背弃了盟约。

【原文】

白狄及君同州，君之仇雠①，而我之昏姻也。君来赐命曰：'吾与女伐狄。'寡君不敢顾昏姻，畏君之威，而受命于使。君有二心于狄，曰：'晋将伐女。'狄应且憎，是用告我。楚人恶君之二三其德也②，亦来告我曰：'秦背令狐之盟，而来求盟于我，昭告昊天上帝、秦三公、楚三王，曰："余虽与晋出入，余唯利是视。"'

【注释】

①仇雠：仇敌。②二三其德：主意不定，反复无常。

【译文】

白狄和你们同处雍州，是君王的仇敌，却是我们的亲戚，您传令给我们说：'我要和你们一起进攻白狄！'我们国君不敢顾念我们与白狄之间的姻亲关系，又畏惧君王的威严，便遵从了你的命令。可是您又和白狄私好，对他们说：'晋国要来攻打你们了。'白狄口头上对你们示好，心里却憎恶你们的做

·049·

法，所以他将这些告诉了我们。楚国人讨厌您这种反复无常的行为，也派人来告诉我们说：'秦国背叛令狐之盟，来与我们结盟，他们向着皇天上帝、秦国的三位先公和楚国的三位先王宣誓说："我们虽然同晋国有往来，但纯粹是为了利益。"'

【原文】

　　不穀恶其无成德，是用宣之，以惩不一。诸侯备闻此言，斯是用痛心疾首，昵就寡人①。寡人帅以听命，唯好是求。君若惠顾诸侯，矜哀寡人，而赐之盟，则寡人之愿也。其承宁诸侯以退②，岂敢徼乱？君若不施大惠，寡人不佞，其不能以诸侯退矣。敢尽布之执事，俾执事实图利之！"

【注释】

　　①昵就：亲近。②承宁：宁静，平息。

【译文】

　　我们厌恶秦国这种心无诚意的做法，所以公开了此事，以表示对你们反复无常的行为的惩罚。诸侯听到这番话，感到心痛不已，因此更加亲近我们。如今我率领诸侯一起听从您的命令，只是希望与您真正和好。您如果愿意施恩于各诸侯，并且怜悯我们，赐我们缔结盟誓，这是我们的心愿，这样我们也好去安抚其他诸侯，让他们撤兵，如此他们怎敢自求战乱呢？您如果不愿意施予恩于我们，我们国君也没有什么才能，怕是无法劝诸侯们撤兵。这些话我全都跟您讲了，请您仔细地考虑其中的利害关系吧！"

【评析】

　　本文是晋国吕相写给秦国的一封绝交书。全篇未说"绝交"二字，但是处处有绝交之意。吕相以时间为线索，口若悬河、滔滔不绝地从晋献公和秦穆公缔结盟约开始，直至秦国背信弃义，表面上是在陈述两国的邦交历史，实际上是在变相地罗列秦国背叛晋国的条条罪状，把秦国描画成了一个言而无信、唯利是图、心胸狭窄的小人。

　　两国之间的战争和交往都是为了利益，这印证了一句俗语：没有永远的朋友和敌人，只有永远的利益。秦国为争霸中原，多次袭击中原诸侯国，破坏与晋国的同盟国关系。

　　文章委婉中锋芒毕露，利用了夸饰铺张，体现了外交辞令的典型特点。

祁奚请免叔向

《左传·襄公二十一年》

【题解】

　　这是春秋时期一个很有名的故事。叔向是晋国的贤臣，因为弟弟羊舌虎参与叛乱被牵连下狱。面对死亡，他坦然处之，对晋平公的宠臣乐王鲋主动表示愿为他说情不屑一顾，反而寄希望于已经告老退休的祁奚。祁奚不远千里赶来营救，直接面见范宣子，陈述道理，最终使叔向获释。

【原文】

　　栾盈出奔楚。宣子杀羊舌虎，囚叔向①。人谓叔向曰："子离于罪②，其为不知乎？"叔向曰："与其死亡若何？《诗》曰：'优哉游哉，聊以卒岁'。知也。"

【注释】

　　①羊舌虎：即叔虎，叔向之异母弟，与栾盈同党。②离：同"罹"，遭遇。

【译文】

　　晋国大夫栾盈出逃到楚国。范宣子杀了羊舌虎，并囚禁了叔向。有人对叔向说："你受这样的罪，恐怕是由于自己不够明智吧？"叔向说："跟那些死了的和逃跑的相比又怎么样呢？《诗经》说：'快乐无忧地度过剩下的岁月！'这才是明智啊。"

【原文】

　　乐王鲋见叔向曰："吾为子请。"叔向弗应，出不拜。其人皆咎叔向。叔向曰："必祁大夫。"室老闻之曰①："乐王鲋言于君无不行，求赦吾子，吾子不许；祁大夫所不能也，而曰必由之，何也？"叔向曰："乐王鲋从君者也，何能行？祁大夫外举不弃仇，内举不失亲，其独遗我乎？《诗》曰：'有觉德行，四国顺之。'夫子，觉者也②。"晋侯问叔向之罪于乐王鲋。对曰："不弃其亲，其有焉③。"

【注释】

①室老：古时卿大夫家中有家臣，家臣之长称室老。②觉者：正直的人。③其有焉：可能有阴谋。

【译文】

乐王鲋去见叔向说："我去为您求情。"叔向没有回答，乐王鲋离开时，叔向也没有拜谢他的好意。旁人都责备叔向，叔向说："只有祁大夫才能救我。"他的家臣之长听到这话就说："乐王鲋在君主面前说的话没有不被采纳的。他想去求君王赦免您，您却不答应。祁大夫无法办到此事，您却说必须他才行。这是为什么呢？"叔向说："乐王鲋是顺从君主的人，他求情怎么能行？而祁大夫举荐人才外不避仇，内不避亲，难道他会唯独丢弃我不管吗？《诗》说：'有德之人，天下人都会顺从'。祁大夫就是这样的人啊！"晋平公向乐王鲋询问叔向的罪责时，乐王鲋说："他没有抛弃亲人，大概是有同谋的吧。"

【原文】

于是祁奚老矣，闻之，乘驲而见宣子①，曰："《诗》曰：'惠我无疆，子孙保之。'《书》曰：'圣有谟勋②，明征定保。'夫谋而鲜过，惠训不倦者，叔向有焉，社稷之固也。犹将十世宥之，以劝能者。今壹不免其身，以弃社稷，不亦惑乎？鲧殛而禹兴，伊尹放大甲而相之，卒无怨色。管蔡为戮，周公右王。若之何其以虎也弃社稷？子为善，谁敢不勉，多杀何为？"宣子说，与之乘，以言诸公而免之。不见叔向而归，叔向亦不告免焉而朝。

【注释】

①驲：古代驿站用车。②谟勋：谋略和功勋。

【译文】

这时候，祁奚已经告老还乡了，听说这件事之后，便乘着驿站的马车来见范宣子，说："《诗》说：'祖先给予我们无穷的恩惠，子孙后代永远享用吧。'《尚书》说：'圣贤有谋略和功勋，应该对他的安定和保佑有明显的表示。'出谋划策而少有过失，给人许多教益而不知疲倦，只有叔向这样的人才能使国家得以稳固。即使他的十代子孙有过错都应该宽恕，以此勉励那些有能力的人。如今因为一件小事就丢弃国家栋梁，这难道不是太糊涂了吗？鲧被诛杀，而他的儿子禹却兴起；伊尹起初曾放逐太甲，后来又辅佐太甲为相，太甲终无怨色；管叔、蔡叔被杀，而他们的兄长周公却辅佐成王。我们怎么能因为羊舌虎的缘故抛弃整个国家呢？如果您与人为善，谁还敢不竭力？为何要多杀人呢？"范宣子听了这番话，很高兴，便同祁奚一起坐车去见晋平公，共同劝说晋平公赦免了叔向。祁奚也没有去见叔向就回家去了，叔向也没有向祁奚致谢，直接就去朝见晋平公。

【评析】

本文从栾盈逃亡至楚国后，范宣子杀了羊舌虎，囚禁了叔向起笔。叔向是军国政坛上的风云人物，受累下狱，但是他并没有自怨自艾，而是用"优哉游哉，聊以卒岁"来宽慰自己，反映了他豁达的人生态度。

当趋炎附势的乐王鲋主动要为叔向求情时，叔向没有答应，乐王鲋就在晋平公面前故作猜疑，说明了他的巧言令色。接着写祁奚闻听叔向被囚，不辞劳苦赶到京城为他说情。他列举古代君王贤臣对罪人、亲人的态度进行劝说，强调以国家利益为重，打动了范宣子，使晋平公赦免了叔向。表现出祁奚的怜才、爱才以及救才心情的迫切，间接地写出叔向的镇静大度与知人，也再次烘托了乐王鲋的小人行径。

结尾写到祁奚与叔向之间，祁奚为救贤良奔波求情而不居功，叔向坦荡荡接受恩情而不道谢，君子形象由此可见。

晏子不死君难

《左传·襄公二十九年》

【题解】

　　"君难"指齐庄公因为与崔杼之妻私通而被杀之事。本文记叙了晏子对待此事的态度：既不为他而死，也不因他而逃亡。在他看来，无论国君和臣子，都应为国家负责。如果国君失职，臣子就不必为他尽忠。这种态度被史家认为是符合礼仪的，在当时很有进步意义。

【原文】

　　崔武子见棠姜而美之，遂取之。庄公通焉。崔子弑之。

【译文】

　　崔武子见到棠姜，觉得她很美，便娶了她。齐庄公和棠姜私通。崔武子就杀了齐庄公。

【原文】

　　晏子立于崔氏之门外。其人曰："死乎？"曰："独吾君也乎哉，吾死也？"曰："行乎？"曰："吾罪也乎哉，吾亡也？"曰："归乎？"曰："君死，安归？君民者，岂以陵民①？社稷是主。臣君者，岂为其口实②？社稷是养。故君为社稷死，则死之；为社稷亡，则亡之。若为己死，而为己亡，非其私昵，谁敢任之？且人有君而弑之③，吾焉得死之？而焉得亡之？将庸何归？"

【注释】

①陵：超越，凌驾。②口实：口中的食物，指俸禄。③人：指崔杼。有君：指受到君王的宠信。

【译文】

晏子站在崔武子家门外。他的随从说："你要去为国君殉难吗？"晏子说："是我一个人的国君吗，我为什么要去死？"随从说："那么你要逃走吗？"晏子说："是我的罪过吗，我为什么要逃走？"随从说："那么你要回去吗？"晏子说："国君已经死了，回哪儿去？作为百姓的君主，难道是让他以地位来凌驾于百姓之上的吗？本来是让他来主持国政的。作为君主的臣子，难道是为了自己的俸禄？本来是让他来扶持国家的。所以国君为了国家而死，那么臣下就跟着他去死；国君为了国家而逃亡，那么臣下就跟着他逃亡。如果国君是为自己而死，或为自己而逃亡，不是国君私下宠爱亲近的人，谁敢承担这个责任？况且别人受到国君的信任又杀了他，我怎能为国君而死？怎能为国君而逃亡？但是我又回到哪儿去呢？"

【原文】

门启而入，枕尸股而哭。兴，三踊而出①。人谓崔子："必杀之。"崔子曰："民之望也，舍之得民。"

【注释】

①踊：跳，这里指因悲痛而跺脚。

【译文】

门开了，晏子就进去，头枕在尸首的大腿上大声地哭。然后站起来，跺了三次脚才走出去。有人对崔武子说："一定要杀了他。"崔武子说："他是百姓所仰望的人，放了他能得到民心。"

【评析】

文章开篇就从"死"、"亡"、"归"三方面借随从的提问提出问题，晏子的回答中有反问，采用排除法，认定自己不是齐庄公的私人，议定君死过程中自己没有过错，认定自己不能从死、从亡，不过也不能苟且、回避是非，显示了晏子的沉稳和对世事的洞察。

最后归结到"社稷"二字，波澜起伏，论题鲜明，更将一位有头脑、有经验的政治家形象展现了出来。晏子的立足点在社稷，认为国君和臣子的所作所为都应该对国家负责，这个观点带有很大的进步性，受到后世广泛传诵。

本文的说理也很有特点，全文最闪光、最启发人的也就是晏子论君臣大义的一段，写得很有创意。

季札观周乐

《左传·襄公二十九年》

【题解】

鲁国是春秋时期各诸侯国中传统文化底蕴最为深厚的国家，对周朝的一些典籍、文物、乐舞等都保存得比较完整。季札是春秋有名的贤人，本文记载了他在鲁国欣赏乐舞时，十分细致地对各国的音乐进行了品评，紧密地将乐舞与政治相联系，揭示内涵，寻求真谛，深刻地反映了儒家对乐的理解，体现了极高的水平。

【原文】

吴公子札来聘，请观于周乐。使工为之歌《周南》、《召南》①，曰："美哉！始基之矣②，犹未也，然勤而不怨矣！"为之歌《邶》、《鄘》、《卫》③，曰："美哉，渊乎！忧而不困者也。吾闻卫康叔、武公之德如是，是其《卫风》乎？"为之歌《王》，曰："美哉！思而不惧，其周之东乎？"为之歌《郑》，曰："美哉！其细已甚④，民弗堪也。是其先亡乎？"为之歌《齐》，曰："美哉！泱泱乎⑤，大风也哉！表东海者，其大公乎？国未可量也。"

【注释】

①《周南》、《召南》：采自周、召地方的诗。周、召是周公、召公的封地，在这里是《诗经》中国风部分的乐调名称。②始基：开始。③《邶》（bèi）、《鄘》、《卫》：采自三地的诗，都是周代诸侯国。④细：乐曲烦琐细碎，象征着郑国政令过于烦琐。⑤泱泱：深广宏大的样子。

【译文】

吴国的公子季札前去访问鲁国,并请求观赏周王室的乐舞。鲁国派乐工为他演唱《周南》、《召南》。季札听后赞叹道:"好啊!这是周朝教化百姓的开始,虽然还没有完成任务,但已经反映出百姓勤劳而无怨恨的情绪。"为他演唱《邶风》、《鄘风》、《卫风》,季札说:"好啊,音调深沉、忧郁,但不困惑!我听说卫国的康叔和武公的品德就是如此,这是卫国的乐歌吧?"为他演唱《王风》,季札说;"好啊!有所怀念但没有畏惧,这就是周室东迁以后的乐歌吧?"为他演唱《郑风》,季札说:"好啊!只是政令太烦琐,恐怕百姓受不了呀,这是他快要灭亡的征兆吧?"为他演唱《齐风》,季札说:"好啊!声音宏大,反映出大国的气魄。不愧为东海诸侯的表率,这莫非是太公的国家?它的前途是不可限量的。"

【原文】

为之歌《豳》①,曰:"美哉,荡乎!乐而不淫,其周公之东乎?"为之歌《秦》,曰:"此之谓夏声②。夫能夏则大,大之至也!其周之旧乎?"为之歌《魏》,曰:"美哉,渢渢乎③!大而婉,险而易行。以德辅此,则明主也!"为之歌《唐》,曰:"思深哉!其有陶唐氏之遗民乎?不然,何忧之远也?非令德之后,谁能若是?"为之歌《陈》,曰:"国无主,其能久乎?"自《郐》以下,无讥焉④。

【注释】

①《豳》:采自豳地的乐歌。②夏声:正声,雅声,华夏的声调。③渢渢:指音节轻盈飘逸。④讥:评论。

【译文】

为他演唱《豳风》,季札说:"好啊!声音多坦荡呀!欢乐而有节制,这是周公东征的乐歌吧?"为他演唱《秦风》,季札说:"这是雅声,能够传承华夏正统,气势自然是非常宏大的,大到极致了!这是周室旧地的乐歌吧?"为他演唱《魏风》,季札说:"好啊!轻灵飘逸,宏大而委婉,险峻而有变化。如果有贤德的人辅佐,就一定会成为明君!"为他演唱《唐风》,季札说：" 思虑深远！这里有陶唐氏的遗民吧！不然的话，为何有如此深沉的忧思呢？如果不是有德之人的后代，谁能如此？"为他演唱《陈风》，季札说："国家如果没有明君，还能够维持长久吗？"自演唱《剑风》以后，季札便不加评论了。

【原文】

　　为之歌《小雅》，曰："美哉！思而不贰，怨而不言，其周德之衰乎？犹有先王之遗民焉！"为之歌《大雅》，曰："广哉，熙熙乎①！曲而有直体，其文王之德乎？"为之歌《颂》，曰："至矣哉！直而不倨，曲而不屈；迩而不逼，远而不携；迁而不淫，复而不厌，哀而不愁，乐而不荒；用而不匮，广而不宣；施而不费，取而不贪；处而不底，行而不流。五声和②，八风平③；节有度，守有序。盛德之所同也。"

【注释】

　　①熙熙：和美融洽的样子。②五声：宫、商、角、徵、羽。③八风：金、石、丝、匏、竹、土、革、木。

【译文】

　　为他演唱《小雅》，季札说："好啊！忧思却无叛离之心，怨恨却不言明，这是周朝衰败时期的乐曲吧？不过还有先王的遗民存在。"为他演唱《大雅》，季札说："声音多深厚宽广啊！多么和美啊！委婉曲折却又刚而不屈，这不就是周文王的盛德吗！"为他演唱《颂》，季札说："这是最高境界啊！正直但不倨傲，委婉但不屈从；亲近但不侵犯，疏远但不离心；变化却又有节制，反复但不使人厌倦；哀思但不发愁，快乐但不荒唐；供人取用但不匮乏，广大但不张扬；施舍但不浪费；索取但不贪婪；静处但不停滞，行动但不放荡。五音相和，八风协调；节奏富有韵律，乐器配合有序。这样的乐曲，与圣贤之人的美德是相同的啊。"

【原文】

　　见舞《象箾》①、《南籥》者，曰："美哉！犹有憾。"见舞《大武》者，曰："美哉！周之盛也，其若此乎！"见舞《韶濩》者，曰："圣人之弘也，而犹有惭德，圣人之难也。"见舞《大夏》者，曰："美哉！勤而不德，非禹，其谁能修之？"见舞《韶箾》者，曰："德至矣哉！大矣，如天之无不帱也②，如地之无不载也！虽甚盛德，其蔑以加于此矣③。观止矣！若有他乐，吾不敢请已！"

【注释】

①《象箾》：是一种武舞的名称，此舞执竿而舞，像作战时击刺的动作。②帱（dào）：覆盖。③蔑：无、没有。

【译文】

看到表演《象箾》、《南籥》舞时，季札说："好啊！但还有不足的地方。"看到表演《大武》舞时，季札说："好啊！周朝的盛世，大概就是这个样子吧！"看到表演《韶濩》舞时，季札说："圣人如此至德，但是仍有不完善的地方，看来圣人要做到尽善尽美也不容易啊！"看到表演《大夏》舞时，季札说："好啊！为了百姓勤奋工作却又不自恃有功，不是禹还能有谁有这样的功德呢？"看到表演《韶箾》舞时，季札说："这是最美的德行！真伟大啊，如同苍天那样无不覆盖，如同大地那样无不承载！即使有再大的功德，恐怕也无法超越他了。我观赏的乐舞已经尽善尽美了！要是还有其他乐曲，我也不敢再请求观赏了。"

【评析】

本文以"流水账"的形式记述了吴国公子季札出使鲁国，针对鲁国为他表演周朝的乐舞所作的点评之事，充分反映出季札有着深厚的艺术修养以及惊人的判断能力。他不仅能随口道出乐曲深含的乐理，甚至还能精确地判断出这些乐舞的出处和创作的时代背景。这也让我们了解了从夏、商、周到春秋时代音乐、舞蹈的发展状况、王朝兴衰、民风民俗，以及季札的文艺观、审美观。

季札对周乐的评点一般都以"美哉"开头，再联系各国的历史、政治、民俗民风加以评论，这也给我们一个极为重要的启示，那就是我们在欣赏艺术时，一定要展开想象的翅膀，将艺术与生活结合，不能单一、片面地只就艺术论艺术。要注意将生活中的感情融入艺术欣赏中去，进而体会艺术的魅力。

子产却楚逆女以兵

《左传·昭公元年》

【题解】

郑国与楚国交界,是中原诸侯的屏障,占有了郑国,楚国就有了对外扩张的跳板。公元前541年,楚公子围抱着不可告人的目的,借郑国聘问、迎亲的机会,想要接近郑国。这一阴谋被郑国识破,子产派使者子羽前去与楚国人交涉,子产一边预做军事准备,一边与楚国进行外交斗争,终于使郑国化险为夷,取得了胜利。

【原文】

楚公子围聘于郑①,且娶于公孙段氏。伍举为介②。将入馆,郑人恶之。使行人子羽与之言③,乃馆于外。

【注释】

①公子围:楚令尹,后为王,即灵王。聘:访问。②介:副使。③行人:掌管朝见聘问的官。

【译文】

楚国公子围到郑国访问,同时迎娶公孙段的女儿为妻。伍举担任副使。他们正准备进入城内馆舍,郑国人怀疑他们有诈,派行人子羽同他们交涉,于是就让他们住在城外的馆舍。

【原文】

既聘,将以众逆①。子产患之,使子羽辞曰:"以敝邑褊小,不足以容从者，请墠听命②！"令尹使太宰伯州犁对曰："尹辱贶寡大夫围③，谓围：'将使丰氏抚有而室④。'围布几筵，告于庄、共之庙而来。若野赐之⑤，是委君贶于草莽也！是寡大夫不得列于诸卿也！

【注释】

①逆：此指迎亲。②墠（shàn）：郊外祭祀的场地。③贶（kuàng）：赠送，赏赐。④抚有而室：就是做妻室。而，同"尔"，你。⑤若野赐之：意谓在城外举行婚礼。

【译文】

访问结束以后，公子围准备带领军队前去迎亲。子产担心这件事，派子羽推辞说："由于敝国地方狭窄，容纳不下随从的人，请容许我们在城外修整祭祀的场地，并且听从您的命令！"公子围派太宰伯州犁回答说："蒙君王赏赐敝国大夫公子围，告诉围说'将让丰氏做你的妻室。'公子围摆设了祭筵，在庄王、共王的宗庙祭告后才来。如果在城外办婚礼，这是将君王的赏赐抛在了草丛里，这就使敝国大夫公子围不能置身于卿大夫们的行列了！

【原文】

不宁唯是，又使围蒙其先君，将不得为寡君老，其蔑以复矣。唯大夫图之！"子羽曰："小国无罪，恃实其罪①。将恃大国之安靖己，而无乃包藏祸心以图之。小国失恃而惩诸侯，使莫不憾者，距违君命②，而有所壅塞不行是惧！不然，敝邑，馆人之属也，其敢爱丰氏之祧？"伍举知其有备也，请垂橐而入③。许之。

【注释】

①恃：指依靠大国而自己无防备。②距：同"拒"，拒绝及违抗。③垂橐（gāo）：古代盛放衣甲或弓箭的袋子。

【译文】

不仅是这样，又使围欺骗自己的先君，将不能再做敝国国君的大臣，恐怕也无法向敝国国君复命了。希望大夫考虑这件事！"子羽说："小国没有罪，依靠大国才真正是它的罪过，本来打算依靠大国安定自己，又害怕他们包藏祸心来谋害自己。敝国唯恐小国失去依靠，致使诸侯心怀戒备，使他们莫不怨恨大国，抗拒君王的命令，从而使大国的命令受到阻碍，无法施行。要不是这个原因，敝国是替贵国看守馆舍的，岂敢爱惜丰氏的宗庙而不让入内？"伍举知道郑国有了防备，就请求让军队垂下箭囊入城。郑国同意了。

【评析】

本文记述了楚、郑两国围绕着入城和不允许入城的问题，展开了一场针锋相对的外交斗争。

作者首先叙述事件发生的背景：楚公子围访问郑国，并阴谋借迎娶公孙段女儿之机偷偷袭击郑国，孰料郑国早有防备。接着是两国代表伯州犁、行人子羽之间斗智斗勇的正面交锋，伯州犁的辞令冠冕堂皇，打着郑国国君赐婚的幌子软硬兼施，又进一步渲染了公子围对婚事的郑重程度，反衬着郑国的无理怠慢。而子羽的辞令先硬后软，无懈可击，巧妙地解决了郑国的燃眉之急，使郑国转危为安。

吴许越成

《左传·哀公元年》

【题解】

公元前494年，吴王夫差击败越国，越王勾践派大夫文种向夫差求和，夫差想要答应，但遭到了大夫伍子胥的反对。伍子胥指出，越国一旦休养生息，强大后就会对吴国造成很大威胁，他劝谏夫差斩草除根，但夫差不听从伍子胥的忠告，同意越国求和，最终导致了吴国的灭亡。

【原文】

吴王夫差败越于夫椒，报檇李也①。遂入越。越子以甲楯五千保于会稽，使大夫种因吴太宰嚭以行成②。吴子将许之。伍员曰："不可。臣闻之：'树德莫如滋，去疾莫如尽。'昔有过浇杀斟灌以伐斟鄩，灭夏后相。后缗方娠③，逃出自窦，归于有仍，生少康焉，为仍牧正。惎浇能戒之④。浇使椒求之，逃奔有虞，为之庖正，以除其害。

【注释】

①檇（zuì）李：在今浙江嘉兴市。定公十四年，吴王阖庐带兵攻打越国，在檇李被越军打败，阖庐受伤身亡。②嚭以行成：嚭，春秋末吴王夫差的宠臣，楚大夫伯州犁之孙，奔吴为太宰。行成，议和的意思。③后缗（mín）方娠：后缗，夏后相之妻，有仍氏之女。方娠，正怀孕。④惎（jì）：憎恨，怨毒。戒：戒备。

【译文】

吴王夫差率兵在夫椒打败了越军，为在檇李之战中丧命的父亲报了仇。随后，吴军趁势攻入越国。越王勾践率领五千披甲执盾的兵士守住会稽山，并派大夫文种通过吴国的太宰嚭向吴王求和。吴王意欲答应文种的求和。伍员说："不行！臣听说：'树立品德要靠日积月累，扫除祸害必须干净彻底'。古时过国的浇，杀死斟灌又攻打斟鄩，最后灭了夏王相。而相的妻子缗当时正身怀有孕，她从城墙的小洞里逃走，回到有仍，生下了少康。少康长大后做了有仍的牧正，他对浇痛恨至极，并时刻提防他。浇派臣子椒四处搜寻少康的下落，少康便逃奔到虞国，在那里做了庖正，这才躲避了杀身之祸。

【原文】

　　虞思于是妻之以二姚①，而邑诸纶，有田一成，有众一旅。能布其德，而兆其谋，以收夏众，抚其官职；使女艾谍浇，使季杼诱豷，遂灭过、戈，复禹之绩。祀夏配天，不失旧物。今吴不如过，而越大于少康，或将丰之，不亦难乎？勾践能亲而务施，施不失人，亲不弃劳，与我同壤而世为仇雠。

【注释】

　　①二姚：虞思的两个女儿。有虞氏是舜的后代，姓姚。

【译文】

　　后来虞思又把两个女儿嫁给他，还把纶邑封给他，有土地方圆十里，有百姓五百人。他布施德政，开始着手准备复国的谋划，召集夏朝移民的余部，安抚他们并给他们官做。同时他派女艾去浇那里做间谍，派季杼去引诱浇的弟弟豷，于是灭掉了过国和戈国，复兴了夏禹的功业。重新祭祀夏的祖先以配享天帝，保持了夏朝当年的典章制度。现在的吴国比不上过国，而越王勾践却强于少康，上天如果让越国强盛起来，岂不成了吴国的重大隐患了吗？勾践这个人能够亲近百姓，且善施恩惠而不遗漏任何一个有功之人，越国与我国土地相连而且世代有仇。

【原文】

　　于是乎克而弗取，将又存之，违天而长寇雠，后虽悔之，不可食已①。姬之衰也，日可俟也②。介在蛮夷，而长寇雠，以是求伯，必不行矣。"弗听。退而告人曰："越十年生聚，而十年教训，二十年之外，吴其为沼乎！"

【注释】

①不可食：无法后悔，不能挽救。食，引申为消除，用作动词。②俟：等待。

【译文】

这个时候我们战胜了他，不但不加以消灭，反而打算保全他，这真是违背天意而助长敌寇，以后即使后悔也来不及了！姬姓的衰亡指日可待呀。我国处在蛮夷之间，却又让仇敌恣意强大，用这样的方式谋霸业，显然是行不通啊！"吴王不听。伍员退下来，告诉别人说："越国用十年时间聚集财富，再用十年时间教化百姓、训练军队，二十年后，吴国的宫殿恐怕要变成池沼了！"

【评析】

本文是一篇讽谏之文，故事虽然平常，但伍子胥的讽谏之言却独具特色。他没有为夫差大讲道理，而是借用少康复兴夏朝的故事讽喻夫差不要姑息养奸，以免放虎归山、养虎为患。

文章的中心是突出伍子胥的忠谏，为了说明"树德莫如滋，去疾莫如尽"的道理，伍子胥不厌其烦地讲述了少康中兴的故事，以警醒吴王夫差提高警惕。这是伍子胥的第一层用意。紧接着伍子胥又清晰地认识到吴许越求和会产生的严重后果，将历史与现实进行鲜明的对比，直接向吴王夫差指出当今吴国不如昔日过国实力强大，一旦越国发展壮大，就难以对付了。这是伍子胥的第二层用意。最后伍子胥又分析了勾践的为人之长以及吴、越之间你死我活的严峻形势。这便是伍子胥的第三层用意。

但不幸的夫差由于决策的失误，忠谏而不纳，终于自食其果，付出了亡国的沉重代价。

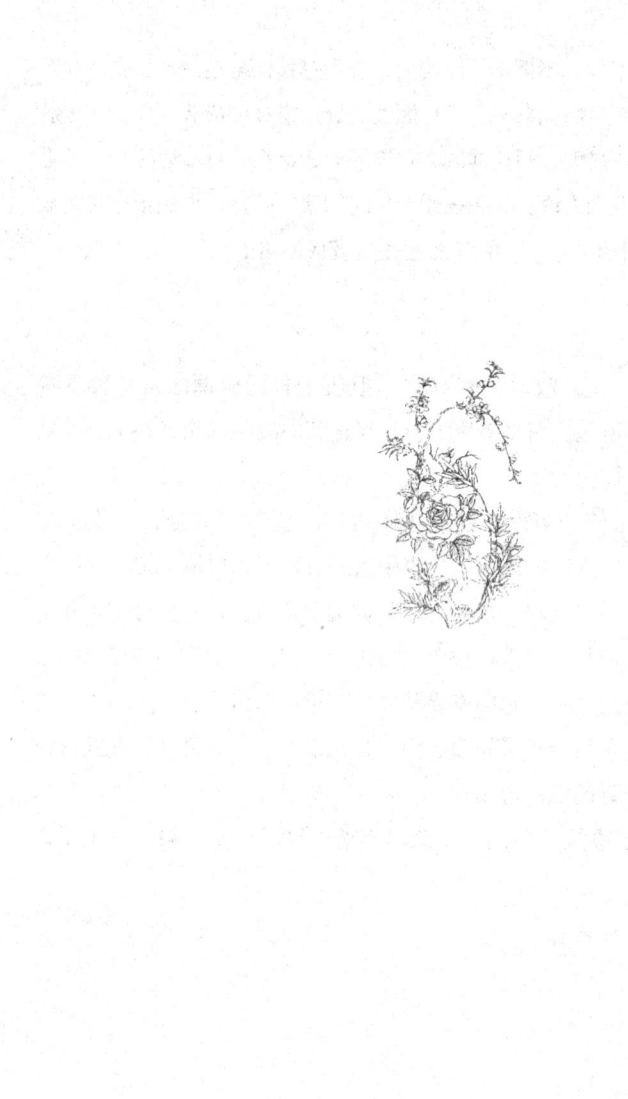

卷三

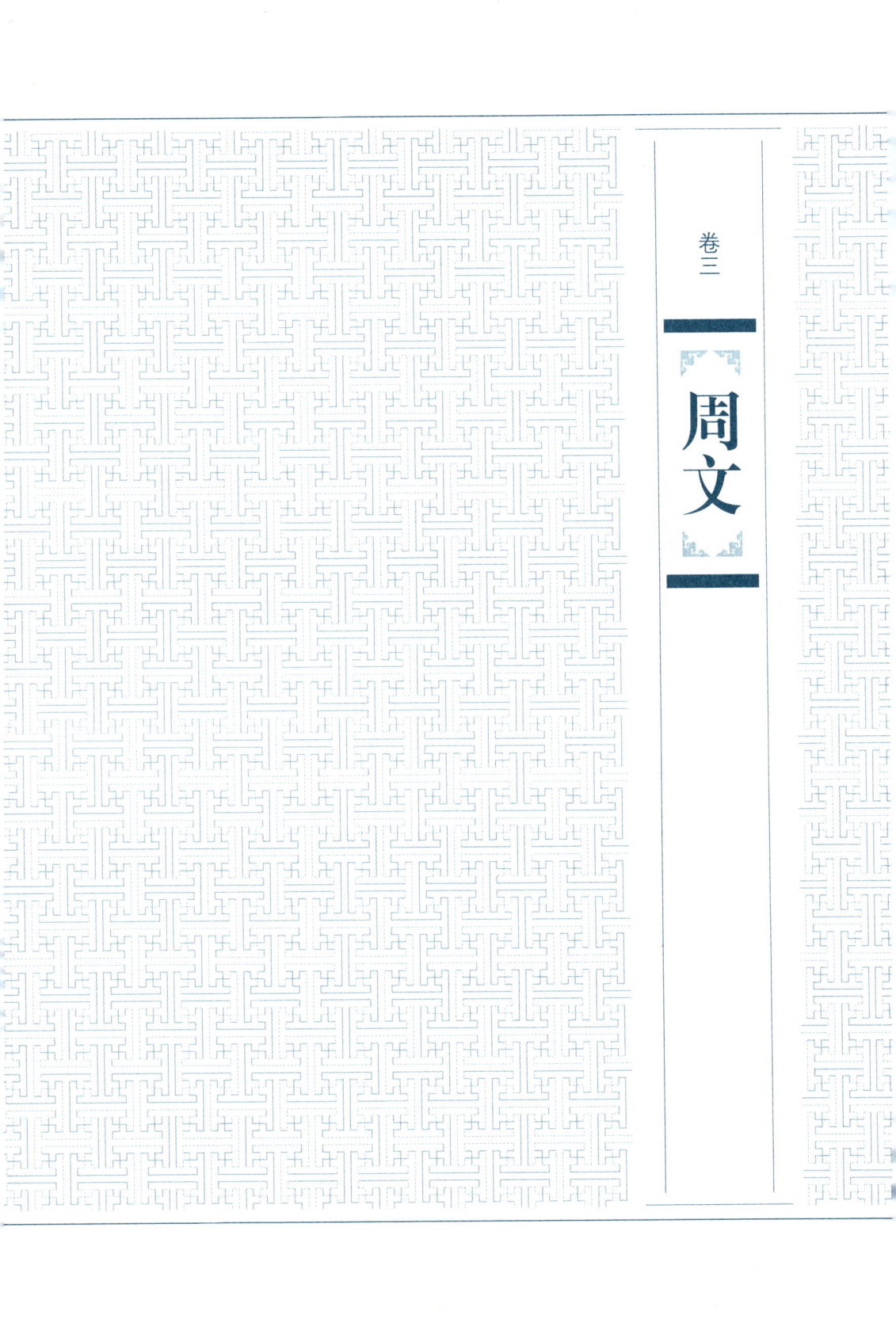

周文

祭公谏征犬戎

《国语·周语上》

【题解】

《国语》是我国最早的一部国别体史书。它记载了周朝王室和鲁国、齐国、晋国、郑国、楚国、吴国、越国等诸侯国的重要历史事件，时间从周穆王西征犬戎到智伯被灭。本文讲述周穆王穷兵黩武，多次劳师远征，攻打犬戎的故事。大臣祭公谋父不满穆王的这种做法，极力劝谏，但穆王不听，最终自取其辱。

【原文】

穆王将征犬戎①，祭公谋父谏曰："不可！先王耀德不观兵。夫兵，戢而时动②，动则威。观则玩，玩则无震。是故周文公之《颂》曰：'载戢干戈，载櫜弓矢。我求懿德，肆于时夏。允王保之。'先王之于民也，茂正其德而厚其性③，阜其财求而利其器用，明利害之乡，以文修之，使务利而避害，怀德而畏威。故能保世以滋大。

【注释】

①犬戎：古代戎族的一支，犬是其族图腾。②戢：收藏，聚集。③茂：意思是指导子民讲求美德。厚：使其敦厚。

【译文】

周穆王想要征伐犬戎，祭公谋父劝阻说："不行！先王历来昭示道德而不崇尚武力。军队在平时要养精蓄锐，只有必要的时候才动用，一旦动用就要显示出强大的威力。如果只是为了炫耀武力，就会导致滥用，而滥用就会使军队丧失神威。所以周文公所作的《颂》中说：'收好戈与盾，藏好弓与箭，我王讲求美德，望其传遍华夏，相信我王能永远保持这种美德。'先王对于百姓，总是鼓励他们端正德行，修心养性，满足他们丰富的物质需求，使他们有称心的器物用具，对他们讲明利害所在，同时对他们以礼乐加以教养，务必使他们从事有利的事情而避免有害的事情，并且心怀仁德、畏惧天威。正因如此，先王的基业才能世代相承，并且日渐壮大。

【原文】

"昔我先世后稷①，以服事虞、夏。及夏之衰也，弃稷弗务。我先王不窋用失其官，而自窜于戎、翟之间。不敢怠业，时序其德，纂修其绪②，修其训典；朝夕恪勤，守以惇笃，奉以忠信；奕世载德，不忝前人③。至于武王，昭前之光明，而加之以慈和，事神保民，莫不欣喜。商王帝辛，大恶于民，庶民弗忍，欣戴武王，以致戎于商牧。是先王非务武也④，勤恤民隐而除其害也。

【注释】

①先世后稷：世，父子相继两代称世。稷，专管农事的官员。②纂修其绪：纂，同"缵"，继承，承续。绪，指代代相承的事业。③不忝：不辱没。④务武：崇尚、从事武力。

【译文】

"从前我们先王相继担任后稷之职，尽心尽力服侍虞、夏两朝。到夏朝衰落之后，便丢弃了这个职位，不再致力于农业生产。我们先王不窋在丢弃了职位后逃奔到戎、狄一带。他不敢懈怠旧业，时时宣扬先王的美德，继续完成他的大业，认真学习祖先的训令和典章；一天到晚都谨慎勤劳，无一时不敦厚、不忠信，用纯朴笃实的态度加以保持，用忠诚信实的态度加以奉行；世世代代继承祖先的功德，不曾玷污先人。武王即位以后，继续以仁慈、和善之心将先人美德发扬光大，又加以仁慈平和，侍奉神灵，保佑人民，百姓无不为此欣喜。而那时的商纣王暴虐成性，百姓无法继续忍受，纷纷拥戴武王，也因此导致了商郊牧野之战。但这并不是武王崇尚武力，而是体恤民情，为民除害啊。

【原文】

"夫先王之制：邦内甸服，邦外侯服，侯卫宾服，夷蛮要服，戎翟荒服。甸服者祭，侯服者祀，宾服者享，要服者贡，荒服者王。日祭、月祀、时享、岁贡、终王，先王之训也。有不祭则修意，有不祀则修言，有不享则修文，有不贡则修名，有不王则修德①，序成而有不至则修刑。

【注释】

①王：臣服。修：检查。

【译文】

"先王的制度是：王畿以内五百里的地方称甸服，王畿以外五百里的地方称侯服，侯服以外至卫服以内的地方称宾服，宾服以外的蛮、夷地方称要服，要服以外的戎、狄地方称荒服。甸服之地要供天子日祭所需，侯服之地要供天子月祀所需，宾服之地要供天子四季时享所需，要服之地要供天子岁贡，荒服之地要在天子即位当天朝贡一次。这日祭、月祀、时享、岁恭以及终王的规矩是先王留下的训导。如果有不供日祭的，天子就检查自己内心是否有不足之处；有不供月祭的，就检查自己的言论是否有不当之处；有不按季献祭品的，就检查自己的法令是否有不适之处；有不进岁贡的，就检查那些尊卑名号是否有不妥之处；有不朝见的，就检查自己的德行，如果一一都做到了，还有不遵守礼制的，就检查自己的刑法。

【原文】

于是乎有刑不祭，伐不祀，征不享，让不贡，告不王。于是乎有刑罚之辟①，有攻伐之兵，有征讨之备，有威让之令，有文告之辞。布令陈辞而又不至，则又增修于德，无勤民于远。是以近无不听，远无不服。"

【注释】

①辟：法律，法令。

【译文】

于是，就有了刑罚，以惩戒不供日祭之人，讨伐不供月祀之人，征伐不按季献祭品之人，谴责不纳岁贡之人，警告不朝见之人。所以，也就有了刑罚的制度，有了征讨的军队，有了攻打的武力，有了谴责的命令，有了警告的文辞。如果宣布法令、昭告文辞之后，还有不遵守礼制的，天子就应该再检查自己的德行，而绝不能轻易劳民远征。这样，近处的诸侯没有不听从的，远方的诸侯也没有不服从的。"

【原文】

"今自大毕、伯仕之终也，犬戎氏以其职来王，天子曰：'予必以不享征之，且观之兵。'其无乃废先王之训，而王几顿乎①？吾闻夫犬戎树惇，能帅旧德②，而守终纯固③，其有以御我矣！"王不听，遂征之，得四白狼、四白鹿以归。自是荒服者不至。

【注释】

①几顿：几，差不多。顿，败坏的意思。②树惇：树立敦厚的德行。③守终纯固：守终，坚守终生入朝一次。纯固，专一。

【译文】

"自从大毕、伯仕两位首领去世以后，犬戎的君王一直依照先王礼制对荒服的规定来朝见天子，您却说：'我一定要用不享的罪名去征讨犬戎，用来展现军队的神威。'这难道不是违背先王的遗训，使'荒服者王'的制度也遭到破坏吗？我听说犬戎的首领树立敦厚的德行，遵循先人的美德，保持朝拜的礼节。这样一来，他们在道义上已经能抵抗我们了。"周穆王不听祭公谋父的劝谏，依然领兵前去讨伐犬戎，结果只得到四匹白狼、四只白鹿回来。从此以后，那些荒服的诸侯就不再来朝见天子了。

【评析】

本文记叙了祭公谋父劝谏周穆王不要发兵征讨犬戎的言辞和穆王不听劝谏的结果。文中祭公谋父的劝谏主要围绕"德"字展开。

针对穆王黩武远征的举动，祭公谋父进行劝谏，从两方面展开观点。一是从原则上，讲述了周先王的传统做法，以德服人，不轻易动兵，以德报民，深得百姓的拥戴。二是从王制上，摆出了周王朝的法令制度和先王的遗训，遇到诸侯不朝之时，先从自身查找原因，绝不会"勤民于远"。祭公谋父的这番劝谏既有史实为例，又有法令为证，气势充沛，颇能说服人，但文中的周穆王刚愎自用，不接受劝告，一意孤行，结果搞得威信扫地，结果劳师动众也仅仅得到了四白狼、四白鹿而已。

　　文末的这一揭晓，含有讽刺意味，也体现出祭公谋父处理国家大事的正确方略以及高明的见解，使后世之人明白"为政以德"的道理。

召公谏厉王止谤

《国语·周语上》

【题解】

周厉王是我国历史上有名的暴君，他的暴政引起了国人的强烈不满，百姓纷纷指责他。他反而以刑杀的高压手段加以制止，这无疑是火上浇油。召公清醒地看到了潜在的危险，便规劝周厉王不要壅民之口，而应"宣之使言"，但周厉王不听，最终被国人从国君的宝座上拉下来，流放到了外地。

【原文】

厉王虐，国人谤王。召公告曰："民不堪命矣[①]！"王怒，得卫巫[②]，使监谤者，以告，则杀之。国人莫敢言，道路以目。王喜，告召公曰："吾能弭谤矣，乃不敢言。"

【注释】

[①]不堪命：这里指厉王暴虐的政令。不堪命，是说国人受不了国王发布的暴虐命令了。[②]卫巫：古时以降神事鬼为职业的人。

【译文】

周厉王暴虐成性，国内的百姓纷纷指责他。召公告诉厉王说："百姓已经忍受不了您的暴政啦！"厉王恼羞成怒，于是找来一个卫国巫师，叫他去监视那些口出怨言的人。只要被巫师报告的人，厉王便将他们杀掉。自此，国内的百姓不敢再说话，在路上相遇时也只能互递眼神。厉王为此感到高兴，便告诉召公说："我能制止百姓对我的指责了，他们都不敢口出怨言了。"

【原文】

召公曰："是障之也①。防民之口，甚于防川。川壅而溃，伤人必多，民亦如之。是故为川者，决之使导；为民者，宣之使言②。故天子听政，使公卿至于列士献诗，瞽献典③，史献书，师箴，瞍赋，矇诵④，百工谏，庶人传语，近臣尽规，亲戚补察。瞽、史教诲，耆、艾修之⑤，而后王斟酌焉，是以事行而不悖。

【注释】

①障：封堵，阻塞。②宣：引导，开放。③瞽献典：瞽，盲艺人，这里指乐官太师。此言乐官进献反映民意的歌曲。④瞍：没有瞳仁的盲人。矇：有瞳仁而看不见东西的盲人。⑤耆、艾：古称六十岁以人的人为"耆"，五十岁以上的人为"艾"。这里指朝中老臣。

【译文】

召公说："这是封堵了他们的嘴。堵百姓的嘴，比堵塞洪水还危险。河水被堵塞，就会一溃千里，受伤害的人一定更多，封堵百姓的嘴也是如此。所以，治理河道的人，应该懂得疏导洪水，使它畅通无阻；治理百姓的人，要引导他们畅所欲言。所以天子处理国家大事，要让公卿大夫直到底层的士人都敢于献诗讽谏，盲艺人敢于献乐曲，史官敢于献史籍，少师敢于献箴言，瞍者敢于朗诵，矇者敢于吟唱，各色工匠勇于进谏，百姓的意见都够传达给天子，近臣能够悉心规劝，宗室能够以正纠偏，乐官能够教诲不倦，朝中老臣能够进行劝诫，最后天子斟酌裁决，只有这样，政事才能得以施行，且不违背情理。"

【原文】

"民之有口也，犹土之有山川也，财用于是乎出；犹其有原隰衍沃也①，衣食于是乎生。口之宣言也，善败于是乎兴。行善而备败，所以阜财用、衣食者也②。夫民虑之于心而宣之于口，成而行之③，胡可壅也？若壅其口，其与能几何？"王弗听，于是国人莫敢出言，三年，乃流王于彘。

【注释】

①原隰（xí）衍沃：原，高且平坦的土地。隰，地势低而潮湿的洼地。衍，

低而平坦的土地。②阜：增加，增多。③行：指自然而然地流露。

【译文】

"百姓有嘴，犹如大地上有山有水一样，财富、器物都从这里生产出来；又犹如大地上有高原、洼地、平川和沃野一样，衣服、食物都从这里生产出来。百姓的议论，就是国家治理成败的反映，国家政事的善恶成败也才能够从这里反映出来。实施百姓赞成的，防备百姓反对的，这是增加财富、器物、衣服、食物的好办法。百姓心里想什么，就用嘴巴说，这是他们内心想法的自然流露，怎么能封堵他们的嘴呢？如果封堵他们的嘴，那这个国家还能够维持多久呢？"厉王不听召公的劝告，自此以后，国内的百姓都不敢乱说话。三年以后，厉王就被放逐到了彘地。

【评析】

本文将谏言的原因、经过、结果分析得清晰详尽，叙述了周厉王作为一国之君被流放外地的前因后果。

周厉王暴虐成性，面对百姓的口出怨言，他不但不悔改，反而变本加厉，以刑杀来压制百姓对他的指责。他用暴力解决表面的问题，不但没有认识到后面隐藏的危险，反而自鸣得意。召公为此很是担忧，便去劝谏厉王，并提出"防民之口，甚于防川"的卓越见解，提醒厉王应该允许百姓畅所欲言，才能够做到"以事行而不悖"，但周厉王执迷不悟，不听劝阻，最后自食其果，落得被流放彘地的下场。

"水能载舟，亦能覆舟"这个千古不变的真理再一次得到印证。所以要维持一个国家的统治，就要赢得百姓的支持与信任，这样国家才能长治久安，才能世代传承，延续下去。

单子知陈必亡

《国语·周语中》

【题解】

　　陈灵侯是历史上有名的昏君，穷奢极欲，荒淫无道，不理国事。陈灵侯在位期间，宠幸投机取巧的奸臣孔宁和仪行父，君主三人共同淫乱，与夏氏有染，不久为夏氏之子所杀。本文记载的就是单子路过陈国时，遭到冷遇，面对国事荒废的陈国而发出的感慨。

【原文】

　　定王使单襄公聘于宋。遂假道于陈，以聘于楚。火朝觌矣①，道茀不可行也。侯不在疆②，司空不视涂，泽不陂，川不梁，野有庾积，场功未毕，道无列树，垦田若艺，膳宰不致饩③，司里不授馆，国无寄寓，县无旅舍。民将筑台于夏氏。及陈，陈灵公与孔宁、仪行父南冠以如夏氏，留宾弗见。

【注释】

　　①觌（dí）：见，看见。②候：掌管迎送宾客的小官。③饩：粮食或饲料。

【译文】

　　周定王派单襄公访问宋国，此后又向陈国借道去访问楚国。那时，清晨已经能见到火星，是夏历十月了，道路上杂草丛生，根本无法行走，负责迎送宾客的人也不在边境迎候，司空不巡视道路，湖泊不修堤坝，河流不架桥梁，田野中还堆放着粮食，谷场的农事还没有完毕，道路两旁没有种植树木，田里的庄稼长得稀稀拉拉，膳夫不给宾客供应食物，里宰不给宾客安排住处，都邑内没有客房，郊县里没有旅舍，老百姓还要去为夏氏修筑楼台。到了陈国都城，陈灵公与大臣孔宁、仪行父都穿戴着楚国式的服饰到夏氏家玩乐，丢下宾客不接见。

【原文】

单子归，告王曰："陈侯不有大咎，国必亡。"王曰："何故？"对曰："夫辰角见而雨毕①，天根见而水涸②，本见而草木节解，驷见而陨霜，火见而清风戒寒。故先王之教曰：'雨毕而除道，水涸而成梁，草木节解而备藏，陨霜而冬裘具，清风至而修城郭宫室。'故《夏令》曰：'九月除道，十月成梁。'其时儆曰：'收而场功，偫而畚挶③，营室之中，土功其始，火之初见，期于司里。'此先王所以不用财贿，而广施德于天下者也。今陈国火朝觌矣，而道路若塞，野场若弃，泽不陂障，川无舟梁，是废先王之教也。

【注释】

①辰角：辰，同"晨"。角：星名。②田根：星名。③偫（zhì）：准备。畚挶：畚和挶都是用来盛物品的器具。

【译文】

单襄公回朝后，向周定王报告说："陈侯如果不遭受灾难，陈国也一定要灭亡。"周定王问："这是什么原因啊？"单襄公答道："当角星在早晨出现时，表示雨水会结束；天根在早晨出现时，表示河水即将干枯；氐星在早晨出现时，表示草木将会凋落；房星在早晨出现时，表示要降霜了；火星在早晨出现时，表示天气已冷，该准备过冬了。所以先王的教导说：'雨水结束便修整道路，河水干枯便修造桥梁，草木凋谢便储藏粮食，霜降来临就准备好冬衣，寒风吹起就修整城郭宫室。'所以《夏令》说：'九月整修道路，十月架桥设梁。'还提醒人们说：'结束场院的农活，准备好搬运土石的器具，当营室之星见于中天时，就开始营造房屋，当火星初次出现时，到司里那里集合。'这就是先王不费钱财而向老百姓广施恩惠的原因啊。如今在陈国，早晨已能见到火星了，但道路却堵塞不通，农村的谷场也已被废弃，湖泊不修堤坝，河流不架桥梁，这是荒废先王的教导啊。

【原文】

"周制有之曰：'列树以表道，立鄙食以守路①，国有郊牧，疆有寓望，薮有圃草，囿有林池，所以御灾也，其余无非谷土，民无悬耜，野无奥草。不夺民时，不蔑民功。有优无匮，有逸无罢。国有班事②，县有序民。'今陈国道路不可知，田在草间，功成而不收，民罢于逸乐，是弃先王之法制也。

【注释】

①鄙食：郊外每隔一段距离就有简陋的庐舍提供饮食。②班事：指木工做事情有条有理。

【译文】

"周代的制度规定：'种植树木，用以标明道路的远近，郊外提供食宿，用以款待来往的旅客，都城的近郊有专设的牧场，边境有接待宾客的设施，洼地里有茂盛的水草，园苑中有林木和池塘，这都是用来抵御灾害的啊，其余的地方没有不种植五谷的，百姓没有闲置的农具，田野没有丛生的杂草。不耽误农时，不浪费人民的劳力。这样才能使百姓生活富裕而不穷困，安逸而不疲惫。都城中的土木工程都在有次序地进行，郊外的民众也轮番劳作。'而现在的陈国，道路无法辨认，农田杂草丛生，庄稼熟了无人收割，百姓由于陈侯的享乐而疲于劳作，这是抛弃了先王的法规制度啊。

【原文】

"周之《秩官》有之曰：'敌国宾至，关尹以告，行理以节逆之，候人为导，卿出郊劳，门尹除门，宗祝执祀，司里授馆，司徒具徒①，司空视涂②，司寇诘奸③，虞人入材，甸人积薪，火师监燎，水师监濯，膳宰致飧，廪人献饩，司马陈刍，工人展车，百官以物至，宾入如归。是故小大莫不怀爱。其贵国之宾至，则以班加一等，益虔。至于王使，则皆官正莅事，上卿监之。若王巡守，则君亲监之。'今虽朝也不才，有分族于周，承王命以为过宾于陈，而司事莫至，是蔑先王之官也。

【注释】

①司徒：西周开始设置，是掌管国家土地、人口和财务的官员。②司空：官

职名，掌管土地、水利工程。③司寇：官职名，掌管刑狱、纠察等事。

【译文】

"周的《秩官》篇说：'地位相等国家的宾客来访，守关的官员便要向上报告，国君还派行理手持符节前去迎接，候人引路，卿士到郊外慰劳，守门的人清扫门庭，管祭祀的人陪同宾客行祭礼，司里安排住处，司徒调派仆役的人，司空视察道路，司寇盘查奸盗，虞人供应木材，甸人运送燃料，火师监察火烛，水师料理盥洗的事情，膳宰进送熟食，廪人献奉粮米，马夫准备好牲口的饲料，工人检修车辆，百官各自送来供应的物品，客人来访如同回到了家里。这样，宾客不分贵贱等级，没有不感到满意的。如果是大国的使臣来到，接待的规格就提高一个等级，更为恭敬。如果是天子的使臣来到，则由各部门的长官监督办理，让上卿监察他们。如果是天子下来巡视，则要国君亲临督察。'如今我虽然没有什么才能，但也算是周王的亲族，是奉天子之命，作为宾客而途经陈国，然而主管的官员却没有一个前来接待，这是蔑视先王的官员啊。

【原文】

"先王之令有之曰：'天道赏善而罚淫，故凡我造国，无从匪彝①，无即慆淫，各守尔典，以承天休。'今陈侯不念胤续之常，弃其伉俪妃嫔，而帅其卿佐以淫于夏氏，不亦渎姓矣乎②？陈，我大姬之后也。弃衮冕而南冠以出，不亦简彝乎？是又犯先王之令也。

【注释】

①匪彝：违反常规。匪，同"非"。彝，法度，常规。②渎姓：亵渎同姓。夏氏是妫姓，陈也是妫姓，因此称"渎姓"。

【译文】

"先王的法令中说：'上天是奖励善良的，惩罚淫乱的，所以凡由我们周室治理的国家，就不允许违背法令，不迁就怠惰放纵，每个人都遵守自己的职分，来承受上天的赐福。'如今陈侯不顾念历代相承的法度，抛弃他的妃嫔们，而带领下属到夏氏那里去恣意淫乐，这难道不是亵渎姬姓吗？陈侯是我们大姬的后裔，却丢弃自己的礼服而穿戴楚地的服饰外出，这难道不是怠慢常法吗？这又是违背先王的政令啊。

【原文】

"昔先王之教，茂帅其德也，犹恐陨越。若废其教而弃其制，蔑其官而犯其令，将何以守国？居大国之间，而无此四者，其能久乎？"六年，单子如楚。八年，陈侯杀于夏氏。九年，楚子入陈。

【译文】

"过去，人们对于先王的教导，总是努力遵行，还恐怕有所差池。像这样荒废先王的教导、抛弃先王的法度、蔑视先王的官员、违背先王的政令，又拿什么来巩固国家政权呢？处在大国之间，却又不仰仗先王的教导、法度、官员、政令，难道还能长久吗？"周定王六年，单襄公访问楚国。定王八年，陈灵公被夏征舒杀害。定王九年，楚庄王便进攻陈国。

【评析】

单襄公路过陈国，曾亲眼目睹了陈国的腐败现象和混乱局面，由所见所闻得出陈国"必亡"的结论。本文叙述的就是这件事情。

从文中我们可以看到，单襄公通晓天文历法、典章制度以及礼宾法规等方面的知识。他一口气列举了陈国"必亡"的十五个理由，从陈侯的所作所为与"先王之教"完全相反，违背了农时季节，不注重生产建设，不执行与他国之间的交往原则与礼节，荒淫逸乐四个方面，前后形成了鲜明对比，使结论十分有说服力。文章最后，作者简要交代了陈国在两年之后的一系列变故，证明了单子预言的正确。

文章引经据典，条分缕析，错综变化，细致淋漓地证实了当时的社会对农业、水利、交通、建筑、外交等方面都有相当完备的制度，在现代也很有借鉴意义。

展禽论祀爰居

《国语·鲁语上》

【题解】

在我国古代,人们对祭祀非常重视,认为它是和兵戎一样的国家大事。它起源于对祖先的崇拜,原是对在社会文化发展史上有突出贡献的人物所做的一种纪念方式。本文记述的是展禽根据传统的祭祀标准,从政治角度批评臧文仲祭祀海鸟的故事。这不但说明他对圣王礼制的熟悉,也表明他为官敢于直谏。

【原文】

海鸟曰"爰居",止于鲁东门之外二日。臧文仲使国人祭之①。展禽②曰:"越哉,臧孙之为政也!夫祀,国之大节也,而节,政之所成也。故慎制祀以为国典。今无故而加典,非政之宜也。

【注释】

①臧文仲:鲁国的大夫臧孙氏。②展禽:即柳下惠,名获,字禽鲁大夫。

【译文】

有一只海鸟名叫"爰居",在鲁国国都东门外已经停留两天了。执政大夫臧文仲命令国都里的百姓前去祭祀它。展禽说:"臧文仲治理政事太越礼了!祭祀,是国家的重大礼节,而这重大的礼节,则是政治成功的基础。所以应当慎重地制定祀典并将其作为国家的常法。而现在无故增加祀典,这显然不是治理政事的适宜之法。

【原文】

"夫圣王之制祀也，法施于民则祀之，以死勤事则祀之，以劳定国则祀之，能御大灾则祀之，能捍大患则祀之。非是族也，不在祀典。昔烈山氏之有天下也，其子曰柱，能植百谷百蔬。夏之兴也，周弃继之，故祀以为稷。共工氏之伯九有也，其子曰后土，能平九土，故祀以为社。黄帝能成命百物①，以明民共财。颛顼能修之②，帝喾能序三辰以固民，尧能单均刑法以议民③，舜勤民事而野死，鲧障洪水而殛死，禹能以德修鲧之功，契为司徒而民辑④，冥勤其官而水死，汤以宽治民而除其邪，稷勤百谷而山死，文王以文昭，武王去民之秽。

【注释】

①成命：命名，定名。②颛顼（zhuān xū）：传说中上古时代的首领，高阳氏。③单：同"殚"，竭尽全力。④辑：和睦。

【译文】

"圣明的先王制定祀典的准则：但凡能够施行法令而受到百姓拥护之人，祭祀他；但凡努力王事而以身殉国之人，祭祀他；但凡因功劳卓著而使国家安定之人，祭祀他；但凡能够抵御重大灾害之人，祭祀他；但凡能够抵御重大祸患之人，祭祀他。不是这一类的，不在祀典之内。从前神农氏拥有天下，他的后代名叫柱，柱能种植各种谷物和菜蔬。后来夏朝兴起，周的始祖弃继承了柱的事业，所以人们把他当作谷神祭祀他。共工氏称霸九州，他的后代名叫后土，后土能够治理九州的土地，所以人们把他当作土神祭祀他。黄帝能够给各种事物命名，并能教化百姓使之共享财产；颛顼能够继承并光大黄帝的事业；帝喾能够根据日月星辰的变化规律而制定历法，使百姓安定；尧能够公平实施刑法，使百姓有法可依；舜能够勤政爱民，以致身死苍梧之野；鲧因治理洪水而被处死；禹能以德行接替鲧的事业，继续治理洪水；契任司徒而使百姓和睦相处；冥为政勤勉而死于水中；汤从宽治理百姓并替他们除掉暴君夏桀；后稷致力于农事而死在山间；文王以文德昭著；武王伐纣为民除害。

【原文】

　　故有虞氏禘黄帝而祖颛顼①，郊尧而宗舜；夏后氏禘黄帝而祖颛顼，郊鲧而宗禹；商人禘舜而祖契，郊冥而宗汤；周人禘喾而郊稷，祖文王而宗武王。幕，能帅颛顼者也，有虞氏报焉；杼，能帅禹者也②，夏后氏报焉；上甲微，能帅契者也，商人报焉；高圉、太王，能帅稷者也，周人报焉。凡禘、郊、祖、宗、报，此五者，国之典祀也。加之以社稷山川之神，皆有功烈于民者也。及前哲令德之人，所以为民质也；及天之三辰，民所以瞻仰也；及地之五行，所以生殖也；及九州名山川泽，所以出财用也。非是，不在祀典。今海鸟至，己不知而祀之，以为国典，难以为仁且知矣。夫仁者讲功，而知者处物。无功而祀之，非仁也；不知而不问，非知也。今兹海其有灾乎？夫广川之鸟兽，恒知而避其灾也。"

【注释】

　　①禘：古代天子祭祀祖先的大典。祖：祭祀开国的祖先。②帅：遵循的意思。

【译文】

　　所以，有虞氏禘祭黄帝而祖祭颛顼，郊祭尧而宗祭舜；夏后氏禘祭黄帝而祖祭颛顼，郊祭鲧而宗祭禹；商朝人禘祭帝喾而祖祭契，郊祭冥而宗祭汤；周朝人禘祭帝喾而郊祭后稷，祖祭文王而宗祭武王。幕能够遵循颛顼的规矩，有虞氏便为他举行报恩祭；季杼能够遵循夏禹的规矩，夏后氏便为他举行报恩祭；上甲微能够遵循殷契的规矩，商朝人便为他举行报恩祭，高圉、太王能够遵循后稷的规矩，周朝人便为他们举行报恩祭。禘、郊、祖、宗、报，这五种祭祀，就是国家的祭祀大典。加上土神、谷神、山川之神，都是对百姓有功德的；还有那些前代有智慧和有美德的人，都是百姓学习的榜样；天上的日月星辰，都是百姓所仰望的；地上的金木水火土，都是万物赖以生长繁殖的；九州的大山川泽，都是赖以出产财富的。除此之外，则不在国家的祀典之内。现在，一只海鸟飞来，还不知道它的来历就去祭祀它，甚至将其列为国家的大典，这确实很难被认为是仁爱和智慧了。仁者善于评价功劳，智者善于处理事物。海鸟对于民众毫无功绩而去祭祀它，算不上是仁；不知道祭祀的制度却又不请教他人，算不上是智。现在这一带海上恐怕要发生灾害了吧？那些大海上的鸟兽，总是预先知道并躲避即将到来的灾害的。"

【原文】

是岁也，海多大风，冬暖。文仲闻柳下季之言，曰："信吾过也。季子之言，不可不法也。"使书以为三策①。

【注释】

①策：古代写字用的竹片或木片。

【译文】

这一年，海上常起暴风，冬天也很暖和。臧文仲听了展禽的话说："确实是我的错啊！展先生的话，不可不牢记啊！"并让属下把他的话写了三份存留起来。

【评析】

本文开篇即言鲁国都城东门外一只名叫"爰居"的海鸟停留两天不走，因此执政大夫臧文仲便命人前去祭祀，进而引起展禽的一番议论。

展禽开门见山，以祭祀乃国之大典为由，驳斥了臧文仲的轻率。接着详细讲述了圣人的祭祀之礼。首先指出祭祀的标准：祭祀是当时国家的大事，只有为人民建立了功劳的人以及有益于人民的事物，大家才把它当作神来祭祀，在此之外的均不能被祭祀。

之后，展禽又进一步说明人们祭祀社稷山川之神、前哲令德之人、天之三辰、地之五行以及九州名山川泽的原因，这就更加反衬出海鸟"爰居"的无功、无德，继而驳斥了祭祀海鸟的不正确和不明智之举。他历数能够被人祭祀的远祖们的丰功伟绩以及人民对他的仰慕和感激之情，详细介绍了国家祭祀的标准和礼仪，对这一主题做了很好的说明。

最后，臧文仲听到展禽的一番言论后，不仅承认自己的过错，还命人将展禽之言记录下来，显示了臧文仲的宽大胸襟。

叔向贺贫

《国语·晋语上》

【题解】

公元前541年，韩宣子被任命为晋国的正卿。本文写韩宣子因财富匮乏而发愁，大夫叔向反而向他道贺。这一"愁"一"贺"向读者阐述了贫不足忧的道理，并指出应重视个人的道德修养，没有德行而愈富有则祸害愈大，有德行则可以转祸为福。

【原文】

叔向见韩宣子，宣子忧贫，叔向贺之。宣子曰："吾有卿之名而无其实[1]，无以从二三子[2]，吾是以忧，子贺我，何故？"

【注释】

①实：这里指财富。②"无以"一句：意思是家里贫穷，没有供给宾客往来的费用，不能跟晋国的卿大夫交往。二三子，指晋国的卿大夫。

【译文】

叔向去见韩宣子，宣子正为自己贫困而忧虑，叔向却向他道贺。宣子说："我有晋卿的虚名，却没有它的财产，无法与其他卿大夫们交往，我正为这个发愁，你却向我道贺，这是为什么呢？"

【原文】

对曰："昔栾武子无一卒之田，其宫不备其宗器，宣其德行，顺其宪则，使越于诸侯。诸侯亲之，戎狄怀之，以正晋国。行刑不疚[1]，以免于难。

及桓子，骄泰奢侈，贪欲无艺②，略则行志③，假贷居贿，宜及于难，而赖武之德，以没其身。及怀子，改桓之行，而修武之德，可以免于难，而离桓之罪，以亡于楚。

【注释】

①行刑不疚：刑，国家的法律规则。疚，害病，忧虑。②艺：限度。③略则行志：略，触犯。则，国家法律。志，贪私的心意。

【译文】

叔向回答说："当初栾武子没有百人的田产，家里连祭祀的器具都不完备，但他却能够宣扬美德，遵从法规，使名声远播于诸侯。诸侯亲近他，戎狄也归附他，因此晋国才能够安定下来。他执行法度没有任何过失，因此自己也没有遭受灾难。到了桓子，他骄纵奢侈、贪得无厌、为所欲为、放债取利，本应该遭受灾难，但他依靠父亲的余荫而得以善终。到了怀子，改掉他父亲桓子的恶行，一心学习他祖父武子的德行，本可以凭此免于祸难，但却由于受到父亲桓子恶行的连累，结果只能逃亡到楚国。

【原文】

夫郤昭子，其富半公室①，其家半三军，恃其富宠，以泰于国。其身尸于朝，其宗灭于绛。不然，夫八郤，五大夫，三卿，其宠大矣②，一朝而灭，莫之哀也，唯无德也。今吾子有栾武子之贫，吾以为能其德矣，是以贺。若不忧德之不建，而患货之不足，将吊不暇，何贺之有？"

【注释】

①富半公室：公室，是指国家。半，是……的一半，作动词用。②宠：尊贵荣华。

【译文】

那个郤昭子，他的财产抵得上半个晋国，他家里的仆人抵得上三军的一半，他依仗自己的财富和势力，在晋国不可一世。结果他被在朝堂上陈尸示众，他的宗族也在绛邑被灭绝。如果不是这样，那八个姓郤的，有五个做大夫，三个做公卿，权势够大的了，可是一旦全族被诛，没有人会同情他们，就是因为他们没有德行。如今你有栾武子的清贫，我觉得你能够继承他的德行，所以我要祝贺你。如果你不忧虑德行的没有树立，而只担心财产的缺乏，那我要表示哀怜还来不及，又有什么祝贺可言呢？"

【原文】

宣子拜，稽首焉，曰："起也将亡，赖子存之，非起也敢专承之①，其自桓叔以下，嘉吾子之赐②。"

【注释】

①专承：独自承受你的教诲。②嘉：感激的意思。

【译文】

宣子倒身下拜，并向叔向叩头说："我在走向灭亡的时候，全靠你拯救了我。不仅仅是我蒙受你的恩德，就是先祖桓叔以后的子孙，也要感激你的教诲啊。"

【评析】

本文通过人物对话的方式，叙述栾、郤两个家族由兴旺走向没落的事例，阐明了叔向的主要观点，即贫穷不可怕、可怕的是不能树立德行的中心论点。即所谓的前辈若是德行深厚，则可以福及后代；反之，则会祸及子孙。

文章先提出"宣子忧贫，叔向贺之"这个违反常理的举动，然后深入地展开论述。先不直接说明贺的原因，而是举出栾、郤两家的事例说明，可贺可忧的关键在于是否有德。继而将宣子与武子加以类比，点出可贺的原因，并进一步指出，如果不建德而忧贫，则不但不可贺，反而是可吊的，最后用宣子的拜谢作结。

可见，叔向之论并非一味贺贫，而是感于时事发自肺腑的忠告。宣子随后以存亡之论为谢也并非溢词，而是警醒之后的肝胆之言。

春王正月

《公羊传·隐公元年》

【题解】

《公羊传》是专门解释《春秋》的著作，相传为子夏的学生公羊高所作，它与《左传》、《穀梁传》合称"春秋三传"。《公羊传》采用经传合并的方式，逐句论述《春秋》经文的大义，维护宗族、等级等观念和制度。本篇是《公羊传》的第一篇，解释了《春秋》经文"元年春正月"的含义。

【原文】

元年者何？君之始年也。春者何？岁之始也。王者孰谓？谓文王也。曷为先言王而后言正月？王正月也。何言乎王正月？大一统也。公何以不言即位①？成公意也。何成乎公之意？公将平国而反之桓。曷为反之桓？桓幼而贵，隐长而卑；其为尊卑也微，国人莫知。

【注释】

①公：指鲁隐公，《春秋》未书隐公即位。

【译文】

"元年"是什么意思呢？元年就是国君即位当年。"春"又是什么意思呢？春是一年开始的季节。"王"指的是何人呢？王是指周文王。为什么先说"王"而后说"正月"，这是为了说明是周王朝的正月。为什么说是周王朝的正月？这是为了说明周天子的一统天下。为什么隐公不说即位？这是为了成全隐公的意愿。为什么说是成全隐公的意愿？因为隐公计划将国家治理好之后，再把王位还给桓公。为什么要还给桓公？因为桓公虽然年幼，却地位尊贵，隐公虽然年长，却地位卑微；只是他们之间尊卑的差别很小，国都里的人都不知道。

【原文】

隐长又贤，诸大夫扳隐而立之①。隐于是焉而辞立，则未知桓之将必得立也。且如桓立，则恐诸大夫之不能相幼君也②。故凡隐之立，为桓立也。隐长又贤，何以不宜立？立嫡，以长不以贤；立子，以贵不以长。桓何以贵？母贵也。母贵，则子何以贵？子以母贵，母以子贵。

【注释】

①扳：同"攀"，引，这里是拥戴的意思。②相：辅助、辅佐。

【译文】

隐公年长而有德行，众大夫拥戴隐公而立他为国君。隐公在这时要是推辞即位，就不知道桓公是否一定能立为上国君了。如果桓公立为国君，又恐怕众大夫不能辅佐年幼的君主。所以，总而言之，隐公的即位，正是为了桓公将来的即位。隐公年长且贤良，为什么不宜立为国君呢？因为立嫡子，凭年长不凭德行；立庶子，凭尊贵不凭年长。桓公为什么地位尊贵呢？就是因为他的母亲尊贵。母亲尊贵，为什么儿子就尊贵呢？因为儿子凭借母亲而尊贵，母亲凭借儿子而尊贵。

【评析】

本文是一篇史论。《公羊传》注重阐述《春秋》的"微言大义"，它的体例是先经后文，然后自问自答，以此逐句解说《春秋》经义。此外，"借史立论"也是《春秋》的一大特色。即以本文为例，文中讲述了鲁惠公去世以后，鲁国上下关于立何人为君而出现的争论。作者就此展开议论，解释隐公不愿意即位的原因，从而引出"立嫡以长，不以贤；立子以贵，不以长"的儒家观点。

文中的"元年春王正月"，一是宣扬了"大一统"思想，尊周天子为天下宗主，天下统一，各地都必须奉行周王的正朔，各地都实行周天子的政令；二是成全鲁隐公欲让国于桓公之意，是表彰隐公之贤，表达了作者的宗法继承

卷三　周文

制度的思想。

在表现手法上，本篇采用自设问答的形式，这种形式造成步步推进、不断深入的气势。文中的议论跌宕起伏，读来令人耳目一新。

宋人及楚人平

《公羊传·宣公十五年》

【题解】

春秋时期，各诸侯国之间战争频繁，给民众带来了巨大灾难。宣公十四年九月，楚庄王率兵攻打宋国，双方在城下僵持九个月之久。本文反映了诸侯国某些大夫的厌战情绪，以及他们对人民悲惨遭遇的同情，从一个侧面揭示了儒家所说的"春秋无义战"的战争性质。通篇全用对话口气，重复之中又有变化，颇为传神。

【原文】

外平不书，此何以书？大其平乎己也①。何大其平乎己？庄王围宋，军有七日之粮尔！尽此不胜，将去而归尔。于是使司马子反乘堙而窥宋城②。宋华元亦乘堙而出见之。司马子反曰："子之国何如？"华元曰："惫矣！"曰："何如？"曰："易子而食之，析骸而炊之③。"

【注释】

①大：重，看重。此处引申为赞扬。②司马：官名，掌管兵事。乘堙：登上土堆。堙，筑土为山，用以瞭望。③析：劈开。

【译文】

鲁国以外的诸侯国停战讲和，《春秋》都不记载，这次楚、宋两国讲和之事为何又要记载呢？这是赞扬华元和司马子反两国大夫的自作主张。为什么要赞扬他们的自作主张？楚庄王率兵围攻宋国，而楚军只剩下七天的口粮！如果吃完军粮还不能取胜，楚军便撤兵回国。于是，楚庄王派司马子反登上山去窥探宋国的动静。恰巧宋国的华元也登上山并出来会见子反。子反说:"你们国家的情况怎么样?"华元说:"已经疲惫不堪了啊!"子反又问:"疲惫到什么程度了呢?"华元说:"百姓们交换孩子将他们杀死吃掉,劈开尸骨烧火做饭。"

【原文】

司马子反曰:"嘻!甚矣,惫!虽然,吾闻之也,围者柑马而秣之①,使肥者应客。是何子之情也?"华元曰:"吾闻之:君子见人之厄则矜之,小人见人之厄则幸之。吾见子之君子也,是以告情于子也。"司马子反曰:"诺,勉之矣②!吾军亦有七日之粮尔!尽此不胜,将去而归尔。"揖而去之。

【注释】

①柑:同"钳"。秣:喂马。②勉:努力的意思。

【译文】

子反说:"哎呀!真严重,疲惫到这种程度!尽管这样,但我之前有所耳闻,被围困的军队总是让马儿衔着木棍,不让马儿吃饱,还用肥马接待客人。而您为什么对我吐露真情呢?"华元说:"我听说君子看到他人受苦就会心生怜悯,小人看见他人受苦就会幸灾乐祸。我看您是位君子,所以把实情告诉了您。"司马子反说:"嗯,努力防守吧!我们军中也只有七天的军粮,如果吃完军粮还不能取胜,我们就打算回国了。"说罢,拱了拱手就离开了。

【原文】

反于庄王。庄王曰:"何如?"司马子反曰:"惫矣!"曰:"何如?"曰:"易子而食之,析骸而炊之。"庄王曰:"嘻!甚矣,惫!虽然,吾今取此,然后而归尔。"司马子反曰:"不可。臣已告之矣,军有七日之粮尔。"庄王怒曰:"吾使子往视之,子曷为告之?"司马子反曰:"以区区之宋①,犹有不欺人之臣,可以楚而无乎?是以告之也。"

【注释】

①区区:形容很小。

【译文】

司马子反回到楚庄王那里。庄王说:"情况如何?"司马子反说:"已经疲惫不堪了啊!庄王问:"怎么个疲惫法?"回答:"百姓们交换孩子将他们杀死吃掉,劈开尸骨烧火做饭。"庄王说:"哎呀!真严重,疲惫到这种程度!但我还是要攻下宋国再回去。"司马子反说:"恐怕不行,我已告诉他们,我军也只有七天的口粮了。"庄王大怒:"我让你前去探听情况,你怎么倒向对方泄露我们的军机?"司马子反说:"就凭小小的宋国,尚且有不肯骗人的大臣,难道堂堂楚国就没有吗?所以我向他们说了实情。"

【原文】

庄王曰:"诺,舍而止。虽然,吾犹取此,然后归尔。"司马子反曰:"然则君请处于此,臣请归尔。"庄王曰:"子去我而归,吾孰与处于此?吾亦从子而归尔。"引师而去之。故君子大其平乎己也。此皆大夫也。其称"人"何?贬。曷为贬?平者在下也。

【译文】

庄王说:"嗯,那就筑好营房然后住下,虽然军情暴露了,但我还是要攻下宋国再回去。"司马子反说:"既然如此,那您就住下好啦,但请允许我回去。"庄王说:"你丢下我独自回去,我和谁住在这儿呢?我和你一同回去算了。"于是庄王带领全军退出宋国。因此君子就赞扬两国大夫自作主张讲和。这两个人都是大夫,为什么《春秋》又只称之为"人"呢?这其中含有贬低意味。为何要贬低他们呢?因为私下讲和的人都是臣子。

【评析】

全文开头和结尾部分都插入了作者的议论,这是典型的《公羊传》注解《春秋》的特有方式。开头写"外平不书,此何以书?大其平乎己也",褒扬华元和子反两位大夫以诚相待,主动讲和,减轻了宋、楚两国的战祸;结尾又以"曷为贬?平者在下也",批判两人超越君权自作主张,背着国君讲和。此例一开,君权就危险了。

正文叙述了华元和司马子反议和的全部过程。庄王派子反去打探宋国现在的情形如何，恰巧华元"亦乘堙而出见之"，一个由外向里打探宋国的虚实，一个由内向外窥探楚国的动静。在这种情况下不期而遇，本是件尴尬甚至可能发生冲突的事情，但华元却一一以实情作答，但聪明的子反却不敢轻信，而华元关于君子与小人的一番论述，彻底打消了司马子反心中的疑惑，也把自己国家的军情告知了华元。接着是司马子反回去之后与楚庄王的一段对话，庄王勃然大怒，情节又掀波澜。

晋献公杀世子申生

《礼记·檀弓上》

【题解】

《礼记》是儒家的一部重要经典，其内容主要是对先秦礼制的记载和论述，以及孔子及其弟子的言行逸事等。此篇记述申生在被谗蒙冤的情况下，不申辩以伤君父之心，不出奔以暴扬君父之过，宁可选择自杀，从容就死，是后世宋儒宣扬的"父要子死，子不得不死"的典型。

【原文】

晋献公将杀其世子申生。公子重耳谓之曰[1]："子盖言子之志于公乎[2]？"世子曰："不可。君安骊姬，是我伤公之心也。"曰："然则盖行乎？"世子曰："不可。君谓我欲弑君也。天下岂有无父之国哉？吾何行如之？"

【注释】

[1]重耳：申生的异母弟，后为晋文公。[2]盖：同"盍"，为什么。

【译文】

晋献公将要杀掉他的太子申生。公子重耳对申生说："你为什么不把自己心中的想法向君主表白呢？"太子说："不行。君主有了骊姬才感到幸福，我讲出真相就会伤君主的心。"公子重耳说："那你为什么不逃走呢？"太子说："不行，君主会说我想要谋害他。天下难道有无父的国家吗？再说我能够逃到哪里去呢？"

【原文】

使人辞于狐突曰①："申生有罪，不念伯氏之言也②，以至于死，申生不敢爱其死。虽然，吾君老矣，子少③，国家多难。伯氏不出而图吾君，伯氏苟出而图吾君④，申生受赐而死。"再拜稽首，乃卒。是以为恭世子也。

【注释】

①狐突：晋国的臣子，申生的老师。②伯氏：即指狐突。鲁闵公二年，晋献公派遣申生伐东山时，狐突曾劝他趁此机会逃到别的地方去，申生没有听从。③子少：指骊姬的儿子奚齐，年纪还小。④图：策划，谋划。

【译文】

于是太子申生派人去向狐突辞别，说："申生有罪，没有听从您的忠告，以致弄得性命不保，申生不敢贪生怕死。但是，我们君主年纪已老，爱子奚齐年纪还小，国家将会多灾多难。您又不肯为君出谋划策，您如果肯为君主谋划政事，申生虽死也感激您的恩惠。"于是行了再拜稽首的礼节，然后自杀了。因此他被称为"恭世子"。

【评析】

本文篇幅虽小，却讲述了一个感人至深的故事。文章通过写申生和重耳之间的对话，让人为之动情。申生面对骊姬的诬陷和父亲的误会，不愿意向父亲申明自己的委屈，因为怕父亲知道真相后伤心；他也不愿意出逃到其他国家，因为怕把父亲的过错宣扬出去。刻画出申生受冤之时还顾忌君王之心，在矛盾心理的支配下，申生走投无路，最后选择自杀，描绘出一个忧国忧民、以死奉行"孝道"的形象。申生的所为，既表现了他对国家局势的清醒认识，也显示了他敬顺事上的忠孝情怀。

"杀身以成仁"，为了某种理想和价值追求而献出自己的生命，这种精神确实难能可贵。它体现了古人对生命存在的一种深刻领悟。申生的作为只符合儒家的"孝道"，但在今天看来，申生的行为是愚孝，是不可取的。

杜蒉扬觯

《礼记·檀弓下》

【题解】

晋国大夫知悼子去世还未下葬，晋平公就在停殡期间宴饮，有悖于当时的礼制。杜蒉以一厨师的身份，用巧妙的方式指出他的过错，以便尽到臣子辅佐君王的责任。他心忧国事，值得肯定，而晋平公能纳厨师之谏，知错即改，可以称得上是位明君。

【原文】

知悼子卒①，未葬，平公饮酒，师旷、李调侍，鼓钟。杜蒉自外来，闻钟声，曰："安在？"曰："在寝。"杜蒉入寝，历阶而升，酌曰："旷饮斯！"又酌曰："调饮斯！"又酌，堂上北面坐饮之。降趋而出。

【注释】

①知悼子：知䓨，春秋时晋国大夫，系出荀氏，也称荀䓨。

【译文】

知悼子死了，还没有下葬。晋平公就在宫内饮酒作乐，师旷、李调在旁陪侍，击钟演奏乐曲。杜蒉从外面进来，听到钟声，说："国君在哪？"有人说："在寝宫。"杜蒉前往寝宫，循阶登堂，斟了杯酒道："师旷干了这杯！"又斟上酒道："李调干了这杯！"再次斟上酒，在殿堂上面朝北坐下干了酒。随后走下台阶，快步走了出去。

【原文】

平公呼而进之，曰："蒉！曩者尔心或开予①，是以不与尔言。尔饮旷，何也？"曰："子卯不乐②。知悼子在堂，斯其为子卯也大矣！旷也，太师也。不以诏，是以饮之也。""尔饮调，何也？"曰："调也，君之亵臣也③。为一饮一食忘君之疾，是以饮之也。""尔饮，何也？"曰："蒉也，宰夫也④，非刀匕是共，又敢与知防，是以饮之也。"

【注释】

①曩：以往，从前。开：启发，开导。②子卯不乐：据说夏桀以乙卯日死，商纣以甲子日死，后代君主引以为戒，以子卯日为国君的忌日，不准饮酒奏乐。③亵：亲近，狎近。④宰夫：厨师。

【译文】

平公喊他进来，说："蒉，刚才你心里或许是想要开导我，所以没有跟你说话。你罚师旷喝酒，是为什么啊？"杜蒉说："子日和卯日君上不得演奏乐曲。现在知悼子的棺柩还在堂上停放，这事与子日、卯日相比更严重了！师旷，身为太师，他不告诉您这个情况，所以要罚他喝酒啊。""你罚李调喝酒，又是为什么呢？"杜蒉说："李调，是您亲幸的近臣。为贪图吃喝而忘记了君主的忌讳，所以要罚他喝酒啊。""那么你罚自己喝酒，又是为什么呢？"杜蒉说："我杜蒉，是个厨师，不去专门料理餐具饮食，却敢干预了解和防范错误的事，所以要罚自己喝酒。"

【原文】

平公曰："寡人亦有过焉，酌而饮寡人。"杜蒉洗而扬觯。公谓侍者曰："如我死，则必毋废斯爵也！"至于今，既毕献，斯扬觯，谓之"杜举"。

【译文】

平公说："我也有过错啊，斟酒来罚我吧。"杜蒉洗干净酒器，斟上酒，然后高高举起酒杯。平公对侍从们说："如果我死了，千万不要丢弃这酒杯啊。"直到现在，晋国的国宴上，主人在敬酒完毕之后，都要高举酒杯，这叫作"杜举"。

【评析】

本文写晋国厨师杜蒉向国君进谏，国君又能欣然接受，这在历史上是极为罕见的。

杜蒉入寝，举止怪异，先"三罚"，后"将趋而出"，引起平王的不解、好奇，故"呼而进之"，产生"三问"，杜蒉通过对"三问"的解释，委婉表达劝谏之意。首先暗说知悼子之丧重于子卯之忌，不应奏乐的道理，指责师旷身为礼乐之官，不懂礼乐之制，未能劝止国君逾越之礼，因其失职而罚酒；接着说李调作为君之亲臣，贪图吃喝而忘掉提醒君上的责任；最后责备自己越职。

文中无一字直接批判平公，而句句都在启发国君觉悟。如果当时直接指出平公的不是，平公未必能接受，待平公主动问及，他才一一说出，平公也就不得不接受了。杜蒉可说是个善于提意见的人。

卷四

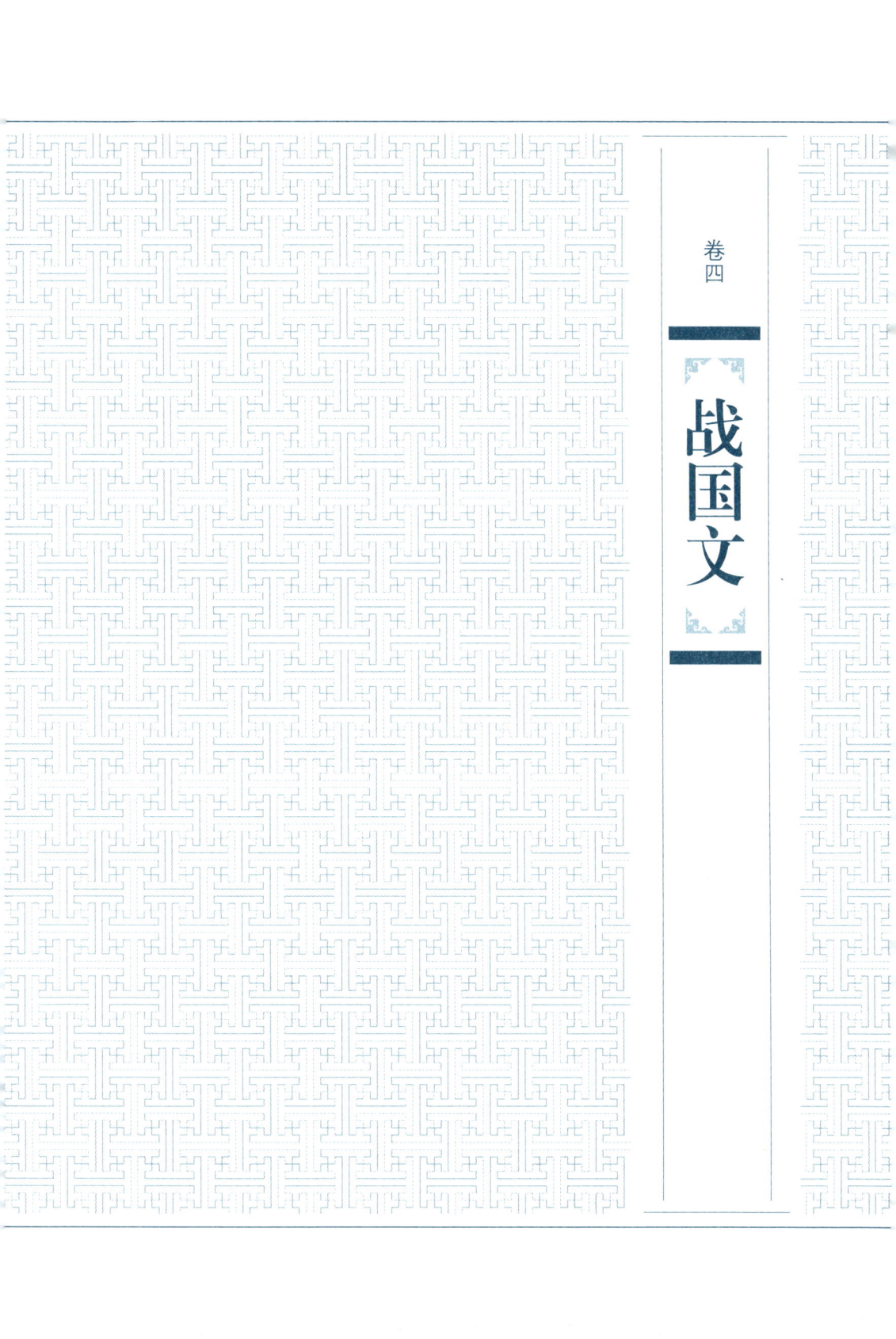

战国文

司马错论伐蜀

《战国策·秦策一》

【题解】

公元前316年，巴蜀相攻，均求救于秦。秦王想利用蜀有内乱之机，兴兵伐蜀。恰在此时，韩国入侵秦地，在攻韩还是伐蜀的问题上，秦王举棋不定，遂召集群臣商议。秦国大将司马错主张伐蜀，而张仪主张攻韩，秦王采纳了司马错的意见，一举灭蜀，为秦国的富强奠定了坚实的基础。

【原文】

司马错与张仪争论于秦惠王前①。司马错欲伐蜀，张仪曰："不如伐韩。"王曰："请闻其说。"

【注释】

①司马错：战国时秦将，秦惠王更元九年率军克蜀。张仪：战国时魏国人，著名纵横家。

【译文】

司马错和张仪在秦惠王面前争论。司马错主张讨伐蜀国，张仪说："不如讨伐韩国。"秦惠王说："我愿意听听你们各自的见解。"

【原文】

对曰："亲魏善楚，下兵三川①，塞轘辕、缑氏之口②，当屯留之道，魏绝南阳，楚临南郑，秦攻新城、宜阳，以临二周之郊，诛周主之罪，侵楚魏之地。周自知不救，九鼎宝器必出。

【注释】

①三川：古郡名，战国时韩宣王置，因境内有黄河、伊水、洛水三水而得名。②轘（huán）辕：山名，在今河南偃师东南，山路险阻。

【译文】

张仪回答说："我们应先亲近魏、楚两国，然后出兵三川，堵住轘辕、缑氏两个出口，挡住屯留的险道，让魏国断绝通往南阳之路，楚国出兵南郑，我军则攻击新城和宜阳，逼近东西两周的郊外，声讨周君的罪过，从而趁机削弱楚、魏两国的土地。周王室知道自己在劫难逃，必会献出九鼎传国宝器。

【原文】

据九鼎，按图籍①，挟天子以令天下，天下莫敢不听，此王业也。今夫蜀，西僻之国也，而戎狄之长也，弊兵劳众②，不足以成名，得其地，不足以为利。臣闻：'争名者于朝，争利者于市。'今三川、周室，天下之市朝也，而王不争焉，顾争于戎狄③，去王业远矣。"

【注释】

①按图籍：按，查点。图，地图。籍，钱粮账簿。②弊：疲惫，这里做动词用。③顾：却，反而。

【译文】

"我们可以凭借九鼎，掌握地图和钱粮账簿，威逼周天子，以天子名义号令天下，没有谁敢不从，这才是统治天下的大业啊。如今的蜀国，只是西边一个偏僻的国家，是戎狄聚集之地，讨伐蜀国会使我们的士兵疲惫，百姓劳苦，不足以成就威名；得到了那里的土地，也说不上有多少利益。我听说有这样一句话：'要争威名的到朝廷上争，要争利益的到市场上争。'现在的三川地区和周王室，正是争取威名之地，而大王却不去争夺，反而回头去争夺戎狄之地，这与建立帝王大业太远了。"

【原文】

司马错曰："不然。臣闻之：'欲富国者，务广其地；欲强兵者，务富其民；欲王者，务博其德。三资者备①，而王随之矣。'今王之地小民贫，故臣愿从事于易。夫蜀，西僻之国也，而戎狄之长也，而有桀纣之乱。以秦攻之，譬如使豺狼逐群羊也。取其地足以广国也，得其财足以富民，缮兵不伤众，而彼已服矣。故拔一国，而天下不以为暴；利尽西海，诸侯不以为贪。是我一举而名实两附，而又有禁暴正乱之名。

【注释】

①资：有利条件。

【译文】

司马错说："不对。我听说有这样一句话：'要使国家富裕，就必须扩大他的土地；要使军队强大，就必须让他的百姓富足；要想成王业，就必须普遍施行德政。这三个条件具备了，也就可以称王于天下了。'现在秦国土地狭小、百姓贫困，所以我希望先从容易办的事情做起。蜀国是西边偏僻的国家，是戎狄聚集之地，而且像桀纣一样混乱。用秦国的军队去攻打它，就如同让豺狼追逐羊群一样容易。夺取了它的土地，就能够扩大秦国的土地，得到它的财产，才能够使百姓富足，用兵又不伤害百姓，就会使蜀国顺从降服了。因此，夺取了一个蜀国，而天下人并不认为我们横暴；获得了蜀国的财物，诸侯国也不会认为我们贪婪。这样我们用兵一次就能名利双收，又能得到制止暴乱的好名声。

【原文】

今攻韩劫天子，劫天子，恶名也，而未必利也，又有不义之名。而攻天下之所不欲，危！臣请谒其故①：周，天下之宗室也；韩，周之与国也。周自知失九鼎，韩自知亡三川，则必将二国并力合谋，以因乎齐赵而求解乎楚魏。以鼎与楚，以地与魏，王不能禁。此臣所谓危，不如伐蜀之完也②。"惠王曰："善！寡人听子。"

【注释】

①谒：禀告，陈说。②完：妥当，万全之意。

【译文】

如果我们现在去攻打韩国，劫持周天子，劫持周天子会落得罪恶的名声，而且未必有利可图，还要承担不义之名。进攻天下人都不敢进攻的地方，这是很危险的啊！请让我讲明其中的缘由：周王室，现在还是天下的宗室；韩国，是周国的友邦之国。如果周天子自己知道要失去九鼎，韩国自己知道要失去三川，那么周、韩两国一定会齐心协力，依靠齐国和赵国，同时向楚、魏两国求援，以解除危机。周朝如果将九鼎送给楚国，韩国如果将土地送给魏国，对此您是无法阻止的。这就是我所说的攻打韩国的危险，其远不如攻打蜀国那样万无一失。"秦惠王听后说："说得对！我听从您的意见。"

【原文】

卒起兵伐蜀①，十月取之，遂定蜀，蜀主更号为侯，而使陈庄相蜀。蜀既属，秦益强富厚，轻诸侯。

【注释】

①卒：终于。

【译文】

最后，秦国起兵进攻蜀国，花了近十个月时间夺取了蜀国，然后攻克了蜀国，将蜀国的君主改称为侯，并派陈庄去辅佐蜀侯。蜀国归附秦国以后，秦国日益富裕强大，也就更加看不起诸侯各国了。

【评析】

本文记叙了战国时秦国关于外交军事的一场论争，争辩围绕如何成就秦国霸业，究竟应该"伐韩"还是"伐蜀"展开。

张仪主张伐韩，先陈述伐韩之利——至此一战便可称霸天下。接着又陈述伐蜀之弊——胜不足以成名，取不足以获利，无名无利，且劳师动众。作为秦相，心气颇高，极有胆识，他的主张慷慨激昂，但只是主观唯心的空想。

而司马错主张伐蜀，先驳斥张仪对伐蜀之弊的分析，接着明确指出成就霸业的三个必备条件：地广、民富、德博，最后又有利有弊地陈述了伐韩之弊。他处事小心谨慎，从实际出发，立论坚实，提出积极稳妥的办法，既能发展壮大自己，又能在舆论上站住脚。

作者用生花妙笔描写了张仪与司马错两人的精彩论战，为我们刻画了两个截然不同的政治家形象。

邹忌讽齐王纳谏

《战国策·齐策一》

【题解】

本文是《战国策》中最为经典的篇章之一,文中的故事给人们以深刻的启迪和教育,很值得我们仔细品味。齐相邹忌虽然气质潇洒,容貌俊美,但不及城北徐公俊美,可妻、妾、客都称赞他胜过徐公。邹忌经过认真观察思考之后,发现自己受到了蒙蔽,他以自身的生活感悟劝谏齐威王广开言路,改革弊政,从而收到了良好的效果。

【原文】

邹忌修八尺有余①,而形貌昳丽②。朝服衣冠,窥镜,谓其妻曰:"我孰与城北徐公美?"其妻曰:"君美甚,徐公何能及君也?"城北徐公,齐国之美丽者也。忌不自信,而复问其妾曰:"吾孰与徐公美?"妾曰:"徐公何能及君也?"

【注释】

①修:长,指身高。②昳丽:同"逸",潇洒漂亮,有风度。

【译文】

邹忌身高八尺多,容貌潇洒有风度。一天早晨,他穿上朝服,戴上帽子,一边照着镜子打量自己,一边对妻子说:"我和城北的徐公比,谁美?"妻子说:"您美极了,徐公哪能跟您比呢!"城北徐公,是齐国有名的美男子。邹忌自己不相信比徐公美,便又问他的妾说:"我和徐公比,谁美?"妾说:"徐公哪能比得上您呢!"

【原文】

　　旦日，客从外来，与坐谈，问之客曰："吾与徐公孰美？"客曰："徐公不若君之美也。"明日，徐公来，孰视之①，自以为不如；窥镜而自视，又弗如远甚。暮寝而思之，曰："吾妻之美我者，私我也；妾之美我者，畏我也；客之美我者，欲有求于我也。"

【注释】

①孰：同"熟"，仔细看或端详的意思。

【译文】

　　第二天，有位客人从外地来，邹忌和他坐着闲谈，在交谈中他问客人："我和徐公比，谁美？"客人说："徐公不如您美啊！"过了一天，徐公来访，邹忌仔细打量徐公，觉得自己根本不如徐公美，又对着镜子端详自己，更觉得比徐公差远了。晚上，他躺在床上反复思考这件事情，说道："妻子说我美，是偏爱我；妾说我美，是害怕我；客人说我美，是有求于我啊！"

【原文】

　　于是入朝见威王，曰："臣诚知不如徐公美。臣之妻私臣，臣之妾畏臣，臣之客欲有求于臣，皆以美于徐公。今齐地方千里，百二十城，宫妇左右莫不私王，朝廷之臣莫不畏王，四境之内莫不有求于王。由此观之，王之蔽甚矣。"

【译文】

　　于是，邹忌就上朝去见齐威王，说："我确实知道自己不如徐公美。我的妻子偏爱我，我的妾害怕我，我的客人有求于我，所以他们都说我比徐公美。如今齐国领土方圆一千里，城池一百二十座，后妃、近臣，没有一个不偏爱大王的；文武百官，没有不害怕大王的；全国各地，没有一个不想求助于大王的。由此看来，大王受的蒙蔽太严重了。"

【原文】

王曰："善①。"乃下令："群臣吏民能面刺寡人之过者，受上赏；上书谏寡人者，受中赏；能谤讥于市朝，闻寡人之耳者，受下赏。"令初下，群臣进谏，门庭若市；数月之后，时时而间进；期年之后②，虽欲言，无可进者。燕、赵、韩、魏闻之，皆朝于齐。此所谓战胜于朝廷。

【注释】

①善：表赞赏的词，有道理，说得对。②期年：一整年。

【译文】

齐威王说："说得对。"于是就下令："无论朝廷大臣、地方官吏和平民百姓，能够当面指出我的过失的，给予上等赏赐；能上书规劝的，给予中等赏赐；能在公共场所批评我，并让我听到的，给予下等赏赐。"命令刚下达，文武百官纷纷进谏，门庭若市；几个月之后，还断断续续有人进谏；一年以后，即使想说，也提不出什么意见了。燕、赵、韩、魏各国知道了这件事，都来朝见齐国。这就是人们所说的，治理好自己朝政，不用武力就能战胜诸侯。

【评析】

全篇抓住一个"讽"字。文章通过战国初期，邹忌从妻妾和宾客对自己的谬赞中，认识到了受蒙蔽之源，便以自身经历对齐王进行了讽谏，从而说明国君必须广泛采纳各方面的批评建议，兴利除弊，才可以兴国。同时，也成功塑造了一个才貌出众、有自知之明、善于思考的谋臣形象。

这则短文告诫我们：一个人在受蒙蔽的情况下，是不可能正确认识自己和客观事物的。所以我们要时刻保持清醒的头脑，防止被一些表面现象所迷惑；不要偏听偏信、一意孤行，要广泛听取他人的批评意见，及时发现和改正自己的缺点错误，不犯或少犯错误。

颜斶①说齐王
《战国策·齐策四》

【题解】

这篇文章写士人颜斶与齐宣王的对话，争论国君与士人谁尊谁卑的问题。颜斶公开声称"士尊贵，王者不贵"，并用历史事实加以证明。它充分反映了战国时期士阶层自身地位的提高和民主思想的抬头，表现出士人不慕权势、洁身自好的傲气与骨气。

【原文】

齐宣王见颜斶，曰："斶前！"斶亦曰："王前！"宣王不悦。左右曰："王，人君也。斶，人臣也。王曰'斶前'，亦曰'王前'，可乎？"斶对曰："夫斶前为慕势②，王前为趋士③。与使斶为趋势，不如使王为趋士。"王忿然作色曰："王者贵乎？士贵乎？"

【注释】

①颜斶（chù）：齐国隐士。②慕势：贪慕权势，趋奉势力。②趋士：接近、亲近士人。

【译文】

齐宣王会见颜斶，说："颜斶过来！"颜斶也说："大王过来！"宣王很不高兴。侍奉齐王的大臣们说："大王是一国之君，你只是臣民。大王说，'颜斶过来！'你也说，'大王过来！'这样可以吗？"颜斶回答说："我上前是贪慕权势，大王上前是礼贤下士。与其让我贪慕权势，倒不如让大王礼贤下士。"齐宣王愤怒地板起脸说："做王的尊贵还是做士的尊贵呢？"

【原文】

对曰："士贵耳，王者不贵。"王曰："有说乎①？"斶曰："有。昔者秦攻齐，令曰：'有敢去柳下季陇五十步而樵采者②，死不赦。'令曰：'有能得齐王头者，封万户侯，赐金千镒。'由是观之，生王之头，曾不若死士之垄也。"

【注释】

①说：说法，根据，道理。②柳下季：春秋时鲁国人。姓展，名禽，食邑于柳下，故称柳下季。樵采：打柴。

【译文】

颜斶回答说："士者尊贵，王者并不尊贵。"齐宣王说："可有什么道理吗？"颜斶说："有。从前秦国进攻齐国时，秦王下令说：'有谁胆敢在柳下季坟墓周围五十步以内砍柴的，判以死罪，不予赦免。'又下令说：'有谁能砍得齐王头颅的，封万户侯，赐金千镒。'由此看来，活着的齐王的脑袋，还不如已死的柳下季的坟墓呢。"

【原文】

宣王曰："嗟乎！君子焉可侮哉，寡人自取病耳！愿请受为弟子。且颜先生与寡人游，食必太牢①，出必乘车，妻子衣服丽都。"颜斶辞去曰："夫玉生于山，制则破焉②，非弗宝贵矣，然太璞不完。

【注释】

①太牢：古代帝王、诸侯祭祀时，以一牛、一羊、一豕为太牢。这里泛指美味佳肴。②制：加工，雕琢。

【译文】

齐宣王说："唉！君子怎么可以欺侮呢，这是我自取其辱啊！我真心希望您收下我这个学生吧。如果先生与我交往，我将以上等宴席招待您，外出备有高级车马供您使用，妻子儿女也都衣着华丽。"颜斶辞谢道："璞玉产生在深山中，如果加以雕琢就会被损坏，并不是它不贵重，只是璞玉已经不完整了。

【原文】

士生乎鄙野，推选则禄焉，非不尊遂也①，然而形神不全。斶愿得归，晚食以当肉，安步以当车，无罪以当贵，清静贞正以自虞②。则再拜而辞去。君子曰："斶知足矣，归真反璞③，则终身不辱。"

【注释】

①尊遂：富贵显达。遂，遂愿，诚心。②虞：同"娱"，快乐。③反：同"返"，回去。这里是还原本貌的意思。

【译文】

士人出生于偏僻乡野之地，被人举荐就做官接受俸禄，不是说他的身份地位不够尊贵，而是他原本作为士人的精神面貌没法保持了。我情愿回归山林，以粗茶淡饭代替美味佳肴，以步行代替乘车，不因做官而获罪，也可算是富贵，内心纯洁、行为正直，正可自得其乐。"于是向齐王拜了两拜，辞别而去。君子评论道："颜斶懂得知足常乐的真谛了，他舍弃功、名、利、禄，辞别王而归隐，回到了自己纯正质朴的生活，这样，他终身都不会受侮辱了。"

【评析】

本文开篇以"斶前"、"王前"两句简短对话，把激烈的矛盾冲突显示于读者眼前。

文中三次写颜斶和与齐宣王之间的对话：第一次，面对气焰嚣张的齐宣王，颜斶镇定地说出自己不愿意走向前；第二次，面对左右大臣的责备，他勇敢地说出自己不愿意走向前的理由；第三次，他有理有节地跟齐宣王辩论关于"王者贵"、"士贵"的命题，最终使齐宣王不仅承认了自己的浅薄，甚而要拜颜斶为师。接着齐宣王用物质引诱笼络颜斶却被直率又不失礼地拒绝。

颜斶作为一个普通士子，面对地位尊贵的君主，不贪慕权势，最终在人格上战胜了齐宣王。反映了战国时期一些士子自甘清贫，不畏权贵的品德和精神。

冯谖客孟尝君

《战国策·齐策四》

【题解】

孟尝君是"战国四公子"之一,手下养着许多门客,冯谖就在其中。冯谖为了报答知遇之恩,巧妙地为他设计了"三窟":一是焚券买义,帮助孟尝君收买人心;二是借梁王之力威逼齐王就范,帮助孟尝君复位;三是请立齐国宗庙于薛地,保护孟尝君长久平安。冯谖见机而动,运筹谋划,充分表现了他多谋善断的政治远见和聪明才智。

【原文】

齐人有冯谖者,贫乏不能自存,使人属孟尝君①,愿寄食门下。孟尝君曰:"客何好?"曰:"客无好也。"曰:"客何能?"曰:"客无能也。"孟尝君笑而受之,曰:"诺。"左右以君贱之也,食以草具②。居有顷③,倚柱弹其剑,歌曰:"长铗,归来乎!食无鱼!"左右以告。孟尝君曰:"食之,比门下之客。"

【注释】

①属:同"嘱"。托告,致意。孟尝君:战国时齐人,姓田名文。其父田婴曾任齐相,受封于薛。田文为田婴庶子,因其负责接待宾客,享誉诸侯,诸侯请以田文为嗣,田婴许之。②草具:粗劣的饭食。③居有顷:过了不久。

【译文】

齐国有个叫冯谖的人,穷得不能养活自己,就托人告诉孟尝君,愿意在孟尝君门下做食客。孟尝君问:"这人有什么爱好?"来人说:"他没什么爱好。"孟尝君问："这人有什么才能？"来人说："他没什么才能。"孟尝君笑着答应了，说："好吧。"那些手下的人认为孟尝君看不起他，就给他吃粗劣的食物。过了不久，冯谖倚靠在门柱上，用手指敲击着他的佩剑唱道："长剑啊，我们回去吧，这儿没有鱼吃啊。"手下的人把这件事告诉了孟尝君。孟尝君说："给他鱼吃，像其他门客一样。"

【原文】

　　居有顷，复弹其铗，歌曰："长铗，归来乎！出无车！"左右皆笑之，以告。孟尝君曰："为之驾，比门下之车客。"于是，乘其车，揭其剑①，过其友，曰："孟尝君客我！"后有顷，复弹其剑铗，歌曰："长铗，归来乎！无以为家！"左右皆恶之，以为贪而不知足。孟尝君问："冯公有亲乎？"对曰："有老母。"孟尝君使人给其食用，无使乏。于是冯谖不复歌。

【注释】

　　①揭：高高地举着。

【译文】

　　过了不久，冯谖又敲击着他的佩剑，唱道："长剑啊，我们回去吧，这儿出门连车都没有。"手下的人都笑话他，又把这件事告诉了孟尝君。孟尝君说："给他车坐，像其他门客一样。"于是，冯谖坐上他的车，高举着他的剑去拜访他的朋友，说："孟尝君待我像客人一样。"这以后又过了不久，冯谖又敲击起他的剑，唱道："长剑啊，我们回去吧！在这儿无法养家。"手下的人都很厌恶他，认为他贪得无厌。孟尝君问："冯公还有什么亲人吗？"他回答说："有位老母亲。"孟尝君派人送给冯母吃的用的，让她什么都不缺。自此，冯谖不再敲剑唱歌了。

【原文】

　　后孟尝君出记，问门下诸客："谁习计会，能为文收责于薛者乎①？"冯谖署曰②："能。"孟尝君怪之，曰："此谁也？"左右曰："乃歌夫'长铗归来'者也！"孟尝君笑曰："客果有能也！吾负之，未尝见也。"请而见之，谢曰："文倦于事，愦于忧，而性懧愚，沉于国家之事，开罪于先生。先生不羞，乃有意欲为收责于薛乎？"

【注释】

①责：同"债"，债务。②署：签名。

【译文】

后来有一天，孟尝君出示了一通告示，问他的门客："谁熟悉会计工作，能够到薛地为我收债呢？"冯谖签了名说："我能。"孟尝君对此感到奇怪，问道："这是谁呀？"手下的人说："就是那个唱'长剑啊，我们回去吧！'的人。"孟尝君笑着说："这位客人果真有才能，我慢待了他，还没有与他见过面呢！"请来见了面。孟尝君向他致歉说："我被政务弄得精疲力竭，心烦意乱；加上我生性鲁钝，整天忙于国事，怠慢了您，而您却并不见怪，愿意去薛地为我收债吗？"

【原文】

冯谖曰："愿之！"于是约车治装①，载券契而行，辞曰："责收毕，以何市而反？"孟尝君曰："视吾家所寡有者。"驱而之薛，使吏召诸民当偿者，悉来合券②。券遍合，起矫命，以责赐诸民③，因烧其券，民称万岁。

【注释】

①约车治装：拉马套车，整理行装。约，约束，捆扎。②合券：验对债券。古代的契据常用竹木等刻成，分为左右两半，借贷双方各持其半，作为凭信，对证时，将两半合一，称之为合券。③责赐诸民：假传孟尝君的命令，把债款都赏赐给百姓。

【译文】

冯谖说："我愿意。"于是，就准备车马，整理行装，运载着契约去收债，临行的时候，冯谖问："收完债后，买些什么东西回来呢？"孟尝君说："你就看我家缺少什么就买什么吧。"冯谖赶车到了薛地，让手下把欠债的百姓找来核对债券，债券都核对完之后，他站起来，假传孟尝君的命令，把债款都赏赐给百姓，然后烧掉了他们的债券，百姓都高呼万岁。

【原文】

　　长驱到齐，晨而求见。孟尝君怪其疾也，衣冠而见之，曰："责毕收乎？来何疾也？"曰："收毕矣。""以何市而反？"冯谖曰："君云：'视吾家所寡有者'。臣窃计：君宫中积珍宝，狗马实外厩，美人充下陈①。君家所寡有者，以义耳！窃以为君市义。"

【注释】

　　①下陈：古代统治阶级堂下陈放礼品、站列婢妾的地方。

【译文】

　　冯谖驱车马不停蹄地赶回齐国，一大清早就来求见孟尝君。孟尝君因为他回来这么快感到很奇怪，穿戴整齐后去接见他，问道："债收完了？怎么回来得这么快？"冯谖说："收完了。"孟尝君又问："买了些什么带回来了？"冯谖说："您说'看我家里缺少什么就买什么'。我私下考虑，您府中积满了珍宝，良犬骏马挤满了外面的牲口棚，后庭又有许多美女。您府中缺少的是'义'而已！所以我就私自做主为您买了'义'。"

【原文】

　　孟尝君曰："市义奈何？"曰："今君有区区之薛，不拊爱子其民①，因而贾利之②。臣窃矫君命，以责赐诸民，因烧其券，民称万岁，乃臣所以为君市义也。"孟尝君不说，曰："诺！先生休矣！"

【注释】

　　①拊爱子其民：拊，同"抚"，抚爱。子其民：爱民如子。②贾利：求取利益。

【译文】

　　孟尝君问："买'义'是怎么个买法？"冯谖说："现在您只有一块小小的薛地，却不爱护那里的百姓，只是用商人的手段向他们谋取利益。所以我假托您的命令，把债款都赐给百姓了，并且烧了他们的债券，百姓都高呼万岁

· 118 ·

呢，这就是我给您买的'义'啊。"孟尝君听完后，很不高兴，说："好吧，先生算了吧。"

【原文】

后期年，齐王谓孟尝君曰："寡人不敢以先王之臣为臣！"孟尝君就国于薛。未至百里，民扶老携幼，迎君道中终日。孟尝君顾谓冯谖："先生所为文市义者，乃今日见之！冯谖曰："狡兔有三窟，仅得免其死耳。今君有一窟，未得高枕而卧也，请为君复凿二窟。"

【译文】

过了一年，齐王对孟尝君说："我不敢把先王的大臣当作自己的臣子！"孟尝君只好回到薛地去。在距离薛地还有一百里的地方，百姓扶老携幼，早已在路上迎接孟尝君，整整等了一天。孟尝君回头对冯谖说："我今天总算看到先生为我买的'义'了。"冯谖说："聪明的兔子有三个洞穴，这样才能逃避猎人和猛兽的袭击。现在您只有一个洞穴，还不能高枕无忧啊，我请求为您再建两个洞穴。"

【原文】

孟尝君予车五十乘，金五百斤，西游于梁。谓梁王曰："齐放其大臣孟尝君于诸侯，先迎之者，富而兵强。"于是，梁王虚上位，以故相为上将军，遣使者，黄金千斤，车百乘，往聘孟尝君。冯谖先驱，诫孟尝君曰："千金，重币也；百乘，显使也。齐其闻之矣！"梁使三反①，孟尝君固辞不往也。

【注释】

①三反：反，同"返"，往返多次。

【译文】

孟尝君给他五十辆车和五百斤黄金，西行去游说梁国。冯谖对梁惠王说："齐国把他的大臣孟尝君放逐到诸侯国去了，先迎接他的国家，肯定国富兵强。"于是梁惠王空出宰相的位置，把原来的宰相封为上将军，并派使者带着千斤黄金，赶着百辆车子去薛地聘请孟尝君。冯谖则派人赶在梁国使者前面告诉孟尝君："黄金千斤，这是很厚重的聘礼了；百辆车子，这是显赫的使节啊。齐王很可能会听说这件事。"梁国使者往返多次，孟尝君坚决推辞不去赴任。

【原文】

齐王闻之，君臣恐惧，遣太傅赍黄金千斤①，文车二驷，服剑一，封书谢孟尝君曰："寡人不祥，被于宗庙之祟，沉于谄谀之臣，开罪于君，寡人不足为也②。愿君顾先王之宗庙，姑返国统万人乎？"冯谖诫孟尝君曰："愿请先王之祭器，立宗庙于薛。"庙成，还报孟尝君曰："三窟已就，君姑高枕为乐矣！"孟尝君为相数十年，无纤介之祸者，冯谖之计也。

【注释】

①赍：携带，拿着。②不足为：不值得辅佐的意思。

【译文】

齐王听说了这件事，君臣上下恐慌不安，便派太傅拿着千斤黄金，驾着绘有文采的驷马车两辆，带上一把佩剑，写了一封书信，向孟尝君表示歉意，说："由于我不好，遭受祖宗降下的灾祸，偏信了阿谀奉承的小人，我是不值得您辅佐的。但希望您顾念齐国先王的宗庙，暂且回国来治理百姓如何？"冯谖告诉孟尝君说："希望您向齐王请求，用先王传下来的祭器，在薛地建立宗庙。"宗庙建成后，冯谖回去向孟尝君说："三个洞穴已经建好，您可以无忧无忧地享乐了！"孟尝君在齐国做了几十年宰相，没有遭到丝毫祸患，这都是使用冯谖良策的结果啊。

【评析】

本文记叙了出身贫贱的冯谖成为孟尝君的门客，他的出场颇富戏剧性，完全是一副穷困潦倒、一无所能的样子。开始时受到人们轻视，面对这种"特殊待遇"，冯谖既不拍案离去，而是通过三次"倚柱弹其剑"高歌，最后如愿以偿，得到了孟尝君的礼遇。冯谖一心报恩，后来主动要求为孟尝君收债，自作主张烧契，为其买"义"，又使孟尝君重新得到了齐王的重用，他积极奔走，出谋划策，经营"三窟"，展示出了冯谖足智多谋、敢作敢当的性格。

制造悬念、引人入胜是本文的一大特点。冯谖自荐去薛收债，并自做主焚烧债券，真可谓是胆大包天。到底能不能胜任？到底是不是惹下逆天大祸？这都是悬念。同时，本文也给我们一个启示——看人不要只看表面，警示人们不要轻视任何人。每一个人都有他的闪光之处，也许有一天，他就会成为你的得力助手。

触詟说赵太后

《战国策·赵策四》

【题解】

公元前265年，赵惠文王去世，孝成王年幼，由他的妻子赵太后掌握国家大权。秦国趁机攻击赵国，连克赵国三座城池，形势十分危急，只有联合齐国抵抗秦国才是最佳计策，但齐国提出要让赵太后的少子长安君当人质，才肯出兵救赵国。太后不肯，群臣强谏，但赵太后坚决不答应。于是老臣触詟出面，以国家利益为出发点，巧妙地说服了赵太后。

【原文】

赵太后新用事①，秦急攻之，赵氏求救于齐。齐曰："必以长安君为质，兵乃出。"太后不肯，大臣强谏。太后明谓左右②："有复言令长安君为质者，老妇必唾其面！"

【注释】

①赵太后：即赵威后，赵惠文王之妻，赵孝成王之母。用事：当权，执掌政事。②明谓：这里是下明令给左右大臣们听。

【译文】

赵太后刚刚执政，秦国就猛烈进攻赵国，赵国向齐国求救。齐王说："必须将长安君送来作人质，我们才能出兵。"赵太后不答应，大臣们竭力劝说。太后明确地对左右大臣们说："有谁再说让长安君去做人质的，我就冲他脸上吐唾沫！"

【原文】

左师触詟愿见，太后盛气而揖之。入而徐趋①，至而自谢曰："老臣病足，曾不能疾走，不得见久矣。窃自恕，而恐太后玉体之有所郄也②，故愿望见。"太后曰："老妇恃辇而行③。"曰："日食饮得无衰乎？"曰："恃鬻耳。"曰："老臣今者殊不欲食，乃自强步，日三四里，少益嗜食，和于身。"曰："老妇不能。"太后之色少解。左师公曰："老臣贱息舒祺，最少，不肖，而臣衰，窃爱怜之，愿令得补黑衣之数，以卫王宫。没死以闻④。"

【注释】

①徐趋：徐，慢慢地。趋，小步急走。②郄：同"隙"，病，不舒适。③恃辇：恃，依靠，依赖。辇，宫廷里用人拉的车子。④没死：冒着死的危险。以闻：把事情告诉您。

【译文】

左师触詟请求谒见太后，太后怒气冲冲地等着他。触詟进宫以后，以快步走的样子慢慢迈着小碎步，到了太后跟前请罪说："老臣的脚有点毛病，实在不能快走，很久没能拜见您了。我私下里宽恕自己，却又担心太后身体欠安，所以想来探望您。"太后说："我依靠车子走路。"触詟说："每天的饮食有没有减少？"太后说："也就是喝点粥罢了。""老臣现在胃口不好，于是就勉强自己散步，每天走三四里路，才能稍微增加点食欲，调养一下身体。"太后说："我可做不到。"太后的怒容消解了一些。左师公说："我的儿子舒祺，年纪最小，不成材，而我渐渐老了，心里也越发疼爱他，希望能让他充当侍卫来保卫王宫，我冒着死罪把这个请求禀告太后。"

【原文】

太后曰："敬诺。年几何矣？"对曰："十五岁矣。虽少，愿及未填沟壑而托之。"太后曰："丈夫亦爱怜其少子乎？"对曰："甚于妇人。"太后曰："妇人异甚。"对曰："老臣窃以为媪之爱燕后，贤于长安君。"曰："君过矣！不若长安君之甚。"左师公曰："父母之爱子，则为之计深远。媪之送燕后也，持其踵①，为之泣，念悲其远也，亦哀之矣！已行，非弗思也，祭祀必祝之，祝曰：'必勿使反。'岂非计久长，有子孙相继为王也哉？"太后曰："然。"

【注释】

①持其踵：握住燕后的脚后跟，此指紧紧跟在她身后。

【译文】

太后说："行，我答应你。他多大了？"左师公说："十五岁了。可能还小，但希望在我没死的时候把他先拜托给您。"太后说："男人也爱怜小儿子吗？"触詟说："比女人更爱。"太后笑着说："女人特别疼爱小儿子。"左师公说："我私下认为，您爱女儿燕后胜过长安君。"太后："你错了！我对燕后的爱远远不及长安君。"左师公说："父母疼爱子女，就会为他们作长远打算。您老人家送燕后出嫁的时候，跟在她的后面为她哭泣，为她嫁得远而伤心！燕后出嫁后，您不是不想念她，每逢祭祀的时候总为她祈祷，祝福说：'祖宗保佑，一定不要让她回来。'这不就是为她作长远打算，希望她的子孙在燕国称王吗？"太后说："的确是这样。"

【原文】

左师公曰："今三世以前，至于赵之为赵，赵王之子孙侯者，其继有在者乎？"曰："无有。"曰："微独赵①，诸侯有在者乎？"曰："老妇不闻也。""此其近者祸及身，远者及其子孙。岂人主之子孙则必不善哉？位尊而无功，奉厚而无劳，而挟重器多也②。今媪尊长安君之位，而封以膏腴之地，多予之重器，而不及今令有功于国；一旦山陵崩③，长安君何以自托于赵？

【注释】

①微独：不仅，不只。②重器：指象征国家权力和财富的器物。此指金、玉、珠、宝、钟鼎等贵重器物。③山陵：比喻国君，这里指赵太后。

【译文】

左师公说："从现在往前推三代，到赵国建国的时候，赵国君主的子孙被封侯的，他们的继承人还有保住侯爵的吗？"太后说："没有。"触詟说："不只是赵国，其他诸侯的子孙被封侯的，他们的继承人还有保住侯爵的吗？"太后说："我没听说过。"触詟说："这正是因为封侯者近则自身遭了祸，远则将祸患累及到他们的子孙身上。难道身居高位的人的子孙一定没有才德吗？只是因为他们地位尊贵却没有建立功勋，俸禄丰厚却未尝有所操劳，还拥有无数的财富。今天您给了长安君尊贵的地位，赐予他肥沃的土地，还有无数的财富，却不趁现在这个机会让他为国立功，有朝一日您老人家去世，长安君凭什么使自己在赵国安身立命？

【原文】

老臣以媪为长安君计短也，故以为其爱不若燕后。"太后曰："诺，恣君之所使之。"于是为长安君约车百乘①，质于齐，齐兵乃出。子义闻之曰："人主之子也，骨肉之亲也，犹不能恃无功之尊，无劳之奉，以守金玉之重也，而况人臣乎？"

【注释】

①约：治，备。

【译文】

老臣认为您为长安君考虑得太少了，所以说您对他的爱不如对燕后的爱多。"太后说："好吧，任凭您派遣他到什么地方去。"于是为长安君准备了一百辆车子，到齐国去做人质，齐国于是出兵救赵国。子义听到这件事后说："君王的儿子，有着骨肉之亲，尚且不能依靠没有功勋的尊贵地位，没有贡献的厚禄，来保住金、玉等贵重的东西，更何况是做臣子的呢？

【评析】

赵太后本是古代女政治家的代表，但本文中的赵太后却判若两人，面对强敌入侵、幼子为质，把自己搞得心绪焦躁，甚至对群臣的"强谏"，竟以"唾面"相威胁。她不顾江山大事而拒绝让长安君赴齐国当人质，这件事从另一个侧面展现了这位出色女政治家的人性弱点和知错即改的形象。

文中记叙了赵国老臣触詟从容无畏，巧谏赵太后的事，最终使赵太后心悦诚服地将长安君送到齐国做人质，从而解除了赵国面临的大危机，长安君也为国立了功。文中只字未提长安君为人质之事，只说触詟自己年事已高，放心不下小儿子。他深知自己与太后虽是君臣，但同为父母都疼爱子女，由此才提到长安君。文章成功地塑造了触詟这个临危挺身的老臣爱国赤忱、以柔克刚、老谋深算的形象。

　　文中告诉我们一个道理："父母之爱子，则为之计深远。"

唐雎不辱使命

《战国策·魏策四》

【题解】

战国时期的最后十年，秦国相继灭亡各诸侯国，前230年灭韩，前225年灭魏。安陵是魏的附属小国，秦王想用欺诈的手段吞并安陵，由此引起安陵君派唐雎出使秦国一事。文章以短小的篇幅生动地再现了唐雎与秦王之间的唇枪舌剑，颂扬了唐雎忠于使命、不畏强暴、誓死捍卫国家利益的精神。

【原文】

秦王使人谓安陵君曰："寡人欲以五百里之地易安陵，安陵君其许寡人！"安陵君曰："大王加惠，以大易小，甚善。虽然，受地于先王，愿终守之，弗敢易！"秦王不悦。安陵君因使唐雎使于秦。

【译文】

秦王派人对安陵君说："我想用方圆五百里的土地来换取安陵，希望安陵君一定要答应！"安陵君说："承蒙大王给予恩惠，拿大块土地换取小的土地，真是太好了。但这是先王遗留下来的封地，我希望终生守护它，不敢拿它作交换！"秦王很不高兴。安陵君便派遣唐雎出使到秦国去。

【原文】

秦王谓唐雎曰："寡人以五百里之地易安陵，安陵君不听寡人，何也？且秦灭韩亡魏，而君以五十里之地存者，以君为长者，故不错意也[①]。今吾以十倍之地，请广于君，而君逆寡人者，轻寡人与？"唐雎对曰："否，非若是也。安陵君受地于先王而守之，虽千里不敢易也，岂直五百里哉？"

【注释】

①错意：错，同"措"。措意，放在心上。

【译文】

秦王对唐雎说："我想用方圆五百里的土地来换取安陵，安陵君却不肯，这是为什么呢？况且，秦国灭掉韩国，亡了魏国，安陵却凭借方圆五十里的土地能幸存下来，这是因为我把安陵君看作忠厚的长者，没有打他的主意。现在我用安陵十倍的土地去请安陵君扩大他的领土，可他却违背我的意愿，这不是轻视我吗？"唐雎回答说："不，不是这样。安陵君继承先王的封地，只是想守护它，即使是方圆千里的土地也不敢交换，何况只是五百里的土地呢？"

【原文】

秦王怫然怒，谓唐雎曰："公亦尝闻天子之怒乎？"唐雎对曰："臣未尝闻也。"秦王曰："天子之怒，伏尸百万，流血千里。"唐雎曰："大王尝闻布衣之怒乎？"秦王曰："布衣之怒，亦免冠徒跣①，以头抢地耳。"唐雎曰："此庸夫之怒也，非士之怒也。夫专诸之刺王僚也，彗星袭月；聂政之刺韩傀也，白虹贯日；要离之刺庆忌也，苍鹰击于殿上②。此三子者，皆布衣之士也，怀怒未发，休祲降于天③，与臣而将四矣。若士必怒，伏尸二人，流血五步，天下缟素④，今日是也。"挺剑而起。

【注释】

①徒跣：赤脚而行。②苍鹰击于殿上：苍鹰飞到殿上搏击。③休祲：休，吉兆。祲，不祥之气。④缟素：缟，白绢。素，白绸。缟素指丧服。

【译文】

秦王勃然大怒，对唐雎说："你听说过天子发怒吗？"唐雎回答说："我没有听说过。"秦王说："天子发怒，会有百万人死亡，鲜血流淌千里。"唐雎说："大王曾听说过平民发怒吗？"秦王说："平民发怒，无非是摘掉帽子，光着脚，拿脑袋撞地罢了。"唐雎说："这是庸碌之人的发怒，不是有识之士的发怒。从前，专诸刺杀吴王僚的时候，彗星的光芒侵袭月亮；聂政刺杀韩傀的时候，白色长虹横穿太阳；要离刺杀庆忌的时候，苍鹰扑到宫殿之上。他们三个人都是百姓中的有识之士，心里的愤怒还没发泄，上天就降示了征兆。现在加上我就是四个人了。如果有识之士真的发了怒，就会有两个人的尸体倒下，血流五步远，天下百姓都将穿上白色孝服，今天的情形就是这样。"说完，唐雎拔剑挺立，怒对秦王。

【原文】

秦王色挠①，长跪而谢之曰："先生坐！何至于此！寡人谕矣②：夫韩、魏灭亡，而安陵以五十里之地存者，徒以有先生也。"

【注释】

①色挠：脸色沮丧下来。挠，屈服。②谕：同"喻"，明白的意思。

【译文】

秦王顿时面色沮丧，直起腰向唐雎道歉说："先生请坐，何必这样呢！我明白了：韩、魏两国会灭亡，独有安陵君凭借方圆五十里的土地幸存下来，就是因为有先生您啊。"

【评析】

这篇文章主要通过对话叙述写人，记叙的是强国和弱国之间一场外交斗争的情况。

文中秦王所谓"天子之怒"的一段话，传神地表现了秦王盛气凌人、狰狞横暴的嘴脸。在这场面对面的交锋中，唐雎不为秦王的谎言所动，也不为他的威胁所屈，而是始终处于主动地位。唐雎表现出了惊天地、泣鬼神，大义凛然、一往无前的英勇气概，最终使秦王折服，从而安陵得以保全。

本篇还善于运用细节，表现人物在事情发展过程中的神情变化。开头写"秦王不悦"，中间写"秦王怫然怒"，最后写"秦王色挠"，很充分地表现了秦王前倨后恭、色厉内荏的性格特点。唐雎从最先的镇定自若、不卑不亢，到后来的"拔剑而起"，表现了唐雎的英勇刚烈。

文章末段还揭示了弱国安陵能够在外交上战胜强秦的原因。唐雎这种凛然不可侵犯的独立人格和自强精神，在历史长河中一直熠熠生辉。

谏逐客书

李斯

【题解】

李斯，楚国上蔡人，受教于荀子，于公元前247年由楚入秦，受到秦王器重，拜为客卿，为秦始皇统一中国发挥了重要作用。战国末年，韩国因担心秦国出兵来攻，派水工郑国到秦国去，建议秦国在泾阳县西北开凿渠道，企图以此来消耗秦国国力，从而使秦国无力攻打韩国。后来此事被秦国发觉，秦国宗室大臣便提出逐客的主张，李斯也在被逐之列，他因此写了这封《谏逐客书》。

【原文】

秦宗室大臣皆言秦王曰①："诸侯人来事秦者，大抵为其主游间于秦耳，请一切逐客。"李斯议亦在逐中。斯乃上书曰：

【注释】

①宗室：王室，与君主同一祖宗的贵族。

【译文】

秦国的宗室大臣们都向秦王政进言："诸侯各国的人来投效秦国，大多是为了替其君主在秦国游说离间罢了，请下令把所有外来的客卿统统驱逐出境。"李斯也在提名被逐之列。于是他向秦王上书说：

【原文】

"臣闻吏议逐客，窃以为过矣。昔缪公求士，西取由余于戎①，东得百里奚于宛②，迎蹇叔于宋，求丕豹、公孙支于晋。此五子者，不产于秦，而缪公用之，并国二十③，遂霸西戎。孝公用商鞅之法，移风易俗，民以殷盛，国以富强，百姓乐用，诸侯亲服，获楚、魏之师，举地千里，至今治强。

【注释】

①由余：晋国人，原是西戎派到秦国的使臣，秦穆公看重他的才能，用计使之归秦。②百里奚：春秋楚人，原是楚国奴隶，秦穆公闻其名，用五张羊皮赎他，用为相。③并国二十：指用由余之计而攻占的西戎二十部落。

【译文】

"我听说官吏们都在商议驱逐客卿这件事，我私下认为这样做是错误的。从前秦穆公寻求贤士，从西戎招募了由余，从东边的宛地得到了百里奚，又从宋国迎来了蹇叔，还从晋国招来了丕豹、公孙支。这五位贤人，并不生长在秦国，而秦穆公却重用他们，结果吞并了二十多个小国，使秦称霸西戎。秦孝公采用商鞅的新法，移风易俗，百姓富足，国家因此富强，百姓乐于为国效力，诸侯各国亲近服从，打败了楚、魏两国的军队，攻取了上千里的土地，使国家至今还保持着安定强盛的局面。

【原文】

惠王用张仪之计，拔三川之地，西并巴蜀，北收上郡，南取汉中，包九夷①，制鄢、郢，东据成皋之险，割膏腴之壤，遂散六国之从，使之西面事秦，功施到今。昭王得范雎，废穰侯，逐华阳，强公室，杜私门，蚕食诸侯，使秦成帝业。此四君者，皆以客之功。由此观之，客何负于秦哉！向使四君却客而不内，疏士而不用，是使国无富利之实，而秦无强大之名也。

【注释】

①九夷：泛指当时楚国少数民族地区。

【译文】

秦惠王采纳张仪的计策，攻占三川地区，向西吞并了巴、蜀两国，向北收取了上郡，向南夺取了汉中，并吞了九夷各部，控制着鄢、郢两城，向东占据了城皋天险，割取了大片肥田沃土，于是瓦解了六国的合纵，使他们都向西事奉秦国，功效一直延续到今天。昭王得到范雎，废黜了穰侯，驱逐了华阳君，加强了王室的权力，遏制豪门贵族的势力，逐步侵吞诸侯领土，使秦国成就帝王大业。这四位君主都凭借了客卿的功劳。由此看来，客卿们有什么对不住秦国的地方呢！如果四位君主拒绝客卿而不予接纳，疏远贤士而不加任用，这就不会使秦国得到富强的实效，秦国也不会有强大的名声了。

【原文】

"今陛下致昆山之玉，有随、和之宝①，垂明月之珠，服太阿之剑，乘纤离之马②，建翠凤之旗③，树灵鼍之鼓④。此数宝者，秦不生一焉，而陛下说之，何也？必秦国之所生然后可，则是夜光之璧，不饰朝廷；犀象之器，不为玩好；郑、卫之女，不充后宫；而骏马駃騠，不实外厩；江南金锡不为用，西蜀丹青不为采。所以饰后宫、充下陈、娱心意、说耳目者，必出于秦然后可，则是宛珠之簪、傅玑之珥、阿缟之衣、锦绣之饰，不进于前，而随俗雅化，佳冶窈窕，赵女不立于侧也。

【注释】

①随：指随侯珠。和：指和氏璧。②纤离：骏马名。③翠凤之旗：装饰有翠凤羽毛的旗帜。翠凤：一种珍奇的鸟。④鼍（tuó）：鳄鱼。

【译文】

"如今陛下得到了昆仑山的美玉，拥有了随侯珠、和氏璧之类宝物，悬挂着夜光珠，佩带着太阿剑，乘着纤离骏马，竖着翠凤旗，陈设着灵鼍鼓。这么多的宝物，没有一种是秦国出产的，而陛下却很喜欢它们，这是为什么呢？如果一定要是秦国出产的东西才可以使用，那么夜光玉璧就不能装饰在宫廷，犀角、象牙的器具就不能赏玩，郑、魏之地的美女就不该住满后宫，好马就不该充实宫外的马圈，江南地区的金锡就不能使用，西蜀一带的丹青就不能用来装饰。如果用来装饰后宫、充当侍妾、赏心快意、怡目悦耳的一切都必须是出产于秦国才可用的话，那么用宛珠装饰的簪子、缀有珠玑的耳饰、细缯素绢的衣裳、织锦刺绣的服饰，就不能进献到你的面前，那些时髦优雅、艳丽多姿的赵国女子，就不能侍立在你的身旁。

【原文】

夫击瓮叩缶，弹筝搏髀①，而歌呼呜呜快耳目者，真秦之声也；郑卫桑间②，《昭》、《虞》③、《武》、《象》者，异国之乐也。今弃击瓮而就郑卫，退弹筝而取《昭》、《虞》，若是者何也？快意当前，适观而已矣。今取人则不然。不问可否，不论曲直，非秦者去，为客者逐。然则是所重者在乎色乐珠玉，而所轻者在乎人民也。此非所以跨海内、制诸侯之术也。

【注释】

①搏髀：拍着大腿打拍子。②桑、间：卫国濮水边的一地，相传是青年男女聚会唱歌之地。③《昭》、《虞》：相传是歌颂虞舜的音乐。

【译文】

那敲击瓦器，弹筝拍腿，同时呜呜呀呀地歌唱，来快活耳目的，才是秦国的地道声乐；而郑卫之地的民间俗乐《昭》、《虞》、《武》、《象》之类，都是别国的音乐。如今陛下舍弃了敲击瓦器的音乐，而去追求郑卫国的音乐，舍弃了弹筝而采取《昭》、《虞》之乐，这是为什么呢？只不过是图称心如意，适合需要罢了。现在用人却不这样。不问是否可用，不论是非曲直，凡不是秦国的就得离去，凡是客卿就得驱逐。这样做，就说明陛下重的是女色、声乐、珍珠、美玉，而所轻视的是人啊。这不是用来统一天下、制服诸侯的办法啊。

【原文】

"臣闻地广者粟多，国大者人众，兵强则士勇。是以泰山不让土壤，故能成其大；河海不择细流，故能就其深；王者不却众庶，故能明其德。是以地无四方，民无异国，四时充美，鬼神降福，此五帝、三王之所以无敌也①。今乃弃黔首以资敌国，却宾客以业诸侯，使天下之士退而不敢西向，裹足不入秦，此所谓'藉寇兵而赍盗粮'者也。

【注释】

①五帝：黄帝、颛顼、帝喾、尧、舜为五帝。三王：指夏禹、商汤、周文王武王。

【译文】

"我听说田地广袤的粮食多,国家大的人口众,军队强大的将士骁勇。因此,泰山不拒绝泥土,所以才能那样高大;江河湖海不舍弃细流,所以才能那样深广;帝王不嫌弃百姓,所以才能彰明他的恩德。因此,土地不分东西南北,百姓不论异国他邦,所以一年四季都会富裕美好,天地鬼神也都会来降赐福运,这就是五帝、三王无可匹敌的缘故。如今却抛弃百姓来帮助敌国,排斥客卿来事奉诸侯,使天下的贤士退却而不敢西进,裹足不敢前来秦国,这就叫作'借武器给敌寇,送粮食给盗贼'啊。

【原文】

"夫物不产于秦,可宝者多;士不产于秦,而愿忠者众。今逐客以资敌国,损民以益雠,内自虚而外树怨于诸侯,求国之无危,不可得也。"秦王乃除逐客之令,复李斯官。

【译文】

"物品不是秦国出产的,但珍贵的很多;贤士不是出生于秦国的,但愿意效忠的很多。如今驱逐客卿来资助敌国,减少百姓而增加敌国的力量,对内削弱自己,而对外在诸侯国树立怨恨,要想国家没有危难,是不可能的啊。"秦王于是废除逐客令,恢复了李斯的官职。

【评析】

本文是一篇针对秦王逐客令而写的奏章。它的写作缘起是韩国派水利专家郑国到秦国,建议秦国开凿水渠,以消耗秦国的财力、人力,事发之后王室贵族主张驱逐客卿。李斯排一己之私,上书陈述秦国不该驱逐客卿的道理。

李斯在文中没有为客卿游说,而是以史为例,陈述秦恃客卿而强大,客卿帮助秦屡建奇功的事实;以非秦的物器、美女、声乐为秦所用作比,阐明不能排外,重客与逐客是维护还是削弱秦国统治,关系到秦能否统一天下的大问题。

文章辞藻丰富,善用排比、对偶句式进行铺排渲染。排比句与散句有机地组织在一起,整齐而又富于变化,流利畅达而又富于气势,被后人称为"骈文之祖"。文章颇具战国纵横家的论辩技巧和语言风格。

卜居

《楚辞》

【题解】

《楚辞》是战国时期以屈原为代表的楚国人在民间歌谣的基础上，创造出来的一种独特文体。西汉刘向将屈原、宋玉等人相关方面的作品汇集成编，命名为《楚辞》。文章记叙屈原被逐，"三年不得复见"，为此心烦意乱，不知所从，于是前去问卜，并提出了如何为人处世这样严肃的问题。借设问之语，以宣泄作者愤世嫉俗之情。

【原文】

屈原既放，三年不得复见。竭知尽忠，而蔽障于谗[1]。心烦虑乱，不知所从。乃往见太卜郑詹尹曰："余有所疑，愿因先生决之。"詹尹乃端策拂龟曰："君将何以教之？"

【注释】

①蔽障：遮蔽阻隔。这里指屈原遭谗被楚王疏远隔绝。

【译文】

屈原被放逐之后，有三年时间未能见到楚王。他对国家尽忠尽职，却被谗言诽谤，使他与楚王阻隔。他心烦意乱，不知道如何是好。于是前去拜见太卜郑詹尹，对他说："我心中有很多疑惑，希望先生能帮助解决。"詹尹就摆正蓍草，拂去龟甲上的灰尘，说："不知先生有何见教？"

【原文】

屈原曰："吾宁悃悃款款①，朴以忠乎，将送往劳来，斯无穷乎？宁诛锄草茅以力耕乎，将游大人以成名乎？宁正言不讳以危身乎，将从俗富贵以偷生乎？宁超然高举以保真乎，将哫訾栗斯②，喔咿嚅唲以事妇人乎③？宁廉洁正直以自清乎，将突梯滑稽④，如脂如韦，以絜楹乎？宁昂昂若千里之驹乎，将氾氾若水中之凫乎？与波上下，偷以全吾躯乎？宁与骐骥亢轭乎⑤，将随驽马之迹乎？宁与黄鹄比翼乎，将与鸡鹜争食乎？此孰吉孰凶，何去何从？世溷浊而不清：蝉翼为重，千钧为轻；黄钟毁弃，瓦釜雷鸣⑥；谗人高张⑦，贤士无名。吁嗟默默兮，谁知吾之廉贞？"

【注释】

①悃悃款款：忠实诚恳，以真心待人。②哫訾：阿谀奉承。栗斯：小心奉承的样子。③喔咿嚅唲：强颜欢笑的样子。④突梯：圆滑诡诈。⑤亢轭：并驾齐驱。轭，车辕前面用来驾马的曲木。⑥瓦釜：这里比喻庸人、小人。⑦高张：居高位而气焰嚣张。

【译文】

屈原说："我是诚恳朴实、忠心耿耿呢，还是要四处交结逢迎来摆脱困境呢？我是垦荒除草、勤于耕作呢，还是结交权贵来成就名声呢？我是直言不讳使自己遭受危险呢，还是流于世俗与富人结交而苟且偷生呢？我是超然隐居来保全自己的本性呢，还是阿谀逢迎、强颜欢笑来巴结那个妇人呢？我是廉洁正直以保持清白呢，还是圆滑求全，去阿谀奉承呢？我是昂然站立如同日行千里的骏马呢，还是如同一只漂泊不定的野鸭，随波逐流而保全自己的身躯呢？我是与良马并驾齐驱呢，还是追随驽马的足迹呢？我是与天鹅比翼齐飞呢，还是与鸡鸭相互争食呢？这些选择哪是吉哪是凶啊？我该何去何从？世道如此浑浊不清：重视蝉翼，轻视千钧；贵重的黄钟被毁，低贱的瓦罐却响如雷鸣；谗言献媚的人嚣张跋扈，贤良之士却默默无闻。唉，还是沉默吧，有谁能了解我的廉洁忠贞呢？"

【原文】

　　詹尹乃释笑而谢曰："夫尺有所短，寸有所长；物有所不足，智有所不明；数有所不逮，神有所不通。用君之心，行君之意。龟筴诚不能知此事！"

【译文】

　　于是，詹尹放下蓍草，向屈原致谢道："尺有显得短的时候，寸有显得长的时候；事物有它不足的地方，人的智慧也有无法明了的时候；打卦占卜也有难以预料的事情，神灵也有无法洞察的时候。您还是按照您自己的心愿，实行您的意愿吧。龟壳、蓍草实在不知道如何为你解决这些事啊！"

【评析】

　　本文开头先简单介绍屈原的境况，因为小人陷害，致使他被放逐三年。屈原感到前途渺无希望，便前来问卜，以此探寻自己到底应该如何为人处世，何去何从。从而抒发了自己心中的苦闷和疑惑，表现了他激愤抗争、耿介卓立的性格特点，也反映了当时社会黑白颠倒、清浊混淆的现实。

　　文中将八个"宁"、八个"将"组成八个设问句，很好地表现出了屈原内在两难的矛盾心理，将他心中郁积的悲愤与不满毫无遮掩地透露了出来。接着又用一系列类比和比喻，比忠贞、比贤士、比自己等，刻画了屈原高洁、忧国爱民的人格，抨击了邪恶与丑恶的举动。

宋玉对楚王问

《楚辞》

【题解】

宋玉是战国后期楚国的辞赋家。据说他是屈原的学生，在楚怀王、楚襄王时担任过文学侍从之类的官职。此文通过回答楚王的问题，借助比喻和对比手法，表达自己孤芳自赏和才智不被当时人了解的实况。文中多次提起歌曲名，保存了重要的音乐史料。

【原文】

楚襄王问于宋玉曰："先生其有遗行与[1]？何士民众庶不誉之甚也[2]？"宋玉对曰："唯，然，有之。愿大王宽其罪，使得毕其辞。

【注释】

①遗行：指不检点的行为。②不誉：议论他的不是。

【译文】

楚襄王问宋玉说："先生也许有不检点的行为吧？为什么士人百姓都不说你的好呢？"宋玉回答说："是，是这样的，确实有这样的事。请大王宽恕我的罪过，允许我把心中的话说完。

【原文】

"客有歌于郢中者。其始曰《下里》、《巴人》，国中属而和者数千人[1]。其为《阳阿》、《薤露》，国中属而和者数百人。其为《阳春》、《白雪》，国中属而和者不过数十人。引商刻羽，杂以流徵[2]，国中属而和者，不过数人而已。是其曲弥高，其和弥寡③。

【注释】

①属：接续，连续，这里是跟随的意思。②杂以流徵：比喻唱曲子时唱得音调板眼准确。③弥：愈，更加。

【译文】

"有一位在都城唱歌的客人，他开始唱《下里》、《巴人》时，都城中附和着跟他唱的有几千人。后来唱《阳阿》、《薤露》时，能附和着跟他唱的人还有几百人。等到他唱《阳春》、《白雪》时，能附和着跟他唱的就只有几十个人了。最后，当他引用商声，刻画羽声，又夹杂运用流动的徵音时，全城中能附和着跟他唱的就只剩下几个人了。这样看来，歌曲越是高雅，能够附和的人就越少。

【原文】

"故鸟有凤而鱼有鲲。凤凰上击九千里，绝云霓①，负苍天，足乱浮云，翱翔乎杳冥之上②。夫藩篱之鷃，岂能与之料天地之高哉？鲲鱼朝发昆仑之墟，暴鬐于碣石③，暮宿于孟诸。夫尺泽之鲵，岂能与之量江海之大哉？

【注释】

①绝：超越。②杳冥：指极高极远看不清的地方。③暴：晒的意思。

【译文】

"所以鸟类中有凤凰，鱼类中有鲲鱼。凤凰拍打着翅膀飞上九千里，穿越云霓，背负着苍天，用脚拨乱飘动的云，飞翔在极其高远的天空。而在那篱笆间穿梭的小雀，又怎么能了解天地的广阔呢！鲲鱼清晨从昆仑山脚出发，中午在碣石山畔晒脊背，傍晚在孟诸投宿。那一尺来深水塘里的小鱼，又怎么能和鲲鱼一样测量长江大海的广阔呢？

【原文】

"故非独鸟有凤而鱼有鲲也，士亦有之。夫圣人瑰意琦行①，超然独处，世俗之民，又安知臣之所为哉？"

【注释】

①瑰意琦行：卓异的思想和不平凡的行为。瑰，奇伟。琦，美好。

【译文】

"所以不只是鸟类中有凤凰，鱼类中有鲲鱼，士人中也有高人雅士。圣人有宏大的志向和高尚的品德，卓尔不群，那些平庸的人又怎能了解我的所作所为呢？

【评析】

本文写了宋玉才华横溢，但在仕途上不得志，不被士人所称赞，还受到士人、百姓的排挤和毁谤。楚王为此向宋玉提出质疑，宋王先是谦卑地承认自己的确没被士人所称赞，接着便开始为自己辩解。

首先他用高雅的音乐形象地阐明"曲高和寡"的道理，将自己不为士人所理解的原因说明。然后他又用凤凰、鲲鱼作鲜明对比，标榜自己才智过人，孤傲清高，进而陪衬出天壤间本来就有高下之别、贤愚之分的道理。

文中通篇没提及自己，却时时在为自己辩解。文章委婉含蓄，形象瑰奇，比喻贴切，很有说服力。

卷五

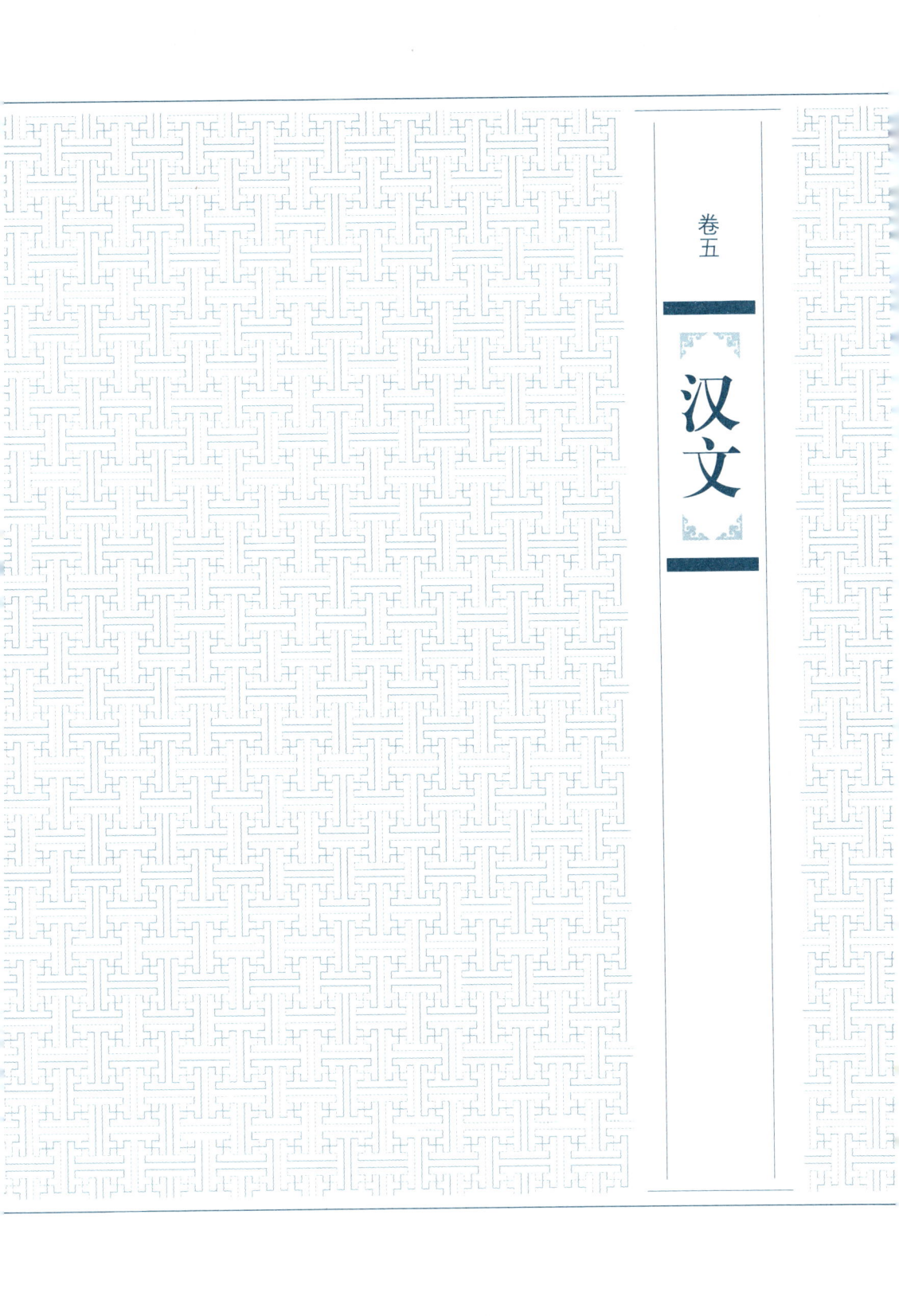

汉文

五帝本纪赞

《史记》

【题解】

本文节选自《五帝本纪》中的最后一段，主要讲述了"本纪"的史料来源以及作者的见解，也是研究《史记》和司马迁史学思想的重要资料。这种"赞"类似于现在的评论，是司马迁的首创，一直被后世史书沿用。

【原文】

太史公曰：学者多称五帝，尚矣①。然《尚书》独载尧以来，而百家言黄帝，其文不雅驯②，荐绅先生难言之③。孔子所传《宰予问五帝德》及《帝系姓》，儒者或不传。余尝西至空桐，北过涿鹿，东渐于海，南浮江淮矣。至长老皆各往往称黄帝、尧、舜之处，风教固殊焉④。总之，不离古文者近是。

【注释】

①尚：同"上"，久远。②雅驯：事有根据。雅，准确。驯，同"训"，规范。即合理之意。③荐绅先生：指有地位的人。④风教固殊：风俗教化彼此不同。

【译文】

太史公说：学者们常常谈到五帝，但五帝的时代距今已经很久远了。然而《尚书》中也只记载了唐尧以后的历史，而诸子百家谈论黄帝，他们的记述也都不太可靠，就算是有地位的长者也难以说清楚历史的事实。孔子传下来的《宰予问五帝德》和《帝系姓》，有的儒家多不传授学习。我曾经西到崆峒山，北到涿鹿山，东到大海，南到江淮，各地的长者都在谈论黄帝、尧、舜的遗址，但这些地方的风俗教化彼此并不相同。总的看来，不违背古籍所记载的为接近历史的真实情况。

【原文】

予观《春秋》、《国语》，其发明《五帝德》、《帝系姓》章矣①，顾弟弗深考②，其所表见皆不虚。《书》缺有间矣，其轶乃时时见于他说。非好学深思，心知其意，固难为浅见寡闻道也。余并论次，择其言尤雅者，故著为本纪书首。

【注释】

①章：同"彰"。明白、显著。②顾弟：但是。弟，同"第"，只是。

【译文】

我看《春秋》、《国语》，他们阐述《五帝德》、《帝系姓》的内容很清楚，只是学者们没有深入考察，其实他们所记载的内容都不是毫无根据的。《尚书》里有很多散失的篇章，它所缺失的内容常常在其他的著作中可以看到。如果不是喜欢学习、深入思考，领会这些书的旨意的人，本来就很难与见识浅薄的人说清楚。我将各种关于五帝的材料综合编定起来，选择其中最为正确可靠的，写成《五帝本纪》，作为全书首章。

【评析】

本文是一篇言简意赅的说明性短文，是《史记》开篇第一文。文章按时间顺序，叙述了司马迁在写作此文时遇到两方面的困惑：一是要面对史料的缺乏。由于时间久远，关于五帝的文字记载少之又少。二是史料的真伪难辨。很多关于五帝的记载出入较大，而且都缺乏说服力。

由此，司马迁制定了两个解决方案：一要克服种种困难，对史料进行实地考察，搜查可靠、可信的材料；二要对现存的官方史料进行整理与研究。司马迁终于成功了，他不仅发现了民间传说和信史记载有许多一致之处，而且切身感受到了各地区和各部族的文化差异，为写作奠定了坚实的基础。

从本文可以看出司马迁对史料作出的锲而不舍的努力以及慎重的求实态度。

秦楚之际月表

《史记》

【题解】

　　"表"是按照年月以表格的形式编撰各时期的历史事件，这是司马迁在《史记》中独创的一种史书体例。《史记》中共有十篇表，本文是第四篇的序言。"秦楚之际"是指秦二世在位时期和项羽统治时期。此一时期尽管时间极短，但发生的历史事件纷纭复杂，故按月来记述，称之为"月表"。

【原文】

　　太史公读秦楚之际，曰：初作难，发于陈涉；虐戾灭秦，自项氏；拨乱诛暴，平定海内，卒践帝祚①，成于汉家。五年之间，号令三嬗②，自生民以来，未始有受命若斯之亟也③。

【注释】

　　①卒践：卒，最终。践，登。②嬗：转换，变更。③亟：急促，快。

【译文】

　　太史公研读关于秦汉时期的历史，说道：最早发难起义的是陈涉；用武力灭秦的是项羽；拨乱反正，诛除暴虐，平定天下，最终登上帝位完成大业的是刘邦。五年的时间，发号施令的人就变更了三次，自有人类以来，还未有过受命于天下的人变化如此快的。

【原文】

　　昔虞、夏之兴，积善累功数十年，德洽百姓，摄行政事，考之于天，然后在位。汤、武之王，乃由契、后稷①，修仁行义十余世。不期而会孟津八百诸侯，犹以为未可，其后乃放弑。秦起襄公，章于文、缪②、献、孝之后，稍以蚕食六国，百有余载，至始皇乃能并冠带之伦。以德若彼，用力如此，盖一统若斯之难也！

【注释】

①契：传说中商的始祖。后稷：传说中周的始祖。②缪：同"穆"，即秦穆公。

【译文】

当初虞舜、夏禹兴起的时候，他们积累善行和功德长达几十年，他们广施恩德润泽百姓，参与治理国家政事，经历了上天的考验，然后才得以即位。商汤、周武称王于天下，都是由于他们的祖先契和后稷开始便讲求仁政、实行仁义，经历了十几代。到周武王时竟然未经预先邀约，就有八百诸侯到孟津相会，他们还认为时机不到，不可轻易夺取王位，直到后来才放逐了夏桀，杀死了殷纣王。秦朝起始于秦襄公，兴盛于秦文公、秦穆公，到秦献公、秦孝公之后，便逐步吞并六国的土地，经历了一百多年以后，直到秦始皇时才有能力消灭其他诸侯。像虞、夏、汤、武那样实行德政，像秦国那样使用武力才能成功，可见统一天下如此之艰难！

【原文】

秦既称帝，患兵革不休，以有诸侯也，于是无尺土之封，堕坏名城，销锋镝，锄豪杰，维万世之安①。然王迹之兴，起于闾巷②，合从讨伐，轶于三代③。乡秦之禁④，适足以资贤者为驱除难耳，故愤发其所为天下雄，安在无土不王？此乃传之所谓大圣乎？岂非天哉？岂非天哉？非大圣孰能当此受命而帝者乎？

【注释】

①维：同"惟"，思考，计度。②闾巷：街巷，此处借指民间。意为刘邦出身卑贱。③轶：超过。④乡：同"向"，以前，过去。

【译文】

　　秦始皇称帝之后，因为有诸侯存在，他担忧战争无法休止，所以就废除了分封土地的制度，不再给功臣亲族尺寸土地的封赏，同时还毁坏有名的城池，销毁兵器，铲除各地豪强，希望能维持万世帝业的安宁。然而帝王的功业，兴起于民间，各地英雄豪杰互相联合进攻秦国，气势超过了三代。过去秦国的种种禁令，正好帮助贤能的人扫除困难，所以他奋发图强，成为了天下的英雄，怎么能说没有土地的人便不能成为帝王呢？这不就是传说中的大圣人吗？这难道不是天意吗？这难道不是天意吗？如果不是大圣人，又有谁能在乱世承受天命而称王呢？

【评析】

　　本文首先用简练的言语概括出秦、楚之际天下间的风云变幻：先是陈胜、吴广的发难，继而项羽以暴力灭掉了秦国，最后刘邦称帝为王，平定天下。这三件事情，前后历时不过五年，经历了秦、楚、汉三变。这既是对天命的历史功绩作出肯定，又感叹刘邦即位是前所未有的迅速。

　　文章接着回顾虞舜、夏禹是受尽考验，积累了几十年功德才登上帝位，商汤、周武是历尽艰辛，修仁行义十余世才统治天下，秦国是历经百余年才称霸诸侯，最终统一天下的。进一步反衬出秦、楚之际王朝更换得如此频繁，一切的一切都是因为秦国的暴政。原本是为了维持万世的秦朝霸业，殊不知却在无形中为自己挖掘坟墓，为反秦力量准备了充足条件。

　　结尾部分用历史事实告诉人们：前面列举的现象不是反常，而是有其历史的必然性，进而指出秦朝灭亡是必然的。

孔子世家赞

《史记》

【题解】

　　《孔子世家》是《史记》三十世家之一，为孔子所立的传，记载孔子的生平和思想。本文为司马迁在全传最后对孔子所写的直接评论。赞语认为孔子以道德学问受到后人的景仰，表达了司马迁对孔子的敬仰和向往之情。

【原文】

　　太史公曰：《诗》有之："高山仰止[1]，景行行止[2]。"虽不能至，然心向往之。余读孔氏书，想见其为人。适鲁[3]，观仲尼庙堂、车服、礼器，诸生以时习礼其家，余低回留之，不能去云。

【注释】

　　[1]高山：比喻品德高尚。[2]景行：比喻行为光明正大。[3]适：到。

【译文】

　　太史公说：《诗经》中有句话说："巍峨的高山可以仰望，宽广的大道可以循着前进。"我虽然不能达到这个境界，但是心中一直向往它。我读孔子的书，由推理可以知道他的为人。到了鲁国之后，我参观了孔子的祠堂、车子、衣服和礼器，看见许多儒生按时在他家里演习礼仪，对此我徘徊留恋，舍不得离去。

【原文】

　　天下君王至于贤人众矣，当时则荣，没则已焉。孔子布衣，传十余世，学者宗之。自天子王侯，中国言六艺者，折中于夫子①，可谓至圣矣！

【注释】

①折中：取正，用以判断事物正确与否的标准。

【译文】

　　天下的君王以及历代贤人，实在是很多，他们在世时那么荣耀，但死后也就没有什么痕迹了。孔子只是个平民，但他的学说已经流传了十几代，读书人都尊崇他。从天子王侯往下，中国讲六艺的人，都以孔子的学说作为准则，孔子可以称得上是至高无上的圣人了！

【评析】

　　这篇论赞洋溢着司马迁对孔子的高度崇敬之情。司马迁认为，孔子如同一座巍峨的高山，使无数人仰慕。司马迁来到孔子故居之后，对孔子有了更深的理解，崇敬之情得到进一步强化。当他参观了孔子的庙堂、车服、礼器，见到这些与孔子密切相关的器物以后，好像孔子本人就在自己眼前。后来又在孔子故居见到许多儒生如此虔诚地在他家中按时演习礼仪，可见孔子的思想有着巨大的精神魅力。此情此景，以至于司马迁不愿离开圣人的故居。

　　文章开篇引用《诗经》的话，抒发作者的感慨，乃是凭虚而起。中间部分叙写在孔子故居的所见与感受。结尾部分用"可谓至圣矣"来作结论。虚实结合，令人信服。

滑稽列传

《史记》

【题解】

"滑稽"一词的古义与今义并不全同。司马迁在《滑稽列传》里使用它带着褒义,有能言善辩,善用双关、隐喻、反语、婉曲等修辞手法的意思。《滑稽列传》是专门记叙滑稽人物的传记,表彰的是一批能言善辩、机智幽默的人物,其中包括战国时齐国的淳于髡、楚国的优孟,本文只选了淳于髡传。司马迁将滑稽与"六艺"相提并论,高度评价了滑稽人物,也反映了司马迁不同凡俗的价值观。

【原文】

孔子曰:"六艺于治一也。《礼》以节人,《乐》以发和,《书》以道事,《诗》以达意,《易》以神化,《春秋》以道义。"太史公曰:"天道恢恢①,岂不大哉!谈言微中,亦可以解纷。

【注释】

①恢恢:广阔无垠的样子。

【译文】

孔子说:"六艺在治国方面所起的作用是一致的。《礼》是用来节制人们行为的,《乐》是用来发挥和谐作用的,《书》是用来叙述史事的,《诗》是用来表达意志的,《易》是用来表现事物变化的,《春秋》是用来阐明义理的。"太史公说:天道广阔无垠,难道还不算大吗?谈话含蓄微妙而切中事理,也可以解除纷扰。

【原文】

淳于髡者①，齐之赘婿也②。长不满七尺，滑稽多辩，数使诸侯，未尝屈辱。齐威王之时喜隐，好为淫乐长夜之饮，沉湎不治，委政卿大夫。百官荒乱，诸侯并侵，国且危亡，在于旦暮，左右莫敢谏。淳于髡说之以隐曰："国中有大鸟，止王之庭，三年不蜚又不鸣，王知此鸟何也？"王曰："此鸟不飞则已，一飞冲天；不鸣则已，一鸣惊人。"于是乃朝诸县令长七十二人，赏一人，诛一人，奋兵而出。诸侯振惊，皆还齐侵地。威行三十六年。语在《田完世家》中。

【注释】

①淳于髡（kūn）：人名，复姓淳于，名髡。②赘婿：旧时男子到女家结婚，称为赘婿。

【译文】

淳于髡是齐国入赘的女婿。个子不到七尺，说话诙谐善辩，曾经多次出使诸侯国，从没有受到过屈辱。齐威王在位时喜欢隐语，放荡享乐，整夜喝酒，沉溺于酒色之中而不理朝政，把国事委托给卿大夫。于是官吏们懈怠混乱，诸侯国都来侵犯，齐国面临危险将要灭亡，就在朝夕之间了，威王的左右大臣没有一个敢于直言相劝。淳于髡用隐语来劝说："国都中有只大鸟，栖息在大王的宫廷里，三年既不飞也不叫，大王您知道这鸟为的是什么吗？"齐王说："此鸟不飞则罢，一飞就要冲上云霄；不叫则罢，一叫就震惊世人。"于是齐威王上朝召集各县的长官七十二人，当众奖励了一个，处死了一个，重振军威发兵出战。诸侯国一时震惊，全部归还了所侵占的齐国土地。从此齐威王的声威持续了三十六年。这事记在《田敬仲完世家》中。

【原文】

威王八年，楚大发兵加齐。齐王使淳于髡之赵请救兵，赍金百斤，车马十驷。淳于髡仰天大笑，冠缨索绝①。王曰："先生少之乎？"髡曰："何敢！"王曰："笑岂有说乎？"髡曰："今者臣从东方来，见道旁有禳田者②，操一豚蹄，酒一盂，而祝曰：'瓯窭满篝③，污邪满车，五谷蕃熟，穰穰满家。'臣见其所持者狭而所欲者奢，故笑之。"于是齐威王乃益赍黄金千镒，白璧十双，车马百驷。髡辞而行，至赵。赵王与之精兵十万，革车千乘。楚闻之，夜引兵而去。

【注释】

①冠缨：系在颌下的帽带。索：尽。②禳田：祭祀谷神、土地神，以求得丰收。③瓯窭：狭小的高地。篝：竹笼。

【译文】

齐威王八年，楚国发兵大举进攻齐国。齐王派淳于髡到赵国去请救兵，让他带上黄金百斤、车马十套作为赠礼。淳于髡仰天大笑，笑得系在冠上的带子都断了。齐王说："先生是嫌它少吗？"淳于髡说："怎么敢呢！"齐王说："那你的笑有什么道理吗？"淳于髡说："刚才臣子从东方来，看见路旁有人祭祀祈求丰收，他手里拿着一只猪蹄、一壶酒，祷告说：'狭小的高坡上旱地粮食装满笼，易涝的低洼田粮食装满车，五谷茂盛丰收，堆满家中。'我见他所拿的祭品很少而想要得到的东西却很多，所以在笑他呢。"于是齐威王就把赠礼增加到黄金千镒，白璧十双，车马一百套。淳于髡辞别动身，到了赵国。赵王给他精兵十万，战车一千乘。楚国听到这个消息，连夜撤兵离去。

【原文】

威王大悦，置酒后宫，召髡赐之酒。问曰："先生能饮几何而醉？"对曰："臣饮一斗亦醉，一石亦醉。"威王曰："先生饮一斗而醉，恶能饮一石哉！其说可得闻乎？"髡曰："赐酒大王之前，执法在傍，御史在后，髡恐惧俯伏而饮，不过一斗径醉矣。若亲有严客，髡帣韝鞠䞴①，侍酒于前，时赐余沥，奉觞上寿，数起，饮不过二斗径醉矣。若朋友交游，久不相见，卒然相睹，欢然道故，私情相语，饮可五六斗径醉矣。若乃州闾之会，男女杂坐，行酒稽留，六博投壶②，相引为曹，握手无罚，目眙不禁③，前有堕珥，后有遗簪，髡窃乐此，饮可八斗而醉二参。

【注释】

①帣：同"卷"。韝（gōu）：臂套。鞠：弯曲。䞴：小跪，双膝着地，上身

卷五 汉文

·151·

挺直。②六博：古代的赌博游戏。投壶：古代宴会的一种礼制，方法是用箭投入壶中，以投多少来决胜负。③目眙：瞪眼直视的意思。

【译文】

　　齐威王非常高兴，在后宫摆设宴席，召见淳于髡，赏他喝酒。问道："先生喝多少酒才会醉？"回答说："臣子喝一斗也醉，喝一石也醉。"威王说："先生喝一斗就醉了，怎么还能喝一石呢？能给我讲讲其中的奥妙吗？"淳于髡说："在大王面前饮你赏赐的酒，旁边有执法官，后边有御史，髡心里害怕就伏在地上喝酒，不过一斗已经醉了。如果家中父母请了严肃的客人，我用袖套束住长袖，弯腰跪着，在席前侍奉他们喝酒，他们不时赏我点剩酒，我举杯祝寿，多次起身应酬，喝不到二斗也就醉了。如果是朋友故交，久未见面，突然相见，高兴地说起往事，互诉衷情，这样可以喝大概五六斗才醉。如果是乡里间的节日盛会，男女杂坐在一起，互相喝酒，慢慢地喝着，玩六博、投壶的游戏，互相招呼着称兄道弟，握了异性的手不受责罚，瞪眼直视妇女也不受禁止，前有姑娘掉下的耳饰，后有妇女丢失的发簪，我暗自喜欢这种场面，即使喝到大概八斗也才仅有两三分醉意。

【原文】

　　日暮酒阑，合尊促坐，男女同席，履舄交错①，杯盘狼藉，堂上烛灭，主人留髡而送客。罗襦襟解，微闻芗泽②，当此之时，髡心最欢，能饮一石。故曰酒极则乱，乐极则悲，万事尽然，言不可极，极之而衰。"以讽谏焉。齐王曰："善。"乃罢长夜之饮，以髡为诸侯主客。宗室置酒，髡尝在侧。

【注释】

　　①履舄：鞋子。②芗泽：泛指香气。芗，同"香"。

【译文】

　　天色已晚，酒席将散，大家端着酒杯，相挨而坐，男女同席，众人的鞋子纵横交错，杯盘散乱而放，厅堂上的蜡烛熄灭了，主人留住我而送走了其他客人。女子把薄罗衫的衣襟解开了，微微地闻到他们身上的香气，这时候我心里最欢快，就能喝到一石酒。所以说饮酒过分了就会做出乱七八糟的事，行乐太过分了就会生悲，万事都是这样，说的就是不能过分，过分就要走下坡路的道理。"这是用来讽谏的。齐威王说："说得好！"于是就取消了通宵达旦的喝酒，并任命淳于髡为接待诸侯的主客大夫。每逢王室宗族举办酒宴，淳于髡时常在旁陪饮。

【评析】

本文主要运用叙述的方法记述淳于髡对齐威王的三次劝谏，三次劝谏就是三个小故事，三个故事又各有特色。

第一个故事是以隐语劝谏齐威王，励精图治。隐语中写到鸟之大、"止王于庭"、不飞不鸣，无形中已经把矛头指向齐威王，暗中使用了激将法，激发齐威王的羞耻心，使其开始改弦易辙，赏罚分明，振兴了齐国。

第二个故事则以农夫禳祭为喻，点出"其所持者狭而所欲者奢"的荒唐。这是用触类旁通的方法，引导齐威王对眼前事进行考虑，要求威王提高出使规格，带有明显的讽刺意味。

第三个故事则是劝威王不要饮酒过度，所采用的是欲擒故纵、由谐入庄的手法。文中借说自己饮酒一石时的荒唐、不守礼法，把齐威王的长夜之饮对象化，化为齐威王可视、可观察的场面，从而让齐威王反省，进而罢掉了长夜之饮。这些显著的变化，显示出淳于髡巧妙的讽刺艺术和微言善谏的才能。

太史公自序

《史记》

【题解】

本文是《史记》最后一卷《太史公自序》的节选。原序由三部分构成：第一部分类似自传，历叙本族世系和家族的渊源，并概括叙述了作者的前半生的经历。第二部分即本文，利用对话的形式，叙写编撰《史记》的目的和作者的一系列遭遇，揭示作者忍辱负重的博大胸襟和强烈的历史使命感，抒发了郁结于胸的悲愤不平之气。第三部分是《史记》一百三十篇的小序。

【原文】

太史公曰："先人有言：'自周公卒五百岁而生孔子。孔子卒后至于今五百岁，有能绍明世①，正《易传》，继《春秋》，本《诗》、《书》、《礼》、《乐》之际？'意在斯乎！意在斯乎！小子何敢让焉！"

【注释】

①绍明世：绍，继续。明世，太平盛世。

【译文】

太史公说："先父曾经说过：'自周公死后五百年才有了孔子，孔子死后至今也已经有五百年了，应该是到继承圣明世代的事业，修正《周易》，续写《春秋》，探求《诗经》、《尚书》、《礼》、《乐》的本原的时候了。'他将希望寄托在我的身上啊！他将希望寄托在我的身上啊！我怎么敢推辞呢？"

【原文】

上大夫壶遂曰："昔孔子何为而作《春秋》哉？"太史公曰："余闻董生曰：'周道衰废，孔子为鲁司寇，诸侯害之，大夫壅之。孔子知言之不用，道之不行也。是非二百四十二年之中，以为天下仪表，贬天子，退诸侯，讨大夫，以达王事而已矣。'子曰：'我欲载之空言，不如见之于行事之深切著明也。'

【译文】

上大夫壶遂说："以前孔子为什么要写《春秋》呢？"太史公说："我听董仲舒说：'周王朝衰败，孔子出任鲁国的司寇，诸侯们忌恨他，大夫们排挤他。孔子知道他的建议不会被采用，政治主张也不可能被推行，因而评定了二百四十二年历史的功过是非，作为天下行事的标准，褒贬天子，斥责诸侯，声讨大夫，以阐明王道。'孔子说：'我与其空泛地记载我的主张，不如用历史事实来体现更为深刻、明显。'

【原文】

夫《春秋》，上明三王之道，下辨人事之纪①，别嫌疑，明是非，定犹豫，善善恶恶，贤贤贱不肖，存亡国，继绝世，补敝起废，王道之大者也。《易》著天地、阴阳、四时、五行，故长于变；《礼》经纪人伦，故长于行；《书》记先王之事，故长于政；《诗》记山川、溪谷、禽兽、草木、牝牡、雌雄，故长于风；《乐》乐所以立，故长于和；《春秋》辨是非，故长于治人。

【注释】

①纪：纲纪，伦理纲常。

【译文】

《春秋》这部书，对上则阐明了夏禹、商汤、周文王的治世之道，对下则辨明了为人处世的伦理纲常，分清了疑惑难明的事物，判明了是非的界限，确定了犹豫难定的事，褒扬了善良，贬斥了邪恶，尊敬了贤人，鄙薄了不肖，保存了亡国，延续了绝世，修补了弊端，振兴了衰废，这都是王道的重要内容。《易》昭示天地、阴阳、四季、五行，所以长于变化；《礼》调整了人与人之间的关系，所以长于指导；《尚书》记载古代帝王的事迹，所以长于政事；《诗》记述山川、溪谷、禽兽、草木、牝牡、雌雄的状况，所以长于教化；《乐》使人乐在其中，所以长于调和性情；《春秋》明辨是非，所以长于治理百姓。

【原文】

是故《礼》以节人，《乐》以发和，《书》以道事，《诗》以达意，《易》以道化，《春秋》以道义。拨乱世反之正，莫近于《春秋》。《春秋》文成数万，其指①数千。万物之散聚，皆在《春秋》。《春秋》之中，弑君三十六，亡国五十二，诸侯奔走不得保其社稷者，不可胜数。察其所以，皆失其本已。故《易》曰：'失之毫厘，差以千里。'

【注释】

①指：同"旨"，要旨。

【译文】

因此，《礼》是用来节制人的行动的，《乐》是用来调和人的性情的，《尚书》是用来指导政事的，《诗》是用来表达内心情意的，《易》是用来阐明变化的，《春秋》是用来说明天下正义的。把一个混乱的社会引导到正确的轨道上，没有比《春秋》更有用的了。《春秋》全书有数万字，所阐明的要旨也有数千，万事万物的成败、聚散都在《春秋》之中。《春秋》一书中，记载臣杀国君的有三十六起，灭国的有五十二个，诸侯四处逃奔仍不能保全其国家社稷的数不胜数。观察他们之所以如此，都是因为失去了王道之本。所以《易》上说：'失之毫厘，差之千里。'

【原文】

故曰：'臣弑君，子弑父，非一旦一夕之故也，其渐久矣。'故有国者不可以不知《春秋》，前有谗而弗见，后有贼而不知。为人臣者不可以不知《春秋》，守经事①而不知其宜，遭变事而不知其权②。为人君父而不通于《春秋》之义者，必蒙首恶之名。为人臣子而不通于《春秋》之义者，必陷篡弑之诛、死罪之名。其实③皆以为善，为之不知其义，被之空言而不敢辞。

【注释】

①经事：日常的事情。经，正常，日常。②权：变通。③实：实心，本意。

【译文】

所以说：'臣子杀死君王，儿子杀死父亲，并不是一朝一夕才这样的，而是长时间逐渐形成的。'因此，为君者不可以不知晓《春秋》，否则当面有小人进献谗言而自己却看不出；背后有窃国之贼也不知道。做臣子的不可以不懂《春秋》，否则处理日常事务就不知道如何采取适宜的办法，遇到出乎意料的事也不会用变通的权宜之计去对付。身为国君或身为人父，如果不知晓《春秋》的要旨，一定会蒙受罪魁祸首的恶名。作为臣下和儿子的，如果不知晓《春秋》的大义，必定会陷入篡位杀父的法网中，得到该死的罪名。其实他们都以为自己在干好事，只是因为不懂礼义，受到别人毫无根据的谴责也不敢反驳。

【原文】

夫不通礼义之旨，至于君不君，臣不臣，父不父，子不子。君不君则犯，臣不臣则诛，父不父则无道，子不子则不孝。此四行者，天下之大过也。以天下之大过予之，则受而弗敢辞。故《春秋》者，礼义之大宗也。夫礼禁未然之前，法施已然之后。法之所为用者易见，而礼之所为禁者难知。"

【译文】

由于不知晓礼义的要旨，以至于君王不像君王，臣子不像臣子，父亲不像父亲，儿子不像儿子。君不像君大臣就会犯上作乱，臣不像臣就会遭到杀身之祸，父不像父就是没有伦理道德，子不像子就是不孝敬父母。这四种行为，是天下的大过错。如果把天下最大的过错加给他们，他们也只有接受而不敢推辞。所以《春秋》这本书，是礼义的根本宗旨。礼的作用是在坏事发生前就加以禁止，法的作用是在坏事发生后加以处置。法的作用显而易见，而礼的作用就很难被人们所理解。"

【原文】

壶遂曰："孔子之时，上无明君，下不得任用，故作《春秋》，垂空文以断礼义，当一王之法。今夫子上遇明天子，下得守职，万事既具，咸各序其宜，夫子所论，欲以何明？"太史公曰："唯唯，否否，不然。余闻之先人曰：'伏羲至纯厚，作《易》八卦。尧、舜之盛，《尚书》载之，礼乐作焉。汤、武之隆，诗人歌之。《春秋》采善贬恶，推三代之德，褒周室，非独刺讥而已也。'

【译文】

壶遂说："孔子的时代，国家没有英明的国君，下层的贤才得不到重用，孔子这才作《春秋》，依靠文章来判明什么是礼仪，以代替周王朝的法典。现在您上有英明的君主，下有恪守本职的臣子，万事已经具备，各项事情也都按照秩序进行着，您现在论述这些，是要说明什么道理呢？"太史公说："对，对，您说得对，不过，不过，我不是这个意思。我听先父说过：'伏羲时极其纯朴厚道，创作了《易》的八卦；唐尧、虞舜时代的昌盛，《尚书》上也有记载，礼、乐就是那时作的；商汤、周武王时代的兴隆，古代的诗人对此加以歌颂。《春秋》抑善扬恶，推崇三代的功德，颂扬周王朝，并非全是抨击和讽刺。'

【原文】

汉兴以来，至明天子，获符瑞，建封禅，改正朔①，易服色②，受命于穆清③，泽流罔极，海外殊俗，重译款塞④，请来献见者，不可胜道。臣下百官，力诵圣德，犹不能宣尽其意。且士贤能而不用，有国者之耻；主上明圣而德不布闻，有司之过也。且余尝掌其官，废明圣盛德不载，灭功臣、世家、贤大夫之业不述，堕⑤先人所言，罪莫大焉。余所谓述故事，整齐其世传，非所谓作也，而君比之于《春秋》，谬矣。"

【注释】

①改正朔：指使用新历法。②易服色：改变车马、祭牲的颜色。③穆清：肃穆清和，指天。④款塞：叩开边塞的门。塞，同"叩"。⑤堕：丢弃。

【译文】

汉朝建立以来，直至当今的圣明之君，得到了上天的祥瑞，举行封禅，使用了新历法，改变了车马、祭牲的颜色，受命于上天，恩泽遍及远方，海外风俗不同的国家，辗转几重翻译到中国边关来，请求前来进献物品、拜见天子的多得数不胜数。文武百官极力颂扬圣上的功德，但还是不能把其中的意义阐述透彻。况且，贤士不被重用，这是国君的耻辱；皇上英明而其德政没被广为流传，这是官吏的过错。何况我曾担任过太史令，废弃皇上英明的德政不去记载，埋没功臣、诸侯、贤大夫的功绩而不去记述，丢弃先父生前的嘱托，这个罪过就太大了。我所说的记述过去的事，只是整理一下他们的世系传记，并不是所谓的创作，而您将它与孔子的《春秋》相提并论，这就错了。"

【原文】

于是论次其文。七年，而太史公遭李陵之祸，幽于缧绁①。乃喟然而叹曰："是余之罪也夫！是余之罪也夫！身毁不用矣！"退而深惟曰："夫《诗》、《书》隐约者②，欲遂其志之思也。昔西伯拘羑里，演《周易》；孔子厄陈、蔡，作《春秋》；屈原放逐，著《离骚》；左丘失明，厥有《国语》；孙子膑脚，而论兵法；不韦迁蜀，世传《吕览》；韩非囚秦，《说难》、《孤愤》；《诗》三百篇，大抵贤圣发愤之所为作也。此人皆意有所郁结，不得通其道也，故述往事，思来者。"于是卒述陶唐以来，至于麟止，自黄帝始。

【注释】

①缧绁：捆绑犯人的绳索，这里借指监狱。②隐约：意旨隐晦，文辞简约。

【译文】

于是，我将有关资料加以编排，整理成文。写了七年之后，太史公因"李陵事件"而大祸临头，被囚禁在监狱中。于是喟然长叹："这是我的罪过啊！这是我的罪过啊！身体已经残废，没有什么用了。"事后又进一步深思道："《诗》和《书》，意旨隐晦，文辞简约，这都是作者想要表达他们内心的思想。从西伯侯被拘禁在羑里，推演了《周易》；孔子被困于陈国和蔡国后，写了《春秋》；屈原被放逐，创作了《离骚》；左丘明双目失明，后来才撰写了《国语》；孙膑遭受了膑刑后，论述了兵法；吕不韦被贬蜀地，世上才能够流传他的《吕氏春秋》；韩非子被囚禁在秦国，因而写出了《说难》、《孤愤》。《诗》三百余篇，大多都是圣贤之人为了抒发胸中的愤懑之情而创作的，这些人都是心中怀有忧愁郁结之情，不能得到发泄，所以追述往事，寄希望于后人。"这样我终于编写出从唐尧以来的历史，止于猎获白麟的那一年，而从黄帝开始。

【评析】

　　文章以对话形式展开，主要写了作者与壶遂之间的对答。在对答中，我们知道作者编撰《史记》有两个目的：一是为了完成父亲临死前命他继续写史书的遗嘱，极力赞颂了《春秋》的巨大社会作用和思想学术价值，从侧面阐述了自己写作《史记》的宗旨；二是抒发自己心中所积郁的种种不快。说明自己在写作过程中，遭受宫刑这一奇耻大辱之后，曾一度灰心，但最终决心忍辱负重，发奋写作，实现自己终生的誓愿，终于写作了《史记》这部巨著。

　　本文气势轩昂，以说理为主，以另一种方式向人们传达了一种精神：只要持之以恒地做事，世界上没有什么事情是做不到的。文中列举了众多学者，他们历经艰辛，最终取得了成功。文章寓意深刻，值得我们细细研读。

卷六

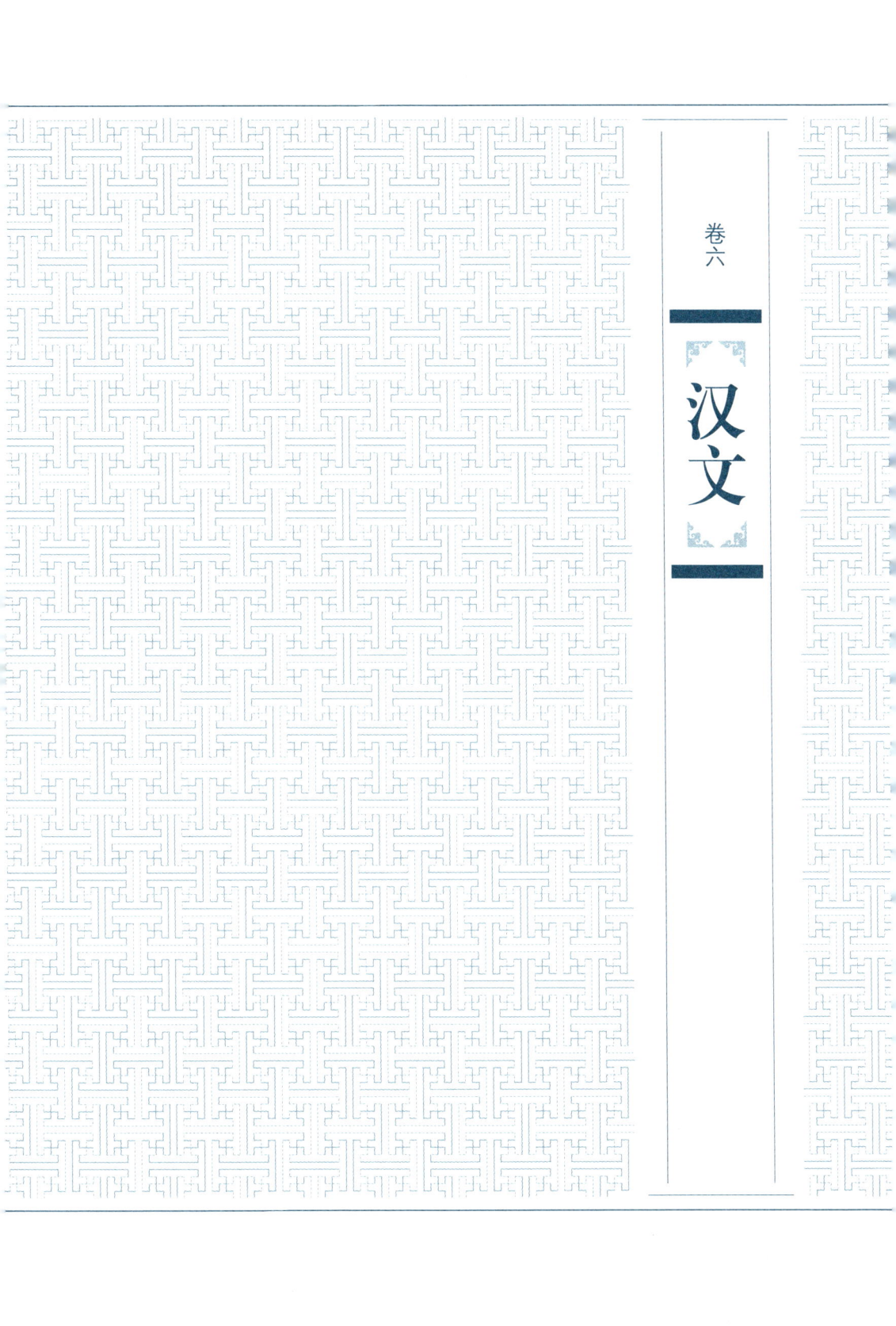

汉文

高帝求贤诏

西汉文

【题解】

高帝，即汉高祖刘邦，字季，西汉的开国皇帝。他在位期间，继承秦制，实行中央集权制，重农抑商，奖励农业生产，对当时的社会经济、文化发展作出了贡献。本文是汉高祖十一年（前196）二月发布的诏书。

【原文】

盖闻王者莫高于周文①，伯者莫高于齐桓，皆待贤人而成名。今天下贤者智能，岂特古之人乎？患在人主不交故也，士奚由进②？今吾以天之灵、贤士大夫，定有天下，以为一家。欲其长久，世世奉宗庙亡绝也。贤人已与我共平之矣，而不与吾共安利之，可乎？贤士大夫有肯从我游者，吾能尊显之。布告天下，使明知朕意。

【注释】

①周文：指周文王姬昌。②奚由：从何，通过什么途径。

【译文】

听说古代帝王中没有能超过周文王的，诸侯霸主中没有能超过齐桓公的，他们都是依靠贤能之士的帮助才成就功业的。如今天下的贤能之士，难道比不上古代的贤能之士吗？主要问题在于国王不结交贤士，贤能之士又能通过什么途径被用呢？现在我凭借上天的保佑和贤士大夫的帮助，才平定了天下，将天下作为一家。我想要它长治久安，世世代代供奉宗庙。贤人们已经与我一起平定了天下，却不与我一起使它安定兴盛，这怎么可以呢？贤士大夫有愿意跟我交往的，我一定会让他们拥有显贵的地位。现在把我的旨意公告天下，使大家都明白知道我的心意。

【原文】

御史大夫昌下相国，相国酂侯下诸侯王①，御史中执法下郡守，其有意称明德者，必身劝，为之驾，遣诣相国府，署行、义、年②，有而弗言，觉，免。年老癃病③，勿遣。

【注释】

①酂侯：指萧何。西汉时官居丞相，封酂侯。②署行、义、年：记录品行、仪表、年龄。署，记录。义，同"仪"，包括相貌、身高等。③癃：腰部弯曲，背部隆起，这里泛指疾病。

【译文】

这个诏书由御史大夫周昌传达给丞相，丞相萧何传达给各诸侯王，御史中执法传达给各郡守。那些确实称得上德行贤明的人，郡守一定要亲自去劝说，为他们驾车，并送他们到相国府，记录他们的品行、仪表、年龄。如果有贤人却没有举荐的，一经发觉，就免除其郡守的官职。年老和体弱多病的贤人，就不要送来了。

【评析】

文章开篇即以古代的贤王与霸主作比，提出了他们成功的原因在于任用贤能。接着认为当今天下也有像古代一样的贤才，还把天下的兴衰与贤才能够被重用联系起来。最后，提出了自己的旨意：要求他的下属官吏举荐贤才，有而不举荐的要受到惩罚。于是他将自己的宏图大略与招纳贤才的实际行动结合了起来，表现了一代帝王的雄才大略。

这篇文章从古代的有为帝王谈起，引出了举荐贤才的重要性；又由举荐贤才联系到治理天下，层层展开；最后提出了自己诏告天下举贤任能的旨意，环环紧扣、不枝不蔓，写得十分简短而紧凑，字句铿锵有力，极有气势。

过秦论（上）

西汉·贾谊

【题解】

贾谊是西汉初年杰出的辞赋家、政治家。他主张革新，整顿官场，清明吏治，因此触犯了权贵的利益，被贬为长沙王太傅。在本文中，作者论述秦日益强大以及一统天下的过程，分析秦最终衰败的主要原因在于"仁义不施，而攻守之势异也"，希望汉朝不要步秦朝的后尘，进而为汉文帝提供政治上的借鉴。

【原文】

秦孝公据殽、函之固①，拥雍州之地，君臣固守，以窥周室；有席卷天下、包举宇内、囊括四海之意，并吞八荒之心。当是时也，商君佐之，内立法度，务耕织，修守战之具，外连衡而斗诸侯②。于是秦人拱手而取西河之外。

【注释】

①秦孝公：秦献公之子。他任用商鞅，实行变法，使秦国强大起来。据：依据，占有。②连衡：指秦分别与东方各国联合，以达到各个击破的策略。

【译文】

秦孝公依据殽山和函谷关的险要地势，占有了雍州的土地，君臣们一方面牢牢地守住本土，另一方面又暗中探查周王朝的虚实；秦国怀有席卷天下、包举宇内、囊括四海的壮志，大有吞并天下的野心。当时，秦孝公有商鞅辅佐，对内又建立了各种法令制度，致力于发展农耕纺织，修造用于攻守的战斗武器装备；对外采纳连横的策略，使诸侯各国互相残杀。这样，秦国不费吹灰之力就夺取了黄河以西的辽阔土地。

【原文】

孝公既没，惠文、武、昭蒙故业，因①遗策，南取汉中，西举巴蜀，东割膏腴之地，北收要害之郡。诸侯恐惧，会盟而谋弱秦，不爱珍器、重宝、肥饶之地，以致天下之士，合从缔交，相与为一。当此之时，齐有孟尝，赵有平原，楚有春申，魏有信陵。此四君者，皆明智而忠信，宽厚而爱人，尊贤重士，约从离横，兼韩、魏、燕、楚、齐、赵、宋、卫、中山之众。

【译文】

秦孝公去世后，惠文王、武王、昭襄王继承祖上的基业，继续遵循孝公的策略，兼并南边的汉中，攻占西边的巴蜀，割取东边肥沃的土地，收取地势险要的州郡。各国诸侯因此而恐惧，于是他们集合结盟，想要削弱秦国。他们不惜用贵重的器具、珍贵的宝物和肥沃的土地来招致天下有志之士，联合各国，缔结盟约，结成一个整体。那时候，齐国有孟尝君，赵国有平原君，楚国有春申君，魏国有信陵君。这四位君子，都是办事明智而又讲求信义的人，对人宽厚、友爱，尊重贤能人士，他们一起约定以"合纵"策略拆散"连横"，联合了韩、魏、燕、楚、齐、赵、宋、卫、中山各国的力量。

【原文】

于是六国之士，有宁越、徐尚、苏秦、杜赫之属为之谋，齐明、周最、陈轸、召滑、楼缓、翟景、苏厉、乐毅之徒通其意，吴起、孙膑、带佗、倪良、王廖、田忌、廉颇、赵奢之伦制其兵，尝以十倍之地，百万之众，叩关而攻秦。秦人开关而延敌①，九国之师，逡巡遁逃而不敢进。秦无亡矢遗镞之费②，而天下诸侯已困矣。于是从散约解，争割地而赂秦。秦有余力而制其敝，追亡逐北，伏尸百万，流血漂橹③。因利乘便，宰割天下，分裂河山，强国请服，弱国入朝。

【注释】

①延敌：这里是迎击敌人的意思。延：延纳。②镞：箭头。③橹：大盾牌。

【译文】

在这一时期，六国中有宁越、徐尚、苏秦、杜赫等为他们出谋划策，有齐明、周最、陈轸、召滑、楼缓、翟景、苏厉、乐毅等为他们互通信息，有吴起、孙膑、带佗、倪良、王廖、田忌、廉颇、赵奢等为他们统领军队。他们曾经凭借比秦国大十倍的土地，发动数百万大军，闯进函谷关，攻打秦国。秦国人开关迎战，九国的将领却畏畏缩缩，不敢前进一步。秦国没有破费一支箭、一个箭头，天下诸侯就已经陷入困境了。于是"合纵"拆散，盟约解除。诸侯们争着割让土地贿赂秦国。这使得秦国更是行有余力，抓住各诸侯国的弱点，乘机追杀败逃的敌军，消灭上百万的士兵，血流成河。秦国又趁机席卷天下，分裂山河。这样，强国只能请求臣服于秦国，弱国则直接赶到秦国来朝拜。

【原文】

延及孝文王、庄襄王，享国之日浅①，国家无事。及至始皇，奋六世之余烈，振长策而御宇内，吞二周而亡诸侯，履至尊而制六合②，执敲扑以鞭笞天下，威振四海。南取百越之地，以为桂林、象郡。百越之君③，俛首系颈，委命下吏。乃使蒙恬北筑长城，而守藩篱，却匈奴七百余里④。胡人不敢南下而牧马，士不敢弯弓而报怨。

【注释】

①浅：这里是时间短的意思。②履：登上。六合：天地与四方，指整个中国。③百越：古时我国南方地区越族部落的总称。④却：退，打退。

【译文】

天下传到孝文王、庄襄王的时候，他们在位时间不长，没有什么重大事件。到秦始皇的时候，他继续发扬先辈遗留下来的功业，挥动长鞭驰骋天下，吞并东、西二周，灭掉了诸侯六国，登上至高无上的天子地位，统治天下，他动用酷烈的刑罚镇压民众，气势威震四海。他向南攻取百越领土，设置桂林郡和象郡。百越的君主都低头受缚，听命于秦国的下级官吏。于是派蒙恬在北方修筑长城守卫国土，把匈奴赶到七百里以外。从此，匈奴人不敢再南下放牧马群，胡兵也不敢挑起报复的战争。

【原文】

于是废先王之道，燔百家之言①，以愚黔首②。隳名城，杀豪俊，收天下之兵聚之咸阳，销锋镝，铸以为金人十二，以弱天下之民。然后践华为城，因河为池，据亿丈之城，临不测之溪以为固。良将劲弩，守要害之处；信臣精卒，陈利兵而谁何③！天下已定，始皇之心，自以为关中之固，金城千里，子孙帝王万世之业也。

【注释】

①燔：焚烧。②黔首：秦始皇称帝后，称百姓为黔首。黔，黑色。③谁何：指塞卒盘问出入关卡者身份。

【译文】

这时候，秦始皇废弃了先王的仁爱治国之道，焚烧了诸子百家的著作，想以此来愚弄百姓。他下令毁掉坚固的城池，屠杀六国的豪杰，收取天下的兵器，集中在咸阳，销熔刀箭，制成了十二个金人，以此来削弱天下百姓的反抗力量。然后，他又踏上华山修筑城墙，顺势把黄河当作护城河，凭借亿丈之高的城墙，加上深不可测的护城河，用这天险作为坚固的屏障。还派优秀的将领，手持硬弓，守卫险要之地；让忠信的大臣率领精锐的士兵，拿着锋利的武器，盘问出入关卡的行人！天下已经平定，秦始皇的心中自以为关中固若金汤，犹如千里金城，成为子孙后代万世称帝的基业了。

【原文】

始皇既没，余威震于殊俗。然而陈涉，瓮牖绳枢之子，氓隶之人，而迁徙之徒也，才能不及中庸，非有仲尼、墨翟之贤，陶朱、猗顿之富；蹑足行伍之间，而俛起阡陌之中①，率罢弊之卒②，将数百之众，转攻秦。斩木为兵，揭竿为旗，天下云集而响应，赢粮而景从③，山东豪俊，遂并起而亡秦族矣。

【注释】

①俛起：奋起，俛，同"勉"，尽力。②罢：同"疲"，疲惫。③赢粮而景

卷六 汉文

·167·

从：赢，担负。景从，如影子一样随从、跟从。景，同"影"。

【译文】

秦始皇去世后，他的余威犹在，依旧震慑着边远地区。但是，陈涉只不过是个贫寒人家的儿子，是一个农民，而且是被贬到边境充军的士卒，才能比不上平庸之辈，没有孔子、墨翟那样的贤能，也没有陶朱、猗顿那样的财富；他只是置身于军队的底层，奋起于村野之间，率领几百名疲惫的士兵，转头攻打秦朝。他们砍断树枝当兵器，举起竹竿作旗帜，振臂一呼，应者云集，农民们背着粮食跟随他一同作战，六国的豪杰一齐行动起来，这样便消灭了秦朝。

【原文】

且夫天下非小弱也。雍州之地，殽、函之固，自若也。陈涉之位，非尊于齐、楚、燕、赵、韩、魏、宋、卫、中山之君也；鉏櫌棘矜①，非铦于钩戟、长铩也②；谪戍之众，非抗于九国之师也；深谋远虑，行军用兵之道，非及曩时之士也。然而成败异变，功业相反。试使山东之国与陈涉度长絜大③，比权量力，则不可同年而语矣。然秦以区区之地，致万乘之权，招八州而朝同列，百有余年矣。然后以六合为家，殽、函为宫。一夫作难而七庙隳，身死人手，为天下笑者，何也？仁义不施，而攻守之势异也。

【注释】

①鉏櫌：鉏，同"锄"。櫌，平整土地的一种农具，形如榔头。②铦：锋利。铩：长矛。③度长絜大：量长短，比粗细。度，用作动词。絜，衡量，比较。

【译文】

那时候，秦国的力量并没有缩小和削弱，雍州的地势、崤山和函谷关的险固，还是与从前一样。陈涉的地位，也比不上齐、楚、燕、赵、韩、魏、宋、卫、中山各国的君主尊贵；他手中的锄头和木棍，并不比钩戟长矛锋利；被贬到边境充军的士卒，也比不上九国的军队；他们深谋远虑、行军用兵的策略，也比不上从前六国的将士，可是成败的结果却发生了变化，功业也正好完全相反。如果让各诸侯国和陈涉比较优长短缺、权力大小，也是不可等量齐观的。当初秦国凭借一块小小地盘，发展到有万乘兵车的国力，使诸侯各国前来朝拜，已经一百多年了。然后，秦国才统一四海成一家天下，把崤山、函谷关变成内宫。不料陈涉一人起兵发难，秦朝就灭亡了，皇子皇孙也性命不保，成为天下的笑柄。这是为什么呢？是因为不施行仁义，而天下攻守的形势不同了啊！

【评析】

本文是《过秦论》的上篇。论述了秦始皇统治秦朝时的过失，从中总结出秦朝得天下的形势以及秦朝速亡的主要原因和教训。

文章开头就用"席卷天下"、"包举宇内"、"囊括四海"、"并吞八荒"，写出了秦国的强盛，突出秦孝公统一天下的雄心壮志，也为秦始皇统一天下奠定了坚实的基础。接着又描写秦国在六国集中全部贤能之士联合进攻的情况下，不仅没有丝毫损失，反而更加强盛的景象，又进一步衬托出了秦国的强盛壮大。

到"及至始皇"一段，转而写陈涉，只凭借"斩木为兵，揭竿为旗"，使得秦朝失天下，强盛之貌荡然无存，更与强秦形成了鲜明的对比。

本文目的在于总结"仁义不施"而得到的教训，关键问题在于施行仁义、安抚百姓。身为君王统治着数万之众，如果不施行仁政，必然会引起百姓的反叛，最终走向灭亡。

论贵粟疏

西汉·晁错

【题解】

本文是晁错向汉文帝提出的关于重视粮食储备、发展农业生产的奏疏。晁错是西汉文帝、景帝时期的政治家。他一贯主张推行政治改革,实行"重农抑商"政策,认为国家要想安定,必须重视农业,抑制商业。经过文帝、景帝两朝的推行,农业生产得到了较大的发展,边防也得以巩固。

【原文】

圣王在上,而民不冻饥者,非能耕而食之,织而衣之也,为开其资财之道也。故尧、禹有九年之水,汤有七年之旱,而国无捐瘠者①,以畜积多而备先具也。今海内为一,土地人民之众不避禹、汤②,加以亡天灾数年之水旱,而畜积未及者,何也?

【注释】

①捐:抛弃,指流离失所。瘠:瘦弱,指饿瘦。②不避:不让,不次于。

【译文】

圣明的君王在位之时,百姓不受冻挨饿,这不是因为君王能够亲自耕种粮食给百姓吃,亲自纺织衣服给百姓穿,而是替百姓开辟创造财富的道路。所以尧、禹时期连续九年水灾,商汤时期连续七年干旱,但是国内并没有被抛弃的和饿瘦的人,那是因为国家有充足的积蓄,而且提前做好了准备。如今四海归一,国土面积之大、百姓数量之多并不比禹、汤时期少,而且并没有遭到过连续的干旱水灾,然而国家的储备却比不上禹、汤时期,这是什么原因呢?

【原文】

地有余利，民有余力，生谷之土未尽垦，山泽之利未尽出也，游食之民未尽归农也。民贫，则奸邪生。贫生于不足，不足生于不农，不农则不地著①，不地著则离乡轻家，民如鸟兽，虽有高城深池，严法重刑，犹不能禁也。

【注释】

①地著：附着于土地，不离开故乡。

【译文】

因为土地没有完全开发，百姓劳力没有完全发挥，生长谷物的田地还没有完全开垦，森林河海还没有充分利用，在外游荡的人还没有全部回乡从事农业生产。百姓贫困就会产生邪恶的行为。贫困是由于物产不丰富，物产不丰富是由于不务农业，不务农业就不会扎根一个地方，不扎根一个地方就会远走他乡，百姓就会像鸟兽一样，即使有高大的城墙、深不可测的护城河，严法重刑也是不能阻止他们的啊。

【原文】

夫寒之于衣，不待轻暖；饥之于食，不待甘旨；饥寒至身，不顾廉耻。人情一日不再食则饥，终岁不制衣则寒。夫腹饥不得食，肤寒不得衣，虽慈母不能保其子，君安能以有其民哉？明主知其然也，故务民于农桑，薄赋敛，广畜积，以实仓廪，备水旱，故民可得而有也。

【译文】

人受冻的时候，不会只想着有了又轻又暖的裘衣才穿；饥饿的时候，不会等着有了珍馐美味才吃；忍饥挨冻的时候，人们就不会顾忌廉耻。人的常情是，一天两餐不吃就会饥饿，整年不做棉衣就会挨冻。肚子饥饿时没有充饥的，身上寒冷时没有御寒的，即使是慈母，也不能保全她的儿女，君王又怎能留住他的百姓呢？圣明的君主明白这个道理，所以致力于让百姓从事农业，植桑养蚕，减轻赋税，增加粮食储备，以便充实仓库，防备水涝灾害，这样才可以留住百姓。

【原文】

民者，在上所以牧之①，趋利如水走下，四方无择也。夫珠玉金银，饥不可食，寒不可衣，然而众贵之者，以上用之故也。其为物轻微易藏，在于把握，可以周海内而无饥寒之患。此令臣轻背其主，而民易去其乡，盗贼有所劝，亡逃者得轻资也。粟米布帛，生于地，长于时，聚于力，非可一日成也。数石之重，中人弗胜，不为奸邪所利，一日弗得而饥寒至。是故明君贵五谷而贱金玉。

【注释】

①牧：管理。将管理百姓称作"牧"，反映了封建时代统治者对百姓的轻贱。

【译文】

对于百姓，要看君王如何管理，他们本身追逐利益，如同水往低处流，不分东西南北。那些珠玉、金银，饿了不能充饥，冷了不能御寒，但是大家都很珍视它，这是君王需要用它们的缘故。这些东西重量轻、体积小，容易收藏，拿在手中可以周游四海，更不会担心饥寒之苦。这会使得臣子很容易背弃他们的君王，使得百姓轻易地离开他们的家乡，鸡鸣狗盗之徒也受到引诱，逃亡者也便于携带财物。粮食和布匹都生长在地里，生长要有一定的季节，收割要有一定的人力，这不是一天就能长成的。几石重的粮食，一般人搬不动，所以它不会被坏人所利用，可是一天没有它，就会挨饿受冻。所以，圣明的君王重视五谷而看轻金银财宝。

【原文】

今农夫五口之家，其服役者不下二人，其能耕者不过百亩，百亩之收不过百石。春耕，夏耘，秋获，冬藏，伐薪樵，治官府，给徭役。春不得避风尘，夏不得避暑热，秋不得避阴雨，冬不得避寒冻，四时之间，无日休息。又私自送往迎来，吊死问疾，养孤长幼在其中。勤苦如此，尚复被水旱之灾，急征暴虐，赋敛不时，朝令而暮改。当其有者半贾而卖①，亡者取倍称之息。于是有卖田宅、鬻子孙以偿债者矣②！

【注释】

①贾：同"价"，价格。②鬻：卖掉。

【译文】

如今一个农夫家有五口人，为公家服役的不少于两人，每户能够耕作的土地不到一百亩，一百亩土地的粮食收入也不过一百石。他们春天犁地，夏天除草，秋天收割，冬天贮藏，还要砍柴打草，修缮官府房屋，服劳役。春天不能躲避风尘，夏天不能躲避暑热，秋天不能躲避阴雨，冬天不能躲避寒冻，春夏秋冬没有一天休息。此外，又有亲戚朋友之间的往来、吊祭死者、慰问病人、赡养孤老、养育幼儿，这些费用都包括在内。如此劳累，还要遭受水旱之灾，官府急征暴敛，不按季节征收赋税，早上下达的命令，傍晚又要更改。交税的时候，百姓有粮食的，只得半价卖掉粮食换钱交税；没有粮食的百姓，就只好用加倍的利息去借贷。于是，就发生了卖田卖屋，卖儿卖女来还债的事情了。

【原文】

而商贾大者积贮倍息，小者坐列贩卖，操其奇赢①，日游都市，乘上之急，所卖必倍。故其男不耕耘，女不蚕织，衣必文采，食必粱肉，亡农夫之苦，有阡陌之得。因其富厚，交通王侯，力过吏势，以利相倾，千里游敖，冠盖相望，乘坚策肥，履丝曳缟②。此商人所以兼并农人，农人所以流亡者也。今法律贱商人，商人已富贵矣；尊农夫，农夫已贫贱矣。故俗之所贵，主之所贱也；吏之所卑，法之所尊也。上下相反，好恶乖迕③，而欲国富法立，不可得也。

【注释】

①操其奇赢：囤积居奇，投机倒把。奇赢，高额利润。②履丝曳缟：穿着丝鞋，披着丝织长衣。曳，拖，披。缟，白色的丝织品。③乖迕：相违背。

【译文】

而那些商人们，大的囤积货物牟取成倍的利润，小的开设店铺买卖，赚取暴利，成天在集市转悠，趁着朝廷急需的时候，就用翻倍的价格高价出售。所以，他们男的不耕种土地，女的不养蚕织布，但是他们穿的一定是华丽的衣

卷六　汉文

·173·

服，吃的一定是山珍海味。他们没有经受农民那样的辛苦，却能享用他们田地的收成。他们依仗钱财丰富，勾结王侯，相互倾轧炫耀，他们四处遨游，彼此之间可以看见冠服和车盖。他们乘坐坚固的车子，骑着肥壮的马，穿着丝靴，披着绸衣。这就是商人掠夺百姓，导致农民破产流亡的原因。现在的法律轻视商人，可是商人已经很富贵了；法律尊重农民，可是农民已经很贫贱了。一般人尊重的，正是君主所轻视的；一般官吏所轻贱的，正是法律所尊重的。君王和百姓正好相反，善恶不分，这样还想使自己的国家富强，法律生效，是不可能的啊。

【原文】

方今之务，莫若使民务农而已矣。欲民务农，在于贵粟；贵粟之道，在于使民以粟为赏罚。今募天下入粟县官，得以拜爵，得以除罪。如此，富人有爵，农民有钱，粟有所渫①。夫能入粟以受爵，皆有余者也。取于有余，以供上用，则贫民之赋可损，所谓损有余，补不足，令出而民利者也。顺于民心，所补者三：一曰主用足，二曰民赋少，三曰劝农功。今令："民有车骑马一匹者②，复卒三人。"车骑者，天下武备也，故为复卒③。

【注释】

①渫：散出，分散。②车骑马：装备齐全有战车和鞍的马。③复卒：免除兵役。

【译文】

如今当务之急，莫过于促使百姓从事农业生产，而想要使百姓愿意从事农业生产，关键在于提高粮食的价格。提高粮食价格的办法，在于使百姓用粮食来求赏免罚。现在号召天下人向官府纳粮，就可以得到爵位，或是赎买罪行。这样一来，富人享有爵位，农民手中有钱，粮食也可以得到合理流通。那些能够纳粮得到爵位的人，都是富裕的人。从富人手里索取粮食供朝廷使用，则可以减轻赋税。这就是所谓的损有余，补不足，此令一出，百姓就能得到好处。顺应民心，好处有三：一是国君需用的物资充足，二是农民的赋税减少，三是提倡农业生产。现在的法令规定：凡百姓有一匹战马的，可以免除家中三个人的兵役。战马是国家的军事装备，所以可以使人免除兵役。

【原文】

神农之教曰①："有石城十仞，汤池百步，带甲百万，而亡粟，弗能守也。"以是观之，粟者，王者大用②，政之本务。令民入粟受爵，至五大夫以上，乃复一人耳，此其与骑马之功，相去远矣。爵者，上之所擅，出于口而无穷；粟者，民之所种，生于地而不乏。夫得高爵与免罪，人之所甚欲也。使天下人入粟于边，以受爵免罪，不过三岁，塞下之粟必多矣。

【注释】

①神农：传说中上古社会的部族首领。②大用：最重要的物资。

【译文】

神农氏教导说："即便有高达十仞的石头城墙，有宽达百步的沸水护城河，有上百万全副武装的军队，但没有粮食还是守不住城市。"由此看来，粮食才是君王最重要的物资，是国家政务之本。让百姓交纳粮食得到爵位，到五大夫以上才能免除一个人的兵役，这与一批战马的功用相比，相差太远了。爵位，是皇帝所独有的，只要开口就没有限制；粮食，是农民种出来的，生长在土地中，也不会缺乏。能得封很高的爵位和免罪，是人们非常渴望的事。如果让全国百姓都向官府交纳粮食运到边塞，以此封爵和免罪。那么不超过三年，边塞军队中粮食就会日见其多了。

【评析】

疏是一种用于下级向上级分析问题、表明看法、说明道理的一种文体。

全文采用正反对比的方式，围绕"贵粟"展开论述。文章首先谈到尧、舜时期连年遭遇水旱之灾，由于"畜积多而备先具"，无人被弃或饿瘦，而汉王朝未曾遭遇水旱灾荒，粮食蓄积却不及尧、舜之时。借此提出粮食储蓄不充足的严重性，论述了农业对国计民生的重要性。接着描写百姓因为没有粮食而流离失所，分析农民的生活境遇和商人的不劳而获，论证了社会现状的黑暗。最后才陈述劝农务本、奖励粮食生产及发展农业生产的具体办法。

这篇文章的主旨是针对汉朝粮食储备不足的现实状况，晁错提出了重视发展农业生产的主张，对巩固西汉王朝的统治起了一定的积极作用。

李陵答苏武书

西汉·李陵

【题解】

李陵，字少卿。西汉陇西成纪（今甘肃泰安）人，名将李广之孙。少为侍中建章监，善骑射，爱士卒，颇得美名，被认为是五言诗创始者之一。李陵率步卒五千，深入匈奴作战，矢尽道穷，以致兵败投降。这封信的主旨是为自己的投降行为辩解。同时，写自己对故土依依难舍的苦恋之情，也有自己坎坷经历的伤痛。

【原文】

子卿足下：

勤宣令德，策名清时①，荣问休畅，幸甚幸甚。远托异国，昔人所悲，望风怀想，能不依依？昔者不遗，远辱还答，慰诲勤勤，有逾骨肉，陵虽不敏，能不慨然？

【注释】

①策名：做官。古人出仕，主管把他名字记在策（竹简）上，所以出仕又叫策名。清时：太平时代。

【译文】

子卿足下：

您勤勤恳恳地宣扬美德，在清明太平的时代出仕做官，美好的声誉远扬四方，真是值得庆幸啊！我流落在远方异国，这是从前的人也引以为悲伤的。遥望南方，怀念故人，怎能不令人留恋呢？以前承蒙您不嫌弃我，从远方给我写信，殷勤地安慰、教诲我，超过了骨肉之情。我虽然愚钝，又怎能不感动？

【原文】

自从初降，以至今日，身之穷困，独坐愁苦。终日无睹，但见异类。韦鞲毳幕①，以御风雨；膻肉酪浆，以充饥渴。举目言笑，谁与为欢？胡地玄冰②，边土惨裂，但闻悲风萧条之声。凉秋九月，塞外草衰。夜不能寐，侧耳远听，胡笳互动③，牧马悲鸣，吟啸成群，边声四起。晨坐听之，不觉泪下。嗟乎子卿，陵独何心，能不悲哉？

【注释】

①韦：皮革。鞲（gōu）：套袖。毳：鸟兽细毛。幕：毡帐。②玄冰：冰厚则色黑。形容冰结得厚实，极言天气寒冷。③胡笳：古代流行于塞外和西域的一种管乐器。

【译文】

我从投降以来，一直穷困潦倒，独自一人坐着愁闷苦恼。整天看不见别的，只看到些异族之人。我戴着皮制袖套，住着毛毡帐篷，靠它们来抵御风雨；吃着膻肉，喝着膻奶，用它们来充饥解渴。眼看四周，谁能和我共同欢乐？胡地冰厚色黑，边塞上的土被冻裂，只能听到悲哀萧条的风声。深秋九月，塞外的草木凋零了，夜晚睡不着觉，侧耳倾听，胡笳声此起彼伏，牧马悲哀地嘶叫，乐曲声和嘶鸣声相混，边地各种声音四处响起。清晨坐起来听着这些声音，禁不住流下泪水。唉，子卿，我难道有与众不同之心吗，怎么能够不悲伤呢？

【原文】

与子别后，益复无聊，上念老母，临年被戮①；妻子无辜，并为鲸鲵②；身负国恩，为世所悲。子归受荣，我留受辱，命也如何？身出礼义之乡，而入无知之俗；违弃君亲之恩，长为蛮夷之域，伤已！令先君之嗣，更成戎狄之族，又自悲矣。功大罪小，不蒙明察，孤负陵心区区之意。每一念至，忽然忘生。陵不难刺心以自明，刎颈以见志，顾国家于我已矣，杀身无益，适足增羞，故每攘臂忍辱③，辄复苟活。左右之人，见陵如此，以为不入耳之欢，来

· 177 ·

相劝勉。异方之乐,只令人悲,增忉怛耳。

【注释】

①临年:达到一定的年龄。此处指已至暮年。②鲸鲵:鲸鱼雄曰鲸,雌曰鲵。原指凶恶之人,此处借指被牵连诛戮的人。③攘臂:捋起袖口,露出手臂,是准备劳作或搏斗的动作。

【译文】

同您分别以后,我就更加觉得无聊,想到我的母亲,在垂暮之年还被杀戮;妻子、儿女没有罪过,也一起惨遭杀害。我自己辜负了汉朝的恩德,被世人悲吧。您回到汉朝后享受荣誉,我留在匈奴蒙受耻辱,这是命中注定,有什么办法呢?我出生在讲究礼义的地方,却进入了对礼义茫然无知的社会;背弃了君王、父母的恩德,长期生活在蛮夷的区域,真是伤心极了!使先父的后代,变成了戎狄的族人,这也是我感到悲痛的事。我在与匈奴作战中功大罪小,却不能得到汉朝君主的圣明理解,辜负了我诚挚的心意,每当想到这里,恍惚之中仿佛失去了对生存的留恋。我不难剖出心来表明自己的纯洁,自刎来表明我的志向,但国家对我已经恩断义绝,自杀毫无益处,只会增加羞辱,所以常常因忍辱而挽臂愤慨,苟且地活在世上。周围的人见我这样,就用不能入耳的欢乐曲调来劝慰、勉励我。可是,异国的音乐,只能令人悲伤,增加忧愁罢了。

【原文】

嗟乎子卿,人之相知,贵相知心,前书仓卒,未尽所怀,故复略而言之。昔先帝授陵步卒五千,出征绝域,五将失道,陵独遇战,而裹万里之粮,帅徒步之师,出天汉之外,入强胡之域,以五千之众,对十万之军,策疲乏之兵,当新羁之马。然犹斩将搴旗①,追奔逐北,灭迹扫尘,斩其枭帅,使三军之士,视死如归。陵也不才,希当大任,意谓此时,功难堪矣。

【注释】

①搴(qiān):拔取。

【译文】

　　唉,子卿!人们的彼此了解,以互相知心为贵。先前写的一封信由于是匆忙写成,没有能够充分表达我的心情,所以再简略地谈谈。当初先帝授予我步兵五千,出去征伐绝远之地的匈奴,五员将领迷失道路,我独自与匈奴交战,携带着供征战万里的粮草,率领着徒步行军的部队,远出国境之外,进入强胡的疆土,以五千士兵,对付十万敌军,指挥疲惫困乏的队伍,抵挡养精蓄锐的马队。然而还斩杀敌人的将领,夺取他们的军旗,追赶败退逃遁的敌人。就像消除痕迹、扫除尘土一样,斩杀敌人的勇将,使我全军将士都能视死如归。我虽然没有什么能耐,但希望能够担当重任,内心暗自以为,此时的战功是其他情况下所难以超越的了。

【原文】

　　匈奴既败,举国兴师。更练精兵,强逾十万。单于临阵,亲自合围。客主之形,既不相如;步马之势,又甚悬绝。疲兵再战,一以当千,然犹扶乘创痛,决命争首。死伤积野,余不满百,而皆扶病,不任干戈,然陵振臂一呼,创病皆起,举刃指虏,胡马奔走。兵尽矢穷,人无尺铁,犹复徒首奋呼,争为先登。当此时也,天地为陵震怒,战士为陵饮血[①]。单于谓陵不可复得,便欲引还,而贼臣教之,遂使复战,故陵不免耳。

【注释】

　　①饮血:犹言饮泣。形容极度悲愤。

【译文】

　　匈奴兵败后,全国动员,再练精兵,强敌超过十万。单于亲临阵前,指挥对我军的合围。敌我双方的形势已不能相比,步兵与骑兵的形势又非常悬殊。疲惫的士兵再次战斗,一人要敌千人,但还扶着兵车,忍受着创伤之痛,奋勇争先。阵亡与受伤的士兵遍地都是,剩下的不到百人,而且都伤痕累累,几乎拿不起兵器,但是,只要我振臂一声号召,重伤和轻伤的士兵都一跃而起,拿起兵器杀向敌人,使匈奴的马转身逃跑。到了兵尽箭绝、手无寸铁之时,人们还是光着头高呼杀敌,争着冲上前去。在这个时候,天地好像为我震怒，战士为我痛哭。单于认为不可能再俘获我，便要领兵撤退，不料叛逃的邪臣出卖军情，于是使得单于重新对我作战，所以我的失败是不能避免的了。

【原文】

昔高皇帝以三十万众，困于平城。当此之时，猛将如云，谋臣如雨，然犹七日不食，仅乃得免。况当陵者，岂易为力哉？而执事者云云，苟怨陵以不死。然陵不死，罪也；子卿视陵，岂偷生之士而惜死之人哉？宁有背君亲、捐妻子而反为利者乎？然陵不死，有所为也，故欲如前书之言，报恩于国主耳。诚以虚死不如立节，灭名不如报德也。昔范蠡不殉会稽之耻，曹沫不死三败之辱，卒复勾践之仇，报鲁国之羞，区区之心，窃慕此耳。何图志未立而怨已成，计未从而骨肉受刑，此陵所以仰天椎心而泣血也①。

【注释】

①椎心、泣血：形容极度悲伤。椎，用椎打击。泣血，悲痛无声的哭。

【译文】

过去高皇帝率领三十万大军，被匈奴围困在平城。那时，军中猛将如云，谋臣如雨，然而还是七天断粮，最后只不过免于被俘虏。何况像我这样的人，难道就容易有所作为吗？然而执政的人却议论纷纷，一味怨责我未能以死殉国。不过我未以死殉国，的确是罪过；但您看我是苟且偷生之士而吝惜一死的人吗？又哪里有背离君亲、抛弃妻儿，反而以为对自己有利的人？我之所以不死，是因为想有所作为，本来是想如前一封信上所说，是想要向皇上报恩罢了。我实在是觉得徒然死去不如树立名节，身死名灭不如报答恩德。前代范蠡不因为会稽山投降之耻而殉国，曹沫不因为三战三败之辱而自杀，终于，范蠡复了越王勾践之仇，曹沫报了鲁国的耻辱。我小小的心思，就是暗自景仰他们的作为。怎么能料到志向没有实现，怨责之声已四起，计谋没有成就，而骨肉已经遭到诛杀，这是我仰天刺心而哭出血来的原因呀。

【原文】

足下又云："汉与功臣不薄。"子为汉臣，安得不云尔乎？昔萧樊囚絷，韩彭菹醢①，晁错受戮，周魏见辜②。其余佐命立功之士，贾谊、亚夫之徒，皆信命世之才，抱将相之具，而受小人之谗，并受祸败之辱，卒使怀才受谤，能不得展。彼二子之遐举，谁不为之痛心哉？陵先将军，功略盖天地，义勇冠三军③，徒失贵臣之意，到身绝域之表。此功臣义士所以负戟而长叹者也。何谓不薄哉？

【注释】

①菹醢（zū hǎi）：剁成肉酱，是古代一种残酷的死刑。②见：受。辜：罪。③冠：在……之中居第一位，作动词用。

【译文】

您又说道："汉朝给有功之臣的待遇并不菲薄。"您是汉朝之臣，怎能不这样说？过去萧何、樊哙被拘捕囚禁，韩信、彭越被剁成肉酱，晁错被杀，周勃、魏其侯被判罪处刑。其他辅佐国君建立功勋的人，如贾谊、周亚夫等人，有应运出世的才能，怀有将相的器量，却遭受小人的诽谤，遭到迫害、屈辱，最终使他们怀才受谤，才能无法施展。他们二人的遭遇，谁不为之痛心呢？我已故的祖父李广，身任将军，功劳才略笼盖天地，义节勇武冠绝三军，只是因为不屑迎合当朝权贵的心意，结果在边远的疆场自杀身亡。这是功臣义士所以负戟而长叹的原因啊。怎么能说待遇不薄呢？

【原文】

且足下昔以单车之使，适万乘之虏①。遭时不遇，至于伏剑不顾，流离辛苦，几死朔北之野。丁年奉使，皓首而归；老母终堂，生妻去帷②。此天下所希闻，古今所未有也。蛮貊之人③，尚犹嘉子之节，况为天下之主乎？陵谓足下当享茅土之荐，受千乘之赏。闻子之归，赐不过二百万，位不过典属国，无尺土之封，加子之勤。而妨功害能之臣，尽为万户侯；亲戚贪佞之类，悉为廊庙宰。子尚如此，陵复何望哉？且汉厚诛陵以不死，薄赏子以守节，欲使远听之臣望风驰命，此实难矣，所以每顾而不悔者也。陵虽孤恩，汉亦负德。

【注释】

①万乘：一万辆车。古代以万乘称君主。文中指武力强盛的大国。虏：古代

对少数民族的贬称，此指匈奴。②去帷：改嫁。去，离开。③蛮貊：泛指少数民族，这里指匈奴。貊，古代对居于东北地区少数民族的称呼。

【译文】

　　您过去凭着单车出使匈奴，到拥有万辆兵车的敌国，逢上时运不佳，竟至按剑自刎，不顾性命，颠沛流离，含辛茹苦，差点死在北海的荒野。壮年的时候奉命出使，满头白发而归；老母在家中亡故，妻子也改嫁离去。这是天下罕闻，从古到今所没有的。异族未开化的人，尚且还称赞您的节气，何况是天下的君主呢？我认为您应当享受封领地，受到千辆兵车的赏赐。可是，听说您回国后，受到的赏赐不过二百万，封官也不过典属国之职，也没有尺寸土地的封赏，来奖励您多年来对国家的效忠。而那些排斥功臣、扼杀人才的朝臣，都成了万户侯；皇亲国戚和贪佞之徒，都成了朝廷政权的主宰。您尚且如此，我还有什么希望呢？而且汉朝对于我未能以死殉国就严加诛戮，对于您的坚守节操又只给予微薄的奖赏，这样做还想叫远方的臣民急切地投奔效命，这实在是难以办到的，这正是我每当想到这些事而不悔恨的原因啊。我虽然辜负了汉朝的恩情，但汉朝也亏对了我的功德。

【原文】

　　昔人有言："虽忠不烈，视死如归。"陵诚能安，而主岂复能眷眷乎？男儿生以不成名，死则葬蛮夷中，谁复能屈身稽颡①，还向北阙，使刀笔之吏弄其文墨邪？愿足下勿复望陵。

【注释】

　　①稽颡：叩首，以额触地。颡，额。

【译文】

　　前人说过这样的话："即使忠诚之心不被世人遍知，也能做到视死如归。"我诚然能甘心地死去，然而皇上还能对我有念念不忘之情吗？男子大丈夫活着不能成就英名，死了就让他埋葬在异族之中吧，谁还能屈身叩头，回到汉廷，听凭那帮刀笔吏舞文弄墨、随意发落呢？希望您不要再对我抱希望了。

【原文】

嗟乎子卿，夫复何言？相去万里，人绝路殊。生为别世之人，死为异域之鬼。长与足下，生死辞矣。幸谢故人，勉事圣君。足下胤子无恙，勿以为念。努力自爱，时因北风，复惠德音。李陵顿首。

【译文】

唉，子卿！还有什么话可说？相隔万里之遥，人的身份不同，走的道路也迥然相异。活着时是另一世界的人，死后便成了异国鬼魂。我和您永诀，生离死别都不得相见了。请代我向老朋友们致意，希望他们勉力事奉圣明的君主。您的公子很好，不要以此挂念。愿您努力自爱，更期盼您时常依托北风的方便，不断给我来信。李陵叩头致礼。

【评析】

这是远在匈奴的李陵给归国的苏武的一封书信，信中追述了李陵转战千里，败降匈奴的经过。从李陵家世和他平素表现来看，很可能是想等待机会，立功赎罪。

文中借祖父李广功勋卓著，只因失去权贵欢心而被迫自杀于异域的例子，来反驳所谓的"不薄"的指责，以此揭露汉王朝对"妨功害能之臣"与"亲戚贪佞之类"的百般纵容，而对某些有功之人的刻薄寡恩。接着以环境衬托自己的凄凉，好友生离死别的悲痛，都真切委婉，动人心弦。

值得注意的是，信中战斗场面写得极有声色，显然是要说明当时因为双方的兵力悬殊和己方将帅的不顾大局利益，汉武帝偏听偏信，诛杀李陵全家失当。以此说明自己投降完全是出于不得已，进而使读者产生同情。此外，还屡用强烈对比，如身处异域而怀念故土，以寡兵深入众敌而浴血奋战，苏武持节荣归而自己居人篱下，确实产生了强烈的艺术效果。

报孙会宗书

西汉·杨恽

【题解】

杨恽，字子幼，华阴（今属陕西）人，司马迁的外孙。本文选自《汉书·杨恽传》，书中记载了杨恽失爵位家居，以财自娱。他的朋友孙会宗为此担忧，写信劝诫他。杨恽心里不服，便写了这封回书。全信写得情怀勃郁，锋芒毕露。清人余诚评道："行文之法，字字翻腾，段段收束，平直处皆曲折，疏散处皆紧炼，则酷肖其外祖。"

【原文】

恽材朽行秽，文质无所底①，幸赖先人余业，得备宿卫。遭遇时变②，以获爵位。终非其任，卒与祸会。足下哀其愚蒙，赐书教督以所不及，殷勤甚厚。然窃恨足下不深惟其终始，而猥随俗之毁誉也③。言鄙陋之愚心，则若逆指而文过；默而息乎，恐违孔氏"各言尔志"之义。故敢略陈其愚，惟君子察焉。

【注释】

①底：引致，到达。②时变：指汉宣帝地节四年（前66年），霍光子孙霍禹等欲谋反事。③猥：轻率，随便。

【译文】

我才能低下，行为卑劣，外部表现和内在品质都未修养到家，幸而依靠先人的余荫，才得以充任皇帝的侍从。由于遇到事变，因而被封为侯爵，但这终究不是我所能胜任的，结果遭遇灾祸。你哀怜我的愚昧无知，特地来信教育和纠正我不够检点的地方，情意诚恳深切。但我私下却怪你没有深入了解事情的原委，而只是跟着世俗的舆论来褒贬我。如果我说出自己浅陋的看法，那好像与你来信的宗旨唱反调，在掩饰自己的过错；沉默而不说吧，又恐怕违背了孔子"各言而志"的教诲。所以我才敢简略地谈谈我的愚见，希望你能明察。

【原文】

恽家方隆盛时，乘朱轮者十人①，位在列卿，爵为通侯，总领从官，与闻政事。曾不能以此时有所建明，以宣德化，又不能与群僚同心并力，陪辅朝廷之遗忘，已负窃位素餐之责久矣②。怀禄贪势，不能自退，遂遭变故，横被口语，身幽北阙，妻子满狱。当此之时，自以夷灭不足以塞责，岂意得全首领，复奉先人之丘墓乎？伏惟圣主之恩不可胜量。君子游道，乐以忘忧；小人全躯，说以忘罪。窃自念过已大矣，行已亏矣，长为农夫以没世矣。是故身率妻子，戮力耕桑，灌园治产，以给公上，不意当复用此为讥议也。

【注释】

①朱轮：车轮漆成红色。汉制，公卿列侯以及俸禄在二千石以上的官员方能乘坐朱轮车。②素餐：不劳而食，无功受禄。语出《诗经·魏风·伐檀》："彼君子兮，不素餐兮。"

【译文】

当我家兴盛时，做大官乘坐朱轮车的有十人，我也备位在九卿之列，爵封通侯，总管侍从官员，参与国家政事。我竟不能在这个时候有所建树，来宣扬皇帝的德政，又不能与同僚们一起努力，辅佐朝廷，补救缺失，受到窃据高位、白食俸禄的指责已经很久了。我又因为贪恋禄位和权势，不能自动退职，于是遭到意外的变故，又被人横加诬告，囚禁于宫殿北面的楼观内，妻子儿女也都被关押在牢里。在这个时候，自以为受到杀戮也不足以抵偿罪责，哪里想到还会保住脑袋，再去奉祀祖先的坟墓呢？我俯伏在地想着圣主的恩德，真是无法计量。君子沉浸在道义之中，愉快地忘记忧愁；小人保全了性命，就高兴得忘掉了自身的罪过。我暗自思量，自己的过失已经很大了，德行也已经有了亏缺，那就去当农夫以度余生算了。所以我亲自率领妻子儿女，努力耕田种粮，植桑养蚕，灌溉果园，经营产业，来供给官府的赋税，想不到又因为这样做而被人挑刺议论。

【原文】

夫人情所不能止者,圣人弗禁。故君父至尊亲,送其终也,有时而既。臣之得罪,已三年矣。田家作苦。岁时伏腊,烹羊炰羔,斗酒自劳。家本秦也,能为秦声。妇赵女也,雅善鼓瑟。奴婢歌者数人,酒后耳热,仰天抚缶,而呼乌乌①。其诗曰:"田彼南山,芜秽不治。种一顷豆,落而为萁。人生行乐耳,须富贵何时!"是日也拂衣而喜,奋袖低昂,顿足起舞;诚淫荒无度,不知其不可也。恽幸有余禄,方籴贱贩贵②,逐什一之利。此贾竖之事,污辱之处,恽亲行之。

【注释】

①缶:瓦制的打击乐器,最初流行于秦地。乌乌:唱歌声。可能是歌曲中的一种和声。②籴:买进谷物。

【译文】

人情所不能限制的事情,圣人也不加以禁止。所以即使是最尊贵的君王和最亲近的父亲,为他们送终服丧,居丧的时间也是有个终结的。从我获罪以来,距今已经有三年了。农家耕作非常辛苦,一年中遇上伏日、腊日的祭祀,就烧羊肉、烤羊羔,斟上一壶酒自我慰劳一番。我的老家本在秦地,因此我能唱秦地的民歌。妻子是赵地的女子,擅长弹瑟,奴婢中又有几个会唱歌的。喝酒以后,耳根发热,昂首面对苍天,信手敲击瓦缶,按着节拍呜呜呼唱。歌词是:"在南山上种田辛勤,荆棘野草多得没法除清。种一顷地的豆子,只收到一片无用的豆茎。人生不过为行乐,富贵等到哪一天!"碰上这样的日子,我兴奋得抖动衣服,高高低低地甩着袖子,两脚使劲蹬地而任意起舞,的确是纵情玩乐而不加节制,但我不懂这有什么过错。我幸而还有积余的俸禄,正在经营贱买贵卖的生意,追求十分之一的薄利。这只是小贩们干的事情,备受轻视耻辱,我却亲自去做了。

【原文】

下流之人,众毁所归,不寒而栗。虽雅知恽者,犹随风而靡,尚何称誉之有？董生不云乎："明明求仁义①，常恐不能化民者，卿大夫之意也。明明求财利，常恐困乏者，庶人之事也。"故"道不同，不相为谋"，今子尚安得以卿大夫之制而责仆哉！

【注释】

①"明明求仁义"六句：引自董仲舒《对贤良策》，《汉书·董仲舒传》原文作："夫皇皇求财利，常恐乏匮者，庶人之意也。皇皇求仁义，常恐不能化民者，大夫之意也。"皇皇，即"遑遑"，急急忙忙的样子。此作"明明"。

【译文】

我身处低下的地位，是众人诽谤的对象，我常因此不寒而栗。即使是了解我的人，也随风倒地讥刺我，哪里还会有人替我说好话呢？董仲舒不是说过吗："急迫地追求仁义，常担心不能教化百姓的，这是卿大夫的心意。急迫地追求财利的，常担心贫困匮乏，这是百姓的事情。"所以信仰不同的人，互相之间没有什么好商量的。现在你怎能用卿大夫的要求来责备我呢！

【原文】

夫西河魏土，文侯所兴，有段干木、田子方之遗风，漂然皆有节概①，知去就之分。顷者，足下离旧土，临安定，安定山谷之间，昆戎旧壤②，子弟贪鄙，岂习俗之移人哉？于今乃睹子之志矣！方当盛汉之隆，愿勉旃③，毋多谈。

【注释】

①漂然：高远的样子。②昆戎：古代西夷的一支，即殷周时的西戎。③旃（zhān）：文言助词，相当于"之"或"之焉"。

【译文】

你的家乡西河郡原是魏国的所在地，魏文侯在那里兴起，还有贤人段干木、田子方留传下来的风尚，他们都有高远的志向和气节，懂得取舍的道理。近来，你离开了这一块旧土，去到安定郡任太守。安定郡位于山谷中间，是昆夷族人的旧地，那里的人贪婪卑鄙，难道是当地的习俗改变了你的品性吗？直

卷六 汉文

·187·

到今天我才看清了你的志向！如今正当大汉朝隆盛之时，祝你飞黄腾达，兹不多讲！

【评析】

  本文是杨恽写给他的朋友孙会宗的一封信。这封信以自己近期的生活和作为起笔，首先回顾了自己的家族以及自己的过去，以解释自己现在"身率妻子，戮力耕桑，灌园治产"的原因，从而引出了孙会宗的谏诫之言。接着讲述了自己的所谓"骄奢不悔"的行为，实际上也是对孙会宗劝谏自己的言辞的一种反驳。

  文中以嬉笑怒骂的口吻，逐点批驳孙会宗的规劝，为自己狂放不羁的行为辩解，还赋诗讥刺朝政，明确表示"道不同，不相为谋"的观点。其中最富有创意的是作者双管并行，既表达了非礼越检的狂放胸怀，又极意描写自己的落魄不得志；既写自己的玩世不恭，又不时露出自己的一腔怨愤。

  作者胸怀不平，将嬉笑怒骂之情发为文章，自由活泼，有其外祖父司马迁《报任安书》的风格。

诫兄子严敦书
东汉·马援

【题解】

马援，字文渊，先仕王莽，后归顺光武帝刘秀，历任陇西太守、伏波将军，还被封为新息侯。本文选自《后汉书·马援传》，是马援在任伏波将军率兵镇压交趾征侧、征贰起义时写给侄子们的信，信中对两个侄子好议论人是非、结交轻薄侠客的不良行为，作了谆谆的训诫。

【原文】

援兄子严、敦，并喜讥议，而通轻侠客①。援前在交趾，还书诫之曰："吾欲汝曹闻人过失，如闻父母之名：耳可得闻，口不可得言也。好议论人长短，妄是非正法②，此吾所大恶也，宁死不愿闻子孙有此行也。汝曹知吾恶之甚矣，所以复言者，施衿结缡③，申父母之戒，欲使汝曹不忘之耳。

【注释】

①通轻：通，结交。轻，轻薄。②妄是非：妄，胡乱。是非，讨论好坏。③施衿结缡：衿，带子。缡，古代女子出嫁时系的佩巾。

【译文】

马援哥哥的儿子马严、马敦都喜欢讥讽和议论别人，并且还和一些轻薄的侠士结交。马援以前在交趾的时候，就写信训诫他们："我希望你们听到别人的过失，如同听到父母的名字一样：耳朵可以听，但嘴不可以说。喜欢议论他人长短，妄自褒贬朝廷的法度，这是我最厌恶的，我宁死也不愿意听见自己的子孙有这样的行为。你们知道我对这种行径有多么的厌恶，我之所以一再强调,就像女儿出嫁时父母为女儿系上衣带和佩巾,又训诫她到夫家不要出差错一样,是想让你们不要忘记而已。

【原文】

"龙伯高敦厚周慎,口无择言,谦约节俭,廉公有威。吾爱之重之,愿汝曹效之。杜季良豪侠好义,忧人之忧,乐人之乐,清浊无所失①。父丧致客,数郡毕至②。吾爱之重之,不愿汝曹效也。效伯高不得,犹为谨敕之士,所谓'刻鹄不成尚类鹜③'者也。效季良不得,陷为天下轻薄子,所谓'画虎不成反类狗④'者也。讫今季良尚未可知,郡将下车辄切齿⑤,州郡以为言,吾常为寒心,是以不愿子孙效也。

【注释】

①清浊无所失:与人交往,不分善恶,都不疏远。②数郡毕至:数郡的客人全都赶来了。③鹄:天鹅。鹜:野鸭子。此句比喻虽仿效不及,尚不失其大概。④画虎不成反类狗:比喻弄巧成拙。⑤下车:指官员初到任。

【译文】

"龙伯高为人敦厚又周到谨慎,嘴里从来不说可以挑剔的话,谦虚节俭,廉洁公正,待人又不失威严。我非常喜欢他,敬重他,我希望你们可以向他学习。杜季良豪放侠义,把别人的忧愁当作自己的忧愁,把别人的快乐当作自己的快乐,无论他人是何身份他都愿意结交。为父亲办丧事的时候,数郡的客人全都赶来了。我虽然喜欢他,敬重他,但不希望你们向他学习。学习龙伯高不成功,起码还是谨慎谦虚的人,正所谓'刻鹄不成,尚类鹜'。而学习杜季良不成功,那你们就会堕落为世上的轻薄子弟,正所谓'画虎不成,反类犬'。如今,杜季良的未来还不可预料,新郡县官刚上任就已经对他咬牙切齿,州郡的官员也对他议论纷纷,我常常为此感到寒心,这就是我不希望子孙向他学习的原因。"

【评析】

全信开门见山,针对侄子们"并喜讥议、通轻侠客"的弊病,马援没有直接指斥侄子的毛病,却以表达期望的方式进行引导,对症下药,义正词严地声明自己的态度：自己"宁死不愿闻子孙有此行"，表现了马援敦厚守法的为人处世原则。

　　文章最后写到马援对侄子们以"汝曹"相称，这种非正式的称呼显得随和、亲切，充分表现了长者对晚辈的无限关切与爱护。接着马援以龙伯高和杜季良两人为例，用简括的语言、对照的方式对他们进行了评述，一个"敦厚周谨"，一个"豪侠好义"，暗含教育侄、敦应如何待人之意。而后，在讲应效何人而不应效何人时，因为涉及教育侄子如何做人的问题，且又牵扯到政治等因素，于是马援又表现了明确的取舍：多向伯高学习，而不要学习季良。

　　整封信情感真挚，字里行间饱含了长辈对晚辈的深切关爱和殷切希望。

前出师表

三国蜀·诸葛亮

【题解】

本文选自《三国志·蜀志》，诸葛亮作这篇文章时，蜀汉已由刘备去世时的动荡转为安定，国力大大增强，于是他准备北伐中原，实现刘备的遗愿。在北伐之前，他上书刘禅，在书中陈述蜀汉当前正处于形势危险之际，再反复劝勉刘禅用心国事，开张圣听。还特别强调顾全大局，不偏私左右亲信，表达自己以审慎勤恳、伐魏兴汉为己任的志向和劝诫后主采纳忠言、亲贤远佞的愿望。

【原文】

臣亮言：先帝创业未半，而中道崩殂。今天下三分①，益州疲弊，此诚危急存亡之秋也②！然侍卫之臣，不懈于内；忠志之士，忘身于外者，盖追先帝之殊遇，欲报之于陛下也。诚宜开张圣听，以光先帝遗德，恢宏志士之气；不宜妄自菲薄，引喻失义，以塞忠谏之路也。

【注释】

①三分：这里指三国鼎立的局势。②秋：指紧要时刻。

【译文】

臣诸葛亮进言：先帝开创的大业还没完成一半，就中途去世了。如今天下三分鼎立，蜀汉国力疲乏，这真是到了生死存亡的危急关头啊！然而在朝廷内，辅佐陛下的大臣丝毫不敢怠慢，忠贞的将士舍生忘死，这都是在怀念先帝的知遇之恩，想要借此报答啊。陛下实在应该广开言路，听取群臣意见，以发扬先帝遗留下来的美德，振奋志士的勇气，不应该妄自菲薄，说话不恰当，以致堵塞忠臣进谏的道路。

【原文】

宫中、府中，俱为一体，陟罚臧否①，不宜异同。若有作奸犯科及为忠善者②，宜付有司，论其刑赏，以昭陛下平明之治；不宜偏私，使内外异法也。侍中、侍郎郭攸之、费祎、董允等，此皆良实，志虑忠纯，是以先帝简拔以遗陛下。愚以为宫中之事，事无大小，悉以咨之，然后施行，必能裨补阙漏，有所广益。将军向宠，性行淑均，晓畅军事，试用于昔日，先帝称之曰能，是以众议举宠以为督。愚以为营中之事，事无大小，悉以咨之，必能使行阵和睦，优劣得所。

【注释】

①陟罚臧否：陟，提升。臧，善，引申为"表扬"、"奖励"。否，恶，引申为"批评"。②作奸犯科：做了坏事，冒犯法律。③侍中：官名，侍从皇帝左右。三国时期是一种要职，类似于丞相。侍郎：汉代郎官，本为宫廷的近侍，东汉之后，乃尚书的属官。

【译文】

宫中的侍臣和丞相府官吏，都是一个整体，奖惩赏罚，不应该区别对待。如果有做坏事犯法的，或尽忠做善事的，都应该一律交给主管部门评定，加以奖惩或赏罚，以此昭示陛下公正清明的治理；而不应该有所偏爱，使得宫中、府中法令不一。侍中、侍郎郭攸之、费祎、董允等人，这些都是善良诚实、心智忠贞的人，所以先帝选拔他们，留下来辅佐陛下。我私下认为宫中不论大事小事，都可以跟他们商量，然后再去施行，必定能够补救疏漏，收到较好的成效。将军向宠，品性善良公正，通晓军事，曾经被任用时先帝称赞他是个能人，所以众人推举他做中部督。我私下认为军营中不论大事小事，都可以去征询他的意见，必定能够使军队齐心协力，使才能高的和才能低的都得到合理的安排。

【原文】

亲贤臣，远小人，此先汉所以兴隆也；亲小人，远贤臣，此后汉所以倾颓也。先帝在时，每与臣论此事，未尝不叹息痛恨于桓、灵也！侍中、尚书、长史、参军，此悉贞亮死节之臣也①，愿陛下亲之信之，则汉室之隆，可计日而待也。臣本布衣，躬耕于南阳，苟全性命于乱世，不求闻达于诸侯。先帝不以臣卑鄙②，猥自枉屈，三顾臣于草庐之中，咨臣以当世之事。由是感激，遂许先帝以驱驰。后值倾覆③，受任于败军之际，奉命于危难之间，尔来二十有一年矣！先帝知臣谨慎，故临崩寄臣以大事也。

【注释】

①贞亮：坚贞诚实，忠诚坦白。②卑鄙：出生卑微，学识浅薄。③倾覆：指兵败。

【译文】

亲近贤臣，疏远小人，这是汉朝前期强盛的原因；亲近小人，疏远贤臣，这是汉朝后期衰败的原因。先帝在世的时候，每次与臣谈论起此事，没有一次不对桓、灵二帝的作为表示感叹、遗憾的。侍中郭攸之、尚书陈震、长史张裔、参军蒋琬，这些都是以死报国的大臣，但愿陛下能够亲近并信赖他们，这样汉朝的复兴就为期不远了。我本来是一介布衣，亲自在南阳耕田种地，只求在乱世中能保全性命，不想在诸侯中求得高官厚禄和显赫名声。先帝不因为臣下出生卑微、学识浅薄，不惜屈尊，三顾茅庐，想要征询臣下对天下大事的看法。我感激不已，就答应为先帝效力。后来战事失败，我在战败之际接受了挽救危局的重任，至今已经有二十一年了！先帝知道我谨言慎行，所以临终时把兴复汉室的大事交付给我。

【原文】

受命以来，夙夜忧叹，恐托付不效，以伤先帝之明，故五月渡泸，深入不毛①。今南方已定，兵甲已足，当奖帅三军，北定中原；庶竭驽钝②，攘除奸凶，兴复汉室，还于旧都。此臣所以报先帝而忠陛下之职分也。至于斟酌损益③，进尽忠言，则攸之、祎、允之任也。

【注释】

①不毛：指不长粮食的荒凉之地。②驽钝：比喻才能低劣。③斟酌损益：权衡得失，决定取舍。损，减少。益，增加。

【译文】

臣下自从接受遗命以来，日夜担忧兴叹，唯恐托付之事不能完成，从而有损先帝的英名。所以臣在五月渡过泸水，深入到不毛之地。如今南方已经平定，兵力装备充足，应该到了统帅三军以恢复中原的时候了。我将尽全力铲除曹魏，复兴汉朝王室，打回古都。这也是臣报答先帝并效忠于陛下的职责啊！至于权衡得失、兴利除弊，向陛下进献忠言，那就是郭攸之、费祎、董允等人的责任了。

【原文】

愿陛下托臣以讨贼兴复之效；不效，则治臣之罪，以告先帝之灵。若无兴德之言，则责攸之、祎、允之咎，以彰其慢①。陛下亦宜自谋，以咨诹善道②，察纳雅言，深追先帝遗诏，臣不胜受恩感激！今当远离，临表涕零，不知所云。

【注释】

①慢：怠慢，失职。②咨诹：询问的意思。

【译文】

希望陛下把讨伐曹魏、复兴汉室的大任交付给臣；如果不能成功，那就请治臣下失职的罪，来禀告先帝的在天之灵。如果没有劝勉陛下发扬圣德的忠言，那就要追究郭攸之、费祎、董允等人的怠慢之罪。陛下也应该自作打算，征询治理国家的好办法，明察和采纳忠正的言论，牢记先帝的遗愿，这样臣就感激不尽了！而今我即将远征，对着这篇表不禁流泪，激动地不知道说了些什么。

【评析】

  全表围绕君子、小人展开论述，"亲贤臣、远小人"是全篇的宗旨。文中有两部分的进谏：一是劝勉蜀后主刘禅继承刘备的遗志，广开言路，刑赏分明，亲贤远佞，任用贤良，励志振奋，使他致力于北伐大业，以免除后顾之忧；二是追述刘备知遇之恩，自陈兴复汉室之志，表达北伐中原的坚定决心。刻画了诸葛亮受恩感激、忠心耿耿、励精图治、公开贤明的性格。

  本文采用倒叙的结构方式，先交代国事，再追忆身世。交代国事时，诸葛亮可谓小心翼翼，生怕一个不小心就被人扣上以下犯上的罪名，但又知无不言，尽显身为人臣的忠贞。诸葛亮的谆谆教诲，让读者感叹不已，只是不知后主刘禅能否明了诸葛亮的一番苦心。追忆身世是诸葛亮打的一张亲情牌。众所周知，后主刘禅昏庸无能，刘备病逝前将国家大事托付于诸葛亮，他对刘禅可谓尽忠竭虑，对国事可谓呕心沥血，他在此表中多次提及先帝，也是希望后主念在父子情分上，对国事多加谋划。

  文章语言文字质朴，感情真挚动人。行文时叙中有议，议中有情。叙事周密，层次清楚，是章表中的突出代表作。

后出师表

三国蜀·诸葛亮

【题解】

《后出师表》见于《三国志·诸葛亮传》裴松之的注文。但裴松之引这篇表时却注明："此表，亮集所无；出张俨《默记》。"表示他不能肯定这篇表的真伪。本表旨在说明蜀汉和曹魏的实力悬殊，指出敌强我弱的严峻现实，阐明北伐的必要性和迫切性，表达自己的决心，以坚定后主北伐的信念，希望后主抓住战机，不要受当时非议者的影响而动摇意志。

【原文】

先帝虑汉、贼不两立，王业不偏安，故托臣以讨贼也。以先帝之明，量臣之才，固知臣伐贼，才弱敌强也。然不伐贼，王业亦亡；惟坐而待亡，孰与伐之？是故托臣而弗疑也①。

【注释】

①弗疑：毫不迟疑。

【译文】

先帝考虑到汉朝和曹魏不能同时存在，帝王的事业不能偏据一地，所以把讨伐曹魏的重任托付于臣。依照先帝的圣明，衡量臣的才能，本来就知道让臣去讨伐曹魏，是我方能力微薄而敌人实力强大。但是不去讨伐曹魏，汉朝的大业也是要衰亡的；与其坐以待毙，何如主动去讨伐曹魏呢？所以先帝就毫不迟疑地把讨伐曹魏的重任托付给我。

【原文】

臣受命之日，寝不安席，食不甘味。思惟北征，宜先入南。故五月渡泸，深入不毛，并日而食。臣非不自惜也，顾王业不可偏安于蜀都，故冒危难，以奉先帝之遗意，而议者谓为非计。今贼适疲于西，又务于东，兵法乘劳①，此进趋之时也②。谨陈其事如左：

【注释】

①乘劳：乘敌人疲劳的时候。②进趋：出兵进攻。

【译文】

臣自从接受委任以后，每日睡不安稳，食无滋味。想到要去征伐北方的敌人，就应该先平定南方，所以臣在五月渡过泸水，深入不毛之地，两天只吃一日的粮食。臣不是不爱惜自己，只是考虑到汉王室不可偏处于蜀地一隅，所以我冒着艰难危险来奉行先帝的遗愿。可是朝中议政的人却认为这样做并不是上策。目前曹魏在西边正打得疲惫不堪，又要在东边作战。兵法要求趁敌军疲惫之时发动进攻，当前正是讨伐曹魏的好时机。现在我把讨伐的事恭敬地陈述如下：

【原文】

高帝明并日月，谋臣渊深，然涉险被创，危然后安。今陛下未及高帝，谋臣不如良、平，而欲以长策取胜，坐定天下。此臣之未解一也。

【译文】

汉高祖的明智，可以和日月相比，他的谋臣们见识广博、智谋深远，但还是要经历艰险，身受创伤，遭遇许多危险后才能得到安定。如今陛下的圣明比不上汉高祖，谋臣也不如张良、陈平，而您却想用长期相持的战略来取得胜利，安然平定天下。这是臣不能理解的第一条。

【原文】

刘繇、王朗各据州郡，论安言计，动引圣人，群疑满腹，众难塞胸，今岁不战，明年不征，使孙策坐大①，遂并江东。此臣之未解二也。

【注释】

①坐大：安然强大。

【译文】

刘繇、王朗各自占据州郡，在谈论平定天下的计策时，动不动引用古代圣贤的话，大家疑虑满腹，畏首畏尾，今年不出战，明年不出征，使得孙策安然强大起来，并吞了江东。这是臣不能理解的第二条。

【原文】

曹操智计，殊绝于人①，其用兵也，仿佛孙、吴，然困于南阳，险于乌巢，危于祁连，逼于黎阳，几败北山，殆死潼关，然后伪定一时尔。况臣才弱，而欲以不危而定之，此臣之未解三也。

【注释】

①殊绝：远远超过。

【译文】

曹操的智谋心计，远远超过常人，他用兵就如同孙膑、吴起，可是他却曾在南阳被困，在乌巢遇险，在祁连受危，在黎阳受逼，几乎在北山失败，差点死在潼关，然后才取得了暂时的稳定。何况臣的才能薄弱，想不冒危险来平定天下，这是臣不能理解的第三条。

【原文】

曹操五攻昌霸不下，四越巢湖不成，任用李服而李服图之，委任夏侯而夏侯败亡，先帝每称操为能，犹有此失，况臣驽下，何能必胜？此臣之未解四也。

【译文】

曹操五次攻打昌霸没有获胜，四次想渡过巢湖没有获得成功，任用李服而李服反而谋害他，委任夏侯渊而夏侯渊却战败身亡。先帝常常称赞曹操是个有才能的人，他还有这些失误，何况我才能薄弱，怎么保证一定能取胜呢？这是臣不能理解的第四条。

【原文】

　　自臣到汉中，中间期年耳，然丧赵云、阳群、马玉、阎芝、丁立、白寿、刘郃、邓铜等及曲长、屯将七十余人，突将无前①；賨、叟、青羌、散骑、武骑一千余人。此皆数十年之内所纠合四方之精锐，非一州之所有；若复数年，则损三分之二也，当何以图敌②？此臣之未解五也。

【注释】

　　①突将无前：冲锋在前的勇士。②图：攻打、讨伐。

【译文】

　　自从臣进驻汉中，已经有一年的时间了，期间已失去了赵云、阳群、马玉、阎芝、丁立、白寿、刘郃、邓铜等将领以及曲长、屯将等官员七十多人，还有冲锋在前的勇士及賨、叟、青羌、散骑、武骑等一千多人，这些都是几十年内从四方积聚起来的精锐力量，不是我一州所能拥有的。如果再过几年，就会损失三分之二了，那时再拿什么去对付敌人呢？这是臣不能理解的第五条。

【原文】

　　今民穷兵疲，而事不可息①；事不可息，则住与行②，劳费正等。而不及早图之，欲以一州之地，与贼持久。此臣之未解六也。

【注释】

　　①事：这里指战事。②住：指坐等敌人的进攻。

【译文】

　　现在百姓贫困，兵士疲惫，可是战争不能停止；战争不能停止，军队驻扎下来和去攻打敌人所消耗的人力和物力是相等的。既是这样，却不趁早攻打敌人，想凭一州之地和敌人长久相持。这是臣不能理解的第六条。

【原文】

夫难平者①，事也。昔先帝败军于楚，当此时，曹操拊手②，谓天下已定。然后先帝东连吴越，西取巴蜀，举兵北征，夏侯授首，此操之失计，而汉事将成也。然后吴更违盟，关羽毁败，秭归蹉跌，曹丕称帝。凡事如是，难可逆料。臣鞠躬尽力，死而后已；至于成败利钝③，非臣之明所能逆睹也。

【注释】

①平：同"评"，这里是"预测"的意思。②拊手：拍手称快。③利钝：顺利或困难。

【译文】

最难以预测的就是战事。当初先帝在楚地打了败仗，曹操拍手称快，以为天下已经平定了。但是，后来先帝在东边联合吴越，向西攻取了巴蜀，举兵北伐，杀死了夏侯渊，这是曹操的失算，眼看着兴复汉室的大业快要成功了，但后来孙权又违背了盟约，关羽战败身亡，先帝又在在秭归失误，曹丕称帝。所有的事都是这样，难以预料。我只能小心谨慎，为国献出我的一切力量，死而后已。至于是成功还是失败，是顺利还是困难，那绝不是臣的智力所能预见的了。

【评析】

《后出师表》是《前出师表》的姊妹篇，《后出师表》的针对性很强，是诸葛亮专为批驳苟安派而作的。本表的写作目的是为了阐明出师的必要，进而指出时间宝贵，迫在眉睫。

诸葛亮首先提出"汉贼不两立，王业不偏安"的蜀国政策的总原则，这是坚定不移的，否则先帝创业将会功亏一篑，失去意义。然后论述目前敌强我弱的局势，提出我们应该采取的战略方针：不伐贼，则坐以待毙；伐贼或可取胜。即便伐贼失败也比坐以待毙要好，此乃诸葛亮的指导思想。

本表列举大量当时君臣所熟悉的前期、当代的史实，来说明"危然后安"的道理。在第一次北伐失败后，大臣对再次北征颇有异议的情况下，提出了六个"未解"、六个诘难，论据充分，正反论证，力驳群议，说明出师伐魏刻不容缓。其中，战而后强的军事战略思想，可谓是值得后人学习与借鉴的；"鞠躬尽力，死而后已"的名句，可谓是诸葛亮一生的评价。

卷七

六朝唐文

陈情表

西晋·李密

【题解】

　　李密，又名虔，字令伯。他自幼丧父，在祖母的抚养下长大成人。李密为人正直，学识渊博，在蜀国曾任尚书郎，以文学才辩见称于世。蜀汉灭亡后，晋武帝任命他为太子洗马。李密以奉养年迈的祖母为由，说明了自己无法应诏的原因，这就是本文所述之事。据说晋武帝看了此表后被他的孝心所感动，赏赐他奴婢二人，并给他赡养祖母的费用。

【原文】

　　臣密言：臣以险衅，夙遭闵凶①。生孩六月，慈父见背②。行年四岁，舅夺母志。祖母刘愍臣孤弱③，躬亲抚养。臣少多疾病，九岁不行；零丁孤苦，至于成立。既无叔伯，终鲜兄弟；门衰祚薄，晚有儿息。外无期功强近之亲，内无应门五尺之童；茕茕孑立④，形影相吊。而刘夙婴疾病，常在床蓐；臣侍汤药，未尝废离。

【注释】

　　①险衅：灾难祸患，指命运坎坷。②见背：背我，弃我而去。指去世。③愍：同"悯"，怜悯。④茕茕孑立：生活孤单无靠。茕，孤单。孑，孤身独立。

【译文】

　　臣李密呈言：我因为命运坎坷，很早就遭受不幸。刚生下六个月，父亲就离开了人世。四岁的时候，舅舅就逼迫母亲改嫁。我的祖母刘氏可怜我孤单弱小又多病，于是亲自抚养我。我小时候经常病魔缠身，九岁还不能走路；始终孤独无依靠，直到长大成人。我既没有叔伯，也没有兄弟；家门衰落，缺少福气，到了晚年才有了儿子。外面没有关系亲近的亲戚，家里也没有看管门户的僮仆；一个人无依无靠独立地生活，只有和自己的影子相伴。而祖母刘氏很早就被疾病缠身，经常躺卧在床不能起身；我侍奉饮食汤药，从来没有离开过。

【原文】

逮奉圣朝①，沐浴清化。前太守臣逵，察臣孝廉②；后刺史臣荣，举臣秀才。臣以供养无主，辞不赴命。诏书特下，拜臣郎中；寻蒙国恩，除臣洗马。猥以微贱，当侍东宫，非臣陨首所能上报③。臣具以表闻，辞不就职。诏书切峻，责臣逋慢④。郡县逼迫，催臣上道；州司临门，急于星火。臣欲奉诏奔驰，则以刘病日笃；欲苟顺私情，则告诉不许。臣之进退，实为狼狈。

【注释】

①逮：到了。圣朝：对当时西晋的美称。②察：考察，举荐。③陨首：散失头颅。比喻誓死报效。④逋慢：回避怠慢。逋，迟延，拖延。

【译文】

等到晋朝成立以后，我享受着清明政治的教化。先有逵太守举荐我为孝廉，后有荣刺史举荐我为秀才。我因为家中无人赡养祖母，所以推辞没有遵命。陛下特地颁下诏书，任命我为郎中；不久又蒙受国恩，任命我为洗马。以我这样微贱的人去侍奉太子，就是杀身捐躯也不能回报皇上您的。对此，我将以上苦衷上表报告，推辞不去就职。不料诏书急切严厉，责备我回避怠慢。郡县官吏不停地催我上路；州官也亲自登门督促，显得比星火还要急。我也想奉旨为朝廷效力，可是祖母的病日见加重；想迁就自己的私情，但是报告申诉依然得不到允许。我现在进退两难，实在窘迫。

【原文】

伏惟圣朝以孝治天下，凡在故老，犹蒙矜育；况臣孤苦，特为尤甚。且臣少事伪朝，历职郎署，本图宦达，不矜名节。今臣亡国贱俘，至微至陋，过蒙拔擢①，宠命优渥，岂敢盘桓，有所希冀②？但以刘日薄西山③，气息奄奄，人命危浅，朝不虑夕。臣无祖母，无以至今日；祖母无臣，无以终余年。母孙二人，更相为命，是以区区不能废远。

【注释】

①过蒙拔擢：过，超出常规。拔擢，提升。②有所希冀：指有其他非分的希望。③日薄西山：太阳快要落山，比喻人年老将死。

【译文】

圣明的朝代是用孝道来治理天下的，凡是老年人，尚且受到怜悯赡养；何况我的孤苦无助又特别严重呢。况且，我年轻的时候在蜀汉任过职，做过郎中和尚书郎，图的也就是高官厚禄，不计较名气节操。如今我也只是一个亡国之奴，实在渺小鄙陋，却承蒙超常的提拔，赏赐的官禄又是如此丰厚，我怎么还敢犹豫彷徨，有其他非分的希望呢？只是因为祖母刘氏已经如同迫近西山的落日，奄奄一息，现在生命已经是危在旦夕。我如果没有祖母的抚养，就不可能活到今天；祖母如果没有我的照顾，也就不可能度过她剩下的岁月。我们祖孙二人，互相依靠而维持生命，因此我不愿停止侍养祖母而远离。

【原文】

臣密今年四十有四，祖母刘今年九十有六，是臣尽节于陛下之日长，报刘之日短也。乌鸟私情①，愿乞终养。臣之辛苦，非独蜀之人士及二州牧伯所见明知；皇天后土，实所共鉴。愿陛下矜愍愚诚，听臣微志。庶刘侥幸②，卒保余年，臣生当陨首，死当结草。臣不胜犬马怖惧之情，谨拜表以闻。

【注释】

①乌鸟私情：相传乌鸦是孝鸟，长大后反哺其母，比喻为人子者能孝养其亲。②庶：庶几，或许。

【译文】

我今年四十四岁，祖母刘氏今年九十六岁。我能效力于陛下的日子还多，而向祖母尽孝的日子却很短了。乌鸦尚且能够反哺，我也希望能够侍奉祖母直到她终老。我的苦衷，不仅仅蜀地人士和二州长官有目共睹，而且天地神明也看得清清楚楚。希望陛下能怜悯我的诚心，允许我这个小小的要求。让我陪伴祖母，或许可以使她安享余年，我活着定当杀身捐躯尽忠报国，死后也愿意结草来报答陛下的恩惠。我怀着牛马在主人面前的恐惧心情，谨此上表禀告陛下。

【评析】

　　文章主要是申诉自己不能应诏出仕的苦衷，以叙事来传情，又寓理于情。作者首先陈述自己幼年时的不幸遭遇和与祖母相依为命的情况，突出祖母与自己的特殊关系。为报答祖母的养育之恩而必须赡养老人，直至终老，进而阐明了自己终养祖母恪尽孝道的决心。

　　接着说明祖母被病魔缠身，危在旦夕而皇上又屡次征召的过程，写自己希望待在祖母身边以尽孝道。体现出自己既想致力于为朝廷服务，又想行孝道的进退两难的处境，也希望能博得武帝的同情，同时也表达了对晋武帝的感激之情。圣上对自己宠爱有加，于情于理都应该为国家效力，排除了不愿出仕的政治因素。

　　本文语言新颖贴切，脍炙人口，作者善于形容比喻，文中的"日薄西山，气息奄奄"成为传颂千古的成语。

兰亭集序

东晋·王羲之

【题解】

王羲之，字逸少，东晋杰出的书法家。他精通古代各种文体，对后世影响深远，被尊称为"书圣"。永和九年（353）三月初三，王羲之和友人谢安、孙绰等四十一人在兰亭举行宴会。参加宴会的人饮酒赋诗，事后并将它们结为诗集。王羲之为此诗集写了这篇序言，记下了宴会的盛况与观感。此序被称为"天下第一行书"。

【原文】

永和九年，岁在癸丑，暮春之初，会于会稽山阴之兰亭，修禊事也①。群贤毕至，少长咸集。此地有崇山峻岭，茂林修竹；又有清流激湍，映带左右。引以为流觞曲水②，列坐其次③；虽无丝竹管弦之盛，一觞一咏，亦足以畅叙幽情。是日也，天朗气清，惠风和畅。仰观宇宙之大，俯察品类之盛；所以游目骋怀，足以极视听之娱，信可乐也。

【注释】

①修禊：古代习俗每年阴历三月上巳日，人们临水洗濯嬉游，以祛除不祥。②流觞：修禊时将盛酒的杯子放在回环的水溪上，任其漂浮，而人们列坐水边，酒杯停在谁面前谁就取杯喝酒。③次：处所，地方，指曲水边。

【译文】

永和九年，即癸丑年，暮春三月初，我们在会稽郡山阴县的兰亭举行聚会，在水边进行消灾求福的活动。许多有名望的贤士都到了，老的少的聚在一起。这里有高山峻岭，有茂密的树林和高挺的翠竹；又有清澈的溪水湍急流淌，辉映环绕在兰亭两侧。引溪水为曲水流觞，人们在曲水旁边依次就座，虽然没有管弦齐奏的繁盛场面，但一边饮酒，一边咏诗，也足以让人畅抒情怀。这一天，天气晴朗，空气清新，清风徐徐，拂面吹来，抬头，天空广大无边，低头，地上事物如此兴盛繁茂；这样来放眼纵览，开阔胸怀，足以尽情享受眼观和耳听的无穷乐趣，真的是很快活啊。

【原文】

夫人之相与，俯仰一世①。或取诸怀抱，晤言一室之内；或因寄所托，放浪形骸之外②。虽取舍万殊，静躁不同，当其欣于所遇，暂得于己，快然自足，曾不知老之将至。及其所之既倦，情随事迁，感慨系之矣。向之所欣，俯仰之间，已为陈迹，犹不能不以之兴怀，况修短随化③，终期于尽？古人云："死生亦大矣。"岂不痛哉！

【注释】

①俯仰：低头和抬头，比喻短暂的时间。②形骸：指身体。③修短：指人的寿命长短。化：造化，自然。

【译文】

人们彼此相处，一生非常短暂。有人喜欢敞开胸怀，与知己在室内倾谈；有人喜欢把情怀寄托在自己爱好的事物之上，不受约束，放纵游乐。虽然人们的爱好不一样，沉静、浮躁也各不相同，但一旦他们碰到自己喜欢的东西，就会忘形于一时，得到暂时的满足，竟忘记了衰老即将到来。等到对他们的所得感到厌倦时，情怀就会随着事物的变化而变化，无限的感慨也就油然而生了。曾经喜欢的东西，在顷刻之间，已经成为往昔，对此尚且不能不为之感念伤怀，更何况人的生命长短不一，完全听天由命，而最后终将化为乌有呢？古人说："生死也是人生的一件大事啊！"这怎么能不令人悲痛呢？

【原文】

每览昔人兴感之由，若合一契，未尝不临文嗟悼，不能喻之于怀①。固知一死生为虚诞，齐彭殇为妄作②。后之视今，亦犹今之视昔，悲夫！故列叙时人，录其所述。虽世殊事异，所以兴怀，其致一也。后之览者，亦将有感于斯文③。

【注释】

①喻之于怀：从心里理解明白。②齐：等同。彭：彭祖，相传为古代的长寿者。③斯文：此文。

【译文】

每每得知古人兴怀伤感的缘由，好像符契一样相合，我总是对着文字不断悲叹，心里却很难说出原因。我本知把生和死等同起来是虚妄荒诞的，把长寿和短命等同起来也是矫妄做作的。后代看待今天，就像今人看待古人，真是可悲啊！所以，我一一记录下今天在兰亭聚会的人，并抄录他们所作的诗赋。尽管时代不同，情况也不同，但是人们所发的感慨还是差不多的。后代的读者读这本书时，恐怕也会发出同样的感慨吧。

【评析】

本篇是为宴饮诗集而作的序言，描绘了聚会于山林的欢快盛况以及随之产生的对于人生的哲理思考，也流露出人生无常的消极情绪。

文章先简要介绍集会的时间、地点、人物，然后生动而形象地描绘兰亭的自然环境和周围的景物。聚会的盛况，写出了人生之"乐"。由记事而抒情，从人的志趣不同、性情各异出发，对生死的感触颇深，极写人生之"悲"。对人生短暂、稍纵即逝、不可挽留作出了感叹，流露出了无奈和悲哀之情。虽然作者心绪悲哀，但仍有力地驳斥了庄子的虚妄论，从而肯定了对生命的向往和执著。

这篇序文前段叙事，后段抒情；前段写实，后段写虚；前段写乐，后段写悲。清新自然，成为后世极为推崇的佳作。古往今来，无数人对人生的终极意义进行过探索，但是谁也未曾得出一个明确的答案，也许思考本身就是意义吧！

归去来辞

东晋·陶渊明

【题解】

陶渊明，又名潜，字元良。早年曾任江州祭酒、镇军参军、彭泽令等职，后因厌恶官场黑暗，退隐乡里，成为著名的田园诗人。本文是陶渊明辞去彭泽令归隐后的作品，文中重点讲述了作者归隐后所感受到的田园乐趣，表达了作者的高洁志趣、不苟于世俗的情操，同时也流露出作者"任随自然，乐知天命"的消极思想。

【原文】

归去来兮！田园将芜，胡不归①？既自以心为形役，奚惆怅而独悲？悟已往之不谏，知来者之可追②；实迷途其未远，觉今是而昨非。

【注释】

①胡：何，为什么。②追：补救，挽回。

【译文】

回去吧，田园快要荒芜了，为什么还不回去呢？既然自己的心迫于生活而失去自由，为什么还要胸怀惆怅独自悲哀呢？我意识到过去的错误已经不可挽回，而未来的事还可以及时弥补；实际上我走错的路还不太远，已经觉悟到今天正确而昨天是错误的了。

【原文】

舟摇摇以轻扬，风飘飘而吹衣。问征夫以前路，恨晨光之熹微①。乃瞻衡宇，载欣载奔。僮仆欢迎，稚子候门。三径就荒，松菊犹存。携幼入室，有酒盈樽。引壶觞以自酌，眄庭柯以怡颜②，倚南窗以寄傲，审容膝之易安③。园日涉以成趣，门虽设而常关。策扶老以流憩④，时矫首而遐观。云无心以出岫⑤，鸟倦飞而知还。景翳翳以将入⑥，抚孤松而盘桓。

【注释】

①熹微：晨光微弱，朦胧。②眄：闲散地观看。柯：树枝。③审：知晓、明白。容膝：形容屋小只能容下双膝。④策：持、拿着。流憩：到了哪里就到哪里休息。⑤出岫：谓云彩从山间飘出。岫，峰峦。⑥翳翳：昏暗的样子。

【译文】

船儿在水中轻轻地摇荡，清风在徐徐地吹拂着我的衣服。向行人探询前去的道路，恨晨光还是这样朦胧不明。一看到我那简陋的房子，我高兴得往前奔跑起来。童仆们出来欢迎我，幼儿在门口等候我。院中的小路长满了荒草，只有松树和菊花还是原样。我拉着幼儿的手进入内室，屋里摆着已装满了酒的酒樽。我端起酒杯来自斟自饮，看着庭院中碧绿的松枝我非常开心。倚靠在南面的窗子上寄托自己的志向，心想这狭小之地容易使我安心。尽管房门常常是关闭的，但每天在园内散步也是兴味无穷啊。我拄着拐杖悠闲地散步，走到哪里随时可以休息，还不时地抬头望着远方的天空。白云自然而然地从山穴里漂浮而出，而飞累了的鸟儿也知道飞回山林休息。日光渐渐暗了下来，太阳也快要落山了，我抚摸着孤松，徘徊着不愿意离开。

【原文】

归去来兮！请息交以绝游①。世与我而相违，复驾言兮焉求？悦亲戚之情话，乐琴书以消忧。农人告余以春及，将有事于西畴。或命巾车②，或棹孤舟。既窈窕以寻壑，亦崎岖而经丘。木欣欣以向荣，泉涓涓而始流。羡万物之得时，感吾生之行休③。

【注释】

①息交：停止与世交往。②巾车：有帷幕的车子。③行休：即将结束。

【译文】

回去吧，我要谢绝和世俗之人交往。既然世俗与我的志趣不同，我还驾车出去又有什么可追求的呢？跟亲戚故人谈谈心里话是何等快乐，弹琴和读书也能使我忘掉忧愁。农夫告诉我春天已经来临了，我将要到西边的田里去耕耘。有时驾着小舟，有时划着小船。有时沿着蜿蜒的溪水进入山谷，有时沿着崎岖的小路经过小山。只见树木欣欣向荣，细细的泉水缓缓流动。我羡慕万物各得其时，感叹自己的一生即将结束。

【原文】

已乎矣！寓形宇内复几时，曷不委心任去留①？胡为遑遑欲何之？富贵非吾愿，帝乡不可期。怀良辰以孤往，或植杖而耘耔②，登东皋以舒啸③，临清流而赋诗。聊乘化以归尽，乐夫天命复奚疑！

【注释】

①委心：随心如意。②植杖：把拐杖插在田边。耘：除草。③皋：水边高地。舒啸：舒气长啸。

【译文】

还是算了吧！人寄生在世上还有多久呢，为什么不将心放下来顺其自然呢？为什么还要心神不宁地想要到什么地方呢？富贵并不是我所求，也没有升入仙界的愿望。我只盼望有一个好时光独自出去游览，要么扶杖除草助苗长，要么登上东面的高岗放声长啸，要么面对清清的溪流吟唱诗歌。姑且顺应造化了结一生，以天命为乐，还有什么疑虑的呢！

【评析】

本文是一篇抒情小赋，记述了诗人归隐后的心理感受以及生活情趣，表明自己崇尚自然的本性，传达出作者洁身自好、不同流合污的高尚情操。

文章先交代这首辞的背景，写为何出仕，说出仕是生活所迫，他做官并不是为了功名利禄。然后写为何归隐，有三方面的反思：一是喜爱田园生活，不忍心看到田地荒芜；二是自己以前为了温饱，才勉强做官；三是觉悟到过去做官是错误的，而今归隐才是正确的。还描写了作者回乡路上的舒畅心情、回乡见到亲人的喜悦以及对田园生活和山川景物的赞美和热爱，反映了作者对田园生活的无限热爱。最后感慨人生短促，应该乐天安命，尽享山林之趣。

　　作者笔下的田园农耕生活是朴素自然的，犹如一幅精美舒雅的水墨画，把归隐后的生活图景意趣横生地表现出来。全文在艺术上的特点是意境生动，具有很强的感染力。

桃花源记

东晋·陶渊明

【题解】

本文是陶渊明晚年时作《桃花源诗》的序。作者在这里描绘了一个没有战乱、没有压迫、安宁和平的理想社会。尽管知道这种社会在当时不可能存在，但从中透露出作者对当时社会的不满与否定，同时也表达了作者对美好生活的向往。本文是陶渊明的千古传世之作。"世外桃源"一直被人们视为人间天堂。

【原文】

晋太元中，武陵人捕鱼为业。缘溪行，忘路之远近。忽逢桃花林，夹岸数百步，中无杂树，芳草鲜美，落英缤纷①。渔人甚异之，复前行，欲穷其林。林尽水源，便得一山。山有小口，仿佛若有光，便舍船，从口入。

【注释】

①落英：初开的花朵。

【译文】

晋朝太元年间，有一个武陵人以捕鱼为业。一天，渔人沿着一条山间小溪前行，一时忘记了路的远近。突然，他看到一片桃花林，夹岸数百步，中间没有一棵杂树，花草遍地，鲜艳美丽，落花繁多。渔夫见了非常惊奇，于是继续前行，想要找到林子的尽头。林子的尽头在溪水发源的地方，那里还有一座小山。山上有个小洞，看上去好像还有光亮，于是渔人跳下船，从洞口走了进去。

【原文】

　　初极狭，才通人；复行数十步，豁然开朗。土地平旷，屋舍俨然①。有良田、美池、桑竹之属，阡陌交通②，鸡犬相闻。其中往来种作，男女衣着，悉如外人；黄发垂髫，并怡然自乐。

【注释】

　　①俨然：整齐的样子。②阡陌：田间小路，其中南北叫"阡"，东西叫"陌"。

【译文】

　　起初洞口非常狭窄，仅能通过一个人；再往前走了几十步，由狭窄幽暗突然变得宽阔明亮了。只见那里土地平整广阔，房屋整齐排列。有肥沃的土地、美丽的池塘、茂密的桑树和竹子等，田间小道纵横贯通，鸡鸣狗叫此起彼伏。人们在田间往来耕作，男女的服饰和外面的人完全一样；老老少少都无忧无虑，逍遥自在。

【原文】

　　见渔人，乃大惊，问所从来，具答之。便要还家①，设酒杀鸡作食。村中闻有此人，咸来问讯②。自云先世避秦时乱，率妻子邑人来此绝境，不复出焉；遂与外人间隔。问今是何世，乃不知有汉，无论魏、晋。此人一一为具言所闻，皆叹惋。余人各复延至其家，皆出酒食。停数日，辞去。此中人语云："不足为外人道也。"

【注释】

　　①要：同"邀"，约请。②咸来问讯：咸，都。问询，询问，问候。

【译文】

　　他们见了渔人，都很奇怪，就问渔人是从哪里来的，渔人都一一作了回答。他们便邀请渔人到家里，杀鸡摆酒款待他。村中听说来了一位渔人，都赶来向渔人询问情况。他们自称祖先为了逃避秦时的战乱，便带着妻子、儿女和邻居来到这个与世隔绝的地方，从此再也没出去过。于是，他们和外面的人隔绝了。他们询问现在是什么朝代，竟然连汉朝都不知道，更不用说魏、晋两朝了。渔人把自己知道的都告诉了他们，他们都感慨万分。其他人又各自邀请渔人到他们家去作客，都拿酒菜热情招待。渔人在那儿过了几天，便告辞回家。村中的人们嘱咐他说："您在这里的一切都不要告诉外面的人。"

【原文】

既出，得其船，便扶向路①，处处志之②。及郡下，诣太守，说如此。太守即遣人随其往，寻向所志，遂迷，不复得路。南阳刘子骥，高尚士也，闻之，欣然规往③。未果，寻病终。后遂无问津者。

【注释】

①扶向路：沿着来时的路。②志：记，这里指做标记。③规：规划、打算的意思。

【译文】

渔人出了洞口，找到了自己的船，便沿着来时的路回去，并到处做了标记。到了武陵郡下，渔人就对太守说了这一经历。太守立即派人跟他一同前往，寻找先前做下的记号，然而却迷失了方向，找不到通向桃花源的那条路了。南阳的刘子骥，是一个脱俗的读书人，他听说了这件事后，很高兴地准备前往寻找桃花源，但最终没有实现，不久便生病去世了。从此以后，再也没有人去寻访桃花源了。

【评析】

本文通过记述武陵人的所见所闻，勾画了一个明丽如画的世外桃源景象，进而将现实主义与浪漫主义结合起来，描绘出一个宁静而又淳朴的世外桃源。

作者先交代时间、地点、人物，写渔人在不知不觉中进入桃花源，开始欣赏沿途的风景，"忽逢"二字写出桃花林的虚幻迷离、神秘飘忽，把"芳草鲜美，落英缤纷"的桃花林作为铺垫，引出一个质朴自然的化外世界。那里没有赋税、没有战争，人与人之间和平相处、诚恳相待，与渔人所处的现实社会形成巨大反差。

　　文章最后，作者模仿仙人游记的写法，写武陵人在受到热情招待后想带着他人再次进入时，"桃花源"却在瞬息之间烟消云散了。

　　本文借武陵渔人行踪这一线索，把现实和理想境界联系起来，采用虚写、实写相结合的手法，这是本篇的最大特点。

五柳先生传

东晋·陶渊明

【题解】

本文是陶渊明托五柳先生之名而作的一篇自传。陶渊明在隐居田园后写了大量优秀的诗篇，或赞美劳动生活，或描绘恬静的大自然，文笔质朴而清新。本文描写了一个性格旷达率直、品德廉洁高尚、不慕富贵名利、安心读书写作的知识分子形象，表达了作者守志安贫、不与世俗同流合污的志趣。

【原文】

先生不知何许人也，亦不详其姓字。宅边有五柳树，因以为号焉。闲静少言，不慕荣利。好读书，不求甚解①。每有会意，便欣然忘食。性嗜酒，家贫，不能常得。亲旧知其如此，或置酒而招之。造饮辄尽②，期在必醉，既醉而退，曾不吝情去留。环堵萧然③，不蔽风日。短褐穿结，箪瓢屡空，晏如也④。常著文章自娱，颇示己志。忘怀得失，以此自终。

【注释】

①不求甚解：不深究深奥的理解。②造：至，到达。③环堵：房屋的四壁。萧然：形容空空无物。④晏如：形容安然自得。

【译文】

五柳先生，不知道是什么地方的人，也不知道他姓甚名谁。他的屋边有五棵柳树，因此就用来作为自己的名号。他为人闲静，寡言少语，不贪慕荣华富贵和功名利禄。喜欢读书，但只求领会要旨，不在一字一句的解释上过分深究。每当读到会意的地方，便兴奋得忘了吃饭。又偏爱喝酒，但因家境贫寒不能经常喝。亲戚朋友了解他这种情况，有时就准备了酒席邀请他来喝。他只要去喝酒就会喝个尽兴，以求每次必醉。喝醉后就自己回去，从来不把挽留之情放在心上。他家里冷冷清清，不能遮蔽风吹日晒。穿的粗布短衣也是破烂不堪，盛饭的箪和舀水的瓢经常是空的，但他却安然自在。他经常用写文章来消遣时光，以此透露自己的志向。他能够忘却世俗的利弊得失，愿意这样度过自己的一生。

【原文】

赞曰[1]：黔娄之妻有言："不戚戚于贫贱[2]，不汲汲于富贵[3]。"其言兹若人之俦乎？衔觞赋诗，以乐其志，无怀氏之民欤？葛天氏之民欤[4]？

【注释】

[1]赞：史传评论文字的名称。本文为《五柳先生传》，故有"赞"。[2]戚戚：悲伤忧怨的样子。[3]汲汲：迫切忙碌的样子。[4]无怀氏、葛天氏：都是传说中上古时代的氏族首领。据说在他们的时代，风俗淳厚朴实。

【译文】

赞论说：黔娄的妻子曾经说过："不为贫贱而忧愁悲伤，也不为贪图富贵而四处奔波。"这大概说的就是五柳先生这样的人吧？他一边喝酒一边作诗，为自己的志向感到快乐，他是无怀氏时代的人？还是葛天氏时代的人呢？

【评析】

本文开篇引人入胜，依照传记通例，传记开头一般介绍传主的姓名、籍贯等，但本文却直言"先生不知何许人也"，塑造了一个超然世外的隐士形象。

在引入"五柳先生"的名号之后，文章开始集中笔墨从各方面刻画传主。传中写了他的性格特点：少言、安于贫贱。正因为他不为功名利禄所累，所以才能高出流俗之辈。接着写他的志趣：好读书、嗜酒、脱略形迹、以文自娱。描写了他在田园中守志安居的生活情态。文章最后引用了黔娄妻子评价丈夫的话："不戚戚于贫贱，不汲汲于富贵。"这段"赞"言明了五柳先生的精神，拓宽了文章的境界。本文借用他人口吻抒写自我，别有风味。其中有的轻描淡写，一笔带过，但余味无穷；有的笔墨稍多，刻画精工，形象生动。

人生最宝贵的东西无外乎自得其乐，这样乐观的处世态度是我们每个人都向往的一种生活境界。

卷七 六朝唐文

北山移文

南朝·孔稚珪

【题解】

孔稚珪，字德璋，南朝齐国人，曾担任过太子詹事等官职。他喜欢诗文，颇能饮酒，不愿理会繁杂事务，对自然山水情有独钟。"移"是古代一种官府文书，一般用来颁布命令、晓谕民众。本文借北山神灵的口吻，揭露和讽刺那些伪装隐居以求取功名利禄的人。

【原文】

钟山之英①，草堂之灵，驰烟驿路，勒移山庭②。夫以耿介拔俗之标，潇洒出尘之想，度白雪以方洁，干青云而直上，吾方知之矣。若其亭亭物表，皎皎霞外，芥千金而不盼，屣万乘其如脱，闻凤吹于洛浦③，值薪歌于延濑，固亦有焉。岂期终始参差，苍黄翻覆，泪翟子之悲，恸朱公之哭。乍回迹以心染，或先贞而后黩④，何其谬哉！呜呼，尚生不存，仲氏既往，山阿寂寥，千载谁赏？

【注释】

①钟山：即紫金山，因在今南京背面，故又名北山，山的南面有草堂寺。②勒：刻石。③凤吹：相传周灵王太子晋不愿继承王位，善吹箫、如凤鸣、常游于伊水、洛水之间。浦：水边。④黩：污染。

【译文】

钟山的英灵，草堂的神灵，如腾云驾雾般地奔驰在驿路上，要把这篇移文镌刻在山崖之上。有些隐士，自以为有耿介超俗的风度，潇洒出尘的理想；

品德纯洁，像白雪一样；人格高尚，可与青云比肩。我知道这样的人是存在的。至于亭亭玉立、超然物外，洁身自好、志趣高洁，视千金如芥草，不屑一顾，视万乘如敝屣，随手抛弃，在洛水边听到如凤鸣的吹笙，在延濑遇到高人隐士引吭高歌，这种人固然也是存在的。但怎么也想不到他们前后不一，就像青黄般反复无常，如墨子面对白丝般悲伤不已，如杨朱面对歧路般伤心痛哭。刚到山中来隐居，内心却恋着尘世的名利，或许开始非常贞洁，后来又变得十分肮脏，这是多么荒谬啊！唉，尚子平、仲长统都已成为过去，这寂寥空旷的山林显得非常寂寞，千秋万年，还有谁来欣赏？

【原文】

世有周子，俊俗之士，既文既博，亦玄亦史。然而学遁东鲁，习隐南郭，窃吹草堂，滥巾北岳①。诱我松桂，欺我云壑。虽假容于江皋，乃缨情于好爵。其始至也，将欲排巢父，拉许由，傲百氏，蔑王侯。风情张日，霜气横秋。或叹幽人长往，或怨王孙不游。谈空空于释部②，核玄玄于道流，务光何足比，涓子不能俦。

【注释】

①滥巾：指穿戴着隐士的衣裳头巾以充清高。②空空：佛教认为一切事物都是虚幻的、空的。释部：佛经。

【译文】

如今有一位姓周的人，是一个出类拔萃的俊才，他既有文采，又很博学，既通玄学，又懂史学。但是他偏偏学习颜阖的遁世，效仿南郭的隐居，在草堂里滥竽充数，居住在北岳山里冒充隐士。他哄诱我们山中的松桂，欺骗我们的云崖。他虽然假装在长江边上隐居，但是心里却牵挂着高官厚禄。他刚刚隐居的时候，似乎把巢父、许由都不放在眼里，傲视诸子百家，蔑视王侯将相。他的风度之高胜于太阳，志气之凛盛如秋霜。有时感慨当今没有幽居的隐士，有时又抱怨王孙出游不常。他能谈四大皆空的佛学，也能聊道家的玄之又玄，就连上古的务光、涓子之辈，都不能和他相比。

【原文】

及其鸣驺入谷①，鹤书赴陇，形驰魄散，志变神动。尔乃眉轩席次，袂耸筵上，焚芰制而裂荷衣②，抗尘容而走俗状。风云凄其带愤，石泉咽而下怆，望林峦而有失，顾草木而如丧。至其钮金章，绾墨绶，跨属城之雄，冠百里之首。张英风于海甸，驰妙誉于浙右。道峡长摈，法筵久埋。敲扑喧嚣犯其虑，牒诉倥偬装其怀③。琴歌既断，酒赋无续，常绸缪于结课，每纷纶于折狱，笼张赵于往图，架卓鲁于前录，希踪三辅豪，驰声九州牧。

【注释】

①鸣驺：指征召周颙的使者所乘的马。②芰制：用荷叶做成的衣服。语出《离骚》，"制芰荷以为衣"，代指隐士的衣服。③牒诉：文书及诉讼。倥偬：事情纷繁迫促。

【译文】

等到皇帝的使者带着随从鸣锣开道、前呼后拥，捧了征召的诏书，来到山中，这时他立刻得意忘形、魂飞魄散，改变志向，心潮涌动。在宴请使者的筵席上，忍不住扬眉挥袖、得意洋洋。他将隐居时穿的用芰荷做成的衣服撕破烧掉，完全显示出尘世的面目，表现出庸俗的举止。山中的风云悲凄含愤，石上的清泉幽咽悲怆，回望这树林和山峦，似乎若有所失，回顾百草和树木，就像死了亲人那样悲伤。后来他佩戴官印，系着墨绶，掌管一个郡中最大的县，成了一郡之中所属各县令之首，威风遍及四海，美名传到浙东。道家的书籍久已摒弃了，讲佛法的坐席也早已尘封。鞭打罪犯的喧嚣之声扰乱了他的心思，文书诉讼之类急迫的公务装满了胸怀。琴歌之声既已断绝，酒赋之事也无法继续，经常被考核官吏的事情纠缠，忙碌于审问各种案件，只想使官声政绩超越史书中记载的张敞和赵广汉，又想让官声凌驾于卓茂和鲁恭，希望能成为三辅令尹或九州刺史。

【原文】

使我高霞孤映，明月独举，青松落荫，白云谁侣？磵户摧绝无与归，石径荒凉徒延伫。至于还飙入幕，写雾出楹，蕙帐空兮夜鹤怨，山人去兮晓猿惊。

昔闻投簪逸海岸①，今见解兰缚尘缨。于是南岳献嘲，北陇腾笑，列壑争讥，攒峰竦诮②。慨游子之我欺，悲无人以赴吊。故其林惭无尽，涧愧不歇，秋桂遣风，春萝罢月。骋西山之逸议，驰东皋之素谒。

【注释】

①投簪：指脱下官帽，弃官归隐。②攒峰：聚在一起的山峰。竦：伸长脖子，踮起脚跟站着。诮：指责。

【译文】

这使得山中的朝霞孤零零地映照在天空，明月孤独地悬挂于夜幕，青松落寞地投下浓荫，白云有谁和它做伴？房屋坍塌毁坏，不见有人归来；石径一片荒凉，白白地久立等待。以至于旋风吹进了帷幕，云雾从屋柱之间泻出，夜空中的飞鹤好像是怨恨人去帐空，山人离去，清晨的山猿也感到吃惊。过去听说有人脱去官服逃往海边隐居，今天却见到有人解下了隐士的佩兰而戴上俗世的冠带。于是南岳送来嘲讽，北岭传出耻笑，深谷争相讥讽，座座山峰挺身讥笑，慨叹我们被那位游子所欺骗，又悲伤没有人为此前来慰问。所以，山林中的林木感到羞耻不已，山涧怀愧莫及，秋桂不飘香风，春萝也不笼月色。西山好像还传出隐逸者的清议，东皋还散布着布衣的高论。

【原文】

今又促装下邑，浪栧上京①，虽情殷于魏阙，或假步于山扃。岂可使芳杜厚颜，薜荔蒙耻，碧岭再辱，丹崖重滓②，尘游躅于蕙路③，污渌池以洗耳。宜扃岫幌④，掩云关，敛轻雾，藏鸣湍。截来辕于谷口，杜妄辔于郊端。于是丛条瞋胆⑤，叠颖怒魄。或飞柯以折轮，乍低枝而扫迹。请回俗士驾，为君谢逋客。

【注释】

①浪栧：划动船桨。浪，鼓动，划动。栧，桨。②滓：污浊。③游躅：隐者留下的足迹。④扃：关闭。岫幌：指山的门户。⑤瞋胆：使肝胆发怒。

【译文】

现在听说此人正在县里忙于置办行装，准备乘船到京城去，虽然他心中向往的是朝廷，但或许也会到山里来借住。岂能让我们山里的芳草蒙厚颜之名，让薛荔遭受羞耻，让碧岭再次受侮辱，让丹崖重遭玷污，让芳草路遭受世俗尘游的践踏，让洗耳池受到污染而失去往日的清澈。所以，我们应该拉紧山间云气的帷帐，掩上云门，收敛起轻雾，藏匿好叮咚的泉流。到山口去拦截他的车，到郊外去堵住他的马。于是山中的树丛和重叠的草芒勃然大怒，有的用飞落的枝条打折他的车轮，有的用低垂的枝叶扫去车痕。请这个凡夫俗子的车驾转回去吧，我代表北山之神谢绝你这位逃客的再次到来。

【评析】

魏晋南北朝时期，朝代更迭频繁，因此便有一些文人隐居，以求明哲保身。这本无可厚非，但可恨其中却有这样一些人：他们以隐居为幌子，沽名钓誉、待价而沽，一旦朝廷或权贵征聘，便会不问清浊，马上投身官场，以博取富贵。这种虚伪之人辱没了隐士的名声，让作者对其深恶痛疾，特作此文加以讽刺。

首先，作者用形象的语言描述了真正高洁的隐士应具备：耿介超俗的风度，潇洒出尘的理想，视千金如芥草，视万乘如敝屣。其次，作者开始对那些沽名钓誉的假隐士展开批判。紧接着，作者便将批判的锋芒对准了周颙，用他的前后行径做了对比，揭露他的虚伪，使其丑态尽出。最后，作者用拟人的手法，描述周颙逃离山林，奔波于尘世间，这是对山间的花草树木、浮云白崖的一种欺骗和玷污，所以北山山神拒绝他再来玷污名山。

作者将拟人化的写法和骈文句式有机和谐地融为一体，显示出作者驾驭文字的高超艺术，他的文章为世人传诵。

谏太宗十思疏

唐·魏徵

【题解】

魏徵，字玄成，唐朝初年杰出的政治家。以敢于"犯颜直谏"著称，先后共向唐太宗陈事200多次，深受太宗皇帝的器重。唐太宗年轻时跟随父亲打天下，艰苦创业，随着功业日隆，日渐追求享乐，大建庙宇宫殿，在民间广搜珍宝，劳民伤财。魏徵对此十分担忧，多次上书劝谏，规劝唐太宗不忘隋朝灭亡的教训，修德图强。

【原文】

臣闻求木之长者，必固其根本；欲流之远者，必浚其泉源①；思国之安者，必积其德义。源不深而望流之远，根不固而求木之长，德不厚而思国之安，臣虽下愚，知其不可，而况于明哲乎？人君当神器之重②，居域中之大，不念居安思危③，戒奢以俭，斯亦伐根以求木茂，塞源而欲流长也。

【注释】

①浚：疏通水道。②神器：老子称天下为神器，指帝位。③域中之大：天地间的重要位置。域中，天地间。

【译文】

我听说，要想使树木长得高大，一定要使它的根稳固；要想使水流流得长远，一定要疏通它的源泉；要想使国家安定，一定要积累道德和仁义。没疏通水源却希望水流能够长远，根不稳固却希望树木长得高大，道德不厚实却希望国家安定，我虽然是极其愚蠢的人，但也知道这是不可能的，更何况是英明智慧的人呢？君主承担帝王的重任，身处天下最高的地位，如果不能居安思危，戒除奢侈，厉行节俭，这就如同砍断树根想使树木茂盛，堵塞源泉想使泉水流得长远啊。

【原文】

凡昔元首，承天景命①，善始者实繁，克终者盖寡。岂取之易、守之难乎？盖在殷忧②，必竭诚以待下；既得志，则纵情以傲物。竭诚，则吴越为一体；傲物，则骨肉为行路。虽董之以严刑③，振之以威怒，终苟免而不怀仁，貌恭而不心服。怨不在大，可畏惟人。载舟覆舟④，所宜深慎。

【注释】

①景命：上天授予帝王君位的大命。景，明、大。②殷忧：深重的忧患。殷，深。③董：监督。④载舟覆舟：比喻统治者和人民的关系如舟与水，水能载舟，也能颠覆之。

【译文】

但凡古代的帝王，承受了上天的重大使命，具有良好开端的确实很多，但能贯彻到底的实在很少。难道是取得天下容易、巩固天下困难的缘故吗？也许是他们在创业的时候遇到深重的忧患，一定竭尽诚心来对待臣民；得到天下之后，便放纵自己的意志傲视他人。竭尽诚心，就是吴、越这样的仇人也会团结一致；傲视他人，就是亲人也会视为毫不相干的陌生人。虽然可以用严刑来责罚他们，用威势来震慑他们，但最终仍然是只图免除刑罚，而心里却不会怀念仁德，他们表面上恭敬但内心并不服气。怨恨不在大小，可怕的是百姓的力量。百姓像水，国君像船，水可以承载船，也可以颠覆船，这是应当特别谨慎对待的啊。

【原文】

诚能见可欲，则思知足以自戒；将有作，则思知止以安人；念高危，则思谦冲而自牧①；惧满盈，则思江海下百川；乐盘游，则思三驱以为度；忧懈怠，则思慎始而敬终；虑壅蔽，则思虚心以纳下；惧谗邪，则思正身以黜恶；恩所加，则思无因喜以谬赏；罚所及，则思无以怒而滥刑。总此十思，宏兹九德。简能而任之②，择善而从之，则智者尽其谋，勇者竭其力，仁者播其惠，信者效其忠。文武并用，垂拱而治③。何必劳神苦思，代百司之职役哉？

【注释】

①牧：这里指修养。②简：选择。③垂拱而治：垂衣拱手，形容无为而治。

【译文】

假如真的能够做到：见到自己想要的东西，就想到以知足之心来警戒自己；想要大兴土木时，就想到以适可而止来安定民心；身居高位时，就想到应该谦虚平和以加强自我修养；害怕自己骄傲自满，就想到要像江海那样居于百川之下；喜欢打猎游玩，就想到君王一年最多三次打猎的规定；担心意志懈怠，就想到做事必须始终谨慎；忧虑自己受蒙蔽，就想到要虚心采纳臣下的建议；害怕谗言奸邪，就想到要端正自己的品德来斥退奸恶小人；施恩于他人时，就想到不要因为一时高兴而错误地奖赏；施行刑罚时，就想到不要因为一时之恼而滥施刑罚。要完全做到上面的十个方面，弘扬九种美德，选拔有才能的人加以任用，选择好的意见加以听从，那么聪明的人就会献出他们的谋略，勇敢的人就会使出他们的力量，仁爱的人就会广施他们的恩惠，诚信的人就会献出他们的忠心。文臣武将一起努力，君主就可以拱手而治。何必一定要君主劳神费心，代替百官的职事而劳动自己呢？

【评析】

本文是魏徵为规劝唐太宗所上的奏疏，谏疏的目的是希望人君接受自己的建议，为保唐王朝的长治久安。

文章开篇就用"固根本"、"浚泉源"作比喻，然后逐渐过渡到"居安思危"上来，分析统治者在初期能励精图治，晚年却功败垂成的历史现象，总结其原因是不能"竭诚以待下"。

进而提醒太宗要"戒奢以俭"，并从十个方面提出了要注意的问题，即要做到"十思"，指出君王在政治上要慎始善终、礼贤下士，用人时要知人善任，生活上要崇尚节俭。同时也反映了谏臣的刚正不阿的个性和政治家深邃独到的眼光。

魏徵的谏疏有理有据，他以浅显的比喻衬出中心论题，将比喻作为一种手段，以达到生动、直观的效果，从而使本文的说服力大大增强。尤其是"十思"，犹如格言警句，令人刻骨铭心。

滕王阁序

唐·王勃

【题解】

王勃，字子安，唐代文学家，擅长诗赋，颇有才华。他的作品大多为抒情写景之作。《滕王阁序》原题《秋日登洪府滕王阁饯别序》，是王勃的代表作，也是一部广为传诵的优秀作品。王勃27岁时准备前往交趾探望父亲，途经洪州，正赶上洪都府知府阎公重修滕王阁，王勃被邀去赴宴，即席作成此文。

【原文】

南昌故郡，洪都新府。星分翼、轸，地接衡、庐。襟三江而带五湖，控蛮荆而引瓯越。物华天宝①，龙光射牛斗之墟②；人杰地灵，徐孺下陈蕃之榻。雄州雾列，俊彩星驰③。台隍枕夷夏之交，宾主尽东南之美。都督阎公之雅望④，棨戟遥临；宇文新州之懿范，襜帷暂驻。十旬休暇，胜友如云；千里逢迎，高朋满座。腾蛟起凤，孟学士之词宗；紫电青霜，王将军之武库。家君作宰，路出名区；童子何知，躬逢胜饯。

【注释】

①物华天宝：指人世诸物的光华化为天上的宝气。②龙光：此指宝剑的光芒。牛斗之墟：二十八星宿中牛、斗二星所在方位。墟，指星座。③俊彩星驰：俊彩，俊才。星驰，如星指流动飞驰。④雅望：崇高的名望。

【译文】

南昌，是过去豫章郡的古城，如今称为洪都府。它处在翼、轸二星的分野，与衡、庐二山相连接。以三江为衣襟、五湖为衣带，西边控扼着荆楚，东边牵制着瓯越。这里万物的精华焕发为天上的宝气，宝剑的光气直射牛、斗二星之间；人有俊才，地有灵秀，太守陈蕃专门为徐孺设置卧榻。雄伟的州城像雾一样涌起，杰出的人才像繁星一样放射光芒。城池坐落于中原与夷夏相交的地方，主人和宾客囊括东南地区的俊杰。洪州都督阎公崇高名望，远道来到洪州坐镇；新州刺史宇文公品行高洁，赴任途中路过这里，车驾暂驻。正好赶上十天一次的假日，才华出众的朋友像白云一样聚集；尊贵的宾客坐满了席位。蛟龙腾空、凤凰飞起，那是文词宗主孟学士；紫电清霜，出自王将军的武库里。我父亲在交趾做县令，我探亲路过这个有名的地方；我年幼无知，却荣幸地遇到这样盛大的宴会。

【原文】

时维九月，序属三秋。潦水尽而寒潭清①，烟光凝而暮山紫。俨骖騑于上路②，访风景于崇阿。临帝子之长洲，得仙人之旧馆。层峦耸翠，上出重霄；飞阁流丹，下临无地。鹤汀凫渚③，穷岛屿之萦回；桂殿兰宫，列冈峦之体势。

【注释】

①潦水：下雨后的积水。②骖騑：驾车的马，左骖右騑，此指马车。上路：地势高的路。③鹤汀：活动着仙鹤的水边平地。

【译文】

时间正是九月，季节为深秋，蓄积的雨水已经消尽，潭水寒冷而清澈，烟光雾气弥漫，傍晚的山峦在暮色中呈现淡淡的紫色。在高高的道路上，驾着马车出游，到高大的丘陵中寻访美景。来到滕王营建的长洲，看见了当年他居住过的殿阁，高高的楼台如青峰耸立，直达云霄；凌空架起的阁宇好像在天空飞翔，从高处往下看，好像感觉不到地面的存在。仙鹤野鸭栖止的水边平地和水中小洲，极尽岛屿曲折回环的景致；桂树与木兰建成的宫殿，列出冈峦高低起伏之势。

【原文】

披绣闼，俯雕甍①，山原旷其盈视，川泽盱其骇瞩。闾阎扑地，钟鸣鼎食之家②；舸舰迷津，青雀黄龙之轴。虹销雨霁，彩彻云衢③。落霞与孤鹜齐飞，秋水共长天一色。渔舟唱晚，响穷彭蠡之滨；雁阵惊寒，声断衡阳之浦。

【注释】

①甍（méng）：有雕饰的屋脊。②钟鸣鼎食：这里指官宦之家。③云衢（qú）：指天空。

【译文】

推开精致的大门，俯视雕饰的屋脊，山野辽阔眺望无极，河流、湖泊曲折浩茫，令人惊叹。房屋排满地面，都是官宦之家；船只舶满渡口，尽是雕上青雀黄龙花纹的大船。彩虹消散，雨过天晴，阳光普照，天空晴朗。落霞与孤寂的野鸭一起在天际飞舞，秋水和蔚蓝的天空浑然一色。暮色里渔人划着小船，唱着欢歌满载而归，歌声响遍了鄱阳湖畔；南飞的群雁被寒气惊扰，叫声停落在衡阳的水边。

【原文】

遥吟俯畅，逸兴遄飞①。爽籁发而清风生②，纤歌凝而白云遏③。睢园绿竹，气凌彭泽之樽；邺水朱华，光照临川之笔。四美具，二难并。穷睇眄于中天，极娱游于暇日。天高地迥，觉宇宙之无穷；兴尽悲来，识盈虚之有数④。望长安于日下，指吴会于云间。地势极而南溟深，天柱高而北辰远。关山难越，谁悲失路之人？萍水相逢，尽是他乡之客。怀帝阍而不见，奉宣室以何年？

【注释】

①逸兴：超逸的兴致。遄飞：飞速地抒发。②爽籁：参差不齐的排箫。籁，一种由竹制的管乐器。③白云遏：形容歌声的美妙。④盈虚：指兴衰、贵贱、穷通等。

【译文】

远望的胸怀顿时舒畅，超逸的兴致油然而生。排箫发出清脆的声音引来阵阵清风，纤细的歌声又阻止了白云的飘动。这盛宴如同睢园中的竹林聚会，贵客们狂饮的气概胜过了陶渊明；又有邺水咏荷花那样的才气，文采超过了谢灵运。良辰美景，赏心乐事，四美齐备，贤主、嘉宾，千载难逢。极目远眺，在闲暇的日子里尽情欢乐。天高地远，宇宙无边无际；欢乐消尽，悲随之来，我知道了事物变化、盛衰成败都有定数。远望长安在夕阳下，遥看吴越在云海间。地势险要，南海深不可测，天柱高耸，北斗星如此遥远。吴山阻隔，难以逾越，又有谁会同情失意之人？今天偶然相聚，都是客居异乡的人。一心怀念朝廷却不能够朝见，什么时候才能像贾谊那样被奉召宣室去侍奉君王呢？

【原文】

　　呜呼！时运不齐，命途多舛。冯唐易老，李广难封。屈贾谊于长沙，非无圣主；窜梁鸿于海曲，岂乏明时？所赖君子安贫，达人知命①。老当益壮②，宁移白首之心？穷且益坚，不坠青云之志③。酌贪泉而觉爽，处涸辙以犹欢。北海虽赊，扶摇可接；东隅已逝④，桑榆非晚⑤。孟尝高洁，空怀报国之心；阮籍猖狂，岂效穷途之哭！

【注释】

　　①达人：通达事理的人。②老当益壮：年纪虽高，志气应该更旺。益，更加。③青云之志：比喻远大的志向。④东隅：东方日出处，指早晨。比喻早年时光。⑤桑榆：日落处，指黄昏。比喻人的晚年。

【译文】

　　唉，个人的机遇不同，命运也总是坎坷不平！冯唐有了重用的机会时已经老了，李广立功无数最终也没被封侯。贾谊蒙受冤屈被贬到长沙，并非没有圣明的君主；梁鸿被迫隐匿到海边，难道不是在政治昌明的时代吗？只不过君子能够安于贫贱，通达事理的人能接受自己的命运。年纪虽高，志气应该更旺，怎么能在年老时再改变自己的志向呢？处境艰难，就应更加坚强，不放弃凌云壮志。廉洁的人喝了贪泉的水心境依然清爽，有德行的人即使处在污浊的环境也能保持乐观开朗。北海虽然遥远，但是凭借大风也能到达；少年的时光虽然已经消逝，但珍惜将来的岁月也不算太晚。孟尝品德高洁，却空有一腔报国的热情；阮籍放纵不羁，我们怎么能效仿他在穷途末路时恸哭而返呢！

【原文】

勃，三尺微命①，一介书生。无路请缨，等终军之弱冠；有怀投笔，慕宗悫之长风。舍簪笏于百龄②，奉晨昏于万里③。非谢家之宝树，接孟氏之芳邻。他日趋庭，叨陪鲤对④；今晨捧袂，喜托龙门。杨意不逢，抚凌云而自惜；锺期既遇，奏流水以何惭？

【注释】

①三尺微命：身份卑微。三尺，指衣带下垂部分，是当时士大夫中最低一级绅的衣带长度。②簪笏：簪，是古人束发戴冠时用以固定冠的长针。笏，是官吏朝见皇帝时所捧的手版。此代指俸禄。③奉晨昏：这里指侍奉父亲。晨昏，古人早晚向父母请安。④鲤对：指回答长辈的教诲。

【译文】

我，身份卑微，只是一个文弱书生。虽然与终军一样已经年满二十岁，却没有请缨报国的机会；我也有班超那样投笔从戎的胸怀，也仰慕宗悫"乘长风破万里浪"的雄心。如今我宁愿舍弃一生的功名富贵，跋涉万里去侍奉我的父亲。我不敢自称是谢玄那样的俊才，却非常幸运能够见到与会的宾客。不久，我将到父亲身边聆听教诲；今天我能在宴会上拜见各位，荣幸得如登龙门。假如碰不上杨得意那样引荐的人，就只有抚拍着自己的文章而自我叹息。今天我既然遇到了锺子期那样的知音，我弹奏一曲高山流水又有什么羞愧呢？

【原文】

呜呼！胜地不常，盛筵难再。兰亭已矣，梓泽丘墟。临别赠言，幸承恩于伟饯；登高作赋，是所望于群公。敢竭鄙诚，恭疏短引①，一言均赋，四韵俱成②：

滕王高阁临江渚，佩玉鸣鸾罢歌舞。

画栋朝飞南浦云，朱帘暮卷西山雨。

闲云潭影日悠悠，物换星移几度秋。

阁中帝子今何在？槛外长江空自流。

【注释】

①恭疏短引：疏，分条陈述，这里指写作。引，引言，即序文。②一言均赋，四韵俱成：即"均赋一言，俱成四韵"的倒装。

【译文】

唉！洪州名胜之地不能常游，盛大的宴会也难以再遇。兰亭宴集的盛况已成过去，金谷名园也已经变成废墟。我侥幸在盛大的宴会上承蒙恩情，临别时写几句话作纪念；至于登高赋诗，只有指望在座的诸位了。冒昧给大家献丑，作了短短的序言，在座的诸位都按分到的韵字赋诗，我的一首四韵小诗也已写成：

滕王高阁临江渚，佩玉鸣鸾罢歌舞。
画栋朝飞南浦云，朱帘暮卷西山雨。
闲云潭影日悠悠，物换星移几度秋。
阁中帝子今何在？槛外长江空自流。

【评析】

本文是"初唐四杰"之首王勃的作品，是一篇优秀的赠序文。文章借登高之会感怀时事，慨叹身世，是时代精神和个人思想情感的真实流露。

首先叙述洪州地势之雄伟、人物之杰出、宾客之尊贵；其次写滕王阁的美妙景色，构筑之宏丽，显出作者非凡的文笔；接着由眼前的美景转入对人生的思考和感慨，由壮写到悲，体现出作者渴望用世的抱负和自强振作的意志；最后自叙遭遇，并说明自己有幸与会，借离别之际作诗留念。

文章的另一特色是多次使用典故，"冯唐易老"、"屈贾谊于长沙"等句无不用典，作者将典故化为自己的语言，使之贴近语境又不违背原意，恰当地抒发了作者羁旅之情和怀才不遇的愤懑与感叹。本文层次井然，脉络清晰，体现了作者绝佳的写作功底和渊博的知识结构，不愧为一篇千古不朽的优秀骈文。

春夜宴桃李园序

唐·李白

【题解】

李白,字太白,号青莲居士,是盛唐著名的诗人,有"诗仙"之美誉。本文是李白与堂弟聚会作诗时,为他们的诗集而写的序文。文章记叙了李白在春光明媚的月夜,与堂弟在桃李芬芳的名园聚会时,饮酒赋诗、高谈阔论畅述天伦之乐的盛况。这是一篇脍炙人口的抒情散文,从中可以见出李白师法自然的创作主张。

【原文】

夫天地者,万物之逆旅①;光阴者,百代之过客。而浮生若梦,为欢几何?古人秉烛夜游,良有以也②。况阳春召我以烟景,大块假我以文章③。会桃李之芳园,序天伦之乐事④。群季俊秀,皆为惠连。吾人咏歌,独惭康乐。幽赏未已,高谈转清。开琼筵以坐花,飞羽觞而醉月⑤。不有佳作,何伸雅怀?如诗不成,罚依金谷酒数。

【注释】

①逆旅:旅舍。逆,迎。②良有以也:确实有原因。③大块:指大地、大自然。假:借,提供。文章:指锦绣似的美景。④序:同"叙",叙说,畅谈。⑤飞羽觞:比喻传杯递盏,开怀痛饮。羽觞,古代的一种双耳酒杯。

【译文】

天地是万物暂时歇息的旅舍,光阴是古往今来的过客。而人生如梦,欢会聚首的乐事能有多少呢?古人秉烛夜游,确实有他的道理。何况温暖和煦的春天以秀美的景色召唤我们，大自然又将锦绣风光赐给我们。我们相会于桃李花园，畅谈兄弟间的乐事。诸位贤弟英俊挺秀，都有谢惠连一样的才华。而我咏诗颂歌确实自愧不能和谢康乐相比。对幽雅景色的欣赏情趣还没完毕，高谈阔论又转入了清雅。在花间摆出豪华的筵席，在月下与众人不断地传递杯盏，全都沉醉在皎洁的月光之下。如果没有好诗，怎能抒发高雅的情怀？如果有人吟不出诗来，就依照金谷园的宴饮规矩，罚酒三杯。

【评析】

　　本文是一篇写宴饮游赏活动的序体骈文，记叙了李白在一个春天的月夜、风景优美的花园里与诸兄弟聚会赋诗、欢宴畅叙的情景，其意不在描写传杯递盏之举，而重在抒发人生之感慨。

　　作者分三个层次描写了这次宴会，即宴、春夜之宴、春夜桃李园之宴。对于这次夜宴的描写，作者将其落笔在"叙天伦之乐"上，着重突出了兄弟之间的手足之情，体现了兄弟间的互敬互爱。接着又正面描写了夜宴的情形，表现了李白热爱大自然、热爱生活、自由奔放的浪漫主义情怀。最后作者在发出"浮生若梦，人生几何"的感慨之后，又笔锋一转写飞觞吟诗，表现人生之乐，让人禁不住浮想联翩。

　　文章虽短，但脉络分明，层次井然，真可谓是一篇佳作。

陋室铭

唐·刘禹锡

【题解】

刘禹锡，字梦得，唐朝著名文学家、哲学家。他的文章众体兼备，以论文和杂文最有文学价值。本文是一篇骈体铭文。铭是古代刻在器物上用来警戒自己或者称述功德的文字，后成为一种文体。文章通过对陋室的描写和赞颂，表明自己安贫乐道、不同流俗的生活态度。

【原文】

山不在高，有仙则名。水不在深，有龙则灵。斯是陋室，惟吾德馨①。苔痕上阶绿，草色入帘青。谈笑有鸿儒②，往来无白丁③。可以调素琴④，阅金经。无丝竹之乱耳⑤，无案牍之劳形。南阳诸葛庐，西蜀子云亭。孔子云："何陋之有？"

【注释】

①馨：能散布到远处去的芳香。②鸿儒：博学多才之士。鸿，大。③白丁：无官职的平民。这里指不学无术之辈。④素琴：不加雕饰的琴。⑤丝竹：丝指弦乐器，竹指管乐器。

【译文】

山不一定要高，有神仙居住就会知名；水不一定要深，有龙居住就会降福。这虽是一间简陋的房子，却有我的德行芳馨。青苔翠绿，长在台阶上；芳草青葱，映入帘子中。与我谈笑的都是博学多才之士，往来结交的没有不学无术之辈。可以弹奏素朴的古琴，可以研读金字书写的佛经。没有嘈杂的音乐扰乱清静，也没有公事文书来劳累身心。这小屋如同南阳诸葛亮的茅庐，又如同西蜀扬雄的云亭。正如孔子所说："这有什么简陋的呢？"

【评析】

　　这篇短文生动地描写了陋室的美景、陋室主人的高雅闲散，表现为一种对人生失意与仕途坎坷的超然豁达和乐观开朗的人生态度，表达了作者甘于淡泊、不为物役的高尚情操，反映了他不与权贵同流合污的高尚品格。

　　首先，文章借助"陋室"说理，以抒情的笔调表明作者高洁的品格，事中见理，景中显情，诚可谓"情因景而显，景因情而生"。其次，文章以骈句为主，给人一种视觉上的齐整之美。加之文章节奏明快、语言错落有致，在听觉上给人音乐的美感。最后，文章巧于用典故，增强了文章说理的可信性和说服力。

阿房宫赋

唐·杜牧

【题解】

杜牧，字牧之，晚唐杰出文学家，与李商隐合称"小李杜"。他的诗文精于议论，气势雄伟，秉承了韩、柳派古文家优良传统。阿房宫是秦始皇兴建的宫室，以奢靡宏丽著称。文中揭露了秦始皇骄奢淫逸的生活，指出了秦朝灭亡的必然性，从而警戒统治者要吸取历史教训，勿蹈秦亡覆辙。

【原文】

六王毕，四海一。蜀山兀①，阿房出。覆压三百余里，隔离天日。骊山北构而西折，直走咸阳。二川溶溶，流入宫墙。五步一楼，十步一阁。廊腰缦回②，檐牙高啄。各抱地势，钩心斗角③。盘盘焉，囷囷焉，蜂房水涡，矗不知其几千万落。长桥卧波，未云何龙？复道行空，不霁何虹？高低冥迷④，不知西东。歌台暖响，春光融融。舞殿冷袖，风雨凄凄。一日之内，一宫之间，而气候不齐。

【注释】

①兀：高而上平，形容山上树林已经砍尽。②廊腰缦回：游廊像缦带一样的环绕。③钩心斗角：房屋和中心区相钩连即钩心。屋角对凑，状如相斗，故称"斗角"。④冥迷：迷惑辨不清。

【译文】

六国相继灭亡，秦王统一了天下。蜀山的树木被砍光了，才建造起阿房宫。它覆盖地面三百多里，高耸的楼阁似乎要遮蔽天地。它从骊山北面建起，延伸向西转折，一直到咸阳。渭水和樊川两条河流，缓缓流入宫墙。五步一座高楼，十步一座亭阁。走廊像锦织的绸缎一样迂回曲折，屋檐像鸟雀一样在高处啄食，楼阁随着地势高低而搭建，屋角互相对峙。盘旋着，曲折着，既像蜂房，又似水涡，高高耸立着不知有几千万座。长桥横卧在渭水上，天空没有云，怎么会出现龙呢？那么多的道路横空穿过，没有雨过天晴，怎么会出现彩虹呢？房屋高低错落，让人迷糊，分不清方向。台上歌声嘹亮，洋溢着春天般的欢乐。宫殿上舞袖飘浮，充满着风雨交加般的寒冷。一天之内，同一座宫殿之中，气候竟会如此不同。

【原文】

妃嫔媵嫱，王子皇孙，辞楼下殿，辇来于秦。朝歌夜弦，为秦宫人。明星荧荧①，开妆镜也；绿云扰扰②，梳晓鬟也。渭流涨腻，弃脂水也；烟斜雾横，焚椒兰也；雷霆乍惊，宫车过也；辘辘远听，杳不知其所之也。一肌一容，尽态极妍。缦立远视③，而望幸焉，有不得见者三十六年。燕、赵之收藏，韩、魏之经营，齐、楚之精英，几世几年，取掠其人，倚叠如山。一旦不能有，输来其间。鼎铛玉石，金块珠砾，弃掷逦迤④。秦人视之，亦不甚惜。

【注释】

①荧荧：光亮闪动的样子。②绿云：比喻妇女黑润而稠密的头发。扰扰：纷乱的样子。③缦立：长时间站立。④逦迤：绵延不断的样子。

【译文】

六国的妃嫔宫女、王子皇孙，告别了自己国家的楼阁宫殿，被押送到秦国。她们日夜唱歌弹琴，成了秦王的后宫之人。明星闪亮，原来是她们打开了梳妆镜；绿云缠绕，原来是她们一早梳理头发；渭水上涨起了一层油腻，原来是她们倾倒的胭脂水；轻烟弥漫，原来是她们在焚烧香料；雷声轰鸣令人一惊，原来是皇帝的公车驰过；车声越来越小，也不知驶向何处去了。宫人们的肌肤姿容，都打扮得艳丽娇艳。她们久久地站着，远远地望着，希望皇帝能够有幸驾临。有的宫人等了三十六年也未见过皇帝一面。燕、赵收藏的财宝，韩、魏营求的珠玉，齐、楚搜罗的奇珍，这都是多少世代、多少年月以来，从他们百姓手中掠夺来的，堆积如山。一旦国家灭亡，就不能继续占有了，都被运送到阿房宫。秦王把宝鼎当作铁锅，把美玉当作石头，把黄金当作土块，把珍珠当作沙石，随意丢弃，秦人看见了也不觉得可惜。

【原文】

嗟呼！一人之心，千万人之心也。秦爱纷奢，人亦念其家。奈何取之尽锱铢，用之如泥沙！使负栋之柱，多于南亩之农夫；架梁之椽，多于机上之工女。钉头磷磷①，多于在庾之粟粒②；瓦缝参差，多于周身之帛缕。直栏横槛，多于九土之城郭；管弦呕哑③，多于市人之言语。使天下之人，不敢言而敢怒。独夫之心，日益骄固。戍卒叫，函谷举。楚人一炬，可怜焦土。

【注释】

①磷磷：此形容砖木结构建筑物上突的钉头很多。②庾：露天的粮仓。③呕哑：乐声。

【译文】

唉！一个人的心愿，与千万个人的心愿相同。秦王喜欢穷奢极侈，老百姓也都顾念自己的家业。为什么搜刮百姓的财物分毫都不放过，挥霍时却如同泥沙一样毫不珍惜呢？阿房宫里支承屋梁的柱子，多于田野里的农夫；架在梁上的椽子，多于织布机上的妇女。房屋上的钉头，多于粮仓中的粟米；参差交错的瓦缝，多于衣服上的缝线。纵横交错的栏杆，多于天下的城池；管弦音乐的声音，多于集市上人的说话声。这就使天下的人们敢怒而不敢言，而专断的秦王，却越来越骄傲顽固。等到陈胜、吴广揭竿而起，刘邦攻下函谷关，项羽一把火，可惜阿房宫华丽的宫殿就成了一片灰烬。

【原文】

呜呼！灭六国者，六国也，非秦也。族秦者①，秦也，非天下也。嗟夫！使六国各爱其人，则足以拒秦。秦复爱六国之人，则递三世，可至万世而为君，谁得而族灭也？秦人不暇自哀，而后人哀之。后人哀之而不鉴之，亦使后人而复哀后人也！

【注释】

①族：作动词用，灭族。

【译文】

唉！使六国灭亡的，是六国自己，而不是秦国。使秦国灭亡的，是秦国自己，而不是天下人。唉！如果六国诸侯各自爱护自己的百姓，那么就有足够的力量抗秦。如果秦国同样爱护六国的百姓，那就可以传到三世，甚至可以传到万世，有谁还能够消灭秦国呢？秦国诸侯没有及时为自取灭亡哀叹，只好留给后人替他们哀叹。后人如果仅仅替他们哀叹而没有引以为鉴，那么又要让更后来的人来为他们哀叹！

【评析】

这是一篇借古讽今的赋体散文。文章借秦建阿房宫为题材，运用赋的传统手法，通过描写阿房宫的兴建及其毁灭，针对现实，生动形象地总结了秦朝统治者骄奢亡国的历史经验，指出由于骄奢浪费、失去民心，最终将会国破家亡，表现出一个封建时代正直的文人忧国忧民、匡世济俗的情怀。

文章结构严谨，层次分明。前半部分用铺陈夸张的手法，描写秦始皇的荒淫奢侈：阿房宫工程浩大，宏伟壮丽；宫廷生活的奢靡、腐朽。后半部分，由描写转为带有抒情色彩的议论。叙写秦的横征暴敛导致了农民起义，其统治被推翻，意在总结秦亡的历史教训，把统治者穷奢极欲的罪行和人民所遭受的残酷剥削和繁重徭役紧密联系起来，指出导致秦王朝覆亡的根本原因。

通篇以散文为赋，融叙事、抒情、议论为一体，想象丰富，比喻新颖，语言瑰丽，音韵和谐，不愧为千古传唱之名篇！

获麟解

唐·韩愈

【题解】

获麟，相传鲁哀公十四年（前481年），在西部大野狩猎，叔孙氏的御者鉏商获麒麟，以为不祥。作者在文中通过对麒麟的述说，委婉地表达了对封建社会人才不被赏识和理解的感慨，以及对圣明之主的幻想。

【原文】

麟之为灵，昭昭也①。咏于《诗》，书于《春秋》，杂出于传记百家之书。虽妇人小子，皆知其为祥也。然麟之为物，不畜于家，不恒有于天下②。其为形也不类③，非若马、牛、犬、豕、豺、狼、麋、鹿然。然则，虽有麟，不可知其为麟也。

【注释】

①昭昭：知道、明白的意思。②恒：常。③不类：不好归类，不伦不类。

【译文】

麒麟是灵兽，这是众人皆知的事。《诗经》里有歌颂，《春秋》里有记载，它还间或出现在各种传记和百家之书中。即使是妇女和小孩，也都知道它是吉祥的象征。但是，麒麟作为一种动物，不能在家里畜养，世上也不常见。麒麟的外形也不同于其他动物，不像马、狗、猪、豺、狼、麋、鹿那样好归类。既然这样，即使有麒麟出现，也不知道它就是麒麟。

【原文】

角者吾知其为牛也，鬣者吾知其为马。犬、豕、豺、狼、麋、鹿，吾知其为犬、豕、豺、狼、麋、鹿。为麟也不可知，不可知，则其谓之不祥也亦宜①。

【注释】

①宜：应该，可以。

【译文】

看到长角的，就以为它是牛；看到颈上长毛的，就以为它是马。看到像狗、猪、豺、狼、麋、鹿的，就以为它是狗、猪、豺、狼、麋、鹿。唯有麒麟我不能辨识，因为不能辨识，所以看见麒麟时把它视为不祥之物也是可以的。

【原文】

虽然，麟之出，必有圣人在乎位，麟为圣人出也。圣人者，必知麟，麟之果不为不祥也。又曰：麟之所以为麟者，以德不以形。若麟之出不待圣人，则谓之不祥也亦宜。

【译文】

尽管如此，麒麟的出现，必定有圣人在位掌权，麒麟是为圣人而出现的。圣人是一定能够辨识麒麟的。这样看来，麒麟果真不是不祥之物啊。有人说：麒麟之所以是麒麟，是因为它的德行而不是外形。如果麒麟出现在圣人不在的时候，那么麒麟被视为不祥之物也是可以的。

【评析】

文章借"不祥"二字，开篇就点明麒麟是吉祥的象征，肯定了麒麟的存在；接着写麒麟不同于其他动物，若不被辨识就会被视为"不祥"；然后写麒麟之所以为麒麟，是依靠其德行而非形貌，更让人难以辨识，也更易被视为"不祥"。

本文名为写麒麟，实则自喻，着重说明麒麟出不逢时，不为世俗所辨识、认同。暗喻自己生不逢时、怀才不遇，同时也反映了杰出人才非但得不到赏识反而遭受歧视，含蓄地表达出自己无可奈何的辛酸与悲愤。

卷七　六朝唐文

杂说一

唐·韩愈

【题解】

"杂说"是一种内容、形式都较自由的随感式的议论文。本文为四篇《杂说》的第一篇。此文用云、龙之间的关系来喻指君臣之间的关系，阐明了君臣遇合才能有所作为的道理。

【原文】

龙嘘气成云，云固弗灵于龙也。然龙乘是气，茫洋穷乎玄间①，薄日月②，伏光景，感震电③，神变化，水下土，汩陵谷，云亦灵怪矣哉！云，龙之所能使为灵也。若龙之灵，则非云之所能使为灵也。

【注释】

①茫洋：辽阔无边际的样子。玄间：指天空。②薄：同"迫"，靠近。③感：同"撼"，撼动。

【译文】

龙吐出来的气形成云，云原来并不比龙灵异。然而，龙乘着这气形成的云，可以在辽阔无际的宇宙中四处遨游，靠近日月，遮盖光辉，使雷电震动，变化神奇莫测，雨水浸润大地，淹没了山谷，这云也真是灵妙奇异啊！云，是龙使它具有灵异的。像龙那样的灵异，就不是云能够使它变成的了。

【原文】

然龙弗得云，无以神其灵矣。失其所凭依，信不可欤①！异哉！其所凭依，乃其所自为也。《易》曰："云从龙。"既曰龙，云从之矣！

【注释】

①信：确实。

【译文】

但是，龙如果没有云，就不能表现出它的灵异。失去它所凭借依靠的东西，确实是不行的啊！奇怪啊！龙所凭借依靠的，竟然是它自己创造出来的。《易经》中说："云是跟随着龙的。"既然叫作龙，就当然有云跟随着啊！

【评析】

本文是一篇托物言志、议论为主的杂文。文中以龙、云为喻，把龙比作君王，云比作贤臣。先描写翻云覆雨的壮观景象，渲染了龙的灵异，比喻贤臣要得到君王的重用才能发挥他的贤明；又写到龙必须乘着云气，突出了云的灵异，比喻君王没有贤臣的辅佐也不能表现他的圣明。从而论述了龙、云相生相依、孰轻孰重的关系，暗示了君王和贤臣只有互相依靠，才能相得益彰、有所作为，也反映了作者想做贤臣的心理和对最高统治者的希望。

通篇运用比兴手法，内容充实、寓意深刻，体现出韩愈文章力大思雄的一贯特点。

杂说四

唐·韩愈

【题解】

这篇文章是韩愈《杂说》中的第四篇，也叫《马说》。这是一篇托物寓意之作，作者借千里马不被赏识，来比喻贤能之人不受重用，同时也抒发了自己怀才不遇，受到压抑和委屈以及郁郁不得志的思想感情。

【原文】

世有伯乐，然后有千里马①。千里马常有，而伯乐不常有。故虽有名马，只辱于奴隶人之手，骈死于槽枥之间②，不以千里称也。

【注释】

①千里马：指具有日行千里之能而尚未发现的好马。②骈死：即并头而死。槽：盛马饲料的器具。枥：马厩。

【译文】

世上有了伯乐，然后才会有千里马。能日行千里的马常有，然而伯乐却不常有。因此，即使有了名马，也只能辱没于养马人之手，和普通马头并头死在马厩里，却不能因为他是千里马而称名于世。

【原文】

马之千里者，一食或尽粟一石。食马者，不知其能千里而食也①。是马也，虽有千里之能，食不饱，力不足，才美不外见，且欲与常马等不可得，安求其能千里也？策之不以其道②，食之不能尽其材，鸣之而不能通其意，执策而临之曰："天下无马！"呜呼！其真无马邪？其真不知马也！

【注释】

①食：同"饲"，喂养。②策：马鞭。不以其道：不用正确的方法。

【译文】

能日行千里的马，一顿往往要吃掉一石粮食。可是，养马的人不知道它能日行千里，而按普通马的标准去喂养它们。这匹马，虽然具备日行千里的才能，却因为吃不饱、力不足，才能和特长就不能完美地表现出来，即使想要它达到普通马的标准也是不可能的，哪里还能要求它日行千里呢？那些养马的人，驾驭它时不用正确的方法，喂养它时又不能给足它需要的饲料，听到它的嘶鸣又不能通晓它的意思，却拿着马鞭指着它说："天下没有好马！"唉！难道真的没有好马吗？还是他真的不能识别千里马吧！

【评析】

"世有伯乐，然后有千里马"是作者提出的第一个论点，也是人尽皆知的真理。

本文开篇就强调"世有伯乐，然后有千里马"的事实，记叙了"千里马"不能遇到伯乐的悲惨命运。然后，作者又从千里马受到不合理待遇议论起，借千里马比喻有才智的人，强调作者为那些怀才不遇之人发的不平之鸣和穷愁寂寞的叹息。同时也反映出了封建社会英雄豪杰难遇知音的普遍遭遇，委婉地讽刺了统治者缺乏慧眼、不能识别人才的无知。

全文运用比喻和拟人手法，形象生动、论证有力，篇幅虽短，但足以代表韩愈散文的特点。

卷八

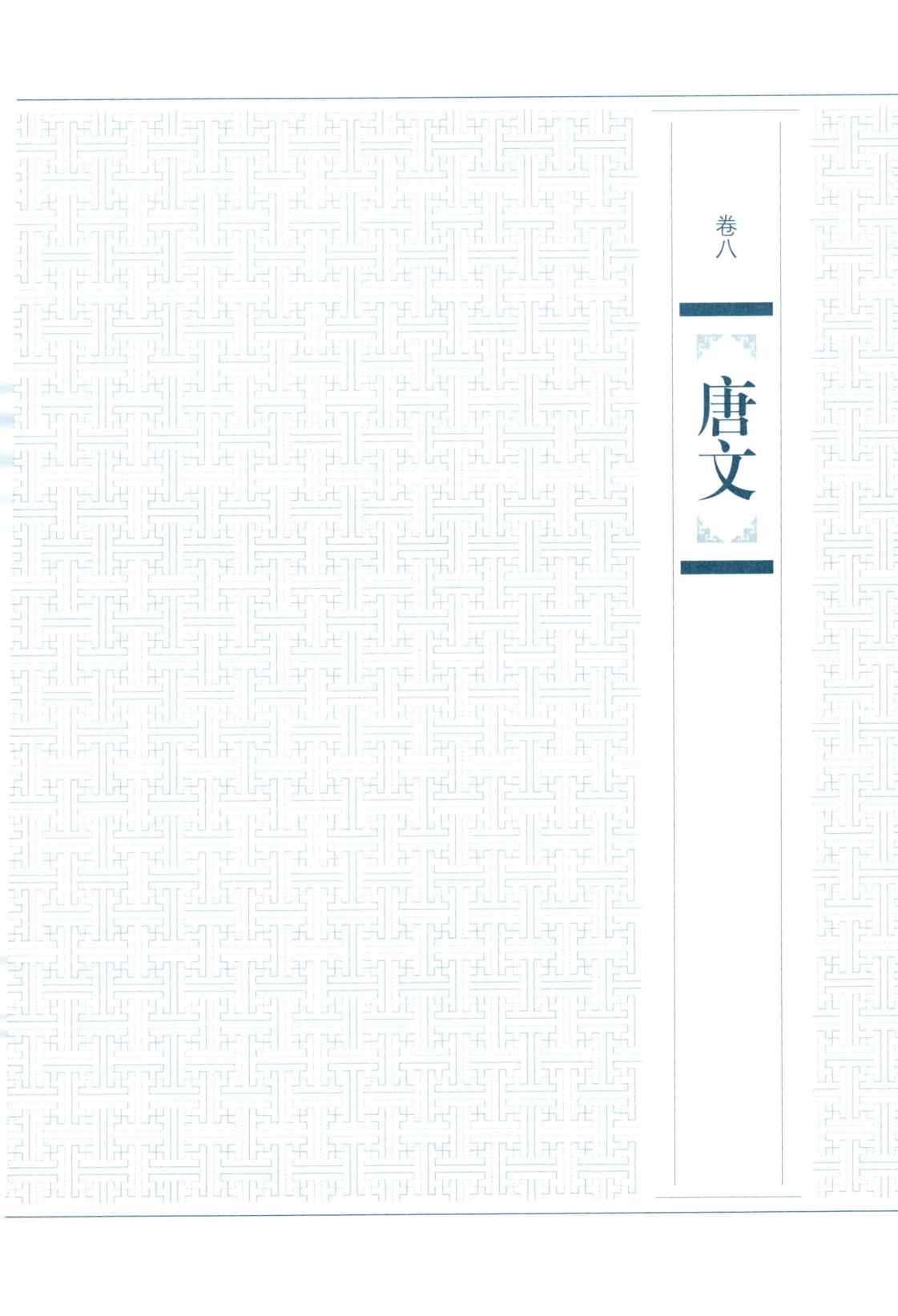

唐文

师说

唐·韩愈

【题解】

"说"是古代议论文的一种形式，可以就事论理，也可以夹叙夹议。《师说》创作于唐贞元十八年（802年），当时社会"耻学于师"的不良风气盛行，韩愈为纠正这种风气而作此文。他在文中抨击了当时士大夫以从师学习为耻的坏作风，阐述了师的作用和择师的原则，具有积极的进步意义。

【原文】

古之学者必有师。师者，所以传道、受业、解惑也。人非生而知之者，孰能无惑？惑而不从师，其为惑也，终不解矣。生乎吾前，其闻道也，固先乎吾，吾从而师之①；生乎吾后，其闻道也，亦先乎吾，吾从而师之。吾师道也，夫庸知其年之先后生于吾乎②？是故无贵无贱，无长无少，道之所存，师之所存也。

【注释】

①师之：以他为师。师，名词用作动词。②庸知其：哪里管他。庸，岂，何必。

【译文】

古代求学的人一定有老师。老师，是传授道理、讲授学业、释疑解惑的人。人不是一生下来就懂道理、有知识的，谁没有疑惑呢？有疑惑而不向老师请教，那疑惑永远不能解决。比我年长的人，他懂得的道理肯定比我早，我要向他学习，拜他为师；出生在我后面的比我年少的人，他懂得的道理可能也比我早，我也要向他学习，拜他为师。我学习的是道理，哪管他比我年长还是年少吗？因此，无论地位的贵贱，也无论年龄的长幼，道理存在的地方，也就是老师所在的地方。

【原文】

嗟乎！师道之不传也久矣①，欲人之无惑也难矣。古之圣人，其出人也远矣②，犹且从师而问焉；今之众人，其下圣人也亦远矣，而耻学于师。是故圣益圣，愚益愚。圣人之所以为圣，愚人之所以为愚，其皆出于此乎？

【注释】

①师道：从师学习的风尚，从师求学的道理。②出人：超出一般人。

【译文】

唉！从师学习的传统已经失传很久了，想要人们没有疑惑也是很难的。古代的圣人，他们远远超过一般人，却拜师向人请教；而今天的普通人，他们远远不如圣人，却以向别人学习为耻。因此，圣人就更加圣明，愚人就更加愚昧。圣人之所以成为圣人，愚人之所以成为愚人，大概就是这个缘故吧。

【原文】

爱其子，择师而教之；于其身也，则耻师焉，惑矣！彼童子之师，授之书而习其句读者也，非吾所谓传其道、解其惑者也。句读之不知，惑之不解，或师焉，或不焉，小学而大遗①，吾未见其明也。

【注释】

①小学而大遗：指学习了句读，而丢了解惑、学道。

【译文】

人们疼爱自己的孩子，就请老师来教导他们；但自己却耻于向老师学习，这真是令人大惑不解。那些孩子的老师，是教孩子们学习书本中的内容和文句，并不是我所说的传授道理、释疑解惑的老师。不懂得句读，就向老师请教，疑惑不能解决，却又不向老师请教，小事学习，而对大事却放弃不管，我真看不出他有什么明智的地方。

【原文】

巫医、乐师、百工之人，不耻相师；士大夫之族，曰师、曰弟子云者，则群聚而笑之。问之，则曰："彼与彼年相若也，道相似也。位卑则足羞，官盛则近谀①。"呜呼！师道之不复，可知矣。巫医、乐师、百工之人，君子不齿，今其智乃反不能及，其可怪也欤！圣人无常师，孔子师郯子、苌弘、师襄、老聃。郯子之徒，其贤不及孔子。

【注释】

①近谀：近，接近。谀，谄媚，奉承。

【译文】

巫医、乐师及各类工匠，他们并不以向别人学习为耻辱；而士大夫之类的人，一说起"老师"、"学生"这类话题，就聚在一起讥笑人家。问他们为何讥笑，回答说："他和他年龄相仿，懂得的道理也差不多。称地位低的人为老师，实在令人难堪；称地位高的人为老师，又有点阿谀奉承。"唉！从师学习的传统不能得到恢复，由此可知了！巫医、乐师和各类工匠，是那些士大夫一向看不起的人，而如今士大夫却不如他们，实在是奇怪啊！圣人没有固定的老师，孔子曾经向郯子、苌弘、师襄、老聃等人请教。而这些人都比不上孔子的才能。

【原文】

孔子曰："三人行，则必有我师。"是故弟子不必不如师，师不必贤于弟子，闻道有先后，术业有专攻，如是而已。李氏子蟠，年十七，好古文，六艺经传皆通习之①，不拘于时②，学于余。余嘉其能行古道③，作《师说》以贻之。

【注释】

①六艺经传：六艺，六经，就是《诗》、《书》、《礼》、《乐》、《易》、《春秋》。经，六经的正文。传，解释经的著作。②不拘于时：不受时

俗的束缚。③嘉：赞赏的意思。

【译文】

孔子曾经说："三个人走在一起，其中必定有可以做我老师的人。"所以，学生不一定不如老师，老师也不一定比学生贤明，懂得道理有先有后，学术、技艺也各有专长，如此而已。有个叫李蟠的孩子，只有十七岁，爱好古文，六艺经传也全都学习了，但他不受时俗的束缚，在我这里求学。我赞赏他能继承古人从师学习的传统，所以写了这篇《师说》赠给他。

【评析】

文章开头就提出"古之学者必有师"的中心论点，说明老师的职责是传道、授业、解惑，从师的正确态度是"无贵无贱，无长无少"。接着又以巫医、乐师、工匠与士大夫从师的态度不同作对比，进一步强调师生之间地位平等，不分贵贱、老少都可以相互学习，也严厉批评了不重师道的错误态度和耻于从师的不良风气。

最后以孔子为例，指出古代圣人重视师道的事迹，进一步阐明从师的必要性和以能者为师的道理。人人都可以为师，只要把老师和学生的关系合理化了、平等化了，就可以把从师的矛盾思想抛开。

"三人行，必有我师。"这句名言警句就出自本文，此篇真不愧为古文中的典范之作。

圬者王承福传
唐·韩愈

【题解】

王承福，是长安的一名普普通通的泥瓦匠人，曾有过官勋，却认为自己没有能力治理百姓，放弃了俸禄回家做了个自食其力的泥瓦匠。在他的生活哲学中，独善其身才是最幸福的。韩愈采用传记形式，借王承福之口，提出"各致其能以相生"的主张。

【原文】

圬之为技①，贱且劳者也。有业之，其色若自得者。听其言，约而尽。问之，王其姓，承福其名，世为京兆长安农夫。天宝之乱，发人为兵②，持弓矢十三年，有官勋，弃之来归。丧其土田，手镘衣食③。余三十年，舍于市之主人，而归其屋食之当焉。视时屋食之贵贱，而上下其圬之佣以偿之。有余，则以与道路之废疾饿者焉。

【注释】

①圬：粉刷墙壁。②发：征发，招募。③手镘：指当泥瓦匠。镘，泥瓦匠抹墙的工具。

【译文】

粉刷墙壁这职业，不仅卑贱，而且很辛苦。有一个以此为业的人，但他的神态却是自得其乐。听他说话，简约却很透彻。询问他，他说姓王，名承福，祖祖辈辈都是长安的农民。天宝之乱时，朝廷招募百姓当兵，于是，他手持弓箭在军队中待了十三年，还得到了官职与勋级，但他却放弃官职、勋级回家了。后来家里丧失了土地，他就拿起泥刀来谋取生活。此后三十多年，他租住街市上主人的房屋，并交付主人一定的房钱和伙食费。后来，他又根据当时房钱与伙食费的涨落，来增减自己粉刷墙壁的工钱。如果有余钱，他就施舍给流落在道路上那些病残饥饿的人。

【原文】

又曰：粟，稼而生者也。若布与帛，必蚕绩而后成者也①。其他所以养生之具，皆待人力而后完也。吾皆赖之。然人不可遍为，宜乎各致其能以相生也②。故君者，理我所以生者也；而百官者，承君之化者也。任有大小，惟其所能，若器皿焉。食焉而怠其事，必有天殃。故吾不敢一日舍镘以嬉。夫镘易能，可力焉。又诚有功，取其直③。虽劳无愧，吾心安焉。夫力易强而有功也，心难强而有智也。用力者使于人，用心者使人，亦其宜也。吾特择其易为而无愧者取焉。

【注释】

①绩：这里指纺织。②相生：互相依赖，共同生存。③直：同"值"，此指工钱。

【译文】

他又说：粮食，是经过种植后才生长出来的。至于布和丝织品，必须经过养蚕、纺织后才能制成。其他用来维持生活的物品，都是需要人力才能制成。这些都是我们赖以生存的东西。但是人们不可能每一样都亲自制成，应该每个人都尽其所能去做他能做的工作，以此相互协作、相互供养。因此，君王的责任是治理好国家使百姓得以生存，而各级官吏是辅佐君王来推行教化的人。责任有大有小，要根据各人的能力去承担，就像各种器皿的用途不一样。如果只知道吃而懒怠做事，必遭天降的祸殃。所以，我一天也不敢丢下泥刀去玩乐。粉刷墙壁是比较容易学会的，只要凭力气就可以做到。如果确实有功效，还可以取得工钱。虽然很辛苦，但却心安理得。力气，是很容易使出来的；但心智，却难以勉强拥有。因此，劳力者被人使用，用脑力者使用别人，这也是理所当然的。我只是选择容易做到而又心安理得的活来获取报酬罢了！

【原文】

嘻！吾操镘以入富贵之家有年矣。有一至者焉，又往过之，则为墟矣。有再至、三至者焉，而往过之，则为墟矣。问之其邻，或曰：噫！刑戮也。或曰：身既死而其子孙不能有也。或曰：死而归之官也。吾以是观之，非所谓食焉怠其事而得天殃者邪？非强心以智而不足、不择其才之称否而冒之者邪①？非多行可愧、知其不可而强为之者邪？将富贵难守、薄功而厚飨之者邪？抑丰悴有时②、一去一来而不可常者邪？

【注释】

①称：适合。②丰悴：指家境的兴盛、衰落。

【译文】

唉！我拿着泥刀在富贵人家进进出出有好多年了。有的去过一次，再次去的时候已经变成废墟了。有的去过两次、三次的，再经过的时候也变为废墟了。问左右的邻居，有的说："唉！那房主已受到刑罚被处死了。"有的说："房主已经死了，他们的子孙不能保全家业啊。"也有的说："房主死后财产归公了。"由此看来，这不就是只知道吃而懒怠做事，遭到了天降的祸殃吗？这不就是勉强自己去做智力达不到的事，选择与自己才能不相适应的事而强行去做的结果吗？这不就是做了很多亏心事，明明知道不对却硬要去做的结果吗？这是富贵难长久、功劳不大却过度享受呢？还是兴盛和衰败各有时机、有去有来而不能经常保有呢？

【原文】

吾之心悯焉，是故择其力之可能者行焉。乐富贵而悲贫贱，我岂异于人哉？又曰：功大者，其所以自奉也博。妻与子，皆养于我者也，吾能薄而功小，不有之可也。又吾所谓劳力者，若立吾家而力不足，则心又劳也。一身而二任焉，虽圣者不可为也。

【译文】

我心里对他们非常同情，所以选择自己能力能够达到的事情去做。喜爱富贵而厌恶贫贱，我怎么会与别人不同呢？他还说：功劳大的人，享受的东西就多，妻子儿女都要靠我来养活，我能力薄弱，功劳又少，没有妻子儿女也是可以的。况且，我只是一个做体力活的人，如果我成家而又没有能力养活妻子儿女，那么我的心也要受劳累了。一个人要肩负两种责任，即使是圣人也是做不到的啊！"

【原文】

愈始闻而惑之，又从而思之，盖贤者也，盖所谓独善其身者也。然吾有讥焉，谓其自为也过多，其为人也过少。其学杨朱之道者邪？杨之道，不肯拔我一毛而利天下。而夫人以有家为劳心，不肯一动其心以畜其妻子[1]，其肯劳其心以为人乎哉？虽然，其贤于世之患不得之而患失之者，以济其生之欲、贪邪而亡道，以丧其身者，其亦远矣！又其言有可以警余者[2]，故余为之传，而自鉴焉。

【注释】

[1]畜：养育，养活。[2]警：警惕，警戒。

【译文】

我起先听到他的话感到迷惑不解，后来又想想他说的话，觉得他真是位贤人，大概就是那种独善其身的人吧。但是，我也要指责他，他为自己考虑得太多，为别人考虑得太少，难道他奉行的是杨朱之道吗？所谓杨朱之道，就是不肯拔掉自己身上的一根毛去有利于天下。这个人认为，有家太劳心，不肯费一点心去养活自己的妻子儿女，难道他还会为别人而劳心吗？但是即使这样，他的贤德也许比那些患得患失的人，比那些为了满足自己的欲望、贪婪不止、没有王法以致丢掉性命的人好多了。此外，他的话有些是可以警戒我的，所以我替他写了这篇传记，用来检查自己。

【评析】

本文作于安史之乱后。此时国内战乱不断，百姓流离失所、苦不堪言。在这样的历史背景下，作者借王承福之自述，真实再现了当时的社会景象。

王承福介绍了自己及家庭的基本情况，在作者笔下他是一个悠然自得、知足常乐之人。他虽然没有什么学问，但却有一套自己的生活哲学。进而强调了人生在世，应该自食其力，问心无愧地生活，不能干力所不能及的事情，不能贪图非分的享受。

作者名为为他人写传记，实则表达自己的政治见解，通过他人之口，表现作者"穷则独善其身，达则兼济天下"的处世态度。

文章论说有理有据，夹叙夹议，错落有致。最后以自鉴作结尾，实际是规劝世人，形式上颇有趣意。

应科目时与人书
唐·韩愈

【题解】

这是一篇自荐书。这是在韩愈进士出身参加博学宏词科考试时写给别人的信。目的是希望别人能帮他做些宣传,扩大自己的声誉。韩愈写过不少给当政者的自荐信,本篇却写得别具特色,运用了比兴手法,有力地衬托出自己的不凡抱负与苦难处境,向人干求而又不失身份。

【原文】

月、日,愈再拜。天池之滨,大江之濆①,曰有怪物焉,盖非常鳞凡介之品汇匹俦也②。其得水,变化风雨,上下于天不难也。其不及水,盖寻常尺寸之间耳。无高山、大陵、旷途、绝险为之关隔也,然其穷涸,不能自致乎水,为猵獭之笑者,盖十八九矣。

【注释】

①濆:水边。②常鳞凡介:指普通的水生动物。匹俦:对手,同等。

【译文】

某月某日,韩愈再拜奉告:在南海的旁边,长江的岸侧,传说有怪物存在,它不是一般鱼类龟鳖等水族可以比得上的。如果它得到了水,就会兴风作浪,上天下地都很容易。如果它得不到水,就只能局限在短小狭窄的几尺几寸之地。尽管没有高山、大丘、远途、险阻成为它的阻碍,然而它被困在没有水的地方,不能自己找到水,因此,它们十有八九会被水獭之类低等水生动物所嘲笑。

【原文】

如有力者，哀其穷而运转之，盖一举手一投足之劳也。然是物也，负其异于众也，且曰："烂死于沙泥，吾宁乐之；若俯首贴耳，摇尾而乞怜者，非我之志也。"是以有力者遇之①，熟视之若无睹也。其死其生，固不可知也。

【注释】

①是以：因此。

【译文】

如果有力量的人同情它的困厄处境，而把它们转移到水中去，那只不过是举手之劳。可是这种怪物，仗恃自己与众不同，却说："我宁可烂死在沙泥里，也心甘情愿；如果让我俯首帖耳，摇尾乞怜，那不是我的志趣。"因此，有力量的人遇到它们，常常会熟视无睹。它是死是活，自然也无从知道了。

【原文】

今又有有力者当其前矣，聊试仰首一鸣号焉，庸讵知有力者不哀其穷，而忘一举手①、一投足之劳，而转之清波乎？其哀之，命也；其不哀之，命也；知其在命，而且鸣号之者，亦命也。愈今者，实有类于是，是以忘其疏愚之罪，而有是说焉。阁下其亦怜察之。

【注释】

①庸讵：哪里，怎么。

【译文】

如今又有一个有力量的人出现在它的面前，它姑且试着仰起头来鸣叫一声，怎么知道有力量的人不会同情它的窘境，而忘记举手投足之劳，把它转移到水中去呢？有力量的人同情它，是它的命；不同情它，也是它的命；明明知道生死有命仍然鸣号求助的，也是它的命。我现在的情况确实和它有相同之处。因此，不顾自己疏忽愚笨的过错，而在这里写下这些话，希望阁下您同情并谅察我的处境。

【评析】

　　这篇文章采用了诸子散文和策士游说中常用的寓言形式。文中所记"怪物"乃龙，首先从四个方面论述：一是龙非寻常之物；二是龙须"得水"，才能风云变化，上天入海，"不及水"则难有大作为；三是此怪物若处在缺水困难之中，须"有力者"才能解救，但它却有志气，不肯摇尾乞怜；四是"有力者"对其处境却熟视无睹。

　　文章通过上述生动贴切的比喻，巧妙地把自己的处境、心理状态、要求和对方的身份作用具体而细微地表达出来。从理论上说，人无完人，人力有所不及，一个人在困难时向别人请求帮助，是情理之中的事。但是作者却在文中流露出不同于一般人的气节与非凡之处，不愿意摇尾乞怜，而将一切归之于命运。

　　全文气势充沛，富于变化，分寸掌握得好，逼真地写出了自己当前的处境。

送李愿归盘谷序

唐·韩愈

【题解】

　　这是韩愈写给友人李愿的一篇赠序。韩愈长期以来没有得到朝廷的重用，即使积极奔走也无济于事。他在送李愿回盘谷隐居之时写下这篇文章，借以倾吐他的不平之气，并表达了他羡慕友人隐居生活的思想感情。进而对声势显赫、穷奢极欲的达官贵人作了辛辣的讽刺，对退隐山林的高洁之士给予由衷的赞美。

【原文】

　　太行之阳有盘谷。盘谷之间，泉甘而土肥，草木蘩茂，居民鲜少。或曰：谓其环两山之间，故曰盘。或曰：是谷也，宅幽而势阻，隐者之所盘旋。友人李愿居之。

【译文】

　　太行山的南面有一个盘谷。盘谷里面，泉水甜美而土地肥沃，草木茂盛，人烟稀少。有人说：因为山谷环绕在两座山之间，所以称作盘谷。也有人说，这个山谷，处于幽静而险阻的地方，是隐士们盘旋留恋的地方。我的朋友李愿就住在这个地方。

【原文】

　　愿之言曰："人之称大丈夫者，我知之矣。利泽施于人，名声昭于时。坐于庙朝，进退百官，而佐天子出令。其在外，则树旗旄①，罗弓矢，武夫前呵，从者塞途，供给之人，各执其物，夹道而疾驰。

【注释】

①旗旄（máo）：古代大臣出使、大将出征，皇帝赐旗，旗上系旄牛尾或鸟羽，作为有指挥权的标志。

【译文】

李愿说："被人们称作大丈夫的人，我是了解的。他们施恩泽给别人，他们的名望声誉显赫传播于当世。他们在朝廷上参与政事，手握百官升降的大权，辅佐天子发号施令。他们出外时，树立旗帜，陈设弓箭，武夫在前面吆喝开道，侍从的人挤满了道路，负责供给的仆役各自拿着物品，在道路两旁飞快地奔跑。

【原文】

喜有赏，怒有刑，才俊满前，道古今而誉盛德，入耳而不烦。曲眉丰颊，清声而便体①，秀外而惠中，飘轻裾②，翳长袖，粉白黛绿者③，列屋而闲居。妒宠而负恃，争妍而取怜。大丈夫之遇知于天子、用力于当世者之所为也。吾非恶此而逃之，是有命焉，不可幸而致也。

【注释】

①便体：体态轻盈。②裾：衣服的前襟。③粉白黛绿：形容女子打扮得肤白眉黑。黛：女子画眉的颜料。

【译文】

他们高兴的时候就随意赏赐，他们发怒的时候就任意处罚，许多才俊之士聚集在他面前，说古道今，赞扬他们的美德，这些话语他们百听不厌。那些眉毛弯弯、脸颊丰腴、声音清脆、体态美好、外貌秀美、内在聪慧、飘动着薄薄衣襟、掩饰着长长衣袖、脸搽白粉、眉画黛绿的美女们，在一排排房子里闲居着，嫉妒别人得宠而自恃貌美，以美丽的容颜博取主人的怜爱。这些就是被天子重用，在当世掌握大权的大丈夫的所作所为。我并非厌恶这些人才隐居，这是由命运安排的，是不能侥幸得到的呀。

【原文】

穷居而野处，升高而望远。坐茂树以终日，濯清泉以自洁①。采于山，美可茹②；钓于水，鲜可食。起居无时，惟适之安。与其有誉于前，孰若无毁于其后；与其有乐于身，孰若无忧于其心。车服不维，刀锯不加，理乱不知，黜陟不闻③。大丈夫不遇于时者之所为也，我则行之。伺候于公卿之门，奔走于形势之途，足将进而趑趄④，口将言而嗫嚅。处污秽而不羞，触刑辟而诛戮。侥幸于万一，老死而后止者，其于为人贤不肖何如也？"

【注释】

①濯：洗涤。②美：味美。茹：食，吃。③黜陟：指官吏的进退或升降。④趑趄（zī jū）：迟疑不前的样子。

【译文】

我在荒野之中过着贫寒的生活，登上高处眺望远方。闲坐在茂密的树荫下度过整日，在清冽的泉水里洗涤使得自身洁净。从山上采来的果子，甜美可口；从水中钓来的鱼虾，鲜嫩味美。日常作息时间没有限制，只求安闲舒适。与其当面受到称赞，不如背后不受毁谤；与其身体享受快乐，不如心中没有忧虑。既不受官职的约束，也不受刑罚的惩处，既不去了解政局的混乱，也不去听百官升降的消息。这就是遭遇不合于时世的大丈夫的所作所为，我就这样去做。那些侍候在达官贵人门下，奔走在权势争斗之中的人，想要迈步却又迟疑不前，想要开口说话却又吞吐犹豫。处于卑贱低下的地位而不知羞耻，触犯了刑罚而受到诛杀。希图获得万分之一的侥幸机会，直到老死才罢休的人，这样的做人到底是好还是不好呢？"

【原文】

昌黎韩愈，闻其言而壮之。与之酒，而为之歌曰："盘之中，维子之宫。盘之土，可以稼。盘之泉，可濯可沿。盘之阻，谁争子所？窈而深，廓其有容①；缭而曲，如往而复。嗟盘之乐兮，乐且无央②。虎豹远迹兮，蛟龙遁藏；鬼神守护兮，呵禁不祥。饮且食兮寿而康，无不足兮奚所望？膏吾车兮秣吾马，从子于盘兮，终吾生以徜徉。"

【注释】

①窈：幽静。廓：空阔。有容：可以容纳许多东西。②无央：无穷无尽。

【译文】

昌黎韩愈听了李愿的这番话，赞赏他的气魄豪壮。替他斟酒，并为他作诗：

"盘谷之中，是你的居室。盘谷之地，可以耕种。盘谷的泉水，可以洗浴，也可以沿着游览。盘谷那么险阻，有谁来争夺你的居所？盘谷幽远而深邃，宽阔而有涵容。盘谷回环曲折，仿佛走了进去又绕回。盘谷的乐趣啊，无穷无尽。虎豹远远离开，蛟龙也逃避躲藏。鬼神守卫保护，呵斥不祥之物。有吃有喝，长寿又安康。没有不满足的地方，还有什么奢望？给我的车子加油膏，用粮草喂饱我的马，跟随你去盘谷隐居，终身自由自在地漫游。"

【评析】

本文是借作者朋友李愿归隐盘谷之事，来吐露心中的沉郁不平之情。

开篇先描绘盘谷优美的景色，以及盘谷名字的由来。然后又借李愿之口，详细地描写了三种人：声威显赫的达官贵人，清高自守的归隐之人，趋炎附势、投机钻营的小人。通过对这三种人的对比，表达了作者对官场腐化的憎恶和对隐居生活的向往，同时也嘲笑了趋炎附势者的阿谀逢迎、得意洋洋、蝇营狗苟的小人。

文章最后，作者用一首古歌的形式和浓郁的抒情笔调，咏叹、赞美、祝福友人的隐居生活，将他人的思想作为自己文章的中心思想，这种谋篇布局的方法新颖而独特，不流于世俗。这不仅丰富了文学的表现形式，也为后世提供了可借鉴的文章。

祭十二郎文

唐·韩愈

【题解】

此文是韩愈在长安任监察御史时，为祭悼他侄子十二郎而写的一篇祭文。十二郎名老成，是韩愈二哥韩介的次子，因在韩氏家族中排行十二，所以得名十二郎。韩愈从小和十二郎生活在一起，经历患难，彼此感情甚笃。韩愈成年后在外漂泊，叔侄俩异地难聚。当韩愈仕途顺达后，筹划与侄子久相共处之时，却传来十二郎突然去世的消息。韩愈痛不欲生，写下了这篇凄楚动人的祭文。

【原文】

年、月、日，季父愈闻汝丧之七日，乃能衔哀致诚①，使建中远具时羞之奠②，告汝十二郎之灵：

呜呼！吾少孤，及长，不省所怙③，惟兄嫂是依。中年，兄殁南方，吾与汝俱幼，从嫂归葬河阳。既又与汝就食江南，零丁孤苦，未尝一日相离也。吾上有三兄，皆不幸早世。承先人后者，在孙惟汝，在子惟吾。两世一身，形单影只。嫂尝抚汝指吾而言曰："韩氏两世，惟此而已！"汝时尤小，当不复记忆；吾时虽能记忆，亦未知其言之悲也！

【注释】

①衔哀：心中怀着悲哀。②时羞：应时的鲜美佳肴。羞，同"馐"。③所怙（hù）：所依靠，此指父亲。

【译文】

某年某月某日，叔叔韩愈在听到你去世消息的第七天，才得以怀着悲哀向你表示赤诚的心意，派建中从远方给你带来美味的祭品，以祭告你十二郎的在天之灵：

唉！我幼年丧父，长大后还不知道父亲的样子，只能和大哥大嫂相依为命。大哥中年时在南方丧命，我和你当时还幼小，跟随着大嫂将大哥的遗体运回河阳下葬，随后又和你一起去江南度日，当时孤苦伶仃，我们没有一日分开过。我上面有三个哥哥，都不幸早逝了。继承先祖的后代，在孙辈里只有你，在儿辈里只有我，两代人都仅剩下一个人，真可谓形单影只。大嫂常常抚摸着你，又指着我说："韩家两代人，只剩下你们两个了！"那时你还很小，恐怕已经不记得了；我那时虽然记住了，但却不了解大嫂话中的悲哀之意！

【原文】

吾年十九，始来京城。其后四年，而归视汝。又四年，吾往河阳省坟墓，遇汝从嫂丧来葬。又二年，吾佐董丞相于汴州，汝来省吾，止一岁，请归取其孥①。明年，丞相薨②，吾去汴州，汝不果来。是年，吾佐戎徐州，使取汝者始行，吾又罢去，汝又不果来。吾念汝从于东，东亦客也，不可以久；图久远者，莫如西归，将成家而致汝。

【注释】

①归取其孥：把家眷接来。孥，妻和子的统称。②薨（hōng）：古时诸侯和二品以上大官的死亡称薨。

【译文】

我十九岁那年，第一次来到京城。此后四年，我才回家看望你。又过了四年，我去河阳扫墓，遇到你送大嫂的灵柩来安葬。又过了两年，我在汴州辅佐董丞相，你来看望我，住了一年，你说要回家去接家眷。第二年，董丞相逝世，我离开了汴州，你也就没有来。那一年，我在汴州辅佐军事，派去接你的人刚要启程，我又罢职离开了汴州，你又没有来成。我想，如果你跟随我来到东边，东边也是异乡客地，不能够永久住下来；如果为长远打算，不如西归河阳老家，安顿好家眷后再接你来。

【原文】

呜呼！孰谓汝遽去吾而殁乎①？吾与汝俱少年，以为虽暂相别，终当久与相处。故舍汝而旅食京师，以求斗斛之禄。诚知其如此，虽万乘之公相，吾不以一日辍汝而就也②！去年，孟东野往，吾书与汝曰："吾年未四十，而视茫茫，而发苍苍，而齿牙动摇。念诸父与诸兄，皆康强而早世，如吾之衰者，其能久存乎？吾不可去，汝不肯来，恐旦暮死，而汝抱无涯之戚也③。"孰谓少者殁而长者存，强者夭而病者全乎？

【注释】

①遽（jù）：突然，骤然。②辍：中止，离开。就：趋从，接受。③无涯之戚：无穷的忧伤。戚，忧伤。

【译文】

唉，谁料到你竟骤然去世离开了我？我和你当时都还很年轻，以为只是短暂别离，终究会长久地跟你在一起的。所以才离开你到京师谋生，为了求得微薄的俸禄。如果料到事情发展成这样，就是有万乘之国的宰相职位，我也不会离开你前去就职啊！去年，孟东野前往江南，我托他带信给你："我年龄还不到四十岁，但已经视力模糊，头发花白，牙齿松动。想到我的几位父辈和兄长，都是健康强壮的时候去世的，像我现在这样身体衰弱，怎么能长久地活着呢？我不能离开职守，你又不肯来，只怕我早晚死了，会让你怀有无穷的忧伤啊。"谁知道年少的去世了而年长的还活着，身强力壮的你短命，而体弱多病的我却保全了性命？

【原文】

呜呼！其信然邪？其梦邪？其传之非其真邪？信也，吾兄之盛德而夭其嗣乎？汝之纯明而不克蒙其泽乎①？少者、强者而夭殁，长者、衰者而存全乎？未可以为信也！梦也，传之非其真也，东野之书，耿兰之报，何为而在吾侧也？呜呼！其信然矣！吾兄之盛德而夭其嗣矣，汝之纯明宜业其家者，不克蒙其泽矣。所谓天者诚难测，而神者诚难明矣！所谓理者不可推，而寿者不可知矣！

【注释】

①克蒙：克，能够。蒙：承受。

【译文】

唉！难道这是真的吗？还是做梦呢？还是传来的消息不真实呢？如果是真的，我哥哥有那么美好的德行却丧失了后代吗？你的聪明纯真难道还不能承继他的遗泽吗？为什么年轻身强的早死，而年长衰弱的却活着呢？我不能相信这是真的！这是在做梦吧，是传来的消息不真实吧，孟东野的信、耿兰的丧报，却又为什么在我的身边呢？唉！这是真的了！我哥哥有那么美好的德行而他的儿子却早死了！你聪明纯真应该继承家业的，竟不能够承受他的遗泽啊！所谓天公啊，实在让人难以推测，神明啊，实在让人难以明白！这真是天理不可推究，寿命不可预卜啊！

【原文】

虽然，吾自今年来，苍苍者或化而为白矣，动摇者，或脱而落矣，毛血日益衰①，志气日益微，几何不从汝而死也。死而有知，其几何离②？其无知，悲不几时，而不悲者无穷期矣。汝之子始十岁，吾之子始五岁，少而强者不可保，如此孩提者，又可冀其成立邪？呜呼哀哉！呜呼哀哉！

【注释】

①毛血：此指身体。②其几何离：分离会多久呢？意指死后仍可相会。

【译文】

尽管如此，我从今年以来，花白的头发已经变成全白，松动的牙齿已经脱落，气血日益衰减，精神日益衰微，用不了多久就会随你而去了！如果人死后仍然有知觉，那我们分离的日子会有多久呢？如果人死后没有知觉，那我也悲伤不了多久了，而没有悲伤的日子倒是无穷无尽的。你的儿子刚十岁，我的儿子刚五岁，年少身强的都不能保全，像这样大的孩子，又怎能希望他们长大成人呢？唉，悲哀啊！唉，悲哀啊！

【原文】

汝去年书云："比得软脚病①，往往而剧。"吾曰："是疾也，江南之人，常常有之。"未始以为忧也。呜呼，其竟以此而殒其生乎？抑别有疾而致斯乎？汝之书，六月十七日也。东野云：汝殁以六月二日；耿兰之报无月日。盖东野之使者，不知问家人以月日；如耿兰之报，不知当言月日。东野与吾书，乃问使者，使者妄称以应之耳？其然乎？其不然乎？

【注释】

①比：近来。

【译文】

你去年的信中说："近来得了软脚病，常常剧烈发作。"我说："这种病，江南人经常有。"我也未曾为你这种病而担忧。唉！难道就是因为这种病使你丧失了性命吗？还是也有别的疾病使你丧生呢？你的信，写于六月十七日。孟东野说，你去世是今年六月二日；耿兰报丧时没有写月日。大概是因为东野派来的送信使者，不知道向家里人问清楚月日；而耿兰报丧也不知道应当表明月日。或者东野在给我写信时，才问使者，使者就胡乱说了个月日应付他？是这样呢？还是不是这样呢？

【原文】

今吾使建中祭汝，吊汝之孤与汝之乳母。彼有食可守以待终丧，则待终丧而取以来；如不能守以终丧，则遂取以来。其余奴婢，并令守汝丧。吾力能改葬，终葬汝于先人之兆①，然后惟其所愿。

【注释】

①兆：墓地。

【译文】

现在我派建中来祭拜你，并慰问你的儿子和乳母，他们的生活供应可以守到你的丧期结束，那就等到丧期结束我再接他们前来；如果不能等到丧期结束，那我就立即接他们前来。其余的奴婢下人，都叫他们守你的丧。如果我有能力给你改葬迁葬，就一定把你迁进祖先的墓地，然后才算了却了我的心愿。

【原文】

呜呼！汝病吾不知时，汝殁吾不知日，生不能相养以共居，殁不能抚汝以尽哀，敛不凭其棺，窆不临其穴①。吾行负神明，而使汝夭。不孝不慈，而不得与汝相养以生，相守以死。一在天之涯，一在地之角，生而影不与吾形相依，死而魂不与吾梦相接。吾实为之，其又何尤！彼苍者天，曷其有极！

【注释】

①窆（biǎn）：落葬，下棺入土。

【译文】

唉！你患病我不知道时间，你去世我不知道日子，你活着的时候，我们不能互相供养、共同生活，你去世了我不能抚摸你的遗体尽情哀哭，你入殓时我不能在你的棺材旁边，你安葬时我不能亲临你的墓穴。我的所作所为背负了神明，而使你年少夭折。我对上不孝顺，对下不仁慈，因而不能和你互相照顾、维持生计。一个在天涯，一个在地角，活着的时候你的身影不能和我相依，死了以后你的灵魂又不在我的梦中与我相聚。这实在是我一手造成的，又能够怨谁呢！苍天啊，我的悲痛何时才是个尽头啊！

【原文】

自今以往，吾其无意于人世矣！当求数顷之田，于伊、颍之上，以待余年。教吾子与汝子，幸其成；长吾女与汝女①，待其嫁。如此而已。呜呼！言有穷而情不可终，汝其知也邪？其不知也邪？呜呼哀哉！尚飨②！

【注释】

①长：用作动词，养育之意。②尚飨：也作"尚享"，旧时祭文常用作结尾。尚，庶几，希望。飨，泛指请人享受。

【译文】

从今以后，我对于世上的事情再也没有心思考虑了！我将在伊水、颍河一带买数顷田地，来度我的晚年。教导我的儿子和你的儿子，期盼他们长大成人；养育我的女儿和你的女儿，等待她们出嫁。我的心愿不过这样罢了。唉！言语有穷尽的时候，而哀痛之情却是永无终绝。这些你能够理解吗？还是你什么都不知道呢？唉，真悲哀啊！希望你享用这些祭品吧！

【评析】

本文在我国古代祭文中可称为"千古绝唱"。传统的祭文大都摆脱不了为死者歌功颂德，并表达自己的悲痛之情这一固定模式，但韩愈的这篇祭文却另辟蹊径，他以生活中的一些琐碎小事来表现自己与死者的亲密无间，流露出浓浓的骨肉深情。

文章分为三部分：第一部分写两人之间的深厚情谊。先写身世和家世的不幸，写幼时孤苦相依；后叙两人的三别三会，终于不得会合而成永别，使作者悔恨无穷，抱憾终生。第二部分写对侄儿病情的推测，沉痛的自责，初闻噩耗时将信将疑，不愿相信又不得不信的心理，尤其显得哀婉动人。第三部分写对十二郎及其遗孤的吊慰，交代迁葬及教养遗孤等事，透露出作者无处诉说、没有边际的不可遏止的伤痛。

韩愈以与死者对话的方式，在哭诉中表现了自己后悔、伤心、遗憾、自责等感情，似乎想要和死者永远交谈下去。全文在萦回往复的抒情中，融注着真挚的骨肉之情和宦海沉浮的人生感叹。全文不拘常格，自由抒情，感情真挚，边诉边泣的语言形式，催人泪下，真可谓是一篇千百年来传诵不衰、影响深远的祭文名作。

柳子厚墓志铭

唐·韩愈

【题解】

墓志铭，是古代文体的一种，刻石纳入墓内或树立于墓旁，表示对死者的纪念，以便后人稽考。文章通常分两部分：前一部分是"志"，用散文叙述死者的姓氏、爵位、世系和生平事迹；后一部分是"铭"，以韵文表示对死者的悼念和颂赞。文章着重论述其治理柳州的政绩和文学贡献，赞扬柳宗元的政治才能，称颂其勇于为人、刻苦自励的精神。

【原文】

子厚讳宗元①。七世祖庆，为拓跋魏侍中，封济阴公。曾伯祖奭，为唐宰相，与褚遂良、韩瑗，俱得罪武后，死高宗朝。皇考讳镇②，以事母弃太常博士，求为县令江南。其后以不能媚权贵，失御史。权贵人死，乃复拜侍御史。号为刚直，所与游，皆当世名人。

【注释】

①讳：古人尊敬死者，不直呼其名，故在其名前加一"讳"字，以表示不得已而称之。②皇考：对已经死去的父亲的尊称。

【译文】

柳子厚，名宗元。他的七世祖柳庆，曾经做过北魏的侍中，受封为济阴公。曾伯祖柳奭，担任唐朝的宰相，与褚遂良、韩瑗都因为得罪了武则天，在高宗时被处死。父亲名柳镇，因为要侍奉母亲而放弃了太常博士的职位，请求到江南去做县官。后来因为他不肯向权贵献媚，被免除了御史官。当权的大臣死后，才又被任命做侍御史。柳镇以刚毅正直著称，同他来往的，都是当代的知名人士。

【原文】

子厚少精敏，无不通达，逮其父时，虽少年，已自成人。能取进士第，崭然见头角①，众谓柳氏有子矣。其后以博学宏词，授集贤殿正字。俊杰廉悍，议论证据今古，出入经史百子②，踔厉风发③，率常屈其座人④，名声大振，一时皆慕与之交。诸公要人，争欲令出我门下，交口荐誉之。

【注释】

①崭然见头角：比喻青年人才华初显。崭然，突出的样子。见，同"现"，显露。②出入：融会贯通，深入浅出。③踔厉风发：议论纵横，言辞奋发，见高识远。踔，远。厉，高。④率常屈：率，每每。屈，使之屈服。

【译文】

子厚少年时就很精明能干，没有他不通晓的事物。当他父亲还在世的时候，虽然很年轻，但却早已自立成才。能够考取进士第，显露了超人的才能，大家都说柳家有个好儿子。此后他因为考中博学宏词科，被任命为集贤殿正字。他英俊杰出，清廉刚正，讨论起问题来能够引古证今，精通经史典籍和诸子百家，议论纵横，言辞奋发，见高识远，常常使同座的人为之屈服，因此名声大振，当时人们都敬慕他而希望与他交往。那些公侯、士卿们都争着让他做自己的门生，并一致推荐他、赞誉他。

【原文】

贞元十九年，由蓝田尉拜监察御史。顺宗即位，拜礼部员外郎。遇用事者得罪，例出为刺史。未至，又例贬州司马。居闲，益自刻苦，务记览，为词章，泛滥停蓄①，为深博无涯涘②，而自肆于山水间。

【注释】

①泛滥停蓄：形容学问文章的广博和深厚。②涯涘：水的边际。

【译文】

贞元十九年，子厚从蓝田尉升任监察御史。顺宗继承皇位之后，他又被升为礼部员外郎。逢遇当权人获罪，他也受到牵连被贬逐到潮州当刺史。还未曾到任，又依例被贬为永州司马。身居清闲之地，他更加刻苦用功，他专心记诵和阅览，文笔汪洋恣肆、雄厚凝练，学问广博深厚。同时尽情地自我消遣在大自然的山光水色之间。

【原文】

元和中，尝例召至京师，又偕出为刺史，而子厚得柳州。既至，叹曰："是岂不足为政邪？"因其土俗，为设教禁，州人顺赖。其俗以男女质钱，约不时赎，子本相侔①，则没为奴婢。子厚与设方计，悉令赎归。其尤贫力不能者，令书其佣，足相当，则使归其质。观察使下其法于他州②，比一岁，免而归者且千人。衡、湘以南，为进士者，皆以子厚为师。其经承子厚口讲指画为文词者，悉有法度可观。

【注释】

①子本相侔：子本，利息和本钱。相侔，相等。②观察使：是唐朝中央派到各地区掌管监察的官，考察州县管理政绩。

【译文】

元和年间，子厚曾按例被召回京师，又和同案人一起被遣出做刺史，子厚被派到柳州。到任之后，他慨叹道："这里难道不值得我做出政绩吗？"然后，他按照当地的风俗民情，替他们设置教化措施并颁布禁令，全州百姓都服从并依赖他。这地方有个风俗就是穷人们借债时往往用儿女去抵押，约定到期不能按时赎回，等到利息和本钱相等时，债主就把人质没收做奴婢。子厚为此替欠债人想方设法，让他们都能够把儿女赎回去。那些十分贫困实在没有能力赎回的，就让债主记下子女当奴婢的工钱，等到应得的工钱足够抵消债务时，就命令债主归还那些人质。观察使将这个法令推行到其他州，等到一年以后，被释放的人质将近一千人。衡山、湘水以南准备考进士的人，都把子厚当老师。那些经过子厚亲自教导指点的人所写的文章，都符合章法要求，值得欣赏。

【原文】

其召至京师而复为刺史也，中山刘梦得禹锡，亦在遣中，当诣播州①。子厚泣曰："播州，非人所居，而梦得亲在堂，吾不忍梦得之穷，无辞以白其大人，且万无母子俱往理。"请于朝，将拜疏，愿以柳易播，虽重得罪，死不恨。遇有以梦得事白上者，梦得于是改刺连州。呜呼！士穷乃见节义。

【注释】

①诣：前往的意思。

【译文】

当子厚被召回京师又被遣出做刺史的时候，中山刘禹锡（字梦得）也在被遣出之列，他应当前往播州。子厚泣不成声地说："播州这个地方不是中原人能居住的，而梦得还有母亲在家，我不忍心看他如此困窘，也无法将梦得去播州的事告诉他母亲，况且也没有母子一同前往的道理。"子厚向朝廷请求，准备递呈奏章，并愿意拿柳州换播州，表示即使罪上加罪，死也无憾。恰巧碰上有人把梦得的情况告知了皇上，梦得因此改做连州刺史。唉！士人在穷困中才能表现出气节道义。

【原文】

今夫平居里巷相慕悦，酒食游戏相征逐，诩诩强笑语以相取下①，握手出肺肝相示，指天日涕泣，誓生死不相背负，真若可信；一旦临小利害，仅如毛发比，反眼若不相识；落陷阱，不一引手救，反挤之又下石焉者，皆是也。此宜禽兽夷狄所不忍为，而其人自视以为得计②，闻子厚之风，亦可以少愧矣。

【注释】

①以相取下：互相谦虚，表示尊重。②得计：做得对。

【译文】

如今那些日常无事、共居街坊而相互仰慕友好的人，一起吃喝玩乐来往频繁，夸夸其谈，强作笑脸，互相亲热尊重，手握手好像要挖出肺肝给对方看，又指天流泪，发誓不论生死都不辜负对方，简直像真的一样可信；有朝一日遇到小小的利害冲突，小得仅像汗毛头发一样，就翻脸不认人；对方落入陷阱之中，非但不肯伸一下手去救援，反倒借机排挤对方，再往下扔石头的人，到处都是。这种事情，恐怕连禽兽和野蛮人都不忍心做出来，然而那些人却自以为做得对。他们听了子厚的高风亮节，也该稍稍有点惭愧了吧。

【原文】

子厚前时少年，勇于为人，不自贵重顾藉，谓功业可立就，故坐废退①。既退，又无相知有气力得位者推挽，故卒死于穷裔。材不为世用，道不行于时也。使子厚在台省时，自持其身，已能如司马、刺史时，亦自不斥。斥时，有人力能举之，且必复用不穷。然子厚斥不久，穷不极，虽有出于人，其文学辞章，必不能自力以致必传于后如今②，无疑也。虽使子厚得所愿，为将相于一时，以彼易此，孰得孰失，必有能辨之者。

【注释】

①坐废退：受牵连被贬黜。坐，因罪受牵连。②自力：自我努力。

【译文】

子厚年轻时，勇于帮助别人，却不懂得珍重和顾惜自己，以为功名事业可以一蹴而就，结果受到牵连遭到贬官。被贬后，又没有熟识而有权有势的人推荐和提拔，为此最终死在荒僻边远的地方。才干不能被世人所重用，政治主张不能在当时推行。如果子厚在御史台、尚书省做官时，能谨慎约束自己，像在做司马、刺史的时候那样，自然就不会遭到贬斥。即使遭到贬斥，也有人能够推举他，也必定会被重用而不至于穷困。然而如果子厚被贬斥的时间不是那么久，困穷的处境未达到极点，那么他虽然能够在官场中出人头地，但他在文学创作方面必定不能自我努力，以达到像今天那样能够流传后世的水平，这是毫无疑问的。即使让子厚实现他的愿望，在一个时期内让他做了将相，拿功名事业来换文传后世，什么算得，什么算失，必定有能辨别它的人。

【原文】

子厚以元和十四年十一月八日卒，年四十七。以十五年七月十日，归葬万年先人墓侧。子厚有子男二人：长曰周六，始四岁；季曰周七，子厚卒，乃生。女子二人，皆幼。其得归葬也，费皆出观察使河东裴君行立。行立有节概，重然诺①，与子厚结交，子厚亦为之尽，竟赖其力。葬子厚于万年之墓者，舅弟卢遵。遵，涿人，性谨慎，学问不厌，自子厚之斥，遵从而家焉，逮其死不去。既往葬子厚，又将经纪其家②，庶几有始终者。

铭曰：是惟子厚之室，既固既安，以利其嗣人。

【注释】

①重然诺：重信用。②经纪：照料，经营。

【译文】

子厚在元和十四年十一月八日去世，享年四十七岁。在元和十五年七月十日，他的灵柩被安葬在万年县他祖先的坟墓旁边。子厚有两个儿子：长子叫周六，刚四岁；次子叫周七，子厚去世后才出生的。两个女儿，都还小。他的灵柩能够回乡落葬，费用都是观察使河东裴行立先生资助的。行立为人有气节，重信用，与子厚交情很深，子厚也为他尽心尽力，最后竟依赖他办理了后事。把子厚安葬到万年县墓地的是他的表弟卢遵。卢遵是涿县人，性格谨慎，好学不倦。自从子厚被贬斥以后，卢遵就跟随他和他家人一起住，直到子厚去世也没有离开。他既送子厚灵柩回乡归葬，又代替子厚照料家人，可以称得上是一个有始有终的人。

铭文说：这是子厚的居室，既坚固又安稳，有利于他的后代子孙。

【译文】

这是作者为柳宗元写的墓志铭，概括了柳宗元的家世、生平、交友、文章，着重从其人品、政绩和文学成就等方面刻画了柳宗元的形象，表达了作者和柳宗元的深情厚谊以及对他的沉痛哀悼。

在本文中，作者盛情赞扬柳宗元的政治才能，并肯定他仗义为人、勤奋上进的精神，显露出作者急朋友之难的美德。后又对他屡次遭贬的坎坷遭遇饱含同情之心，也反映出当时社会的黑暗以及世道的不公。

全文感情饱满真挚，酣畅淋漓，具有强烈的艺术感染力，乃是作者至性至情之所发，堪称千古铭文的典范。

书褒城驿壁

唐·孙樵

【题解】

孙樵，字可之，又字隐之。唐宣宗大中九年（855年）进士，授中书舍人。黄巢起义军入长安，随僖宗奔岐、陇，迁职方郎中。孙樵是唐代后期著名的散文家，"幼而工文"，他对古代典籍"常自探讨"，其文语多讽刺，以奇崛见称，有《孙可之集》。褒城，唐代属兴元府，即今陕西勉县。驿，古代递送公文或来往官员投宿、换马的处所。

【原文】

褒城驿号天下第一。及得寓目，视其沼，则浅混而污；视其舟，则离败而胶；庭除甚芜①，堂庑甚残，乌睹其所谓宏丽者？

【注释】

①庭除：庭院和台阶。堂庑：中堂及堂下四周房屋。

【译文】

褒城驿号称全国第一。等到我亲眼所见，看它的沼池，浅浊而肮脏；看它的船只，残破而搁浅；庭院台阶十分荒芜，堂房廊屋都很残破，哪里能看到它的宏大壮丽呢？

【原文】

讯于驿吏，则曰："忠穆公曾牧梁州，以褒城控二节度治所，龙节虎旗，驰驿奔轺①，以去以来，毂交蹄劙②，由是崇侈其驿，以示雄大。盖当时视他驿为壮。且一岁宾至者不下数百辈，苟夕得其庇，饥得其饱，皆暮至朝去，宁有顾惜心耶？

【注释】

①轺：古代使者所乘轻便马车。②毂交蹄麼（mó）：车毂交错，马蹄摩擦，极言车马之多。

【译文】

向管理驿站的官吏询问，他们则说："忠穆公严震曾担任梁州州牧，因为褒城控制着通往两个节度使治所的要道，各式各样的旌节旗帜来来往往，传递公文的人员骑着马，出差的官吏乘着车，或来或去，车马往来络绎不绝，所以扩大驿馆建筑，以显其雄伟宏大。褒城驿在当时看上去是比其他驿站都壮观。而且一年中来的宾客也不下几百人，如果是夜间能够得到住宿，饿了能够吃饱饭，他们都是晚上到达早上离开，哪里还会有顾念爱惜之心呢？

【原文】

至如棹舟，则必折篙破舷碎鹢而后止①；渔钓，则必枯泉汩泥尽鱼而后止。至有饲马于轩，宿隼于堂②，凡所以污败室庐，糜毁器用，官小者，其下虽气猛，可制；官大者，其下益暴横，难禁。由是日益破碎，不与曩类。某曹八九辈，虽以供馈之隙，一二力治之，其能补数十百人残暴乎？"

【注释】

①鹢：水鸟，古代多以画饰船头。此指船头。②隼：鹰一类的猛禽，此指驯养的猎鹰。

【译文】

至于船和桨，则一定要到篙折、舷破、头碎然后停止；捕鱼，一定要到水干、泥混、鱼尽才肯罢休。甚至还有人在靠窗的长廊或小屋里喂马，把驿馆的中堂作为猎鹰的栖息之地，这些都是房屋破坏、器物毁坏的原因。遇上职位低的官吏，他的下属虽然气性猛烈，但还可以制服；遇上职位高的官吏，他的下属则更加凶暴蛮横，难以阻止。因此褒城驿更加破败，不能和以前相比了。

我们八九人，虽然也曾在供给来往者膳食的余暇时间，用一两个人的力量尽力去修缮，但又怎能补救几十几百人的破坏呢？"

【原文】

语未既，有老甿笑于旁，且曰："举今州县皆驿也。吾闻开元中，天下富蕃，号为理平，踵千里者不裹粮，长子孙者不知兵。今者天下无金革之声，而户口日益破；疆场无侵削之虞，而垦田日益寡。生民日益困，财力日益竭，其故何哉？凡与天子共治天下者，刺史县令而已，以其耳目接于民，而政令速于行也。"

【译文】

官吏的话还没有讲完，有个老农在旁笑着说："现在整个州县都是驿站。我听说唐玄宗开元年间，天下财物丰富，人口众多，号称太平，行走千里的人不用携带粮食，子孙们都不懂得战争。现在天下没有打制兵器和甲胄的声音，但有户籍的居民却一天天减少；边境没有被侵犯的忧虑，可是开垦的荒地却日益减少。百姓生活日益穷苦，国家财力日益困难，这是什么原因呢？凡和天子一同治理天下的人，是那些刺史县令罢了，他们直接了解人民的生活，所以便于贯彻政令。"

【原文】

今朝廷命官，既已轻任刺史县令，而又促数于更易。且刺史县令，远者三岁一更，近者一二岁再更，故州县之政，苟有不利于民，可以出意革去其甚者，在刺史则曰：'明日我即去，何用如此！'在县令亦曰：'明日我即去，何用如此！'当愁醉醲，当饥饱鲜，囊帛椟金，笑与秩终。"

【译文】

现在政府委派官吏，既已轻率任命刺史县令，而且又在短时间内一再更换。况且刺史县令的任期，时间长的三年更换一次，时间短的一两年内更换两次，因此州县的政务，如果有不利于百姓的，应该出主意改掉那些严重的情况，但在任的刺史则说：'明日我就要离开了，何必如此！'在任的县令也说：'明日我也要离开了，何必如此！'他们在愁闷的时候就喝浓烈的美酒，在饥饿的时候就吃精美的肉食,只等囊中放满了绸缎,柜中装足了金银,任期结束就志得意满地离去。

【原文】

呜呼!州县真驿耶?矧更代之隙①,黠吏因缘恣为奸欺,以卖州县者乎!如此而欲望生民不困,财力不竭,户口不破,垦田不寡,难哉!予既揖退老叱,条其言,书于褒城驿屋壁。

【注释】

①矧(shěn):况且。

【译文】

唉!州县真的是驿站吗?况且当新旧官员交替之时,狡猾的胥吏乘机放肆地做奸恶欺诈的事,用来欺骗州县的人!像这样下去,却希望百姓生活不穷苦,国家财力不困难,有户籍的居民不减少,开垦的土地不缺乏,这太困难了!我送走老农之后,把他的话整理了一下,写在褒城驿的屋壁上。

【评析】

本文是一篇讽刺性杂文。作者借褒城驿的宏大壮丽,后来变为荒芜残破的现实,抒发了作者对当时吏治败坏的感慨,从而也揭露了地方官吏怠惰贪婪、不理政务的丑恶嘴脸。

文章首尾部分叙事,行文简洁;中间部分记言,其意重在说明州县同于驿站。议论中肯,语言辛辣,寓意深刻,是该文的主要特色。文中视州县为驿站,因而造成百姓困顿,这在晚唐有一定现实意义。

作者又进一步分析了产生这一社会弊病的缘由,关键在于:朝廷任用非人和官制不善,这亦可谓有识之见。

卷九

唐宋文

桐叶封弟辩

唐·柳宗元

【题解】

辩，古代论说文的一种，即对传统的或流行的说法提出异议。本文针对古书记载的"桐叶封弟"故事进行辩论，表面上是对古书的记载持怀疑态度，实际上在批驳"天子不可戏"的观点。作为臣子，不能将君主的言论视为金科玉律，一味迎合，而应该用"道"加以引导。

【原文】

古之传者有言：成王以桐叶与小弱弟戏曰："以封汝。"周公入贺。王曰："戏也。"周公曰："天子不可戏。"乃封小弱弟于唐。

【译文】

古书记载说：周成王拿着一片梧桐叶子和幼小的弟弟开玩笑，说："把这个封给你。"周公听到这件事就入宫向成王表示祝贺。成王解释说："我这是开玩笑呀。"周公说："天子不可以开玩笑。"于是成王就把唐地封给了幼小的弟弟。

【原文】

吾意不然①。王之弟当封邪，周公宜以时言于王，不待其戏而贺以成之也。不当封邪，周公乃成其不中之戏，以地以人与小弱者为之主②，其得为圣乎？且周公以王之言不可苟焉而已，必从而成之邪？设有不幸，王以桐叶戏妇、寺，亦将举而从之乎？凡王者之德，在行之何若。设未得其当，虽十易之不为病③；要于其当，不可使易也，而况以其戏乎！若戏而必行之，是周公教王遂过也。

【注释】

①意：料想，认为。②不中：不恰当。③十易：改变十次。

【译文】

我对这件事有不同的看法。如果成王的弟弟应当受封，周公就应该及时对成王说，而不必等到成王开玩笑的时候才去祝贺，以促成此事。如果成王的弟弟不应当受封，那么周公让这样一个不恰当的玩笑变成了事实，把土地和百姓赐给年幼的弟弟，并封之为王，这样做能被称得上是圣人吗？况且，周公的意思不过是认为天子不可以开玩笑罢了，难道一定要顺从并促成这件事吗？如果发生不幸的事，成王拿了梧桐叶子与妃嫔、太监开玩笑，难道这样也要顺从并执行吗？凡是帝王的恩德，在于他施教的成效怎样。如果不恰当，那么即使改变十次也不为过失；关键在于恰当，只要得当就不能轻易改变，更何况仅仅只是一句玩笑呢！如果开玩笑的话也一定要付诸实行，那么这就是周公在教唆成王顺随自己的过错啊。

【原文】

吾意周公辅成王，宜以道，从容优乐，要归之大中而已①，必不逢其失而为之辞②。又不当束缚之，驰骤之，使若牛马然，急则败矣。且家人父子尚不能以此自克，况号为君臣者邪！是直小丈夫缺缺者之事③，非周公所宜用，故不可信。或曰：封唐叔，史佚成之④。

【注释】

①大中：中道，不偏不倚。②逢：逢迎、迎合。③缺缺：耍小聪明。④史佚：周武王时太史尹佚，即太史，掌管祭祀和记事等。

【译文】

我认为周公辅佐成王，应当按照适当的原则去教导他，使他的行为举止、嬉戏、娱乐都恰如其分，而不能迎合他的过失并替他巧言粉饰。也不能对他管束太严，驱使他，使他像牛马那样，急于使他成长反而会坏事。即使父子

卷九 唐宋文

·289·

之间也不能用这种方式来自我约束，更何况是名分上还有君臣之别的人呢！这不过是那些识见不高而又爱耍小聪明的人所干的事，绝不是周公所应该做的，所以古书上记载的这件事不可相信。也有的古书记载说：用梧桐叶封唐叔这件事，是太史尹佚促成的。

【评析】

　　文章开篇叙事，围绕重臣应如何辅佐君王这一中心发挥议论。以周成王以桐叶封弟的故事，驳斥"天子不可戏"的观点。围绕"戏"字，作者从正反两方面论述周成王的弟弟到底该不该被封，最后得出结论：不论应不应当被封，周公都没有尽到辅臣的责任。

　　为了进一步说明这个观点，作者假设"戏"之对象是"妇"、"寺"，从而对"戏言当真"作了绝对否定，尖锐地批评了这种荒谬之事，指出"凡王者之德，在行之何若"，君王的言行，关键要看是否恰当，施教的成效如何，不可以盲目听从。

　　本文虽篇幅短小，却将观点阐述得透彻清楚。上半篇驳斥"天子不可戏"的谬论，下半篇立论说明臣子辅佐君王应该采取的正确方式，层层辩驳，结构严谨，是辩体文中的力作。

捕蛇者说

唐·柳宗元

【题解】

本文是柳宗元被贬永州以后所作。文章通过捕蛇者蒋氏对其祖孙三代为免交赋税而甘愿冒着死亡威胁捕捉毒蛇的自述，及其乡邻因捕蛇而招致的灾难，揭露了当时农民的悲惨生活，抨击了统治者残害百姓、荼毒人民的行为，表达了作者对劳动人民的深切同情，进而指出了"苛政猛于虎"这一古老话题的现实意义。

【原文】

永州之野产异蛇，黑质而白章。触草木，尽死；以啮人，无御之者。然得而腊之以为饵①，可以已大风②、挛踠、瘘、疠，去死肌，杀三虫。其始，太医以王命聚之，岁赋其二；募有能捕之者，当其租入。永之人争奔走焉。

【注释】

①腊：风干，这里作动词。饵：指药饵。②已：止，治愈的意思。

【译文】

永州郊外出产一种特异的蛇，黑底白花。这种蛇碰到草木，草木就会枯死；咬到人，那就必死无疑。可是如果把它抓住后，将它风干做成药品，却可以治愈麻风、关节病、颈部肿痛、恶疮，还可以除掉死的肌肉，杀死人体内的寄生虫。起初，太医奉皇帝之命去征收这种毒蛇，每年征收两次；还招募有能力捕捉这种蛇的人，允许他们用蛇去抵税收。永州的百姓争先恐后地去捕捉这种蛇。

【原文】

有蒋氏者，专其利三世矣。问之，则曰："吾祖死于是，吾父死于是，今吾嗣为之十二年，几死者数矣。"言之貌若甚戚者。余悲之，且曰："若毒之乎？余将告于莅事者①，更若役，复若赋，则何如？"蒋氏大戚，汪然出涕曰："君将哀而生之乎？则吾斯役之不幸，未若复吾赋不幸之甚也！

【注释】

①莅事者：管这事的官吏。莅：临，管理。

【译文】

有个姓蒋的人，家中三代人都靠着捕蛇的差事不纳税。我问他这件事，他说："我祖父死于捕蛇，我父亲也死于捕蛇，如今我继承祖业捕蛇已经十二年了，有好几次都差点送命。"说着脸上露出很悲伤的神色。我很同情他，就说："你怨恨捕蛇这差事吗？我去告诉管这事的官吏，更换你的差使，恢复你的赋税，你觉得怎么样？"姓蒋的一听越发悲伤，流着眼泪说："您是可怜我，想让我活下去吗？可是我做这个差事的不幸，还赶不上恢复我的赋税带来的不幸那样严重呢！

【原文】

向吾不为斯役①，则久已病矣。自吾氏三世居是乡，积于今六十岁矣。而乡邻之生日蹙，殚其地之出，竭其庐之入，号呼而转徙，饥渴而顿踣②。触风雨，犯寒暑，呼嘘毒疠，往往而死者相藉也③。曩与吾祖居者④，今其室十无一焉；与吾父居者，今其室十无二三焉；与吾居十二年者，今其室十无四五焉。非死即徙尔，而吾以捕蛇独存。悍吏之来吾乡，叫嚣乎东西，隳突乎南北，哗然而骇者，虽鸡狗不得宁焉。

【注释】

①向：如果。②顿踣（bó）：因劳累而倒下。顿，困顿。踣，僵仆。③相藉：叠压，形容死人极多。④曩（nǎng）：从前，过去。

【译文】

　　如果当初我不做捕蛇的差事，恐怕早就已经困苦不堪了。自从我家三代定居在这里，算起来已经有六十年了，可是乡邻们的生活一天比一天窘迫，他们为了缴纳赋税，把他们田中生产出的物品都用尽了，把家中的收入也都拿出去上缴了，只好哭喊着四处迁徙，因又饥又渴倒卧在地。他们顶着狂风暴雨，冒着严寒酷暑，呼吸着毒气，因此而死亡的人往往横七竖八地躺在路边。从前和我祖父同住在一起的人，如今十户人家里剩不到一户了；和我父亲同住在一起的人，如今也是十户中难得有二三户存在了；和我同住十二年的人，如今十户也剩不到四五户了。他们不是死了，就是搬到其他地方去了，但我却因为捕蛇而仍然生活在这里。那些凶狠的差役来到我们乡里时，到处狂喊乱叫，到处骚扰，因此受惊吓的不仅是百姓，连鸡狗都不得安宁。

【原文】

　　吾恂恂而起①，视其缶②，而吾蛇尚存，则弛然而卧。谨食之，时而献焉。退而甘食其土之有，以尽吾齿。盖一岁之犯死者二焉，其余则熙熙而乐，岂若吾乡邻之旦旦有是哉！今虽死乎此，比吾乡邻之死，则已后矣，又安敢毒邪？"

【注释】

　　①恂恂：小心谨慎的样子。②缶：一种口小腹大的瓦器。

【译文】

　　我提心吊胆地爬起来，看看我那个装蛇的瓦器，看见蛇还在里面，才敢放心地睡去。我平时小心地喂养它，到规定的时候就把它献上去。回来就可以美美地享用自己田里收获的东西，度过我有生之年。我一年之中只有两次受到死亡的威胁，其余的时间就可以安乐地度过，哪会像我的乡邻天天担惊受怕呢？如今我即使被蛇咬死，与他们相比，我也是死在后面了，又怎么敢怨恨这个差事呢？"

【原文】

　　余闻而愈悲。孔子曰："苛政猛于虎也！"吾尝疑乎是，今以蒋氏观之，犹信。呜呼！孰知赋敛之毒，有甚是蛇者乎！故为之说，以俟夫观人风者得焉①。

【注释】

　　①人风：即民风，民间情况。

【译文】

　　我听了他的话后，越发悲伤。孔子说："苛刻的统治比老虎还凶猛。"我曾经怀疑这句话，如今从姓蒋的遭遇来看，还真是可信。唉！谁能想到苛捐杂税比这种毒蛇更厉害呢？所以我写下这篇文章，等待那些观察民风的人去看，希望他们能有所启发。

【评析】

　　本文作者以捕蛇者的口吻批评了中唐赋税之重。文章运用叙事手法，先写永州异蛇的剧毒，草木碰到会死，人被咬到也会亡，令人毛骨悚然。接下来写蛇的医疗作用，而正是这种作用，官府以免除赋役为条件，吸引众多百姓去干捕蛇的差事。之后又写捕蛇者蒋氏祖、父都死在捕蛇上，自己好几次也差点没命。但蒋氏仍有心以捕蛇为业，不愿恢复赋税。接着便详细叙述乡邻不断地受到悍吏的骚扰，使人感到无限的愤慨和沉痛，有力地强化了主题。

　　全文处处运用对比：捕蛇者与纳税的对比，捕蛇者的危险与纳税之沉重的对比，捕蛇者与不捕蛇者（蒋氏与乡邻）的对比。鲜明的对比深刻地揭示了"赋敛毒于蛇"这一中心。文章结构波澜起伏，人物突出，错落有致，字里行间表达了作者的忧民之意，堪称散文中的杰作。

愚溪诗序

唐·柳宗元

【题解】

柳宗元被贬永州，只能与山水为伍，从山水中寻求慰藉，一切凄凉之感、愤激之情，也只能向山水发泄。因此，这时他笔下的山水，都饱含作者深沉的酸甜苦辣。序中说明了他将溪以及附近的丘、泉、沟、池、堂、岛等命名为"愚"的原因。通过议论，反映出作者因"不合于俗"而被贬后所产生的愤懑之情，这是一篇借物刺人的小品文。

【原文】

灌水之阳有溪焉，东流入于潇水。或曰：冉氏尝居也，故姓是溪为冉溪。或曰：可以染也，名之以其能，故谓之染溪。予以愚触罪，谪潇水上。爱是溪，入二三里，得其尤绝者家焉①。古有愚公谷，今余家是溪，而名莫能定，土之居者，犹龂龂然②，不可以不更也，故更之为愚溪。

【注释】

①家：在此安家。作动词用。②龂龂然：争论不休的样子。

【译文】

灌水的北面有一条小溪，向东流入潇水。有人说：过去有个姓冉的在这里住过，所以这条小溪被人称为冉溪。还有人说：这溪里的水可以用来漂染丝帛，根据它的性能，所以称之为染溪。我因为愚昧而犯罪，被贬到潇水边上。我喜爱这条溪水的景色，沿着它走了二三里，找到了一处环境优美的地方就安下家来。古代有个愚公谷，现在我住在这条溪水旁，可是它的名字一直没有确定下来，当地的居民还在为此争论不休，看来不能不为它改个名字了，所以替它改名叫愚溪。

【原文】

愚溪之上，买小丘，为愚丘。自愚丘东北行六十步，得泉焉，又买居之①，为愚泉。愚泉凡六穴，皆出山下平地，盖上出也。合流屈曲而南，为愚沟。遂负土累石，塞其隘②，为愚池。愚池之东为愚堂，其南为愚亭，池之中为愚岛。嘉木异石错置，皆山水之奇者，以予故，咸以愚辱焉。

【注释】

①居：储存。②隘：狭窄的地方。

【译文】

我在愚溪上游买了座小山丘，称为愚丘。从愚丘往东北方向走六十步，发现一处泉水，也把它买了下来，称为愚泉。愚泉总共有六个泉眼，都是从山下平地流过来的，泉水汩汩不停地往上涌。六股泉水汇合后弯弯曲曲地向南流去，所经之地就称为愚沟。于是堆土垒石，将愚沟狭窄的泉水通道堵住，形成愚池。愚池的东面是愚堂，南面是愚亭，中央是愚岛。在这些地方参差错落地点缀着美好的树木和奇异的石头，这都是山水中的出奇美景，只是因为我的缘故，它们都蒙上了"愚"的坏名声。

【原文】

夫水，智者乐也。今是溪独见辱于愚，何哉？盖其流甚下，不可以灌溉。又峻急多坻石，大舟不可入也。幽邃浅狭，蛟龙不屑，不能兴云雨，无以利世，而适类于余，然则虽辱而愚之，可也。

【译文】

流水，是聪明人所喜爱的。唯独这条溪水今天竟被"愚"字玷辱，这是什么缘故呢？因为它的水流很低，不能用来灌溉。水流又很急湍，突出水面的石块很多，大船无法驶入。它幽深浅狭，蛟龙又不屑于住在此地，不能兴起云雨，所以它对世人没有带来什么好处，正好和我一样。那么，即使用"愚"来玷辱它也是可以的。

【原文】

宁武子"邦无道则愚"①，智而为愚者也；颜子"终日不违如愚"②，睿而为愚者也③。皆不得为真愚。今余遭有道而违于理，悖于事，故凡为愚者，莫我若也。夫然，则天下莫能争是溪，余得专而名焉。

【注释】

①宁武子：名俞，春秋时卫国大夫，号"武"。②颜子：颜回，孔子的得意弟子之一。③睿：明智，有智慧。

【译文】

宁武子那种"在国家不太平时就表现得很愚蠢"的表现，是聪明人故意装糊涂；颜子那种"从来不提相反的见解，像是很愚笨"的举动，也是智商很高的人故意表现得很愚笨。他们都不能算是真愚。而如今我在政治清明时却违背常理，犯了错误，所以再没有像我这么愚蠢的人了。因此，天下没有任何人能同我争这条溪，只有我可以单独占有它并给它取这个名字。

【原文】

溪虽莫利于世，而善鉴万类，清莹秀澈，锵鸣金石，能使愚者喜笑眷慕，乐而不能去也。余虽不合于俗，亦颇以文墨自慰，漱涤万物，牢笼百态①，而无所避之。以愚辞歌愚溪，则茫然而不违，昏然而同归，超鸿蒙②，混希夷③，寂寥而莫我知也。于是作《八愚诗》，记于溪石上。

【注释】

①牢笼：作动词用，包罗、概括的意思。②鸿蒙：古代指自然界的大气，这里指宇宙。③希夷：指空虚寂静。

【译文】

这条溪水虽然没有给世人带来什么好处，可它却能够映照万物，那清明澄澈的溪水，那敲金击石般的流水声，能使愚蠢的人笑逐颜开，留恋爱慕，不忍心离去。我虽然同世俗格格不入，也还颇能用文章来宽慰自己，我描写的万事万物如同用水洗涤过一样鲜明生动，概括事物的千姿百态，无论什么形状都逃不过我的笔端。我用愚辞歌唱愚溪，茫茫然与愚溪合二为一，昏昏然与愚溪融为一体，超越宇宙，融入玄虚静寂的苍穹之中，达到形神俱忘、空虚无我的境界。于是便写了一首《八愚诗》，刻在溪边的石壁上。

【评析】

　　全文围绕"愚"字展开。开篇先交代溪水的地形方位及改名的原因：一是作者"以愚触罪"，贬谪到此；二是古代就有"愚公谷"之说；三是当地居民为溪水的命名争辩不休，故更之为"愚溪"。接着叙述八愚的方位和命名的缘由。由此转入议论，叙述命名愚溪的合理性。引用宁武子、颜子两个人物，再转入真愚和假愚的议论。最后又转入对溪的赞扬，写溪虽于世无利，但它"善鉴万类，清莹秀澈，锵鸣金石"，然后写到自己虽违时背理、不合世俗，实际是在暗示自己不愚。

　　文章以愚作结，描绘出作者创作八愚时的心境，能够和万事万物融为一体。时而写愚溪，时而议论，情文相生，名写溪水之"愚"，实际是在映衬自己之"愚"，一番自嘲中显露出作者对现实的不满以及无限的悲愤之情。

待漏院记

北宋·王禹偁

【题解】

王禹偁，字元之，北宋著名的文学家。进士出身，任右拾遗，以敢言著称。他鄙视唐末浮艳靡丽的文风，推崇韩、柳、李、杜、白的文风和诗风，对促进北宋文风的转变有很大的影响。待漏院为朝臣上朝时等候召见的场所。本文作于大理寺评事任上，作者希望能把文章刻在待漏院的墙壁上，是为了告诫当权宰相要勤于国事，一心为公，从而表达作者的爱憎分明之心。

【原文】

天道不言，而品物亨①、岁功成者，何谓也？四时之吏，五行之佐，宣其气矣②。圣人不言而百姓亲、万邦宁者，何谓也？三公论道③，六卿分职④，张其教矣。是知君逸于上，臣劳于下，法乎天也。古之善相天下者，自咎、夔至房、魏，可数也，是不独有其德，亦皆务于勤尔，况夙兴夜寐，以事一人。卿大夫犹然，况宰相乎！

【注释】

①亨：通达，这里指万物的顺利成长。②宣其气：指天上的官吏使自然之气通畅顺达，风调雨顺。③三公：泛指中央政府的最高长官。④六卿：中央各部的长官。

【译文】

大自然不会说话，但万物都能顺利生长，每年都有收成，这是什么原因呢？那是因为掌管四季、五行的天神疏导万物的"气"，使四时风雨顺畅通达的结果。君主不说话，而百姓却能和睦相亲、天下安定，这又是什么原因呢？那是因为三公商讨治国之道，六卿职责分明，弘扬了君主教化的结果。由此可知，君王在上清闲安逸，臣子在下勤劳国事，这就是取法于天道。古代善于辅佐君王治理天下的大臣，从皋陶、后夔到房玄龄、魏徵，寥寥无几。这些人不但有高尚的品德，而且都勤于政务，早起晚睡，侍奉君王。连卿大夫都是这样，更何况宰相呢！

【原文】

朝廷自国初因旧制，设宰臣待漏院于丹凤门之右，示勤政也。至若北阙向曙，东方未明，相君启行，煌煌火城①；相君至止，哕哕銮声②。金门未辟，玉漏犹滴③，撤盖下车，于焉以息。待漏之际，相君其有思乎？

【注释】

①煌煌：明亮。火城：百官朝见时宫门前的灯火仪仗。②哕哕：有节奏的铃声。③漏：古代以滴水计时的一种器具。

【译文】

朝廷从建国初期就沿袭前朝旧制，在丹凤门的右边设立了宰相待漏院，以示崇尚勤政。每天朝见之所的门楼刚刚迎来曙光，东方还没有大亮的时候，宰相就起身上朝，灯笼的光将全城都照得光亮通明；宰相驾到，马车铃声叮当作响，富有节奏。这时候城门还没有打开，计时的玉壶里的更漏水还在不停地下滴，侍从撩开车盖，宰相下车就在此休息。在待漏院等候上朝的时候，宰相在想什么呢？

【原文】

其或兆民未安，思所泰之；四夷未附①，思所来之。兵革未息，何以弭之；田畴多芜，何以辟之；贤人在野，我将进之；佞臣立朝，我将斥之；六气不和，灾眚荐至②，愿避位以禳之；五刑未措，欺诈日生，请修德以厘③之。忧心忡忡，待旦而入。九门既启，四聪甚迩④。相君言焉，时君纳焉。皇风于是乎清夷，苍生以之而富庶。若然，则总百官、食万钱，非幸也，宜也。

【注释】

①四夷：四境少数民族。②灾眚：灾祸。荐：连续，屡次。③厘：治理。④四聪：能听到四方消息的人，此指君主。迩：近。

【译文】

有的或许在想百姓尚未安康，考虑怎样使他们安居乐业；或许在想四境的少数民族尚未归顺，考虑怎样招徕安抚他们；或许在思考着战事未停，用什么办法能使战事平息；或许是想到田野荒芜，怎样才能开辟垦殖它们；或许想着德才兼备之人尚未任用，我应该怎样推荐进用他们；或许想着奸邪小人在朝，我应该怎样贬斥他们；或许想着天气不协调，灾祸不断发生，我愿意引咎辞职来乞求上天驱除灾祸；或许想到刑法还没完备，欺诈行为日益严重，我将请求修养德行，加强治理。宰相深怀忧虑，等待天亮上朝。城门打开以后，四方的消息顺利地送到了天子的耳中。宰相向君主说明了自己考虑的内容，君主采纳了他的建议。于是政府风气清明安定，苍生百姓因此而富裕。如果是这样，宰相总领百官，领取优厚俸禄，那就不是侥幸，而是应该得的。

【原文】

其或私仇未复，思所逐之；旧恩未报，思所荣之；子女玉帛①，何以致之；车马器玩，何以取之；奸人附势，我将陟之②；直士抗言，我将黜之；三时告灾，上有忧也，构巧词以悦之；群吏弄法，君闻怨言，进谄容以媚之。私心慆慆③，假寐而坐。九门既开，重瞳屡回。相君言焉，时君惑焉。政柄于是乎隳哉，帝位以之而危矣。若然，则下死狱、投远方，非不幸也，亦宜也。

【注释】

①子女玉帛：泛指声色财宝。②陟：升迁、提拔。③慆慆：形容放纵无度，没完没了。

【译文】

而有的人或许想的是私仇未报，考虑怎样排挤仇敌；有旧恩未酬，考虑怎样使自己的恩人荣耀；考虑着金钱、美女，用什么手段才能得到；车马玩物，用什么方法才能为我所有；奸诈小人想依附我的权势，我要考虑提拔重用

· 301 ·

他们；正直耿介之人直言谏诤，我要考虑贬抑他们；春、夏、秋三季都有报告灾情的，君主忧愁不安，我便考虑编造花言巧语取悦他；官员贪赃枉法，君主听到怨言，我便考虑奉承献媚以讨他的欢心。他为私事而内心起伏不安，坐在那里假睡。当城门打开以后，君主屡屡顾视。金殿上龙目四顾，宰相提出了他的建议，君主被他蒙惑，政权由此而毁坏，政事因此而懈怠，皇位也因此岌岌可危。如果是这样，那么即使宰相被打入死牢，或流放到偏僻荒凉的地方，也并不是不幸，而是他应得的下场。

【原文】

是知一国之政，万人之命，悬于宰相，可不慎欤？复有无毁无誉，旅进旅退①，窃位而苟禄，备员而全身者②，亦无所取焉。棘寺小吏王禹偁为文③，请志院壁，用规于执政者。

【注释】

①旅进旅退：随众人进退。旅，众。②备员：充数的意思。③棘寺：大理寺的别称，是宋朝中央政府掌刑狱的最高机关。

【译文】

由此可知，一个国家的政权，数万百姓的生命，都系在宰相一人手里，难道宰相可以不谨慎从事吗？还有一类宰相，既没有恶名，也没有被人称颂，只是跟随众人进退，占着高位，贪图俸禄，在朝廷也只是滥竽充数，保全自身，这种人也没有丝毫可取之处。大理寺小吏王禹偁作这篇文章，请求把它写在待漏院壁上，用来劝谏执政的大臣。

【评析】

本文名为记，实际上作者对待漏院的环境、建筑风貌、修建过程等并未涉及，其核心是评论为相之道，所以它确切地说是一篇议论文。

文章开篇探究天道的运行规律、圣王的政治模式，对儒家理想中"垂拱而天下治"的治道原因进行解释，列举古代历史上善于辅佐天子治理百姓的贤臣，借以道出宰臣勤于政务的重要性与必要性。接下来，切入题目，点出待漏院，描述宰臣上朝时的整肃庄严场面，围绕待漏之时宰相们的所思、所虑、所追求,将宰相分为贤相、奸相、庸相三个类型。作者用对比手法分别刻画二者的内心世界,表现其对帝王乃至国家政事的不同影响,以及各自的结局,使得贤相与奸相势同水火的状态更为鲜明地呈现在读者眼前。

全文主次分明,脉络清晰,在语言上感情充沛,从中可以看出作者的功力确实不同凡响。

岳阳楼记

北宋·范仲淹

【题解】

范仲淹，字希文，北宋杰出的政治家、文学家。他从小读书刻苦，志向远大。不过出仕后一直比较坎坷，因直言进谏而多次被贬。他著述颇丰，本文是他的代表作。岳阳楼，在湖南岳阳城西门上，为著名风景地，始建于唐，北宋期间由巴陵郡守滕子京重修。文章将写景与议论巧妙地结合在一起，写出了人生理想和为人处世的原则。

【原文】

庆历四年春，滕子京谪守巴陵郡。越明年，政通人和，百废具兴，乃重修岳阳楼，增其旧制①，刻唐贤、今人诗赋于其上，属予作文以记之②。

【注释】

①增其旧制：扩大原来的规模。增，扩建。②属：同"嘱"，嘱托。

【译文】

庆历四年的春天，滕子京被贬谪到巴陵郡做太守。到第二年，巴陵郡的一切政务办得都很顺利，百姓和乐，原来各种荒废的事业都兴办起来了。于是他又再度修建岳阳楼，在原有的基础上扩大它的规模，在楼上刻了唐朝名人和现代人的诗赋，同时嘱托我写一篇文章来记述这件事。

【原文】

予观夫巴陵胜状，在洞庭一湖。衔远山①，吞长江，浩浩汤汤②，横无际涯；朝晖夕阴，气象万千。此则岳阳楼之大观也，前人之述备矣。然则北通巫峡，南极潇湘，迁客骚人，多会于此。览物之情，得无异乎？

【注释】

①衔：这里是包含的意思。②浩浩汤汤：水势浩大的样子。

【译文】

我观赏那巴陵的美景，全在一个洞庭湖上。这湖迎着远方的山，吸纳了长江的水，水势浩大，无边无际；早晨阳光照耀，傍晚夕阳西下，景色千变万化。这就是岳阳楼上雄伟的景色，前人对此的描述已经很详细了。既然这样，它北面通向巫峡，南边直到潇湘，那些降职远调的官吏和文人来这里聚会，他们观赏景物的心情，只怕因景物的不同也会有所不同吧？

【原文】

若夫霪雨霏霏①，连月不开，阴风怒号，浊浪排空；日星隐曜，山岳潜形；商旅不行，樯倾楫摧②；薄暮冥冥，虎啸猿啼。登斯楼也，则有去国怀乡，忧谗畏讥，满目萧然③，感极而悲者矣。

【注释】

①霪雨：同"淫雨"，指连绵不断的雨。霏霏：雨下得细密的样子。②樯倾楫摧：指船只毁坏。樯，桅杆。楫，船桨。③萧然：萧条凄凉的样子。

【译文】

在那细雨连绵不断，接连几月不见阳光的日子里，阴森森的大风怒号，浑浊的浪头冲向天空；太阳和星星隐没了光辉，高山掩没了形体；商人和旅客不能赶路，船桅倾倒船桨摧折；傍晚时分天色昏暗起来，老虎怒吼，猿猴哀啼。这时候登上岳阳楼，就会觉得远离京城，怀念家乡，担心受到奸人的诽谤，害怕坏人的嘲笑，满眼都是萧条的景象，感慨不已，忍不住悲伤起来。

【原文】

至若春和景明①，波澜不惊；上下天光②，一碧万顷；沙鸥翔集，锦鳞游泳；岸芷汀兰，郁郁青青。而或长烟一空，皓月千里；浮光耀金③，静影沉璧④；渔歌互答，此乐何极！登斯楼也，则有心旷神怡，宠辱皆忘，把酒临风，其喜洋洋者矣。

【注释】

①景：日光。②上下天光：明净的天空倒映在水里，天水融为一色。"上"指天，"下"指水。③浮光耀金：月映水上如金光闪耀。④沉璧：指月影犹如璧玉沉在水底。

【译文】

到了春光和煦、阳光明媚的时节，湖面风平浪静，天光水色相映，碧绿的水面广阔无边；成群的沙鸥，有时飞翔，有时停止聚集，美丽的鱼儿，时而浮游，时而潜游；岸上的芷草和水里的兰花，香气浓郁，颜色青葱。有时候满天烟雾完全消散，明月照耀着千里湖面；浮动的月色金光闪闪，静静的月影倒映在水中，犹如玉璧沉在水里；渔夫的歌声互相唱和，这样的快乐哪里会有尽头！这时候登上岳阳楼，就会感到心胸旷达，精神愉快，恩宠和耻辱都忘记了，迎风端起酒杯，那种心情真是舒畅极了。

【原文】

嗟夫！予尝求古仁人之心①，或异二者之为，何哉？不以物喜，不以己悲②。居庙堂之高，则忧其民；处江湖之远，则忧其君。是进亦忧，退亦忧，然则何时而乐耶？其必曰"先天下之忧而忧，后天下之乐而乐"欤！噫！微斯人，吾谁与归③！

【注释】

①求：探索，探求。②"不以物喜"两句：指思想感情不因为外物和个人得失而或喜或悲。③谁与归：即"与谁归"。归，归向，同道。

【译文】

唉！我曾经探求过古代品德高尚之人的胸怀，他们或许不同于上述两种精神状态，这是什么原因呢？他们不因为外物而喜乐，不因为个人得失而悲伤。他们在朝廷做官，时时刻刻为老百姓操心；他们在偏远的乡间，也为国君担忧。这样进入朝廷也忧虑，辞官隐居也忧虑，那么什么时候才能快乐起来呢？他们一定会说："要忧在天下人之前，乐在天下人之后。"唉！如果没有这种人，我还能和谁志同道合呢！

【评析】

本文开头叙述了事情的本末缘起，通过出色地描绘岳阳楼的景色及迁客骚人登楼览景后产生的不同感情，表达了自己"不以物喜，不以己悲"的生活态度和"先天下之忧而忧，后天下之乐而乐"的政治抱负，表现出作者积极有为的抱负与忧国忧民的思想，大大超出一般的"迁客骚人"的思想境界。

文章开头即切入正题，说明作记的缘由；然后再介绍重修后的岳阳楼的大观，由大观过渡到登楼览物的心情，引出不同心情的游客的"感极而悲"和"其喜洋洋"的截然相反的情绪；最后作者又巧妙地借"古仁人之心"批评了"喜"、"悲"的表现，道出了个人理想的最高境界。

本文叙事简洁委婉，写景入木三分，抒情情真意切，不愧为一篇优秀的散文。文中的"先天下之忧而忧，后天下之乐而乐"是千古名句，一直为后世人所传颂，影响了一批又一批的有志之士。

谏院题名记
北宋·司马光

【题解】

司马光，字君实，北宋杰出的史学家、文学家，世称涑水先生。他主持编撰了一部大型编年体通史《资治通鉴》，并留有《司马文正公集》。这篇文章是司马光在谏院任职时写的。"谏院"是当时主管谏诤的机关，"题名"是指把谏官的名字刻在石头上。司马光想通过将谏官姓名刻在石头上一事对谏官提出告诫。

【原文】

古者谏无官，自公卿大夫，至于工商，无不得谏者。汉兴以来，始置官①。

【注释】

①置官：设谏官一职，名谏大夫。

【译文】

在古代并没有专门设立规劝君王的官职，从公卿大夫到市井百姓，没有不能向君王进谏的。直到汉朝兴盛后，才开始设立谏官的称号。

【原文】

夫以天下之政，四海之众，得失利病，萃于一官使言之①，其为任亦重矣。居是官者，常志其大，舍其细；先其急，后其缓；专利国家而不为身谋。彼汲汲于名者②，犹汲汲于利也，其间相去何远哉？

【注释】

①萃：集中，聚集。②汲汲：形容心情急切。

【译文】

朝廷把国家的政务，天下的百姓，国家政教的得与失、利与弊，都集中在谏官身上，并让他准确地说出一切。谏官担负的责任太重了啊。做谏官的人，要把国家的大计方针牢记不忘，琐碎的事情可以舍弃；把情况紧急的事放在前面，把不紧急的放在后面；专心为国家谋取利益，而不要将自己的利益放在国家之前。那些热衷于名声的人，如同追求私利的人一样，他们和谏官之间的距离是多么远啊？

【原文】

天禧初，真宗诏置谏官六员，责其职事。庆历中，钱君始书其名于版①，光恐久而漫灭②。嘉祐八年，刻著于石。后之人将历指其名而议之曰："某也忠，某也诈，某也直，某也曲。"呜呼！可不惧哉！

【注释】

①版：名籍。②漫灭：腐蚀消失。

【译文】

天禧初年，真宗下诏设立六名谏官，让他们主管不同的事项。庆历年间，钱君开始把谏官们的名字书写在木板上，我担心时间一长木板上的名字会磨灭掉。在嘉祐八年，又把谏官们的名字刻在石头上。后人就可以指着各个名字加以评论道："这个人是忠臣，这个人是奸臣，这个人耿介，这个人偏邪。"唉，谏官们能不引以为鉴吗！

【评析】

文章开篇先以古论今，在古今对比中指出谏官责任重大。接下来，作者先从"志其大，舍其细；先其急，后其缓"等方面详细论述如何谨慎对待谏官的职责，也就是说谏官对待问题应该抓大放小，先急后缓。之后，作者再从

"专利国家而不为身谋"这个方面进一步阐述。谏官在行使职责时要把国家的利益放在第一位,而不能以自己的利益为重。在这里,作者谈论的不仅仅是谏官职责,也是在描述一种理想的人格。

作者在极短的篇幅内阐述了谏官的发展历史、职责,以及自己对谏官的态度和要求。体现了作者敢于直谏,不阿谀奉承,举忠斥奸,不为身谋的精神。

文章虽仅有一百余字,却议论风生、感情充沛、跌宕变化、文意丰厚。

纵囚论

北宋·欧阳修

【题解】

欧阳修,字永叔,号醉翁、六一居士,北宋文学家、史学家。贞观六年,唐太宗释放国家的死囚,并与他们约好第二年回京接受刑罚。到规定期限后他们都如期回京,无一人逃亡。本文就唐太宗纵囚一事提出了质疑,认为此事不足为训,并明确地提出了"三王之治,必本于人情;不立异以为高,不逆情以干誉"这一论点。为了阐明自己的观点,欧阳修专门撰写了此篇文章。

【原文】

信义行于君子,而刑戮施于小人①。刑入于死者,乃罪大恶极,此又小人之尤甚者也。宁以义死,不苟幸生,而视死如归,此又君子之尤难者也。

【注释】

①刑戮:刑罚,杀戮。

【译文】

对君子要讲信用和礼义,对小人则要施用刑罚和诛戮。被判处死刑的人,一定罪大恶极,这种人又是小人中最坏的。宁愿为了坚持信义而死,也不愿苟且偷生,视死如归,这种人又是君子中最难得的。

【原文】

方唐太宗之六年,录大辟囚三百余人①,纵使还家,约其自归以就死。是以君子之难能,期小人之尤者以必能也。其囚及期,而卒自归无后者,是君子之所难，而小人之所易也。此岂近于人情哉？

【注释】

①录：登记，审查。大辟：先秦时代死刑的通称。

【译文】

在唐太宗贞观六年，将被判处死罪的囚犯三百多人登录于册，然后释放他们回家，并与他们约定按期主动回来接受死刑。这样的事君子都难以做到，去期待小人中最坏的人一定做到。那些囚犯们到了日期，都自觉地回来接受死刑，没有一个迟延的，这便是君子难以做到的事，而小人居然轻易地做到了。这种事难道合乎人之常情吗？

【原文】

或曰：罪大恶极，诚小人矣。及施恩德以临之，可使变而为君子。盖恩德入人之深，而移人之速，有如是者矣。曰：太宗之为此，所以求此名也。然安知夫纵之去也，不意其必来以冀免①，所以纵之乎？又安知夫被纵而去也，不意其自归而必获免，所以复来乎？

【注释】

①意：估计。冀：希望。

【译文】

有人说：罪大恶极者的确是小人，如果把恩德施加到他们身上后，就可以使他们变成君子。恩德越深入人心，就能越快地改变小人的品质，才会出现这样的事情。我要说：唐太宗之所以这样做，是为了得到一个好名声。然而谁又知道太宗释放囚犯回家，不是估计到他们一定会如约回到狱中，来求得皇帝的赦免，所以才放他们的呢？又怎么知道被释放回家的囚犯，不是估计到他们自动回来就会得到赦免，所以才回来的呢？

【原文】

夫意其必来而纵之，是上贼下之情也①；意其必免而复来，是下贼上之心也。吾见上下交相贼以成此名也，乌有所谓施恩德与夫知信义者哉②？不然，太宗施德于天下，于兹六年矣，不能使小人不为极恶大罪，而一日之恩，能使视死如归，而存信义，此又不通之论也。

【注释】

①贼：这里是暗中窥测、算计之意。②乌：同"何"，哪里。

【译文】

如果估计到他们一定会回来而放他们走，那就是皇帝在算计民心；如果估计到会获赦免而回来，那就是犯人在算计皇帝的信任。在这件事中，我只看到皇帝和犯人互相算计才得到这种好名声，哪里有什么皇帝施恩德与囚犯懂信义的事情呢？如果不是这样，那么太宗在天下施行恩德，到这次释放囚犯回家的时候已经有六年了，仍然不能使小人不去犯极恶的大罪，然而一天的恩德，却能使犯人视死如归，坚守信义，这又是讲不通的道理。

【原文】

然则何为而可？曰：纵而来归，杀之无赦；而又纵之，而又来，则可知为恩德之致尔。然此必无之事也。若夫纵而来归而赦之，可偶一为之尔；若屡为之，则杀人者皆不死，是可为天下之常法乎？不可为常者，其圣人之法乎？是以尧、舜、三王之治①，必本于人情；不立异以为高②，不逆情以干誉③。

【注释】

①尧、舜、三王：古代的圣明君主。三王，指夏禹、商汤、周文王。②立异：指建立"不常之法"。③逆情：违背人情。干：求取。

【译文】

那么，怎样做才行呢？我认为：释放了能主动回来，照样杀头不予免罪；而后再释放一批囚犯，而他们依然回来，这才可以知道他们是受了恩德的感化后才回来的。但是这必定是不会发生的事。释放囚犯回家而回来后赦免他们，只能偶尔做做罢了；如果经常这样做，那么杀人的都可以不用死，这能够作为国家的常法吗？不能成为常法的，能称得上是圣人之法吗？所以，尧、舜和大禹、商汤、文王他们治理天下，必定以合乎人情为根本出发点，不标新立异来自称高明，不违背人情沽名钓誉。

【评析】

这是一篇史评，评论唐太宗的假释死刑囚犯，犯人被释归家后又全部按时返回，从而赦免他们的史实。

全文可以分为提出问题、分析问题、解决问题。开篇提出"信义行于君子，而刑戮施于小人"的问题，为下文的展开定下了基调。分析问题时，从唐太宗纵放死囚的史实，以君子与小人相比较，反复论析，一针见血地指出唐太宗的做法有悖人情，违反法度，目的不过是为了沽名钓誉。文章步步分析，层层辩驳，纵收自如。从唐太宗、囚犯的不同的心理活动中得出他们不过是"上下交相贼以成此名"，同时，他还从唐太宗登基六年来并没有消弭小人犯极恶大罪的事实，证明了偶尔的纵囚也解决不了实际问题。

欧阳修认为唐太宗这样做只是为了名誉而没有实质性的意义，其实这只是欧阳修一种偏执的说法。唐太宗实行仁政取得了显著的效果这是人皆共知的，即使他在这方面没有想出更好的办法，但至少在当时也起到了一定的作用，所以看问题要全面分析，太偏激的思想容易造成极大的错误。

卷十

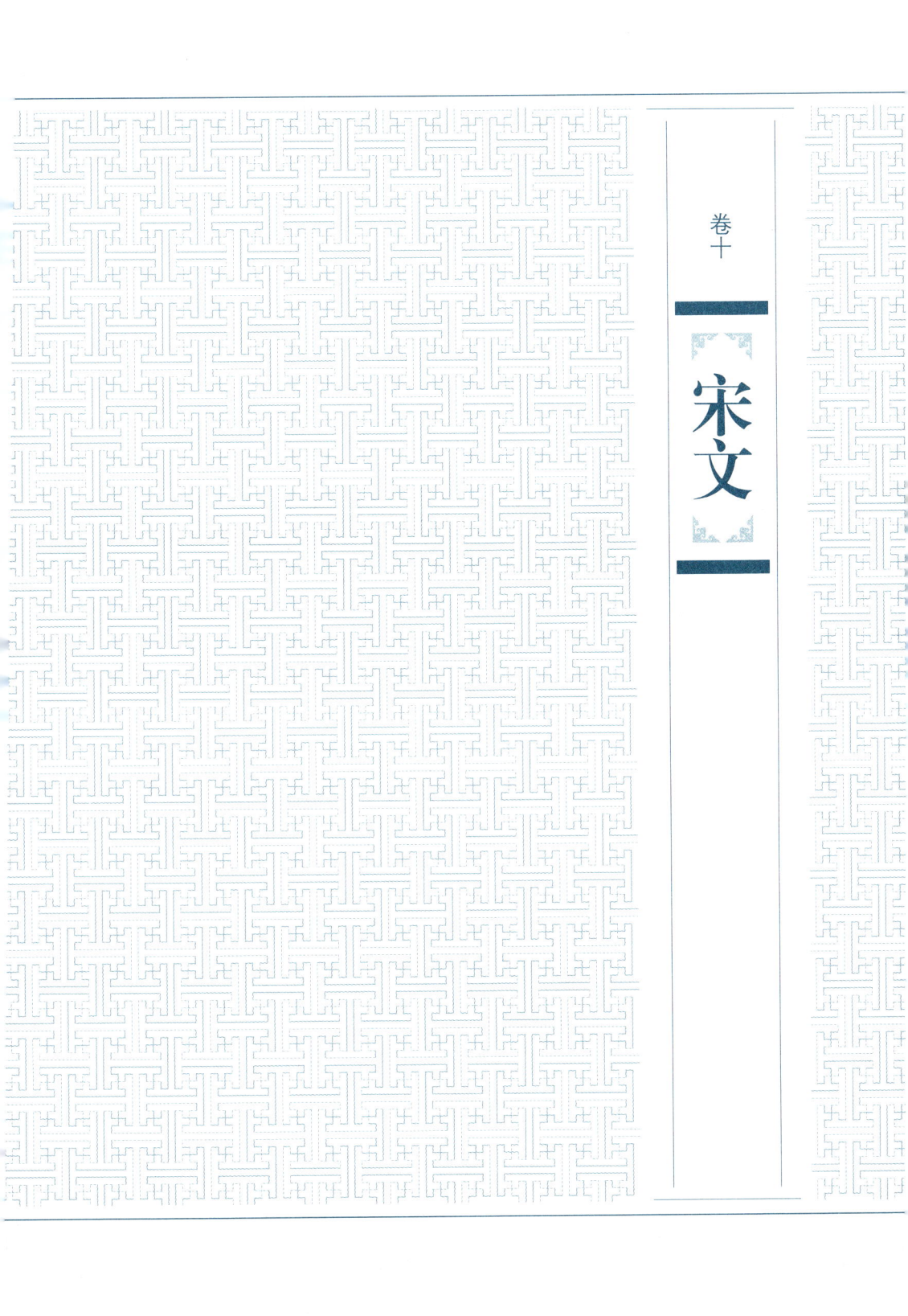

宋文

梅圣俞诗集序

北宋·欧阳修

【题解】

梅圣俞，名尧臣，世称宛陵先生，北宋著名诗人，有《宛陵集》。梅圣俞仕途不得志，少举进士不第，仁宗时赐进士出身，曾任国子监直讲，累迁至尚书都员外郎，参与过《新唐书》的编写。世人将他与欧阳修并称为"欧梅"，二人反对浮靡的诗风，主张质朴、清新的形式。本文是欧阳修在梅圣俞逝世后一年整理其诗集时所作的序。在序言中，欧阳修提出了"穷而后工"的创作理论，在文学史上产生了重要影响。

【原文】

予闻世谓诗人少达而多穷①，夫岂然哉？盖世所传诗者，多出于古穷人之辞也。凡士之蕴其所有②，而不得施于世者，多喜自放于山巅水涯之外，见虫鱼草木、风云鸟兽之状类，往往探其奇怪，内有忧思感愤之郁积，其兴于怨刺，以道羁臣寡妇之所叹，而写人情之难言。盖愈穷则愈工③。然则非诗之能穷人，殆穷者而后工也。

【注释】

①达：显达。穷：指仕途不得志，困厄。②蕴其所有：这里指有才学、有抱负。蕴，蓄藏。③工：好，精美。

【译文】

我常听世人说：诗人中仕途畅顺的少，困厄潦倒的多，难道果真如此吗？大概是因为世上所流传的诗篇，多数是出自古代困厄的诗人之手吧。凡是怀抱才学和理想，而又不能充分施展于世的士人，大都喜欢寄情于山水之间，看见虫鱼草木、风云鸟兽等一类东西，往往探究它们中间的奇异形态，他们内心郁积着忧愁和愤慨，这些情感化为诗兴，就会寄托在怨恨讽刺之中，用来表达逐臣寡妇的慨叹，抒写人们难以说出的情怀。大概诗人越困厄越能写出精美的诗。如此说来，诗人并非是因为写诗才困厄潦倒，而应该是困厄后才能写出精美的诗来。

【原文】

予友梅圣俞，少以荫补为吏①，累举进士，辄抑于有司②，困于州县，凡十余年。年今五十，犹从辟书，为人之佐，郁其所蓄，不得奋见于事业。其家宛陵，幼习于诗，自为童子，出语已惊其长老。既长，学乎六经仁义之说③，其为文章，简古纯粹，不求苟说于世。世之人徒知其诗而已。然时无贤愚，语诗者必求之圣俞；圣俞亦自以其不得志者，乐于诗而发之，故其平生所作，于诗尤多。世既知之矣，而未有荐于上者。

【注释】

①荫：指封建社会的一种承袭制度，因前辈功勋而得官。②辄：总是，一直。有司：这里指主考官。③说：同"悦"，取悦。

【译文】

我的朋友梅圣俞，年轻时靠叔父的功勋而得官，屡次被推荐去参加进士科考试，却一直遭到主考官的压制，在地方上担任小官已经十多年了。如今他年已五十，还要依靠别人下聘书，去当人家的幕僚，他郁积着自己心中的才学和理想，不能在事业上充分地表现出来。他家乡在宛陵，从小就学习诗歌，他还是个孩童的时候，写出的诗句就已使得当地的父老长辈感到惊异了。长大以后，又研习了六经仁义的学问，他写出的文章古朴自然，不以苟且迎合的态度去取悦于世人。因此世人只知道他会写诗罢了。然而当时人不论贤愚，只要是谈论诗歌必然会向圣俞请教。圣俞也喜欢把自己不得志的地方通过诗歌发泄出来，所以他生平所写的东西，在诗歌方面尤多。世人已经知道他了，但却没有人向朝廷推荐他。

【原文】

昔王文康公尝见而叹曰:"二百年无此作矣!"虽知之深,亦不果荐也①。若使其幸得用于朝廷,作为雅、颂,以歌咏大宋之功德,荐之清庙,而追商、周、鲁《颂》之作者,岂不伟欤!奈何使其老不得志,而为穷者之诗,乃徒发于虫鱼物类、羁愁感叹之言。世徒喜其工,不知其穷之久而将老也!可不惜哉!

【注释】

①果荐:终于,到底。

【译文】

从前王文康公曾读过他的作品,感叹地说:"二百年没有出现这样的作品了!"虽然对他深表赏识,可到底还是没有加以推荐。如果他有幸得到朝廷的任用,写出如《诗经》中雅、颂那样的作品,来歌颂大宋王朝的功业恩德,然后将这些诗作献给宗庙,以追随商颂、周颂、鲁颂的作者,这难道不是伟大的成就吗!为什么使他到老也不得志,只能写困厄不得志的诗歌,徒然去描述虫鱼之类、抒发穷苦愁闷的情怀。世人只喜爱他诗歌的精巧,却不知道他困厄潦倒已久,而且快要衰老了!这能叫人不为之惋惜吗!

【原文】

圣俞诗既多,不自收拾。其妻之兄子谢景初,惧其多而易失也,取其自洛阳至于吴兴以来所作,次为十卷①。予尝嗜圣俞诗,而患不能尽得之,遽喜谢氏之能类次也②,辄序而藏之。

【注释】

①次:编的意思。②遽(jù):立刻,顿时。

【译文】

圣俞的诗写得很多,自己却没有搜集整理。他的内侄谢景初担心因为太多而容易散失,因此选取他从洛阳到吴兴这段时间所作的诗歌,编为十卷。我曾经酷爱圣俞的诗作，却担心不能全部得到，因此十分高兴谢氏将它们分类编排，就写了这篇序，并把它保存起来。

【原文】

其后十五年，圣俞以疾卒于京师，余既哭而铭之，因索于其家，得其遗稿千余篇，并旧所藏，掇其尤者六百七十七篇①，为一十五卷。呜呼！吾于圣俞诗论之详矣，故不复云。

庐陵欧阳修序。

【注释】

①掇：选取。

【译文】

从那以后过了十五年，圣俞病死在京师，我痛哭着为他作了墓志铭后，便向他的家人索求诗篇，得到他一千多篇遗稿，连同我过去所保存的，从中选取了具有代表性的六百七十七篇，分为十五卷。唉，我对圣俞的诗歌已经评论得很详细了，所以不再重复。

庐陵欧阳修序。

【评析】

这篇序文以评述梅圣俞的诗作为中心，将叙事、议论、抒情糅合在一起，表达了对亡友的深厚感情，进而推出"穷而后工"的创作理论。

序文分为三个部分。第一部分，从理论上提出诗穷而后工的观点，认为并不是诗能使作者穷困潦倒，而是作者先有了对穷困生活的真实感受和深刻体会以后，才在创作上取得卓越的成就。第二部分，介绍梅圣俞的生平和创作，写人紧抓"穷"，写他的创作时则紧扣"工"，表达了作者对诗人悲惨境遇的同情和由衷的感叹。第三部分，简要介绍诗集的编纂过程，这是诗序必备的组成部分。

全文以"穷而后工"为主线，取得了形散神不散的效果，是欧阳修精于构思的体现。本文语言朴实无华，平易流畅，感情深切，具有浓重的抒情性和强烈的艺术感染力。

醉翁亭记

北宋·欧阳修

【题解】

　　本文作于仁宗庆历六年（1046年），欧阳修曾追随范仲淹进行政治革新，革新失败后被贬到滁州。滁州地处偏远，交通闭塞，欧阳修虽然仕途失意，但却能够寄情山水，与民同乐。他在滁州时虽自号"醉翁"，但把这个地区整顿得吏治清明，百姓安居乐业。他的心思并不是只在山水间，更多的是他把心思都放在了一方百姓身上。

【原文】

　　环滁皆山也①。其西南诸峰，林壑尤美②。望之蔚然而深秀者，琅琊也。山行六七里，渐闻水声潺潺，而泻出于两峰之间者，酿泉也。峰回路转，有亭翼然临于泉上者③，醉翁亭也。作亭者谁？山之僧智仙也。名之者谁？太守自谓也。太守与客来饮于此，饮少辄醉，而年又最高，故自号曰"醉翁"也。醉翁之意不在酒，在乎山水之间也。山水之乐，得之心而寓之酒也。

【注释】

　　①环：环绕。滁：滁州。②林壑（hè）：树林和山谷。③翼然：指亭子四角翘起，像鸟展翅的样子。

【译文】

　　环绕着滁州城的都是山。其中西南方的几座山峰、树林和山谷尤其秀美。远远看去树木茂盛、幽深秀丽的那座，就是琅琊山。进山步行六七里，渐渐能听到水缓缓流动的声音，水从两座山峰之间流淌而出，这就是酿泉。峰峦重叠环绕,山路蜿蜒曲折,看见泉水的上方有座亭子四角翘起,像鸟儿张开翅膀一样,这就是醉翁亭。建造亭子的人是谁呢?是山里的和尚智仙。给亭子取名的人是谁呢?是太守用自己的雅号来命名的。太守和客人们在这里饮酒,稍微喝一点点就醉了,加上年纪又最大,所以自称醉翁。醉翁的心思不在于喝酒,而在于欣赏山水的美景。这游山玩水的乐趣,是领会在心中又寄托在酒中的。

【原文】

若夫日出而林霏开①,云归而岩穴暝,晦明变化者②,山间之朝暮也。野芳发而幽香,佳木秀而繁阴,风霜高洁,水落而石出者,山间之四时也。朝而往,暮而归,四时之景不同,而乐亦无穷也。

【注释】

①夫:至于。②晦明变化:或暗或明,变化不一。

【译文】

太阳升起后树林里的雾气消散,到傍晚时分,烟云聚拢,山石洞穴又一片阴暗,这明暗的变化,就是山间的黎明和黄昏。春天野花开放发出清香;夏天树木枝叶繁茂,投下一片浓密的绿荫;秋天天高气爽,霜色洁白;冬天溪水滴落,石块显露;这就是山间四季的景象。清晨进山,傍晚归来,四季的景象都不同,游玩的乐趣也无穷无尽。

【原文】

至于负者歌于途,行者休于树,前者呼,后者应,伛偻提携①,往来而不绝者,滁人游也。临溪而渔,溪深而鱼肥;酿泉为酒,泉香而酒洌②。山肴野蔌,杂然而前陈者,太守宴也。宴酣之乐,非丝非竹③,射者中,弈者胜,觥筹交错,起坐而喧哗者,众宾欢也。苍颜白发,颓乎其中者,太守醉也。

【注释】

①伛偻:弯腰驼背的样子,指老年人。提携:拉着手领着走,指小孩。②洌:极清,清醇。③非丝非竹:丝竹,泛指音乐。丝,为弦乐器。竹,为管乐器。

【译文】

　　至于那些背着东西的人在路上歌唱，行路的人在树下休息，前面的人呼喊，后面的人回应，老人和小孩来来往往、络绎不绝，这是滁州的百姓出游的情形。到溪里边上捕鱼，溪水深而鱼儿肥；用酿泉的水酿酒，泉水香而酒色清；各种野味山菜，杂乱地摆在地上，这是太守在举行宴会。宴饮酣畅的乐趣，不在于动听的音乐，投壶的中了，下棋的胜了，就罚输的喝酒，于是酒杯酒筹错杂地放着，有的坐着，有的站起，大声喧闹，这就是宾客们在尽情欢乐啊。那个容颜苍老、头发花白，醉倒在他们中间的，就是太守。

【原文】

　　已而夕阳在山，人影散乱，太守归而宾客从也。树林阴翳，鸣声上下，游人去而禽鸟乐也。然而禽鸟知山林之乐，而不知人之乐；人知从太守游而乐，而不知太守之乐其乐也①。醉能同其乐，醒能述以文者，太守也。太守谓谁？庐陵欧阳修也。

【注释】

　　①"人知"二句：谓作者为山中人们的快乐而感到快乐。乐其乐，前一"乐"字作动词用。

【译文】

　　过了不久，太阳即将落山，人影散乱，这时太守回府而宾客们也跟着回去。树林逐渐变得昏暗，鸟鸣声上上下下响成一片，这是游人离去了，而鸟儿开始欢唱了。但是鸟儿只知道山林的乐趣，却不知道游人的乐趣；游人只知道跟着太守游山玩水的乐趣，却不知道太守是以他们的快乐为快乐。喝醉了，能和大家一起享受这种快乐，酒醒了，能够用文章记述这些快乐的人，是太守。太守是谁呢？就是庐陵的欧阳修啊！

【评析】

　　本文是欧阳修的传世之作，写得极为简练娴熟，富诗情画意，是我国古代散文中不可多得的精品。

文章交代了醉翁亭的环境位置、名称由来和山间早晚四时的景色变幻，通过对优美的自然环境和和乐的社会风气的描写，表达了作者"与民同乐"的政治理想。然后写滁州百姓游览和太守宴饮的情景，百姓生活得欢乐而恬静，使自己置身于这种闲适的环境中，进而把山光、水色、人情、醉态等景象呈现在同一幅画卷上。

　　末尾一段，作者再次围绕"乐"字展开。鸟之乐，山林之乐，人之乐，太守之乐虽各自叙笔，实则已经融为一体了。

　　作者虽遭贬谪，却能在纵情山水中找到快乐，这就是人生一大幸事。由此我们看出，人在这个世界上生存，并非只有做官是最好的选择，只要以一种乐观的心态去对待生活，那么生活就处处充满喜悦和希望。

秋声赋

北宋·欧阳修

【题解】

　　此赋作于仁宗嘉祐四年（1059年），是欧阳修晚年的作品，当时他已身居高位，但回首坎坷的仕途，心中总会隐隐作痛，乃以"悲秋"为题，抒发人生的苦闷与感叹。在本文中除了描绘自然界的秋景外，还对世事艰难、人生不易的现状抒发了个人的无限感慨。

【原文】

　　欧阳子方夜读书，闻有声自西南来者，悚然而听之①，曰："异哉！"初淅沥以萧飒，忽奔腾而砰湃；如波涛夜惊，风雨骤至。其触于物也，鏦鏦铮铮②，金铁皆鸣；又如赴敌之兵，衔枚疾走③，不闻号令，但闻人马之行声。予谓童子："此何声也？汝出视之。"童子曰："星月皎洁，明河在天。四无人声，声在树间。"

【注释】

　　①悚然：吃惊的样子。②鏦鏦（cōng）铮铮（zhēng）：象声词，金属撞击声。③衔枚：古代行军时，常令士兵口里横衔一根像筷子的小棍，使他们不能讲话，保持部队肃静，以免被敌人发觉。衔，含。

【译文】

　　夜里，我正在读书，突然听到有声音从西南方传来，我吃惊地侧耳倾听，自语说："奇怪啊！"刚开始是淅沥的雨声夹杂着萧瑟的风声，忽然间就变得汹涌澎湃起来；就好像波涛在夜里涌起，风雨骤然来临。它撞到物体上，铮铮，好像金属之间互相撞击的声音；又好像赶赴战场杀敌的士兵，口衔短枚急速前进，听不到号令声，只听到人马行走的声音。我问书童说："这是什么声音啊？你出去看看。"书童回答说："外面星光月色，明亮皎洁，银河高高地悬挂在天空中，四周都没有人声，那声音像是从树林里传来的。"

【原文】

予曰："噫嘻，悲哉！此秋声也，胡为乎来哉？盖夫秋之为状也，其色惨淡，烟霏云敛①；其容清明，天高日晶②；其气栗冽，砭人肌骨③；其意萧条，山川寂寥。故其为声也，凄凄切切，呼号奋发。丰草绿缛而争茂，佳木葱笼而可悦。草拂之而色变，木遭之而叶脱。其所以摧败零落者，乃一气之余烈④。

【注释】

①烟霏云敛：指天气阴暗。霏，纷扬。敛，聚集。②日晶：阳光灿烂。③砭：古代用来治病的石针。这里是针刺的意思。④一气：指秋气。余烈，余威。

【译文】

我说："唉！多么悲伤啊！这是秋天的声音啊。它为什么就来了呢？秋天大概就是这个样子的，天色阴暗，烟云聚集；它的容貌清新明朗，天高气爽，阳光灿烂；它的气候寒冷凛冽，刺入肌骨；它的意境萧条，山水寂寞冷落。所以它发出的声音凄凄切切，像是在怒吼一样。秋天没有来临的时候，绿草繁茂，蓬勃生长，树木青翠茂盛，非常可爱。可是一旦秋风来临，草被秋风扫过颜色就变了，绿树遇到秋风叶子就落了。它之所以能摧折草木，就是因为秋气的余威啊。

【原文】

"夫秋①，刑官也，于时为阴②；又兵象也，于行为金。是谓天地之义气，常以肃杀而为心。天之于物，春生秋实。故其在乐也，商声主西方之音，夷则为七月之律。商，伤也，物既老而悲伤。夷，戮也，物过盛而当杀。

【注释】

①"夫秋"二句：上古设官，以四时为名，掌管刑法的司寇为秋官。②于时

为阴：古人以阴阳配四季，春夏为阳，秋冬为阴。

【译文】

"秋天，是刑罚之官，在时令上属于阴；又是战争的象征，在五行上属于金。所以被称作天地间的肃杀之气，常常将肃杀作为主旨。自然界对于世上的万物，春天生长，秋天结实。所以它在音乐方面属于商声，商声代表西方的乐调，夷则是七月的律名。商，就是伤，万物衰老之后就会有一种悲伤。夷，就是杀，万物过于茂盛而必然走向衰败。

【原文】

"嗟呼，草木无情，有时飘零。人为动物，惟物之灵。百忧感其心，万事劳其形。有动乎中，必摇其精。而况思其力之所不及，忧其智之所不能！宜其渥然丹者为槁木①，黟然黑者为星星②。奈何以非金石之质，欲与草木而争荣？念谁为之戕贼③，亦何恨乎秋声！"童子莫对，垂头而睡，但闻四壁虫声唧唧，如助予之叹息。

【注释】

①渥然丹者：指红润的容貌，这里指年轻人。槁木：枯木，这里指衰老。②黟（yī）然：黑色的样子。星星：形容鬓发花白。③戕（qiāng）贼：残害。

【译文】

唉！草木本是没有情感的东西，到了一定的时候就会飘零消亡。人是有感情的动物，是万物中最有灵性的。数不清的忧虑触及他的心灵，数不清的琐事劳累他的形体。费心劳神，必然会损伤他的精神，更何况要去思考他力所不及的事，忧愁那些他的智慧不能解决的事！这样，他红润的容貌就会变得衰老，乌黑的头发就会变得花白。为什么要用并不是金石的身躯去和草木争荣比胜呢？应该思考是谁给自己带来如此多的磨难，又何必去怨恨这凄凉的秋声呢！"书童没有回答我的话，低头睡了。只听到墙壁四周虫子唧唧鸣叫，就像在附和我的叹息。

【评析】

　　文章用第一人称的笔法来统领全篇，一开始作者就为我们描绘了一个由静到动、令人惊悚的秋夜奇声，营造了一种悲凉气氛。

　　作者运用风声、波涛、金铁、行军四个比喻，从多方面和不同角度，由小到大，由远及近，形象地描绘了山川寂寥、草木零落的萧条景象，借景抒写了对人事忧劳和与秋关联的音声情象的悲感，反映了作者历经宦海沉浮产生的清心寡欲的思想。接着作者引出与童子的对话，从浮想联翩，又回到现实，增强了艺术真实感。作者又从社会和自然两个方面，对秋声进行了剖析和议论。

　　本文中表达的作者清心寡欲的心境是值得我们学习的。在这个嘈杂的世界里，人们承受着太多的压力，所以我们要有一颗平静的心态去对待生活，而不要刻意去追求什么，这样生活才能处处充满喜悦。

辨奸论

北宋·苏洵

【题解】

苏洵，字明允，号老泉，北宋文学家，与其子苏轼、苏辙合称"三苏"，均被列入"唐宋八大家"。苏洵长于散文，尤擅政论，议论明畅，笔势雄健，有《嘉祐集》传世。本文作者尚有争议，旧说以为是苏洵为了讥讽王安石的"不近人情"而作，现在认为这是南宋初年邵伯温假托苏洵之名而作的。这是宋代散文中的一篇名作。

【原文】

事有必至，理有固然。惟天下之静者①，乃能见微而知著。月晕而风，础润而雨②，人人知之。人事之推移，理势之相因，其疏阔而难知，变化而不可测者，孰与天地阴阳之事③？而贤者有不知，其故何也？好恶乱其中，而利害夺其外也。

【注释】

①静者：心态平静、思维冷静的人。②础：房柱下的基石。润：潮湿。③天地阴阳之事：指自然界的一切现象。

【译文】

事情有它必定要达到的地步，情理有它本该如此的根源。天下只有那些心态平静、思维冷静的人，才能从细微的迹象中预见日后显著的结果。月亮周围出现光环，预示着天要刮风，柱底回潮湿润，预示着天要下雨，这是人人都知道的。至于人世间事情的发展变化，道理情势的因果关系，它们抽象渺茫而难以了解，变化多端而不可预测，怎么能和天地万物的阴阳变幻相比呢？就算是贤能的人对此也是有不知道的，这是什么原因呢？这是因为喜爱或憎恶扰乱了他们的内心，而利害得失又左右着他们的举动啊。

【原文】

昔者，山巨源见王衍曰："误天下苍生者，必此人也！"郭汾阳见卢杞曰："此人得志，吾子孙无遗类矣！"自今而言之，其理固有可见者。以吾观之，王衍之为人，容貌言语，固有以欺世而盗名者，然不忮不求①，与物浮沉。使晋无惠帝，仅得中主②，虽衍百千，何从而乱天下乎？卢杞之奸，固足以败国，然而不学无文，容貌不足以动人，言语不足以眩世③。非德宗之鄙暗，亦何从而用之？由是言之，二公之料二子，亦容有未必然也。

【注释】

①忮（zhì）：嫉妒，贪求。②中主：中等才能的皇帝。③眩：同"炫"，蒙骗，迷惑。

【译文】

从前，山巨源看到王衍，说："日后给天下老百姓带来灾难的，一定是这个人。"郭汾阳见到卢杞，说："此人一旦得志，我的子孙就要被杀光了。"就现在的事情而言，其中的道理固然有可以预见的地方。据我看来，王衍这个人，不论他的容貌还是谈吐，固然有欺世盗名的地方，但他不嫉妒，也不过分贪求，只是随波逐流而已。如果晋朝不是晋惠帝当朝，只要有一个才能中等的君主当权，就算有千百个像王衍这样的人，又怎么能扰乱天下呢？像卢杞那样的奸臣，固然足以使国家败亡，但是他不学无术，容貌不足以打动别人，言谈也不足以蒙骗天下。如果不是唐德宗的昏庸鄙陋，他又怎么能够受到重用呢？由此说来，山、郭二公对王、卢二人的预言，或许未必一定如此吧。

【原文】

今有人①，口诵孔、老之言，身履夷、齐之行②，收召好名之士、不得志之人，相与造作言语，私立名字，以为颜渊、孟轲复出；而阴贼险狠，与人异趣。是王衍、卢杞合而为一人也，其祸岂可胜言哉？

【注释】

①今有人：指王安石。②夷、齐：伯夷，叔齐。两人都是商朝末年孤竹国国君的儿子，以忠正廉洁著称于世。

【译文】

现在有某人，嘴里吟诵着孔子、老子的话，行动像伯夷和叔齐一样高洁，收罗了一伙追求名声的士人和一些郁郁不得志的人，他们相互制造舆论，私下竞相标榜，自以为是颜渊再世、孟轲复生；然而他们内心阴险狠毒，志趣和普通人不同。这真是把王衍、卢杞集合于一身了，他造成的祸患难道能够用语言来形容吗？

【原文】

夫面垢不忘洗，衣垢不忘浣①，此人之至情也。今也不然，衣臣虏之衣，食犬彘之食，囚首丧面②，而谈《诗》、《书》，此岂其情也哉？凡事之不近人情者，鲜不为大奸慝③，竖刁、易牙、开方是也。以盖世之名，而济其未形之患，虽有愿治之主、好贤之相，犹将举而用之。则其为天下患，必然而无疑者，非特二子之比也。

【注释】

①浣：洗濯。②囚首丧面：形容不注意修饰。③奸慝（tè）：奸邪，邪恶。

【译文】

脸脏了而不忘记洗脸，衣服脏了而不忘记洗衣，这是人之常情。如今他却不是这样，穿着奴仆的衣服，吃猪狗一样的食物，头发乱得像囚犯一样，面孔像居丧者一样布满尘垢，可是他却大谈《诗》、《书》，这难道合乎情理吗？凡是办事不近人情的，很少不是大奸大恶之徒，竖刁、易牙、开方就是这一类人。这个人借助当世最崇高的名声，来掩盖没有呈现出来的祸患，虽然有励精图治的君主和推崇贤能的宰相，也还是会推举、任用这个人的。这样，他成为天下的祸患是必定无疑的了，这并非王衍、卢杞所能比的。

【原文】

孙子曰："善用兵者，无赫赫之功。"使斯人而不用也，则吾言为过，而斯人有不遇之叹，孰知祸之至于此哉？不然，天下将被其祸，而吾获知言之名，悲夫！

【译文】

孙子说："善于用兵的人，没有赫赫之功。"如果这个人没有被重用，那么我的话就会被认为是错的，而这个人也会发出不遇明主的慨叹。谁又能知道他造成的祸患将会达到这种地步呢？如果不是这样，天下将遭受他的祸害，而我也会获得有远见的名声，那就太可悲了！

【评析】

全文是围绕"误天下苍生者必此人也"展开论述的，中心是强调了"辨奸"。

文章首先将天象和人事进行比较，指出了人事比天象更难掌握，并说明这是由于"好恶"和"利害"所形成的必然结果。然后又通过历史上山巨源预见王衍、郭子仪预见卢杞为例证，说明他们善于见微知著，但又类比王安石"衣臣虏之衣，食犬彘之食，囚首丧面而谈诗书"的行为"不近人情"，进而推导出王安石得志必为奸臣、危害国家的结论。

这种以人的生活习惯和个别缺点来判断其政治品质的逻辑，是非常错误的；这种影射咒骂、攻击人身的写作手段也是非常低劣的。除此之外，文章提出了"见微知著"的观点，即从小事的发展动向可以预知事情的发展态势乃至结果。这便是本文的可取之处。

心术

北宋·苏洵

【题解】

本文是作者所著的《权书》中的第一篇。宋代从开国之初直至覆灭，外患始终不断。作者所处的时代，北方有强大的辽国，西北又有西夏，都是劲敌。因此，当时的文人多喜欢撰文议论用兵之术。本文便从治心、尚义、养士、智愚、知敌、自爱、出奇、守备八个方面论述用兵之道。文中所反映的大部分观点在今天仍有借鉴意义。

【原文】

为将之道，当先治心，泰山崩于前而色不变，麋鹿兴于左而目不瞬①，然后可以制利害，可以待敌。凡兵上义②，不义，虽利勿动。非一动之为利害，而他日将有所不可措手足也。夫惟义可以怒士，士以义怒，可与百战。

【注释】

①左：附近，眼前。瞬：眨眼。②上义：尊重道义。上，同"尚"，崇尚。

【译文】

做将领的原则，首先应当修养心志，即使泰山在眼前崩塌，也能做到面不改色；麋鹿突然从身边奔过，也能做到目不转睛，只有这样，才可以把握战争形势变化的利害关系，才可以应付敌人。大凡行军打仗，都应当崇尚正义，如果不是出于正义，即使有利可图，也不可轻易行动。这并不是怕一行动就会造成失败，而是怕将来会弄到手足无措的地步。只有正义才能激怒士卒，当士卒激起义愤时，就可以百战百胜了。

【原文】

凡战之道，未战养其财，将战养其力，既战养其气，既胜养其心。谨烽燧①，严斥堠②，使耕者无所顾忌，所以养其财。丰犒而优游之，所以养其力。小胜益急，小挫益厉，所以养其气。用人不尽其所欲为，所以养其心。故士常蓄其怒、怀其欲而不尽。怒不尽则有余勇，欲不尽则有余贪。故虽并天下，而士不厌兵，此黄帝之所以七十战而兵不殆也。不养其心，一战而胜，不可用矣。

【注释】

①烽燧：报警的烽火，白天称烽，晚上称燧。②斥堠：原指探望敌情的土堡，这里指瞭望。

【译文】

大凡作战原则，战前要积蓄财力物力，临战时要养精蓄锐，战争开始后要鼓足勇气，胜利后要保持斗志。谨慎认真地做好警报工作，严密安排哨兵侦察瞭望，使种田的人没有顾忌，用这来积蓄财物。给予士兵丰厚的犒赏，使他们能够充分地放松修整，以此来养精蓄锐。打了小胜仗要振作精神，吃了小败仗更要给予激励，用这来提高士气。用人时不要完全满足他的所有要求，用这来保持他的斗志。所以，用兵就是要使士兵常常胸怀义愤，有所希求而没有完全得到满足。义愤不能全部爆发就勇气十足，欲望没有完全得到满足就会有贪心。所以即使统一了天下，士兵们也不会厌恶战争。这就是黄帝经历了七十多次战争后，他的士兵仍然不懈怠的原因。如果不保持斗志，打了一次胜仗，这支军队也就不能再打了。

【原文】

凡将欲智而严，凡士欲愚。智则不可测，严则不可犯，故士皆委己而听命，夫安得不愚？夫惟士愚，而后可与之皆死。凡兵之动，知敌之主，知敌之将，而后可以动于险。邓艾缒兵于蜀中①，非刘禅之庸，则百万之师可以坐缚，彼固有所侮而动也。故古之贤将，能以兵尝敌，而又以敌自尝，故去就可以决②。

【注释】

①邓艾：三国时魏将，曾领兵从深山险道进攻蜀汉，兵至成都城下，蜀汉后主刘禅投降，蜀汉灭亡。缒：系在绳子上从高处放下来。②去就：离开或者进攻。

【译文】

凡是做将帅的，必须足智多谋而又号令严明，士兵则应当愚昧一点。足智多谋，就会使人感到深不可测，号令严明，就会使人感到凛然不可侵犯，因此士兵都能不顾自己而听从号令，这样怎么不要求士兵愚昧一点呢？只有士兵愚昧了，将帅才能够与他们同生共死。凡是军事行动，必须要了解敌方主帅和敌方将领的情况，然后才可以采取冒险行动。三国时邓艾用绳索挂着士兵翻山越岭，偷袭蜀国，如果不是后主刘禅的昏庸无能，那么邓艾的百万大军就会束手被擒，而邓艾本来确实是轻视他们才冒险行动的。所以，古时候贤明的将帅，既能以自己的兵力去试探敌方的虚实，又能根据敌方的强弱，准确地估计自己的力量，因此，他对是进攻还是避战撤退，都能作出自己的决断。

【原文】

凡主将之道，知理而后可以举兵①，知势而后可以加兵②，知节而后可以用兵。知理则不屈，知势则不沮，知节则不穷。见小利不动，见小患不避，小利小患，不足以辱吾技也，夫然后有以支大利大患③。夫惟养技而自爱者，无敌于天下。故一忍可以支百勇，一静可以制百动。兵有长短，敌我一也。敢问："吾之所长，吾出而用之，彼将不与吾校；吾之所短，吾蔽而置之，彼将强与吾角，奈何？"曰："吾之所短，吾抗而暴之，使之疑而却；吾之所长，吾阴而养之，使之狎而堕其中，此用长短之术也。"

【注释】

①理：这里指战争的基本规律。②势：这里指敌我双方的形势。③支：撑，对付，应对。

【译文】

凡是担任主将的法则，必须是在通晓事理后才可以起兵，了解敌我情势后才可以交战，知道有所节制后才可以指挥战斗。通晓事理则理不亏，了解敌我情势则能保持不败,知道节制则不会陷入困境。见了小利不发兵,见了小患不避让,因为这些小利小患,不值得我施展才略,只有做到这一步,才可以应对大利大患。只有胸怀智慧谋略善于培养自己的各种本领,又能珍爱自己的人,才能无敌于天下。因此,一个"忍"字,可以应对上百次的无谋之勇,一个"静"字,可以制服上百次的轻举妄动。军队各有长处和短处,这在敌方和我方都是一样的。那么请问:"我军的长处,我拿出来利用它,但敌军不与我较量;我军的短处,我掩藏起来搁置一边,而敌军却偏要与我较量,该怎么办呢?"回答说:"我军的短处,我故意显露出来,使敌军产生疑虑而退却;我军的长处,我暗中藏起保护起来,让敌军疏忽大意而落入我的圈套,这就是运用长处和短处的策略。"

【原文】

善用兵者,使之无所顾,有所恃。无所顾,则知死之不足惜;有所恃,则知不至于必败。尺箠当猛虎,奋呼而操击;徒手遇蜥蜴,变色而却步,人之情也。知此者,可以将矣。袒裼而按剑①,则乌获不敢逼②;冠胄衣甲,据兵而寝,则童子弯弓杀之矣。故善用兵者以形固。夫能以形固,则力有余矣。

【注释】

①袒裼:脱衣露体。②乌获:战国时秦国大力士。

【译文】

善于用兵的人,应该使士卒无所顾忌,又要使士卒有所依赖。无所顾忌,就明白战死不值得可惜;有所依赖,就知道不至于一定失败。一个人手中有了短棍,碰上猛虎,就会大声喊叫,拿起棍棒去攻击虎;可如果两手空空,遇到一条四脚蛇,也会吓得脸上变色而却步不前。这是人之常情。明白这道理的,就可以为将带兵了。如果袒胸露臂,而手执利剑,那么乌获那样的大力士也不敢逼近;如果戴着头盔,身穿战甲,却抱着武器睡大觉,那么小孩也可以拉弓射箭,将他杀死。所以善于用兵的人,能利用形势来巩固军队的阵容。而那些能够利用形势来巩固自己的人,他的战斗力就会无穷无尽。

【评析】

　　本文是苏洵题为《权书》的十篇策论之一，也是一篇军事论文。

　　文章以"为将之道，当先治心"为全篇纲领和中心，所以标题叫"心术"。作者根据历代军事经验和理论，归纳提出了自己的一些体会。一谈为将之道，当先治心；二论将军带兵当知师出有名，正义之师，百战百胜；三言为将养兵之道；四论为将之材质；五论为将带兵作战，当知己知彼；六论为将之道，当审时度势，利害分明，一忍制百勇，一静制百动；七论主将当善用长短之术，出奇制胜；八论为将者当使战士既义无反顾又自信有备无患。

　　以上八个方面似是并列，又有内在联系。全篇层次分明，言简意赅，又多用排比与对偶，增强了说服力，而战例和比喻的插入，又增强了形象感。

留侯论

北宋·苏轼

【题解】

留侯即张良，字子房，其家族五世相韩，韩为秦灭，张良力求为韩复仇，力图反秦。张良是刘邦的重要谋士，后人将其作为智谋之士的代表。本文并非评论张良的一生功绩，而是从他当初由"不忍"转变为"忍"的事实，说明"忍小忿而就大谋"的道理。

【原文】

古之所谓豪杰之士，必有过人之节①，人情有所不能忍者。匹夫见辱，拔剑而起，挺身而斗，此不足为勇也。天下有大勇者，卒然临之而不惊②，无故加之而不怒。此其所挟持者甚大③，而其志甚远也。

【注释】

①过：超出。节：志节，指志向和气概。②卒然：突然。卒，同"猝"。③挟持：指志向、抱负。

【译文】

古代所谓的英雄豪杰人物，必定有超出凡人的志向，能容忍一般人无法容忍的事情。普通人一旦受到侮辱，就会拔出刀剑，挺身去搏斗，这称不上是勇敢。天下那些真正勇敢的人，当面临意外时不会惊慌失措，当无缘无故受到侮辱时也不会发怒，这是由于他们的抱负很大，而他们的志向又很高远。

【原文】

　　夫子房受书于圯上之老人也①，其事甚怪；然亦安知其非秦之世有隐君子者，出而试之？观其所以微见其意者，皆圣贤相与警戒之义；而世不察，以为鬼物，亦已过矣。且其意不在书。当韩之亡、秦之方盛也，以刀锯鼎镬待天下之士②，其平居无事夷灭者，不可胜数。虽有贲、育，无所获施。夫持法太急者，其锋不可犯，而其势未可乘。

【注释】

　　①圯（yí）：即桥，古代楚方言称桥为圯。②鼎镬（huò）：古代残酷的刑具，借喻以暴力待人。

【译文】

　　张良从桥上老人那里得到兵书，这件事非常怪异；但是又怎能断定这位老人不是秦时隐居的高士，特意出来试探张良的呢？观察老人用以含蓄地表达自己意见的，都是圣贤相互警告劝诫之意；但世人却不明白这些，以为那老人是鬼怪，这是不对的。况且老人的用意并不在那本兵书上。当韩国灭亡的时候，而秦国正强盛，秦国用各种酷刑迫害天下贤士，那些平白无故被杀戮的人多不胜数。这时即使有孟贲、夏育这样的勇士，也都无能为力。凡是执法过分严厉的君王，他的锋芒是不好硬碰的，他的威势也没有可乘之机。

【原文】

　　子房不忍忿忿之心，以匹夫之力而逞于一击之间。当此之时，子房之不死者，其间不能容发①，盖亦危矣。千金之子，不死于盗贼，何哉？其身可爱，而盗贼之不足以死也。子房以盖世之才，不为伊尹、太公之谋，而特出于荆轲、聂政之计，以侥幸于不死，此圯上老人之所为深惜者也。是故倨傲鲜腆而深折之②，彼其能有所忍也，然后可以就大事，故曰："孺子可教也。"

【注释】

　　①间不容发：比喻到了非常危险的境地。②鲜腆：这里指没有恭维的言辞。腆，丰厚，美好。

【译文】

但张良忍耐不住愤怒之气，想凭借一个人的力量逞强于一次狙击之中。当时，张良与死亡的距离只有毫发之微，真的是太危险了。拥有家财万贯的富家子弟，绝对不会死于盗贼之手。为什么呢？因为他们知道生命的可贵，而不值得为盗贼之类的事而去死。张良凭借他超群的才干，不去策划伊尹、太公之类安邦定国的谋略，而只想采取荆轲、聂政这种行刺的小计策，完全因为侥幸才得以不死，这正是桥上老人为他深感惋惜的事。所以，老人在他面前故意摆出傲慢无礼的态度，狠狠地挫伤他，让他有忍耐之心，然后才可以去完成伟大的事业，所以老人说："这年轻人是可以教诲的。"

【原文】

楚庄王伐郑，郑伯肉袒牵羊以迎①。庄王曰："其主能下人，必能信用其民矣。"遂舍之。勾践之困于会稽，而归臣妾于吴者，三年而不倦。且夫有报人之志②，而不能下人者，是匹夫之刚也。夫老人者，以为子房才有余，而忧其度量之不足，故深折其少年刚锐之气，使之忍小忿而就大谋。何则？非有平生之素，卒然相遇于草野之间，而命以仆妾之役，油然而不怪者③，此固秦皇之所不能惊，而项籍之所不能怒也。

【注释】

①肉袒：解开衣襟，露出肩头胸口的皮肤，表示情愿受责罚。②报人：向人报仇。③油然：顺从的样子。

【译文】

楚庄王攻打郑国，郑伯袒露着胸脯，牵着羊去迎接他。楚庄王说："郑国的国君能够屈居人下，必定会得到百姓的信任并为他所用。"于是就撤兵而去。越王勾践被围困于会稽山上，就率臣下妻子投降吴国，做吴王的奴仆侍妾，长达三年也未表倦意。如果只有报仇的志向，却又不能屈居人下，那不过是普通人的刚烈。至于那桥上老人认为张良才华有余，又担忧他度量不足，所以才狠狠地挫伤他年轻人的刚强锐利之气，使他能够忍住小愤怒而成就大谋略。为什么这样说呢？老人与张良素昧平生，突然在乡野之间相遇，却又命令张良去做捡鞋穿鞋这种奴仆做的事情，而张良也自然而然地顺从去做而不以为怪，这也正是秦始皇不能使他惊慌，而项羽不能使他暴怒的原因。

【原文】

观夫高祖之所以胜，而项籍之所以败者，在能忍与不能忍之间而已矣。项籍唯不能忍，是以百战百胜，而轻用其锋。高祖忍之，养其全锋而待其敝，此子房教之也。当淮阴破齐，而欲自王，高祖发怒，见于词色。由是观之，犹有刚强不能忍之气，非子房其谁全之？太史公疑子房以为魁梧奇伟，而其状貌乃如妇人女子，不称其志气。呜呼，此其所以为子房欤[①]！

【注释】

①"此其"一句：意思是说，张良相貌柔弱，而志节过人，经桥上老人指点，能够忍人之所不能忍，这正是张良的长处。欤：句尾叹词。

【译文】

考察汉高祖之所以取胜而项羽之所以失败的原因，就在于能忍和不能忍的区别罢了。项羽正因为不能忍耐，所以百战百胜而轻易出兵。而汉高祖刘邦能够忍耐，善于保存实力，蓄养他的全部精锐等待对方疲惫之机，这正是张良教给他的。当淮阴侯韩信攻破齐国，想要自立为王时，刘邦大怒，表现在言词和神情上。由此看来，刘邦还有刚强而不能忍耐的习气，如果不是张良，又有谁能成全他兴汉呢？太史公司马迁曾猜测张良一定是身材魁梧壮伟的人，但实际上他的体态、容貌竟像女子一样，与他的志气很不相称。唉，这就是张良之所以是张良的缘故吧！

【评析】

本文是苏轼的名作之一。名为论诸侯之忍，实则以古喻今，告诫自己不能锋芒太露，面对复杂人生，只有以忍才能成就大业。

文章首句即立论：豪杰之士贵在能"忍"。全文以"忍"字为纲，立论之后则引出张良，先以"张良遇圯上老人"这一事件展开评论，后回顾其以匹夫之力击秦王的"不忍忿忿之心"，对传统的神秘观点进行了批判。

同时，文章还采用"类比"的手段，拿匹夫之勇与天下大勇作比，拿伊尹、太公之谋与荆轲、聂政之计作比,又从浩瀚的史料中列举古人郑伯、勾践能忍辱负重之史实,将刘邦、项羽的忍与不忍作对比,以说明"小不忍则乱大谋",从而确立"忍小忿而就大谋"这一论点。

自古至今就有"忍一时风平浪静"的说法,可是一到关键时刻,人们往往控制不住情绪而做出冲动的事情来。本文向我们展示了一个道理:小事要忍才有可能成就大事。激动往往会断送自己的退路,而陷入无法挽回的地步。

全文以严肃的议论开始,以"闲笔"作收尾,含蓄深刻,饶有趣味。

晁错论

北宋·苏轼

【题解】

晁错是西汉杰出的政治家和政论家，曾担任景帝的御史大夫。鉴于当时诸侯王的势力日益膨胀，他便向景帝提出"削藩"的建议，景帝采纳而实行，结果激起了吴、楚等七国借口诛杀晁错而发动的叛乱。景帝只好杀晁错"以谢天下"。本文是苏轼总结晁错削藩失败的教训，得出晁错被杀的根本原因在于自己，也就是"自祸"，而非景帝之过错。

【原文】

天下之患，最不可为者，名为治平无事，而其实有不测之忧。坐观其变，而不为之所①，则恐至于不可救；起而强为之，则天下狃于治平之安而不吾信②。惟仁人君子豪杰之士，为能出身为天下犯大难，以求成大功。此固非勉强期月之间，而苟以求名之所能也。

【注释】

①所：处所，这里指解决问题的措施。②狃（niǔ）：习以为常。

【译文】

天下的祸患，最难处理的是表面上太平无事，但实际上却隐藏着不可预测的危机。眼看着事情发生变化，却不去想办法解决，恐怕就会发展到不可收拾的局面；如果一开始就用强制的手段解决这些隐患，那么天下的人由于习惯了社会表面的安定，而不会信任我们。只有那些仁人志士、杰出的人物，才能不怕艰险挺身而出为国家效力，以求建立功勋。这本来就不是那些希望在短时期内获得名利的人所能做到的。

【原文】

天下治平，无故而发大难之端；吾发之，吾能收之，然后有辞于天下。事至而循循焉欲去之，使他人任其责，则天下之祸，必集于我。昔者晁错尽忠为汉，谋弱山东之诸侯，山东诸侯并起，以诛错为名。而天子不以察，以错为之说。天下悲错之以忠而受祸，不知有以取之也。

【译文】

天下安定太平，突然无缘无故引发灾难；要做到我能发起它，我又能解决它，然后才能在天下人面前有话可说。如果事到临头却想循规蹈矩地避开它，让别人去承担责任，那么灾难的罪魁祸首就是自己了。当年晁错忠心耿耿为汉朝出力，谋划削弱山东各国诸侯王的势力，山东诸侯王合力起兵，借诛杀晁错的名义反叛朝廷。但是皇帝不曾洞察到他们的险恶用心，就错杀了晁错来向诸侯解释。天下人都替晁错惋惜，认为他太尽忠朝廷反遭杀身之祸，却不知晁错被杀也是他咎由自取啊。

【原文】

古之立大事者，不惟有超世之才，亦必有坚忍不拔之志。昔禹之治水，凿龙门，决大河而放之海。方其功之未成也，盖亦有溃冒冲突可畏之患①。惟能前知其当然，事至不惧，而徐为之图②，是以得至于成功。

【注释】

①溃冒冲突：洪水冲破堤防，横冲直闯。突，水势奔腾。②徐：缓慢，这里有从容之意。

【译文】

自古能够建立大功业的人，不仅有超出世俗的才能，同时也必须有坚忍不拔的意志。从前大禹治理洪水，凿开龙门堤口，疏通大河，把黄河的水疏导到大海中去。当他的治水功业尚未完成时，也存在堤坝被冲毁、洪水横冲直闯那种可怕的灾难。只有他事先预料到这些可能发生的情况，灾难来了也不惊慌失措，而是从容不迫地规划解决，所以才获得了最后的成功。

【原文】

夫以七国之强，而骤削之，其为变，岂足怪哉？错不于此时捐其身，为天下当大难之冲，而制吴楚之命，乃为自全之计，欲使天子自将而己居守。且夫发七国之难者，谁乎？己欲求其名，安所逃其患？以自将之至危，与居守之至安，己为难首，择其至安，而遗天子以其至危，此忠臣义士所以愤怨而不平者也。

【译文】

以七国诸侯这样强盛的势力，想骤然削弱他们，他们起来反抗，这有什么奇怪的呢？晁错在这个时候不为国家捐躯，不为天下人站到抵挡大难的前列，消灭吴、楚等国的力量，却只为保全自己着想，怂恿皇帝亲自带兵出征，自己留守后方。那么引发七国叛乱的又是谁呢？自己既想求得名誉，又怎能逃避由此而来的祸患呢？亲自出征是极其危险的，而留守后方则是很安全的，你是引发这场祸乱的罪魁祸首，却选择留守后方，把极其危险的事推给皇上自己去担当，这就是忠臣义士感到愤怒而无法忍受的。

【原文】

当此之时，虽无袁盎，亦未免于祸。何者？己欲居守，而使人主自将。以情而言，天子固已难之矣，而重违其议。是以袁盎之说得行于其间。使吴楚反，错已身任其危，日夜淬砺①，东向而待之，使不至于累其君，则天子将恃之以为无恐，虽有百盎，可得而间哉？

【注释】

①淬砺：淬，把刀烧红放入水中使之坚硬。砺，把刀磨快。这里是操劳的意思。

【译文】

这个时候，即使没有袁盎这个人，晁错也不会幸免于死的。为什么呢？因为晁错想留守后方，却让皇帝亲自出征。从情理上说，皇帝对此已经很难忍受了，加上许多大臣屡次讨论晁错的错误，所以袁盎的谗言就发生了作用。如果吴、楚反叛，晁错挺身而出，承担危险的任务，昼夜练兵，做好防守东边的准备，也不至于使自己的君王受牵累，那么皇帝就会依赖晁错而不会畏惧，就算有一百个袁盎，他们能找到离间君臣的机会吗？

【原文】

嗟夫！世之君子，欲求非常之功，则无务为自全之计。使错自将而讨吴楚，未必无功。惟其欲自固其身，而天子不悦，奸臣得以乘其隙。错之所以自全者，乃其所以自祸欤！

【译文】

唉！世上的君子，想要建立丰功伟绩，就不要为保全自己考虑。如果晁错自己率兵讨伐吴、楚，未必就不能成功。就因为他只想着保全自己，而使皇帝不高兴，奸臣这才能够乘隙而入。晁错保全自己的计策，正是他遭到杀身之祸的原因啊！

【评析】

从本文可知，汉景帝为巩固中央集权，采信大臣晁错的建议，致使引发了"七国之乱"。由于七国的压力和袁盎等人的谗言，景帝诛杀了晁错。有关晁错之死这一历史悲剧，传统的观点多是为晁错惋惜，认为他忠心耿耿为汉室效忠效力，反落得个身首异处的下场。

在这篇文章中，作者却提出了与世人迥异的观点。文章开头先阐述一个基本的历史事实，反复阐明了用不同的手段会带来不同的结果。想成就功业的仁人志士，应该既能"发"也能"收"，进而引出对晁错历史功过的评判。第二段是全文的主体，分析了晁错的失误。作者提出，"立大事"要有政治预见性和妥当的处置措施，要有坚忍不拔的意志，要在关键时刻能够挺身而出。最后作者还以大禹治水的英雄事迹为例，表达出自己的理想人格，也进一步指出晁错操之过急，有发起事端之谋，却无平息动乱之勇，反而为保全自己推卸责任的举动，真可谓"自取其祸"。

文章观点新颖，一改世俗的看法，令人信服。本文是一篇非常优秀的史论文章。

卷十一

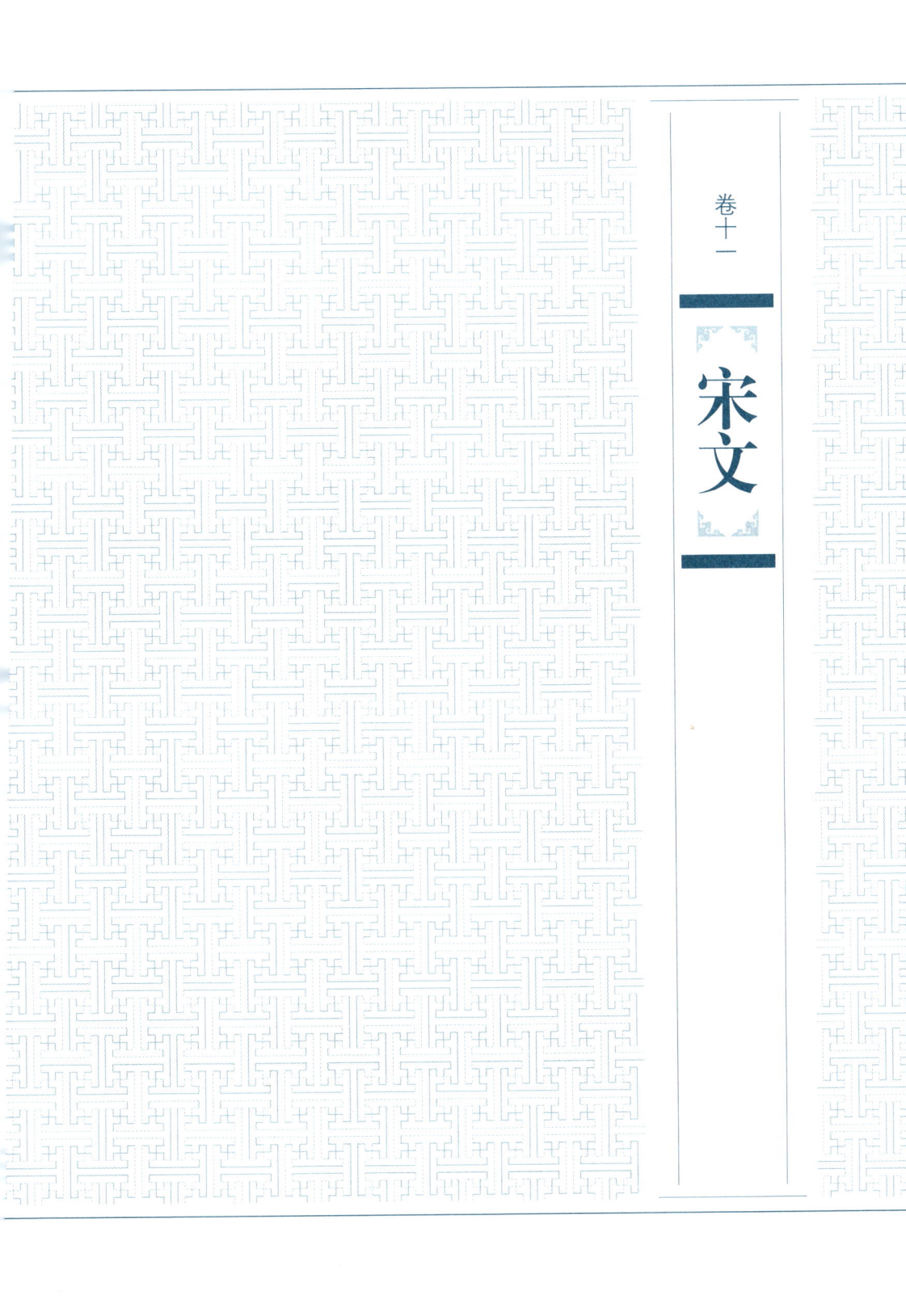

宋文

凌虚台记
北宋·苏轼

【题解】

　　此文作于苏轼担任扶风签判之时，太守陈公为登高远眺建筑了一座土台，命名为"凌虚"。文中在记叙土台修建的经过时，联系到古往今来废兴成毁的历史，并由此感叹人事万物的变化无常，指出不能稍有所得就"夸世而自足"，而应该去探求真正可以永恒的东西。

【原文】

　　国于南山之下①，宜若起居饮食与山接也。四方之山，莫高于终南，而都邑之丽山者②，莫近于扶风。以至近求最高，其势必得。而太守之居，未尝知有山焉。虽非事之所以损益③，而物理有不当然者④。此凌虚之所为筑也⑤。

【注释】

　　①国：指城邑，这里用作动词，指建城邑。②丽：附着，靠近。③损益：损，减小。益，增加。这里是影响的意思。④物理：事物的道理。⑤凌虚：高耸入天空中。

【译文】

　　在终南山下面修建城邑，自然人们的日常饮食起居都和山分不开。四周的山峰，没有比终南山更高的，而最靠近终南山的，莫过于扶风了。从最近的地方去寻找山的最高处，在情理上讲一定可以做到。但是扶风太守的住处，（开始）还不知道（附近）有山。这虽然不会对政事产生什么影响，但是在情理上就不应该是这样。这就是修建凌虚台的原因。

【原文】

方其未筑也，太守陈公杖履逍遥于其下①，见山之出于林木之上者，累累如人之旅行于墙外而见其髻也。曰："是必有异。"使工凿其前为方池，以其土筑台，高出于屋之檐而止。然后，人之至于其上者，恍然不知台之高，而以为山之踊跃奋迅而出也。公曰："是宜名凌虚。"以告其从事苏轼，而求文以为记。

【注释】

①杖履：拄着手杖漫步。逍遥：怡然自得的样子。

【译文】

当凌虚台还没建起来的时候，扶风太守陈公拄着手杖，脚穿便鞋，悠然地出去漫步，看到高出树木之上的山峰，重重叠叠，好像有人在墙外行走而墙内的人却只看到他们的发髻一样，就说："这里一定有奇异的地方！"于是派工匠在山前开凿出一口池塘，用挖出的泥土修筑成一座高台，高出屋檐才停工。这样，人们登上高台，恍恍惚惚中忘了高台有多高，却以为是山峦突然间从地面冒出而形成的。陈公说："这座高台应该叫'凌虚'。"他把这事告诉部下苏轼，要他写篇文章来记下此事。

【原文】

轼复于公曰："物之废兴成毁，不可得而知也。昔者荒草野田，霜露之所蒙翳①，狐虺之所窜伏②。方是时，岂知有凌虚台耶？废兴成毁，相寻于无穷③，则台之复为荒草野田，皆不可知也。尝试与公登台而望，其东则秦穆之祈年、橐泉也，其南则汉武之长杨、五柞，而其北则隋之仁寿、唐之九成也。

【注释】

①蒙翳：遮蔽。②虺（huǐ）：毒蛇。③相寻：互相循环，周而复始。

【译文】

我答复陈公说："事物的废兴成毁，是无法预料的。先前这里是荒草丛生的野地，到处被霜露遮蔽，也是狐狸、毒蛇经常出没的地方。那个时候，有谁会知道有今天的凌虚台呢？事物总是废兴成毁，它们无穷无尽地相互转化循环，所以凌虚台是否再变回野草荒地，也是无法预料的。我曾经与您一起登台远望，它的东面是秦穆公时的祈年宫和橐泉宫，它的南面是汉武帝时的长杨宫和五柞宫，它的北面是隋炀帝时的仁寿宫、唐太宗时的九成宫。

【原文】

计其一时之盛，宏杰诡丽，坚固而不可动者，岂特百倍于台而已哉①！然而，数世之后，欲求其仿佛，而破瓦颓垣无复存者，既已化为禾黍荆棘、丘墟陇亩矣，而况于此台欤！夫台犹不足恃以长久，而况于人事之得丧、忽往而忽来者欤？而或者欲以夸世而自足，则过矣。盖世有足恃者，而不在乎台之存亡也。"既以言于公，退而为之记。

【注释】

①特：仅仅，只。

【译文】

回想当年的盛况，规模宏大，奇异瑰丽，坚不可摧的气势，岂止超过这个凌虚台一百倍呢？但数代以后，即使还想看看它们旧的大致形貌，却连破瓦断砖、倒塌的墙都不存在了，都已经变成长满庄稼的田地和荆棘丛生的荒丘了，更何况是这座凌虚台呢！这凌虚台尚且不能保持它的长久存在，更何况是人世的得失，来也匆匆，去也匆匆呢？如果有人想以当时的盛况而向世人夸耀，并自我满足，那就错了。其实世界上确实有足以依靠的东西，并不在于一个土台的存在或消失。"我把这些向对陈公讲述之后，回来就写下了这篇文章。

【评析】

本文是一篇"借题发挥"的代表作，借台记来抒情说理。此文虽然为"记"，重点是"论"。

首先从山谈起，讲述凌虚台修建的原因以及命名的由来。作者用古今废兴成毁的历史，抒发"废兴成毁"的感慨，由此推出世事不可预料。同时指出不能因为有点成就就"夸世自足"，而要不懈地追求，这样才能实现自己的目标。这番论述也显示出了作者永不满足、积极进取的精神。

最后作者以乐观旷达的笔调写道："盖世有足恃者，而不在乎台之存亡也。"作者并没有直接说明"足恃"的东西，而是留给读者自己去思考，使文章言已尽而意无穷，显得深沉、含蓄而耐人寻味。

潮州韩文公庙碑

北宋·苏轼

【题解】

这是一篇创作于宋代时期的散文，是苏轼于元祐七年（1092年），在接受了潮州知州王涤的请求后，替潮州重新修建的韩愈庙所撰写的碑文。古代的碑文，包括庙碑和墓碑，是一种习见的文体，它是刻在石头上的文章，一般是记述人物的生平、术业、政绩。本文则较全面地概括韩愈的主要事迹，并提出比较恰当的评价，有"千古奇观"之称。

【原文】

匹夫而为百世师，一言而为天下法，是皆有以参天地之化①，关盛衰之运。其生也有自来，其逝也有所为。故申、吕自岳降，傅说为列星，古今所传，不可诬也。

【注释】

①参天地之化：指与天、地一齐化育万物，并立为三。

【译文】

一个普通人能够成为百世宗师，一句话就能成为天下人效法的准则，这都是由于他们能够和天地化育万物相等同，也关系到国家气运的盛衰。他们的出生也是有来历的，他们的死亡也是有缘由的。所以，申伯、吕侯是山神降世，傅说死后化为天上的星辰，这些古今传诵的事是不可否认的。

【原文】

孟子曰："我善养吾浩然之气。"是气也，寓于寻常之中，而塞乎天地之间。卒然遇之，则王、公失其贵，晋、楚失其富，良、平失其智，贲、育失其勇，仪、秦失其辩。是孰使之然哉？其必有不依形而立，不恃力而行，不待生而存，不随死而亡者矣。故在天为星辰，在地为河岳，幽则为鬼神①，而明则复为人。此理之常，无足怪者。

【注释】

①幽：指幽冥之处。

【译文】

孟子说："我善于修养我的至大至刚之气。"这种气，蕴藏在寻常的事物之中，而充溢在天地之间。突然遇到它，则王侯公卿就会失去他们的尊贵，晋、楚这样的大国也会失去它们的富强，张良、陈平也会失去他们的智谋，孟贲、夏育也会失去他们的勇气，张仪、苏秦也会失去他们善辩的口才。是谁能让它有这样的本领呢？它一定有不凭借形体而自立、不依仗力量而自行、不依赖生命而存在、不跟随死亡而消逝的东西。所以有这种气的人在天上就化为星辰，在地上就成为山川河流，在阴间化为鬼神，在人间又变成世人。这些都是很平常的道理，不足为怪。

【原文】

自东汉以来，道丧文弊，异端并起。历唐贞观、开元之盛，辅以房、杜、姚、宋而不能救。独韩文公起布衣，谈笑而麾之①，天下靡然从公，复归于正，盖三百年于此矣。文起八代之衰，而道济天下之溺②；忠犯人主之怒，而勇夺三军之帅。此岂非参天地、关盛衰、浩然而独存者乎？

【注释】

①麾（huī）：同"挥"，指挥，号召。②"道济"句：提倡儒道以拯济沉溺于佛道思想的人们。济，拯救。

【译文】

　　自东汉以来，儒家之道衰败，文章凋敝，各种异端学说相继兴起。虽然经历了唐代贞观、开元的盛世，出现了房玄龄、杜如晦、姚崇、宋璟等名相的辅佐，但是仍然不能扭转局面。唯有韩文公以平民身份挺身而出，谈笑之间挥手号召，天下人纷纷跟随他，使思想和文风纳入正道上来，这距今大约有三百年了。韩文公的文章振作了八代衰颓的文风，他提倡的学说拯救了沉溺于佛道的天下人；他的忠心触怒了君主，他的勇气制服了三军主帅。这不就是与天地化育万物、与国家盛衰紧密相关而浩然独存的正气吗？

【原文】

　　盖尝论天人之辨，以谓人无所不至，惟天不容伪①。智可以欺王公，不可以欺豚鱼②；力可以得天下，不可以得匹夫匹妇之心。故公之精诚，能开衡山之云，而不能回宪宗之惑；能驯鳄鱼之暴，而不能弭皇甫镈、李逢吉之谤；能信于南海之民，庙食百世，而不能使其身一日安之于朝廷之上。盖公之所能者，天也；其所不能者，人也。

【注释】

　　①伪：人为的事物。②豚鱼：豚，指小猪，这里泛指猪。古人认为为人讲求诚信，即使对小动物也不能欺骗。

【译文】

　　我曾经谈论过天道和人事的区别，认为没有人不能做到的事情，只是天道不是人力所能改变的。人的智慧可以用来欺骗王侯公卿，但却不能欺骗纯真天性的小动物；人的力量可以用来夺取天下，但却不能夺得普通男女的忠心。所以韩文公的精诚之心，能够拨开衡山重重的云雾，但却不能使唐宪宗迷途知返；能够驯服残暴的鳄鱼，但却不能制止皇甫镈、李逢吉的诽谤；能够取信于潮州的广大百姓，使得百代都享受庙堂祭祀，但却不能使自己在朝廷中得到一天的安宁。这大概是因为韩文公所能够做到的是尽天道，而他所不能做到的是屈从人事。

【原文】

始潮人未知学，公命进士赵德为之师。自是，潮之士皆笃于文行①，延及齐民，至于今，号称易治。信乎孔子之言："君子学道则爱人，小人学道则易使也②。"潮人之事公也，饮食必祭，水旱疾疫，凡有求必祷焉。而庙在刺史公堂之后，民以出入为艰③。前太守欲请诸朝作新庙，不果。元祐五年，朝散郎王君涤来守是邦。凡所以养士治民者，一以公为师。民既悦服，则出令曰："愿新公庙者听。"民欢趋之。卜地于州城之南七里，期年而庙成。

【注释】

①笃于：忠实于。②"君子学道则爱人"二句：表现了孔子提倡礼乐教化的政治目的。③艰：这里是不方便的意思。

【译文】

当初，潮州人不知道学习儒道，韩文公派进士赵德去做他们的老师。从此，潮州的学者们开始重视文章礼仪，并且影响了当地百姓，直到今天，潮州号称是最易治理的地方。孔子说得真不错："君子学了礼仪道德就有仁爱之心，百姓学了礼仪道德就容易驱使。"潮州百姓侍奉韩文公，每顿饭都要祭祀，遇到水旱灾害、疾病瘟疫等有求于神灵的事情，一定会向他祷告。韩文公的庙宇建在刺史公堂的后面，老百姓进出很不方便。前任太守想请求朝廷另建一座新庙，但是没有实施。元祐五年，朝散郎王君涤来到这里做知县。他上任后，凡是用来培养世人、治理百姓的措施，一律以韩文公为榜样。在百姓们对他的治理心悦诚服后，他就发出号令说："愿意重建韩公庙的人就听从命令。"百姓们都欢呼雀跃地去参加修庙。在州城南面七里选了一块好地方，一年内新庙就建成了。

【原文】

或曰："公去国万里而谪于潮，不能一岁而归。没而有知，其不眷恋于潮也审矣。"轼曰："不然！公之神在天下者，如水之在地中，无所往而不在也。而潮人独信之深、思之至，焄蒿凄怆①，若或见之，譬如凿井得泉，而曰水专在是,岂理也哉?"

【注释】

①熏蒿凄怆:祭祀时引起凄怆的感情。熏蒿,指祭祀时香气缭绕的样子。

【译文】

有人说:"韩文公离开京城万里之远而谪居潮州,不到一年的时间就回去了。如果他死后有知,明显是不会眷恋潮州的。"我说:"不是这样的!韩文公的神灵在人间,就像水在地下一样,无论到哪里都有。但是唯独潮州人信奉深切、思念无限,在祭奠时升腾的香雾中,人们悲怆凄凉,仿佛见到了他,就好像凿井时见到了泉水,却说泉水只在这个地方,哪有这种道理呢?"

【原文】

元丰元年,诏封公昌黎伯,故榜曰:"昌黎伯韩文公之庙。"潮人请书其事于石,因为作诗以遗之,使歌以祀公。其辞曰:公昔骑龙白云乡,手抉云汉分天章①,天孙为织云锦裳。飘然乘风来帝旁,下与浊世扫秕糠②。西游咸池略扶桑,草木衣被昭回光。追逐李、杜参翱翔,汗流籍、湜走且僵,灭没倒影不能望③。作书诋佛讥君王,要观南海窥衡、湘,历舜九嶷吊英、皇。祝融先驱海若藏④,约束蛟鳄如驱羊。钧天无人帝悲伤,讴吟下招遣巫阳。爢牲鸡卜羞我觞,于粲荔丹与蕉黄。公不少留我涕滂,翩然被发下大荒⑤。

【注释】

①抉:挑选。云汉:指银河。天章:天上的彩云。②下:降下,作动词用。秕糠:比喻异端邪说。③"灭没"句:形容张籍、皇甫湜像倒影一样容易灭没,不能仰望韩愈日月般的光辉。④祝融:传说中的火神。先驱:早已逃走。海若:海神。⑤翩然被发下大荒:韩愈曾有诗句:"翩然下大荒,被发骑麒麟。"苏轼用此语,表示希望他下来享用祭品。被,同"披"。大荒,原指传说中极远的地方,这里指人世。

【译文】

元丰元年(实为元丰七年),皇帝下诏追封韩文公为昌黎伯,所以匾额上写着"昌黎伯韩文公之庙"。潮州人请求我把他的事迹刻在石碑上，于是我又写了一首诗送给他们，让他们歌唱着来悼念韩公。诗的词句为：

昔日里您乘着飞龙遨游在白云乡，亲手在银河中挑选天上的云彩，织女为您编织锦绣衣裳。您乘着清风飘游来到帝王身旁，下降到人间是为扫除混乱的俗世异端。您西游咸池，东过扶桑，连草木都享受着您的灿烂光芒。您追随李白、杜甫，同他们一起翱翔天空，使张籍、皇甫混汗流奔跑也赶不上你，您的光辉让人不敢仰望。您疾书奏章，抨击佛学，讽劝君王，被贬潮州，您游历南海，路过九嶷舜墓，凭吊女英、娥皇。到了潮州，祝融为您开路，南海的怪物都藏匿起来。您为民除害，赶走蛟龙、鳄鱼，如同驱赶羔羊一样。天庭少了人才，天帝心中悲伤，派遣巫阳高歌下凡招您回天堂。潮州百姓杀牛宰鸡，献上美酒，请您品尝火红的荔枝和嫩黄的香蕉。文公啊，您不肯稍作停留，让我们泪下如雨，请您飘然下降享用祭品吧！

【评析】

传统的碑文以叙事为主，本文却以议论为主，叙事通过议论引出。

文章前半部分写"庙碑"，列举了多位古代圣贤，说明他们能够扬名后世的原因，虽然没有论及韩愈，却已经暗示韩愈是一代圣贤，在文学、儒学以及政治才能方面给予了韩愈高度的赞扬和热情的歌颂。后半部分写"潮州"，主要讲述韩愈在潮州的政绩以及人们对他的怀念。碑文连用四个排比句，从文、道、忠、勇四个方面来盛赞韩愈在道德和文章方面取得的成就，以及政绩。末尾部分，交代了修庙立碑撰文的时间，并作诗赞美。

在文中，苏轼对韩愈的一生，尤其是对韩愈在思想文化上所起的重要作用，给予了极高的评价。苏轼认为韩愈的这种人格、思想、精神之所以不为人们所理解，甚至受到不公正的待遇，是由于他能替天行道，而不会媚世阿俗的缘故。

文章感情充沛，写得很有气势，将议论、描述、对话、诗歌等多种手法熔铸于一炉，加上错落参差的句子和音调铿锵的语言，使文章十分生动而又灵活。

前赤壁赋
北宋·苏轼

【题解】

赤壁曾经是三国时期魏吴交兵时的古战场。不过,这个战场的旧址在今湖北嘉鱼县境内,作者所游览的是今湖北黄冈的赤壁。这篇文章就是作者与友人同游赤壁时所作,他在文中借游览赤壁之事抒发被贬的苦闷。一方面感慨人生之无常,另一方面又阐明了变与不变的哲理,表现出作者豁达乐观的精神。

【原文】

壬戌之秋,七月既望,苏子与客泛舟,游于赤壁之下。清风徐来,水波不兴。举酒属客①,诵《明月》之诗,歌窈窕之章。少焉,月出于东山之上,徘徊于斗牛之间。白露横江,水光接天。纵一苇之所如,凌万顷之茫然。浩浩乎如冯虚御风②,而不知其所止;飘飘乎如遗世独立,羽化而登仙③。

【注释】

①属(zhǔ):劝酒的意思。②冯虚御风:腾空驾风而行。冯,同"凭"。虚,指天空。③羽化:道教把成仙叫作"羽化"认为成仙后能够飞开。登仙,飞入仙境。

【译文】

壬戌年的秋天,七月十六日,我与客人在赤壁之下的江面上划船游玩。清风缓缓地吹拂,江面上的波纹没有大的动静。我举起酒杯,邀请客人饮酒,朗诵《明月》之诗,歌唱《窈窕》一章。过了一会儿,月亮从东山上升起,在北斗和牵牛星之间徘徊着。白茫茫的雾气铺满整个江面,水光与夜空连成一片。我们听凭小船自由自在地漂游,越过茫茫无边的江面。浩浩荡荡就像凌空御风,不知道它将要驶向何方;清风飘摇像要脱离尘世,飞升羽化,登上仙境。

【原文】

于是饮酒乐甚,扣舷而歌之①。歌曰:"桂棹兮兰桨,击空明兮溯流光。渺渺兮予怀,望美人兮天一方②。"客有吹洞箫者,依歌而和之,其声呜呜然,如怨如慕,如泣如诉,余音袅袅,不绝如缕。舞幽壑之潜蛟,泣孤舟之嫠妇③。苏子愀然④,正襟危坐而问客曰:"何为其然也?"

【注释】

①扣舷:敲打着船边。这里是打节拍的意思。②美人:指贤君圣主,不是说美貌的女子。③嫠(lí)妇:寡妇。④愀(qiǎo)然:忧愁凄怆的样子。

【译文】

这时,我们喝酒喝得很快乐,就敲着船舷唱起歌来。歌词是:"桂木做的棹啊,兰木做的桨,拍打着清澈的江水啊,迎着浮动的月光。我绵长的情思啊,遥看圣明的君主,他在遥远的地方。"客人中有一个会吹洞箫的,按照歌词的旋律进行伴奏。箫声呜呜,像怨恨又似思慕,像哭泣又似倾诉,余音婉转悠长,如同丝缕一样绵绵不断。箫声使潜伏在深渊中的蛟龙起舞,使孤舟上的寡妇啜泣。我不禁悲怆起来,整整衣襟,端正地坐起,问客人道:"箫声为什么会如此凄凉?"

【原文】

客曰:"'月明星稀,乌鹊南飞',此非曹孟德之诗乎?西望夏口,东望武昌,山川相缪,郁乎苍苍,此非孟德之困于周郎者乎?方其破荆州,下江陵,顺流而东也,舳舻千里①,旌旗蔽空,酾酒临江②,横槊赋诗,固一世之雄也,而今安在哉!况吾与子渔樵于江渚之上,侣鱼虾而友麋鹿;驾一叶之扁舟,举匏樽以相属。寄蜉蝣于天地③,渺沧海之一粟;哀吾生之须臾,羡长江之无穷;挟飞仙以遨游,抱明月而长终。知不可乎骤得,托遗响于悲风④。"

【注释】

①舳舻（zhú lú）：舳指船尾，舻指船头。②酾（shī）酒：斟酒。这里是"洒酒"的意思。在江面上洒酒，表示对古代英雄豪杰的凭吊。③"蜉蝣"句：像蜉蝣那么短促地寄生在天地之间。蜉蝣，昆虫名，传说早晨生、晚上死，存活时间很短。④遗响：箫的余音。悲风：秋天凄厉的风。

【译文】

客人说："'月明星稀，乌鹊南飞'，这不是曹孟德的诗句吗？从这里向西看那是夏口，向东看那是武昌，这儿山水环绕，一片苍翠，这不是曹孟德被周瑜围困的地方吗？当年他夺得荆州，攻下江陵，顺长江向东奔流直下，战船绵延千里，旌旗遮天蔽日，临江洒酒，手拿长矛吟诗作赋，真是一代英雄啊！但如今却在哪里呢？何况我和你只是在江边沙洲捕鱼打柴，与鱼虾为伴，以麋鹿为友；乘着一叶扁舟，举起酒杯相互对饮；寄托这像蜉蝣一样短促的生命于天地之间，渺小得如同大海中的一颗谷粒；慨叹我们生命的短促，羡慕长江的奔流不息；希望与仙人一同遨游，与明月一同永存。我知道这种想法不可能在突然之间得到，所以只好寄箫声于悲凉的秋风中。"

【原文】

苏子曰："客亦知夫水与月乎？逝者如斯，而未尝往也；盈虚者如彼①，而卒莫消长也。盖将自其变者而观之，则天地曾不能以一瞬；自其不变者而观之，则物与我皆无尽也。而又何羡乎？且夫天地之间，物各有主。苟非吾之所有，虽一毫而莫取。惟江上之清风，与山间之明月，耳得之而为声，目遇之而成色，取之无禁，用之不竭。是造物者之无尽藏也，而吾与子之所共适②。"客喜而笑，洗盏更酌。肴核既尽，杯盘狼藉。相与枕藉乎舟中③，不知东方之既白。

【注释】

①盈虚者：指月亮。②共适：共同享受。适：享受的意思。③枕藉：互相枕着靠着睡觉。

【译文】

我说："您了解江水和月亮吗？江水奔流不息，但实际上并没有流走；月亮时圆时缺，但始终没有一点增减。如果从它们变化的角度来看，天地间的万物每一眨眼都会有变化；如果从不变的角度来看，万物和我们都是永恒不变的，又何必羡慕他们呢？况且天地之间，万物都有各自的主人。如果不是归我所有，即使分毫也不要取用。唯有这江上的清风和山间的明月，耳朵能听到它的声音，眼睛能看到它的颜色，这是取之不尽、用之不竭的。这是大自然无穷无尽的宝藏，是我和您所能共同享用的。"客人听后，高兴地笑了，洗了酒杯重新酌酒。菜肴和果品都已经吃光，杯盘杂乱无章地放着。我们在小船中互相枕着靠着睡觉，不知不觉间东方已经亮了。

【评析】

这篇赋主要抒发月夜泛舟赤壁的感受，通过与客同游赤壁、饮酒赋诗和主客问答来组织全篇，抒发了作者政治失意后的苦闷之情。

借怀古之名，以与客同游赤壁为线索，描绘了一个诗情画意的境界，表达了作者欲摆脱尘世烦恼的心情。接着主客对酌于舟中，赋诗和歌，又以主客问答的方式提出矛盾。客的回答表露了思古幽情和人生渺小之感，而作者的一句"挟飞仙以遨游，抱明月而长终"又是在自我宽慰。他通过议论江水和明月的变与不变，说明天地永恒，万物与人生变与不变的辩证法。

文章语言清新流畅，韵律优美，其中间杂歌词、对话，写景、抒情、议论三者结合得极其自然巧妙，是文赋中的千古绝唱。

后赤壁赋

北宋·苏轼

【题解】

《后赤壁赋》，是北宋著名文学家、号称"唐宋八大家"的苏轼在被贬谪黄州时所作的一篇散文，是《前赤壁赋》的姐妹篇。前赋写的是秋景，反映的是清风明月、白露横江之夜的安谧寂静。后赋写的是冬景，刻画的是肃杀恐怖的场面。同为泛游赤壁之赋，但是季节不同，氛围不一，作者的心情也迥异，寄托的思想感情固然也不同。

【原文】

是岁十月之望，步自雪堂，将归于临皋。二客从予，过黄泥之坂。霜露既降，木叶尽脱，人影在地，仰见明月，顾而乐之，行歌相答。已而叹曰："有客无酒，有酒无肴，月白风清，如此良夜何？"客曰："今者薄暮，举网得鱼，巨口细鳞，状如松江之鲈。顾安所得酒乎①？"归而谋诸妇，妇曰："我有斗酒，藏之久矣，以待子不时之需②。"

【注释】

①顾：表转折，但是的意思。安所，何处。②子：古代对男子第二人称的尊称。不时：随时。

【译文】

这一年的十月十五日，我从雪堂走出来，打算回到临皋馆去。有两位客人跟随我一起去，经过了黄泥坂。这时候，霜露已经降下，树叶也已凋落，我们的身影映在地上，抬头仰望天上的明月，环顾四周清幽的景色，心情非常愉快，我们边走边唱，互相酬答应和。过了一会儿，我叹息说："有客人却没有酒，有酒却没有菜，月色皎洁，清风习习，如此美好的夜晚该如何度过呢？"客人说："今天傍晚的时候，我捕到了一条鱼，大嘴巴，细鳞片，看样子很像是松江鲈。但是从什么地方弄到酒呢？"回家后，我跟妻子商量，妻子说："我有一斗酒，藏了好长时间，以备您临时的需要。"

【原文】

于是携酒与鱼，复游于赤壁之下。江流有声，断岸千尺；山高月小，水落石出。曾日月之几何，而江山不可复识矣！予乃摄衣而上，履巉岩①，披蒙茸，踞虎豹，登虬龙，攀栖鹘之危巢，俯冯夷之幽宫②。盖二客不能从焉。划然长啸，草木震动，山鸣谷应，风起水涌。予亦悄然而悲，肃然而恐，凛乎其不可留也！反而登舟，放乎中流，听其所止而休焉。时夜将半，四顾寂寥。适有孤鹤，横江东来，翅如车轮，玄裳缟衣③，戛然长鸣，掠予舟而西也。

【注释】

①巉（chán）岩：险峻的岩石。②鹘：隼，一种凶鸟。冯（píng）夷：古代传说中的水神名。③玄裳缟衣：黑裙白衣。在此借人的服色来说鹤的毛色。裳，下衣。衣，上衣。

【译文】

于是，我们带着酒和鱼，再次到赤壁下游玩。长江的流水发出声响，江岸的峭壁高达千尺；山峰耸立，月亮显得很小，水位降落，岩石露出水面。才过了几天，江山的面貌改变得如此之大，让人无法辨认！我提着衣襟走上岸，登上险峻的山崖，拨开杂乱的野草，蹲在虎豹形状的怪石上，又爬上状如虬龙的古树，攀援猛禽做窝的悬崖，俯视水神幽深的水宫。那两位客人已经不能跟随我爬到山的高处了。我一声长啸，草木似乎都被震动了，山谷回响，风起浪涌。我也不禁感到寂寞悲哀，甚至有些恐惧，这样恐惧的气氛让我不敢再停留在那里了！于是我又返回船上，任凭小船飘荡到江心，漂到哪里，就在哪里休息。这时已经是夜半时分，环视四周，寂寞空荡。恰好有一只孤独的鹤鸟，横过长江从东面飞来，翅膀张开像车轮一样大，好像穿着黑裙白衣，戛然一声长鸣，擦过我的小船向西飞去。

【原文】

　　须臾客去，予亦就睡。梦一道士，羽衣蹁跹①，过临皋之下，揖予而言曰："赤壁之游乐乎？"问其姓名，俯而不答。"呜呼噫嘻！我知之矣，畴昔之夜②，飞鸣而过我者，非子也耶？"道士顾笑，予亦惊寤。开户视之，不见其处。

【注释】

　　①蹁跹（pián xiān）：比喻道士体态轻盈。②畴昔：往日，这里指昨日。畴，语助词。

【译文】

　　一会儿，客人走了，我也入睡了。我梦见一位道士，穿着鸟羽制成的衣服轻快地走着，从临皋馆下经过，他向我拱手行礼，说："这次赤壁之游很愉快吧？"我问他的姓名，他低头不回答。"啊！我知道了，昨天夜里一声长鸣从我船上飞过去的不就是您吗？"道士对我回头一笑，我也从梦中惊醒了。打开门一看，却看不到他的影子。

【评析】

　　本文是作者第二次游赤壁时所写，距初游赤壁虽只相隔三个月，但景色不同，心情各异，深刻展现出了作者的复杂心情。

　　文章先写重游赤壁之前的活动，包括交待时间、行程、同行者以及为重游所作的准备。写初冬月夜之景，既隐伏着游兴，又很自然地引出了主客间的一问一答，带出凑鱼和酒一事，平添几分生趣。

　　接下来，纯粹写景，写出初冬独特夜景，从而诱发了主客弃舟登岸攀崖游山的雅兴，写出赤壁夜游的意境，清幽而宁静。接着又描写出江岸的崎岖险峻，奇异惊险的景物，更加令人心胸开阔、境界高远。当作者不畏艰难、勇于独自一人攀登到绝顶时，那一声"划然长啸"的场景又不能不使他产生凄清之情、忧惧之心，不得不返回舟中。

　　文章写到这里，又突起神来之笔，写了一只孤鹤的"横江东来"、"戛然长鸣"后擦舟西去，于是，已经孤寂的作者更添悲悯，文章再起跌宕生姿的波澜，还为下文写梦埋下了伏笔。结尾处用白鹤道士虚幻的梦境，表现出作者幻想脱离尘世，却不能逃避现实的矛盾心情。同时也给全文笼上一层缥缈迷幻的气氛。

三槐堂铭

北宋·苏辙

【题解】

三槐象征朝廷官员中职位最高的三公。三槐堂，即三槐王氏的堂号，是北宋初年兵部侍郎王祐家的厅堂，因王祐手植三棵槐树于庭而得名。本文是苏轼为三槐堂写的铭文，歌颂了王祐及其子孙的功业、德行，并借此规劝世人多行善事。全文叙议结合，语言精练，堪称铭文中的上乘之作。

【原文】

天可必乎？贤者不必贵，仁者不必寿。天不可必乎？仁者必有后。二者将安取衷哉①？吾闻之申包胥曰："人定者胜天，天定亦能胜人②。"世之论天者，皆不待其定而求之，故以天为茫茫。善者以怠，恶者以肆。盗跖之寿，孔、颜之厄，此皆天之未定者也。松柏生于山林，其始也，困于蓬蒿，厄于牛羊；而其终也，贯四时、阅千岁而不改者，其天定也。善恶之报，至于子孙，则其定也久矣。吾以所见所闻考之，而其可必也审矣。

【注释】

①衷：同"中"，此为正确之意。②"人定者"二句：语出《史记·伍子胥传》，原文为："人众者胜天，天定亦能破人。"人定，人的意志。天定，天的意志。

【译文】

能说天意是必然的吗？但是贤明的人不一定显贵，仁爱的人也不一定长寿。能说天意不是必然的吗？但是仁爱之人一定会有好的后代。这两种说法该怎样论定才是正确的呢？我听申包胥曾经说过："人的意志可以改变天命，天的意志也能胜过人为的努力。"世上谈论天道的人，都不等天意完全表现出来就去证明它，因此他们认为天道是渺茫不能捉摸的。善良的人因此而懈怠，邪恶的人因此而放纵。盗跖的长寿，孔子、颜回的困厄，这都是天意还没有完全表现出来的缘故。松柏生长在山林之中，开始时被围困在蓬蒿之下，遭受牛羊践踏；但它最终还是四季常青，经历千年还是挺立不变，这就是天意的显示。人的善恶报应，要到子孙后代才表现出来，这也是天意早已定下的。我以所见所闻的事实来验证，说天意是必然的，这是很清楚的。

【原文】

国之将兴，必有世德之臣，厚施而不食其报，然后其子孙能与守文太平之主共天下之福。故兵部侍郎晋国王公，显于汉、周之际，历事太祖、太宗，文武忠孝，天下望以为相，而公卒以直道不容于时。盖尝手植三槐于庭，曰："吾子孙必有为三公者①。"已而其子魏国文正公，相真宗皇帝于景德、祥符之间，朝廷清明、天下无事之时，享其福禄荣名者十有八年。今夫寓物于人，明日而取之，有得有否；而晋公修德于身，责报于天，取必于数十年之后，如持左契②，交手相付。吾是以知天之果可必也。

【注释】

①三公：西汉时称丞相、太尉、御史大夫为三公，这里泛指朝廷的高级官员。②左契：古代契约分为左右两联，立契双方各执一联。左契即左联，为索偿的凭证。

【译文】

国家将要兴盛时，一定有世代积德的大臣，做了很多善事而没有享受应有的福报，但此后他的子孙却能够与守成的君主共享天下的福禄。所以死去的兵部侍郎、晋国公王祐，在后汉、后周之间就已经显达，前后侍奉太祖、太宗两朝，文武忠孝，天下人都期盼他当宰相，但是最终由于他正直不阿，而不为当世所容。他曾亲手在庭院里种了三棵槐树，说："我的子孙后代一定会有做三公的。"后来他的儿子魏国文正公果然在真宗景德、祥符年间做了宰相，那时正值朝廷政治清明，天下太平，他享受了十八年的福禄荣耀。现在把东西寄存在别人那里，第二天就去取，可能取到，也可能取不到了。但晋国公自己修养德行，希望得到上天的福报，几十年之后他真的得到了上天的回报，就像手持契约，亲手交接一样。我由此知道上天确实是必要表现他的意愿的。

【原文】

吾不及见魏公，而见其子懿敏公，以直谏事仁宗皇帝，出入侍从将帅三十余年，位不满其德。天将复兴王氏也欤！何其子孙之多贤也？世有以晋公比李栖筠者，其雄才直气，真不相上下。而栖筠之子吉甫，其孙德裕，功名富贵，略与王氏等；而忠恕仁厚，不及魏公父子。由此观之，王氏之福盖未艾也。懿敏公之子巩与吾游，好德而文，以世其家，吾是以录之。铭曰：

【译文】

我没能够见到魏国公，却见到了他的儿子懿敏公，他以直言进谏事奉仁宗皇帝，在宫廷内外侍从、带兵三十多年，他的爵位不足以和他的德行相称。是上天要振兴王氏吧！为什么他的子孙中有这么多贤能之士呢？世上有人将晋国公与李栖筠相比，他们两人才干杰出，性格刚直，确实不相上下。而李栖筠的儿子李吉甫、孙子李德裕，虽然享有的功名富贵和王氏差不多，但在宽厚仁义方面，则比不上魏公父子。由此看来，王氏的福分正旺盛不衰啊。懿敏公的儿子王巩和我有交往，他注重品行修养而又善于诗文，以此继承他世代的家风，我因此把他记了下来。铭文是：

【原文】

"呜呼休哉①！魏公之业，与槐俱萌；封植之勤，必世乃成。既相真宗，四方砥平②。归视其家，槐阴满庭。吾侪小人，朝不及夕，相时射利，皇恤厥德③？庶几侥幸，不种而获。不有君子，其何能国？王城之东，晋公所庐；郁郁三槐，惟德之符。呜呼休哉！"

【注释】

①呜呼休哉：表示感叹、赞美的意思。②砥平：像磨刀石一样平稳。这里指国家安定。③皇恤厥德：皇，同"遑"，闲暇。恤，忧念。厥，其。

【译文】

"啊，多么美好啊！魏公的功德跟槐树一起萌生；辛勤地浇灌培植，必定要经过世代才能长成。做了宰相辅佐真宗，国家安定。回乡探家，槐荫笼庭。我们这些无才无德之辈，从早到晚，只知窥察时机追求名利，哪里还有时间修养道德？只希望有意外的机会，不种植就有收获。没有贤德的人，国家又怎能成为一个国家？京城的东面，是晋国公的住所，葱郁茂密的三棵槐树，就是善德的象征。啊，多么美好啊！"

【评析】

本文借写王祐仁德厚施，福延子孙，宣扬善恶有报的天命观。对于天命，读者可以不必相信，但应明白作者表达的种槐种德、惩恶扬善的意愿。

文章主题在于歌颂王祐的品德和功业。首先从天命有常立论，肯定了"善有善报，恶有恶报"，进而提出"仁者必有后"的观点，这是全文的理论基础。然后记叙了王祐手植三槐的经过和期待，说明王祐仁爱厚施、积善成德，子孙才多贤，福祚绵绵不绝，从而论证了观点，突出了主旨。

为了进一步突出王祐的勋业，作者又以唐代李栖筠、李吉甫、李德裕祖孙功名富贵进行映衬，越显得王祐父子的忠恕仁厚。本文善于剖析事理，烘托陪衬，挥洒如意。

六国论

北宋·苏辙

【题解】

苏辙，字子由，晚年自号"颍滨遗老"，他与父苏洵、兄苏轼号称"三苏"，并列名于唐宋八大家中，他的文章以策论文最为精彩，本文便是策论文中的代表作，原名《六国》，"论"是后世学者选文时添加上去的。本文提出并论证了六国灭亡"弊在赂秦"的精辟论点，告诫北宋统治者要吸取六国灭亡的教训，以免重蹈覆辙。

【原文】

尝读六国世家①，窃怪天下之诸侯，以五倍之地、十倍之众，发愤西向，以攻山西千里之秦，而不免于灭亡，常为之深思远虑，以为必有可以自安之计。盖未尝不咎其当时之士，虑患之疏而见利之浅，且不知天下之势也。

【注释】

①六国：指齐、楚、燕、韩、赵、魏。世家：西汉司马迁所修《史记》体例的一种，主要用于记载诸侯的历史。

【译文】

我曾经读过《史记》中的六国世家，心中感到奇怪的是，当时的诸侯国凭着五倍于秦国的土地、十倍于秦国的兵力，全力以赴向西攻打崤山以西、方圆千里的秦国，最终竟不能免于灭亡。我常常对这个问题深入思考，认为一定会有一个能让六国保全自己的策略。因此不得不责怪当时六国的谋士，他们对祸患考虑得太粗疏，对利害的见识太浅薄，而且不明白天下的形势。

【原文】

夫秦之所与诸侯争天下者，不在齐、楚、燕、赵也，而在韩、魏之郊①；诸侯之所与秦争天下者，不在齐、楚、燕、赵也，而在韩、魏之野。秦之有韩、魏，譬如人之有腹心之疾也。韩、魏塞秦之冲而蔽山东之诸侯②，故夫天下之所重者，莫如韩、魏也。

【注释】

①郊：与下文"韩、魏之野"的"野"同义，指国土。②塞：阻挡。冲：交通要道。

【译文】

秦国同各诸侯争夺天下的地方，不在齐、楚、燕、赵等地，而在韩、魏的国土上；各诸侯同秦国争夺天下的地方，同样也不在齐、楚、燕、赵等地，而在韩、魏的国土上。对秦国来说，韩、魏的存在就好像一个人有了心腹大患。韩、魏两国在地理位置上阻塞着秦国的交通要道，同时还掩蔽着崤山以东的各诸侯国，所以天下各国最重要的地方，都比不上韩、魏两国。

【原文】

昔者范雎用于秦而收韩，商鞅用于秦而收魏，昭王未得韩、魏之心，而出兵以攻齐之刚、寿，而范雎以为忧，然则秦之所忌者可以见矣。秦之用兵于燕、赵，秦之危事也。越韩过魏而攻人之国都，燕、赵拒之于前，而韩、魏乘之于后，此危道也。而秦之攻燕、赵，未尝有韩、魏之忧，则韩、魏之附秦故也。夫韩、魏，诸侯之障，而使秦人得出入于其间，此岂知天下之势耶？委区区之韩、魏，以当强虎狼之秦①，彼安得不折而入于秦哉②？韩、魏折而入于秦，然后秦人得通其兵于东诸侯，而使天下遍受其祸。

【注释】

①委：放弃，下文中的"委"是对付的意思。区区：形容很小。②折：挫折、屈服。

【译文】

当初，范雎在秦国受到重用时，曾经主张收服韩国；商鞅在秦国受到重用时，曾经主张收服魏国。秦昭王没有得到韩、魏的归附，就出兵攻打齐国的刚、寿地带，范雎认为这是值得担忧的，这样秦国最顾忌的是什么就显而易见了。秦国对燕、赵用兵，这对秦国来说是一件危险的事情。因为要穿越韩、魏的领土而去进攻别国的国都，燕、赵将会在前面抵抗，而韩、魏又会从背后趁机进攻，这是一条危险的道路。然而秦国攻打燕、赵两国时却未曾顾虑韩、魏从背后袭击，这是由于韩、魏已经归附了秦国。韩、魏两国是各诸侯国的屏障，却让秦国人能够往来其间，这难道是明白天下的形势吗？放弃小小的韩、魏两国，却去抵挡如虎狼一般强大的秦国，韩、魏两国怎能不屈服而归附于秦国呢？韩、魏屈服而归附秦国，从此以后秦国人就能够在东方各诸侯国畅行无阻地用兵，而且让整个天下都遭受战乱。

【原文】

夫韩、魏不能独当秦，而天下之诸侯藉之以蔽其西，故莫如厚韩亲魏以摈秦①。秦人不敢逾韩、魏以窥齐、楚、燕、赵之国，而齐、楚、燕、赵之国因得以自完于其间矣。以四无事之国，佐当寇之韩、魏，使韩、魏无东顾之忧，而为天下出身以当秦兵。以二国委秦，而四国休息于内，以阴助其急，若此可以应夫无穷。彼秦者将何为哉？不知出此，而乃贪疆场尺寸之利②，背盟败约，以自相屠灭，秦兵未出，而天下诸侯已自困矣。至于秦人得伺其隙以取其国，可不悲哉！

【注释】

①摈：排斥，弃绝。②疆场：国界。尺寸：形容数量很少。

【译文】

韩、魏两国无法独自抵挡秦国，可是天下的诸侯却要凭借它来作为他们西方的屏障，所以不如以优厚的条件亲近韩、魏两国，从而抗拒秦国。秦国人不敢跨越韩、魏来窥探齐、楚、燕、赵等国，那么，齐、楚、燕、赵等国就能依靠这种局面来保全自己了。以四个没有战争的国家，帮助面对强敌的韩、魏两国，使韩、魏没有东边各国的忧虑，而替天下的诸侯挺身而出，抵抗秦国。用韩、魏两国来对付秦国，另外四国在后方休养生息，并且暗中帮助韩、魏解除患难，这样就可以应付一切情况，那秦国还能有什么作为呢？六国诸侯如果不这样考虑，却只贪图边境上的点点利益，背弃、毁坏契约，以致自相残杀。秦国还没有出兵，而天下的诸侯就已经让自己陷入困境了，最终让秦国有了可乘之机，来攻取他们的国家，这难道不令人悲叹吗！

【评析】

在这篇文章中，作者先从天下地理形势入手，详细分析当时的形势和六国先后被歼灭的历史，围绕"势"而选材，评判六国诸侯眼目光短浅，胸无韬略，犯下贪图小利、自相残杀的错误，以致先后灭亡。

在布局谋篇上，作者从读《六国》入手，提出中心论点："虑患之疏而见利之浅，且不知天下之势也"，又分别从韩、魏和其他四国两方面论述，进行正反论证。紧接着，他论述了韩、魏在抗秦图存中的重要地位，论定了战国时天下最重要的战略之地，这两国是秦国的咽喉、山东诸国的屏障。最后，他指出诸侯国要自立久安，就必须知"天下之势"。

本文是在宋王朝面临北方边境和西夏威胁的形势下写的，要求积极抗敌，具有一定的针对性和现实意义。金圣叹曾评价说："看得透，写得快。笔如骏马下坂，云腾风卷而下……"

上枢密韩太尉书

北宋·苏辙

【题解】

　　枢密韩太尉，即韩琦，是北宋著名的军事家、政治家。他在宋仁宗嘉祐年间任枢密使，掌握国家军事大权，位高权重，所以被称为韩太尉。苏辙考取进士以后，想进一步谋求发展，因此写信给韩琦。其目的在于希望得到他的接见和赏识，进而在仕途上对自己有所帮助。当时苏辙只有十九岁，但这篇文章却写得措辞得体而又气概非凡，称得上是一篇佳作。

【原文】

　　太尉执事①：辙生好为文，思之至深。以为文者气之所形，然文不可以学而能，气可以养而致。孟子曰："吾善养吾浩然之气。"今观其文章，宽厚宏博，充乎天地之间②，称其气之小大。太史公行天下，周览四海名山大川，与燕、赵间豪俊交游，故其文疏荡，颇有奇气。此二子者，岂尝执笔学为如此之文哉？其气充乎其中而溢乎其貌，动乎其言而见乎其文③，而不自知也。

【注释】

　　①执事：指侍从左右的人。旧时书信中常用"执事"或"左右"称对方，以示尊重。②疏荡：形容文章的风格通畅奔放，富于变化。③动乎其言：即发于言的意思。

【译文】

　　太尉阁下：我苏辙生性喜好写作，对此思考也很深。我认为文章是气质的外在体现，但是文章也并不是通过学习就能写好的，气质却可以通过培养而得到。孟子说："我善于培养我的浩然之气。"如今看他的文章，宽厚宏博，充溢于天地之间，同他浩然之气的大小相称。司马迁遍游天下，博览四海名山大川，与燕、赵地方的豪杰志士交游，所以他写的文章舒畅洒脱，颇有奇伟之气。这两个人难道只是靠执笔学习就能写出这种文章吗？这是因为他们的浩气充满在内心又溢露于形体之外，发于言语而表现在文章之中，而他们自己却并没有觉察到。

【原文】

辙生十有九年矣。其居家，所与游者不过其邻里乡党之人；所见不过数百里之间，无高山大野可登览以自广；百氏之书，虽无所不读，然皆古人之陈迹，不足以激发其志气。恐遂汩没①，故决然舍去，求天下奇闻壮观，以知天地之广大。

【注释】

①汩没：沉沦，埋没。

【译文】

我苏辙出生已经十九年了。在家里所交往的，不过是邻居同乡这一类人；所看到的不过是几百里以内的事物，没有高山旷野可以登临，以开阔自己的心胸。诸子百家的著作，虽然无所不读，然而这都是古人遗留下来的东西，不能激发自己的志气。我怕就此埋没了自己，所以断然离开家乡，去探访天下的奇闻壮观，以了解天地的广大。

【原文】

过秦、汉之故都，恣观终南、嵩、华之高，北顾黄河之奔流，慨然想见古之豪杰。至京师，仰观天子宫阙之壮，与仓廪、府库、城池、苑囿之富且大也①，而后知天下之巨丽。见翰林欧阳公，听其议论之宏辩，观其容貌之秀伟，与其门人贤士大夫游，而后知天下之文章聚乎此也。太尉以才略冠天下，天下之所恃以无忧，四夷之所惮以不敢发，入则周公、召公，出则方叔、召虎。而辙也未之见焉。

【注释】

①廪（lǐn）：粮仓。苑囿：园林。囿，古代帝王畜养禽兽的园林。②四夷：古代对边境各少数民族的蔑称。

【译文】

我经过了秦朝、汉朝的故都，尽情观赏了终南山、嵩山、华山的崇高险峻，还曾北望黄河奔腾的急流，感慨地想起古代的豪杰志士。到了京城，我瞻仰了宏伟壮丽的皇帝宫殿，以及粮仓、府库、城池、苑囿的富丽和巨大，这才知道天下是如此宏伟秀丽。我也拜访了翰林学士欧阳公，聆听了他宏大雄辩的议论，看到了他清秀俊伟的容貌，又同他的门生贤士大夫交游，这才知道天下出类拔萃的文章都汇聚在这里。太尉的雄才大略为天下之冠，天下人依靠您而平安无忧，四方各少数民族惧怕您而不敢来犯，在朝廷内，您像周公、召公一样辅君有方，在领兵方面，您又像方叔、召虎一样御敌立功。可是我还未曾见到您。

【原文】

且夫人之学也，不志其大，虽多而何为？辙之来也，于山见终南、嵩、华之高，于水见黄河之大且深，于人见欧阳公，而犹以为未见太尉也。故愿得观贤人之光耀，闻一言以自壮，然后可以尽天下之大观而无憾者矣。

【译文】

况且一个人在学习方面，如果没有远大的志向，学得再多又有什么用呢？我苏辙这次来京城，一路游山看到过终南山、嵩山、华山的高峻，观水看到过黄河的宽大和深广，拜访贤人看到过欧阳公，但是仍然没有拜见您。所以我很希望看到您这种贤人的风采，就是听到您的只言片语，也足以激发自己，这样就可以说是看遍了天下的壮观，而没有什么遗憾了。

【原文】

辙年少，未能通习吏事。向之来①，非有取于斗升之禄，偶然得之，非其所乐。然幸得赐归待选，便得优游数年之间，将归益治其文，且学为政。太尉苟以为可教而辱教之，又幸矣！

【注释】

①向之来：先前，前段时间。

【译文】

我苏辙还年轻，还没能够通晓做官的事情。先前来京应试，并非是为了谋取微薄的俸禄，即使偶然得到一官半职，也不是我的志趣所在。然而有幸得到恩赐，让我回家等待朝廷选拔，使我能够悠闲地过活几年，继续研习写作，并且学习从政之道。太尉如果认为我还可以教诲，而屈尊教导我的话，那我就不胜荣幸了。

【评析】

作者在写这封信时，不过是一个十九岁的青年，但从其行文中的宏伟气势以及遣词造句的能力来看，又确实显示出了他的非凡才能。他在文中表现出了自己的聪明才智，以作文之道开篇，巧妙地将自己的请求之事放到文学范围中。

文章的开头先从文和气的关系上谈起。作者提出了"文者气之所行"这一观点，并通过孟子和司马迁的例子为之佐证，然后笔锋一转，写自己激发志气，离乡远游，遍览名山大川，以及京城的天子宫阙，不仅眼界大开，而且心胸也变得豁然开朗。他还写到自己得见欧阳修风采及其感受，表达作者想向杰出之人请教的迫切心情。

作者在最后谈到对韩琦的仰慕之情时，提到"天下之所恃以无忧，四夷之所惮以不敢发"，并重申想见韩琦的迫切愿望，再次表明"生好为文"的志气。全文读起来朗朗上口，令人回味无穷。

黄州快哉亭记

北宋·苏辙

【题解】

　　快哉亭,是苏轼友人张梦得在黄州寓所西南修建的供游览之用的亭子,"快哉"为苏轼所命名。当时苏辙正居官河南,应张梦得之请写了本文。文章描述了快哉亭上所见的景物,赞扬了亭主人能够随遇而安的旷达胸怀,以及豁达开阔的心境。

【原文】

　　江出西陵,始得平地,其流奔放肆大①,南合湘、沅,北合汉、沔,其势益张。至于赤壁之下,波流浸灌②,与海相若。清河张君梦得,谪居齐安,即其庐之西南为亭,以览观江流之胜。而余兄子瞻名之曰"快哉"。

【注释】

　　①奔放:水势迅急。肆大:江流不受阻遏而水势浩大。②浸灌:浸透灌注。形容水势又大又猛。

【译文】

　　长江从西陵峡流出,开始进入平坦的地势,水势奔腾浩荡,在南面汇合了湘水、沅水,在北面汇合了汉水、沔水,水势显得愈加盛大。流到赤壁之下,江水浩荡,犹如无际的海洋。清河张梦得先生贬官后住在黄州,就在他住宅的西南方修建了一座亭子,用来观赏江流的胜景。而我的兄长子瞻给这座亭子取名叫"快哉"。

【原文】

　　盖亭之所见，南北百里，东西一舍。涛澜汹涌，风云开阖①。昼则舟楫出没于其前，夜则鱼龙悲啸于其下。变化倏忽②，动心骇目，不可久视。今乃得玩之几席之上，举目而足。西望武昌诸山，冈陵起伏，草木行列，烟消日出，渔夫、樵父之舍，皆可指数。此其所以为"快哉"者也。至于长洲之滨，故城之墟，曹孟德、孙仲谋之所睥睨③，周瑜、陆逊之所驰骛，其流风遗迹，亦足以称快世俗。

【注释】

　　①风云开阖：阖，同"合"，消失。形容云时而散开，时而聚合，变幻不定。②倏忽：转眼之间，非常快的样子。③睥睨（pì nì）：侧目窥视。

【译文】

　　在亭子里能看到的，从南到北有上百里，从东到西有三十里。江面波涛汹涌起伏，江上风云变幻。白天有船只在亭前出没，夜晚有鱼龙在亭下悲鸣。景色瞬息万变，使人惊心骇目，不敢长久地观赏。如今却可以在亭子里的茶几旁、座位上欣赏这些景色，一抬头就可以看个够了。向西眺望武昌一带的群山，只见山陵起伏，草木成行成列，烟消云散，阳光普照，渔翁和樵夫的房舍都可以一一指点出来。这就是取名"快哉"的原因。至于那沙洲的岸边，古城的遗址，曾经是曹孟德、孙仲谋窥视谋夺的地方，是周瑜、陆逊纵横驰骋的所在，那些遗留下来的传说和英雄事迹，也足以使世俗之人称为快事。

【原文】

　　昔楚襄王从宋玉、景差于兰台之宫。有风飒然至者，王披襟当之，曰："快哉，此风！寡人所与庶人共者耶？"宋玉曰："此独大王之雄风耳，庶人安得共之？"玉之言，盖有讽焉。夫风无雄雌之异，而人有遇不遇之变①。楚王之所以为乐，与庶人之所以为忧，此则人之变也，而风何与焉？士生于世，使其中不自得，将何往而非病②？使其中坦然，不以物伤性，将何适而非快？

【注释】

①变：演变，引申为境遇不同。②病：这里指忧愁。

【译文】

从前，楚襄王跟随着宋玉、景差在兰台宫游玩。一阵凉风吹来，飒飒作响，楚王敞开衣襟迎着风，说："痛快啊，这阵风！这是我和老百姓共同享受的吧？"宋玉说："这只是大王的雄风，百姓怎么能共享它呢？"宋玉的话含有讽刺意味。风并没有雄雌之别，而人却有走运和不走运的不同。楚王之所以感到快乐，而百姓之所以感到忧愁，这就是人们的境遇不同，跟风又有什么相干呢？士人生活在世间，如果他的内心不能自得其乐，那么到什么地方才能没有忧愁呢？如果他心中达观坦荡，不因外物的影响而伤害自己的情绪，那么到什么地方去才会不愉快呢？

【原文】

今张君不以谪为患，收会稽之余①，而自放山水之间，此其中宜有以过人者。将蓬户瓮牖②，无所不快，而况乎濯长江之清流，挹西山之白云，穷耳目之胜以自适也哉？不然，连山绝壑，长林古木，振之以清风，照之以明月，此皆骚人思士之所以悲伤憔悴而不能胜者③，乌睹其为快也哉！

【注释】

①收：这里是结束的意思。会稽：同"会计"，指管理钱财、赋税等事务，这里泛指公务。②蓬户瓮牖：用蓬草编成的门，用破瓮做的窗户，指贫苦人的住所。③胜：经得起。

【译文】

如今张君不因为被贬官而忧愁，在办完了公事之后，让自己放任于山水之间，这说明他心中有一个超过常人的地方。即使是用蓬草编门，用破瓮做窗，也没什么不愉快的，更何况是在长江的清流中洗涤，面对着西山的白云，尽情让耳目享受美妙的胜景，来使自己舒畅呢？如果不是如此，那么，连绵的峦峰，幽绝的沟壑，辽阔的森林，参天的古木，清风在其间回旋，明月高照，这些景色都会使失意的文人士子感到悲伤痛苦，以至难以忍受，哪里看得出它们是令人畅快的呢!

【评析】

　　"快哉"二字贯穿本文的核心,而在内容上则各有侧重。文章描述了快哉亭上那足以使人快意的景物,说明了快与不快决定于心胸是否旷达;只有像亭主人一样胸怀坦荡,才能从壮丽的自然中得到生活的乐趣,可见作者有与现实抗争之意。

　　文章在开头交代快哉亭的地理位置、命名由来。次段着力描写快哉亭所见长江奇观,自然而然地说明了将这个亭子命名为"快哉"亭是切合实际的。第三段介绍其历史古迹,从观赏自然与凭吊历史两方面写出"快"的缘由,说明人生之快,既不在身边景物的优劣,也不在遇与不遇的不同。

　　文章最后一段分析"快哉"与否取决于人的心境。既赞扬了张梦得,也抒发了自己不以贬谪为怀、随遇而安的思想感情,使一篇写景文章有了更深刻的意义。确实,有些人整天处于郁闷的状态中,他们缺少的就是作者这种自得其乐的心态,这才是热爱生活的积极态度。

　　文章委婉曲致,一波三折,充分体现了作者"汪洋澹泊,一唱三叹"的文章风格。

寄欧阳舍人书
北宋·曾巩

【题解】

　　曾巩，字子固，世称"南丰先生"，北宋杰出的散文家。曾巩师从欧阳修，秉承了欧阳修"先道而后文"的古文创作理念。他长于议论，所作的政论文言辞朴素，立论精辟，文章波澜起伏而能尽显其意。本文是作者于宋仁宗庆历七年（1047）写给欧阳修的一封信，旨在感谢欧阳修为其祖父撰写墓志铭。

【原文】

　　去秋人还①，蒙赐书及所譔先大父墓碑铭。反复观诵，感与惭并。夫铭、志之著于世②，义近于史，而亦有与史异者。盖史之于善恶无所不书，而铭者，盖古之人有功德、材行、志义之美者，惧后世之不知，则必铭而见之，或纳于庙，或存于墓，一也。苟其人之恶，则于铭乎何有？此其所以与史异也。其辞之作，所以使死者无有所憾，生者得致其严。而善人喜于见传，则勇于自立；恶人无有所纪，则以愧而惧。至于通材达识③，义烈节士，嘉言善状，皆见于篇，则足为后法。警劝之道，非近乎史，其将安近？

【注释】

　　①去秋人还：庆历六年夏，曾巩派人送信给欧阳修，求其为祖父写墓志铭。当年秋天，欧阳修写好后交给曾巩派的人带回。②铭志：碑文最后的韵文部分称铭，记述死者事迹的散文部分称志。③通材达识：博学多闻，见多识广的人。

【译文】

　　去年秋天，我派去的人回来，承蒙您写信给我并为先祖父撰写了墓碑铭文。我反复地观览诵读，真是感愧交并。墓志铭之所以能够著称后世，是因为它的意义与史传相近，但也有与史传不同的地方。这是由于史传对一个人的善恶都一一加以记载，而碑铭，则是古人的功德、才能、志向等出众的事迹，恐怕后世人不知道，所以一定要立碑刻铭来加以显扬，有的珍藏在家庙里，有的安置在墓穴中，其用意是一样的。如果这是个恶人，那么在铭文中有什么好记载的呢？这就是碑铭与史传不同的地方。铭文的撰写，为的是使死去的人没有什么可遗憾的地方，活着的人借此来表达自己的敬意。行善之人喜欢自己的生平事迹能流传后世，就会发奋有所建树；作恶之人没有什么事迹可记，就会因此感到惭愧和惶恐。至于那些博学多才、见识通达之人，忠义英烈、节操高尚之士，他们美好的言论和善良的行为，都能一一表现在碑铭里，这就足以成为后人效法的榜样。铭文警世劝诫的作用，不和史传相近，那么又和什么相近呢？

【原文】

及世之衰，人之子孙者，一欲褒扬其亲而不本乎理。故虽恶人，皆务勒铭①，以夸后世。立言者既莫之拒而不为，又以其子孙之请也，书其恶焉，则人情之所不得，于是乎铭始不实。后之作铭者当观其人。苟托之非人，则书之非公与是②，则不足以行世而传后。故千百年来，公卿大夫至于里巷之士，莫不有铭，而传者盖少。其故非他，托之非人，书之非公与是故也。

【注释】

①勒：镌刻，刻在石碑上。②是：正确，符合事实。

【译文】

到了世风衰微的时候，为人子孙的，一心只想褒扬他们死去的亲人而不顾事理。所以即使是恶人，也都一定要立碑刻铭用来向后世夸耀。撰写铭文的人既不能推辞不写，又因为受其子孙的一再请托，如果直接写上死者的恶行，从人情道理上又不应该，于是，铭文就开始出现不实之词。后世想请人撰写碑铭的，应当观察一下作者的为人。如果请托的人不得当，那么他写的铭文既不公正又不符合事实，也就不足以流行于世，传之后代。所以千百年来，尽管上自公卿大夫，下至里巷小民死后都有碑铭，可是能流传于世的很少。这里没有别的原因，正是因为请托了不适当的人，撰写的铭文不公正、不符合事实的缘故。

【原文】

然则孰为其人而能尽公与是欤？非畜道德而能文章者无以为也①。盖有道德者之于恶人则不受而铭之，于众人则能辨焉。而人之行，有情善而迹非，有意奸而外淑，有善恶相悬而不可以实指，有实大于名，有名侈于实②。犹之用人，非畜道德者恶能辨之不惑，议之不徇？不惑不徇，则公且是矣。而其辞之不工，则世犹不传，于是又在其文章兼胜焉。故曰非畜道德而能文章者无以为也，岂非然哉！

【注释】

①畜：同"蓄"，积聚，怀藏。②侈：超过，过分。

【译文】

那么怎样的人才能做到写得既公正又符合事实呢？我说不是道德高尚而且又擅长做文章的人是做不到的。因为那些道德高尚的人对于恶人，是不会接受请托而撰写铭文的，对于一般人则能够分辨他们的善恶。而人们的品行，有内心善良而事迹不见得好的，有内心奸恶而外表良善的，有善行恶行相差悬殊而不能具体指出的，有实际大过名声的，有名过其实的。这就好比用人，如果不是道德高尚的人怎么能辨别清楚而不受迷惑、评价公正而不徇私情呢？不受迷惑、不徇私情，就会公正而符合事实了。但是如果铭文的辞藻不够精美，那么依然不能流传于世，因此写铭文的人又必须擅长做文章。所以说不是道德高尚而又擅长做文章的人是写不好碑志铭文的，难道不是这样吗？

【原文】

然畜道德而能文章者，虽或并世而有，亦或数十年或一二百年而有之。其传之难如此，其遇之难又如此。若先生之道德文章，固所谓数百年而有者也。先祖之言行卓卓①，幸遇而得铭，其公与是，其传世行后无疑也。而世之学者，每观传记所书古人之事，至于所可感，则往往蠹然不知涕之流落也②，况其子孙也哉？况巩也哉？其追晞祖德而思所以传之之由，则知先生推一赐于巩而及其三世。其感与报，宜若何而图之？

【注释】

①卓卓：非常突出、卓越。②歔（xī）然：伤痛的样子。涕：眼泪。

【译文】

但是道德高尚而又擅长做文章的人，虽然有时会同时出现，但也许有时几十年甚至一二百年才出现一个。因此铭文的流传是如此之难，而能遇上这种理想的铭文作者更是加倍困难。像先生您的道德文章，真正算得上是几百年中才有的。我先祖的言论和行为都很杰出，有幸遇上先生为其撰写公正而又符合事实的碑铭，这样的铭文能流传于当代，传诵后世也是毫无疑问的。而世上的学者，每每阅读传记所载古人事迹的时候，看到感人的地方，就往往感伤痛苦得不知不觉流下眼泪，何况是死者的子孙呢？又何况是我曾巩呢？我追怀仰慕先祖的高尚道德而想到碑铭能传之后世的原因，就知道先生接受我一人请求惠赐铭文而恩泽将推及到我家祖孙三代。这感激与报答之情，我应该怎样来表示呢？

【原文】

抑又思若巩之浅薄滞拙而先生进之，先祖之屯蹶否塞以死而先生显之①，则世之魁闳豪杰不世出之士②，其谁不愿进于门？潜遁幽抑之士③，其谁不有望于世？善谁不为，而恶谁不愧以惧？为人之父祖者，孰不欲教其子孙？为人之子孙者，孰不欲宠荣其父祖？此数美者，一归于先生。既拜赐之辱，且敢进其所以然。所论世族之次，敢不承教而加详焉？愧甚，不宣。巩再拜。

【注释】

①屯蹶否塞：不得志、不顺利。屯、否，是《易经》的卦名。《屯》卦表示艰难，《否》卦表示困顿。②魁闳：超群的才能。不世出：不常出现，少有。③潜遁：避世隐居。幽抑：郁郁不得志。

【译文】

我又进一步想到，像我这样学识浅薄、才能庸陋的人，而受到先生的提拔鼓励，我先祖这样命运多舛、穷愁潦倒而死的人，而先生却能使他显扬于后世，那么世上那些俊伟豪杰、不常见堪称奇才的人，有谁不愿意投在您的门下呢？那些潜居山林、穷居退隐之士，有谁不希望名声流播于世呢？美好的事情谁不想做，丑恶的事情谁不羞愧恐惧呢？作为父亲、祖父的，谁不想教育好自己的子孙？作为子孙的，谁不想荣耀显扬自己的父祖？这种种美德，应当全归于先生。我荣幸地得到您的恩赐，并且冒昧地向您陈述我之所以感激的道理。来信所说的关于我的家族世系，我怎敢不听从您的教诲而加以研究审核呢？惭愧万分，书不尽怀，曾巩再拜上。

【评析】

　　本文应该说是一封感谢信，通篇一再表达作者发自内心的谢意，但又不单纯是为了感谢，而是在墓志铭的作用、重要性和写作要求等方面详加论述，见解独到深刻，这就使得本文具有颇高的学术价值和积极意义。

　　文章从墓志铭的社会价值以及流传条件着墨，论述了墓志铭存在的社会意义，阐发了"文以载道"的主张，表达了对品德与文章"兼胜"的向往和追求。同时，作者也不留情面地批判了有些作者囿于人情、不能公正地评价死者的不良风气。

　　接着，作者又通过述说墓志铭的写作之难，将话题引到欧阳修身上，既不用庸俗的客套，也不用空泛的溢美之词，既不着痕迹地赞颂了欧阳修的品德和学识，也使自己的感激之情得到了充分的抒发，显示出了极佳的行文能力。

　　本文行文流畅、周密有致，是曾巩最重要的代表作。

游褒禅山记

北宋·王安石

【题解】

褒禅山,在今安徽含山县北,是著名的风景区。本文是北宋的政治家、思想家王安石离任舒州通判赴京途中游览褒禅山而写的。名为游记,但不重在表现山水之美,而是在记游的基础上用酣畅的笔墨进行议论,因事见理,夹叙夹议。其中阐述的诸多思想,在当今社会也具有极其深远的现实意义。

【原文】

褒禅山,亦谓之华山。唐浮图慧褒始舍于其址①,而卒葬之,以故其后名之曰褒禅。今所谓慧空禅院者,褒之庐冢也②。距其院东五里,所谓华山洞者,以其在华山之阳名之也。距洞百余步,有碑仆道,其文漫灭,独其为文犹可识,曰"花山"。今言"华",如"华实"之"华"者,盖音谬也。

【注释】

①浮图:梵语音译,有佛、塔、和尚等意思。址:山脚下。②庐冢:庐舍和坟墓。此指死后埋葬的地方。

【译文】

褒禅山,也叫华山。唐代和尚慧褒曾经在山脚下盖房居住,死后又葬在此地,因为这个缘故,后来人们就称这座山为褒禅山。现在人们所说的慧空禅院,就是慧褒和尚的庐舍和坟墓。距离禅院东边五里,有个叫华山洞的地方,因为它在华山南面所以这样命名。距离洞口一百多步,有一块石碑倒在路上,那上面的碑文已经模糊不清,只有从它残存的字迹还可以辨识出"花山"的字样。现在将"花"念作"华实"的"华",大概是读音错了。

【原文】

其下平旷,有泉侧出,而记游者甚众,所谓"前洞"也。由山以上五六里,有穴窈然①,入之甚寒,问其深,则其好游者不能穷也。谓之"后洞"。予与四人拥火以入,入之愈深,其进愈难,而其见愈奇。有怠而欲出者,曰:"不出,火且尽。"遂与之俱出。盖予所至,比好游者尚不能十一,然视其左右,来而记之者已少。盖其又深,则其至又加少矣。方是时②,予之力尚足以入,火尚足以明也。既其出,则或咎其欲出者,而予亦悔其随之,而不得极乎游之乐也。

【注释】

①窈然:幽暗深远的样子。②方是时:指从洞里退出的时候。

【译文】

华山洞下地势平坦而空阔,有一股山泉从侧壁涌出,游览、题记的人很多,这是人们所说的"前洞"。顺着山路往上五六里,有个幽暗深远的洞穴,一进去便感到寒气逼人,问它的深度,就是那些喜好游玩的人也不能走到尽头,这是人们所说的"后洞"。我与同游的四个人打着火把走进去,越到深处,前进就越发困难,然而所见到的景象也越新奇。一个同游者疲倦了想退出去,说:"再不出去,火把快要烧完了。"于是,大家都跟他一起退了出来。大概我们所到达的地方,比起那些喜欢游览的人来说,还不到十分之一,可是看看山洞左右的石壁,来到这里题记的人已经很少了。大概洞越深,来这里的游人就越少了。在决定从山洞中退出的时候,我还有足够的体力前进,火把也还足够继续照明。我们从洞内退出去以后,便有人埋怨那要求退出的人,而我也后悔跟他们一起退出来,以至不能尽情享受游山的乐趣。

【原文】

于是予有叹焉。古人之观于天地、山川、草木、虫鱼、鸟兽,往往有得,以其求思之深而无不在也。夫夷以近,则游者众;险以远,则至者少。而世之奇伟、瑰怪非常之观,常在于险远,而人之所罕至焉,故非有志者不能至也。有志矣，不随以止也，然力不足者，亦不能至也。有志与力，而又不随以怠，至于幽暗昏惑，而无物以相之①，亦不能至也。然力足以至焉，于人为可讥，而在已为有悔；尽吾志也而不能至者，可以无悔矣，其孰能讥之乎？此予之所得也。

【注释】

①相：辅助的意思。

【译文】

对这件事我深有感慨。古代的人观察天地、山川、草木、虫鱼、鸟兽，往往有心得体会，因为他们思考问题深刻，而且非常全面。平坦、广阔而路程近的地方，游览的人就多；地方险峻而路程远的地方，游览的人就少。然而世上奇妙雄伟、珍贵奇异而又非同寻常的景观，常常在那险阻遥远而人们很少去游览的地方，所以没有志向的人是达不到的。有了志向，也不随从别人而中止，然而力量不足的，也是不能达到的。有了志向与力量，也不随从别人而有所懈怠，到了那幽深昏暗、叫人迷乱的地方，却没有外物来支持他，也是不能达到的。但是力量足以达到而未能达到的，在别人来说是可以讥笑的，在自己来说也是有所悔恨的；尽了自己的努力仍然不能达到的，就没有什么悔恨的了，又有谁还能讥笑他呢？这就是我这次游山的心得。

【原文】

予于仆碑，又有悲夫古书之不存，后世之谬其传而莫能名者①，何可胜道也哉！此所以学者不可以不深思而慎取之也。四人者：庐陵萧君圭君玉、长乐王回深父、予弟安国平父、安上纯父。

【注释】

①谬其传：以讹传讹。

【译文】

我对于那座倒在地上的石碑，又由此叹惜那古代书籍的失传，后代人讹传，没有人能够弄清其真相的事情，哪能说得完呢？这就是今天求学的人不能不深入思考、谨慎选取的缘故。同游的四个人是：庐陵人萧君圭，字君玉；长乐人王回，字深父；我的弟弟安国，字平父；王安上，字纯父。

【评析】

这是一篇颇为独特的游记。文章首先介绍褒禅山概况，对其称谓的由来以及变化的渊源则着墨较多；其次比较详细地描述了游"前洞"、"后洞"的经过，对"后洞"的描写比"前洞"详细，同时还写了游山的心得体会。

接着，作者又从三个方面论说只有具备志、力与相助之物这三个条件，才能到达理想的境地。这是从正面来说。反过来说，气力可以达到而又未能达到，这对别人来说是非常可笑的，对自己来说是很可悔恨的。如果竭尽了自己的努力，也仍然达不到，也就没有什么可悔恨的了。这样，作者从正反两方面把道理说得清清楚楚。这便是作者游览之后的心得和体会，这是十分深刻的，它的客观意义远远超过了游览。

同时也告诉我们，无论是治学还是处世，都需要顽强的毅力和坚定的决心。本文的重点不在记游，而在写游览中的心得体会，所以在材料的取舍上、行文的组织安排上，是颇费一番切磋琢磨之功的。

卷十二

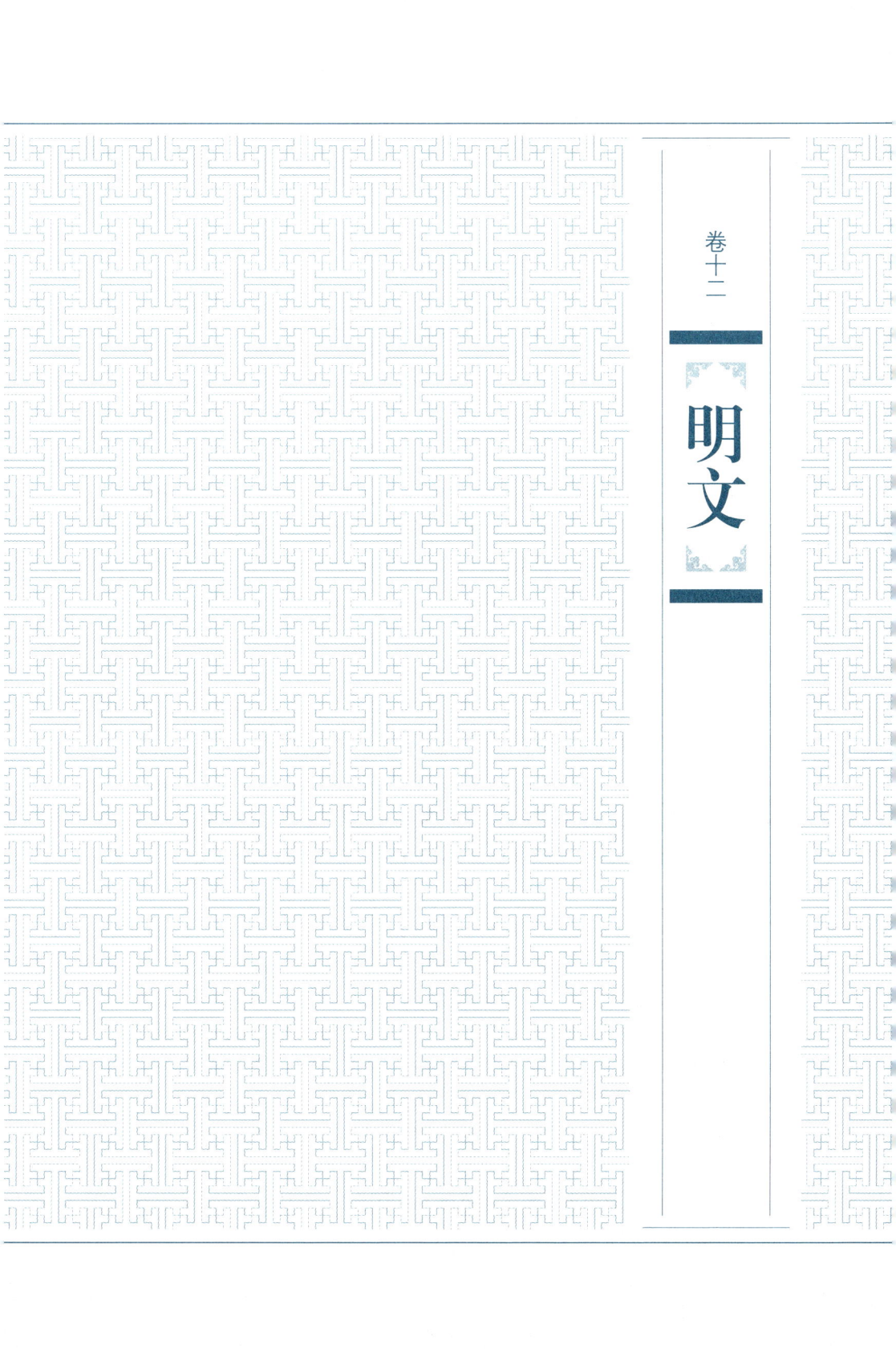

明文

送天台陈庭学序

明·宋濂

【题解】

宋濂,字景濂,号潜溪,另号玄真子、玄真道士、玄真遁叟等。明朝初年,他担任江南儒学提举,给太子讲经,后奉皇帝之命编修《元史》。他与刘基、高启并列为明初诗文三大家。本文是宋濂写给朋友陈庭学的一篇赠序文。陈庭学游历巴山蜀水以后,精神面貌焕然一新,宋濂写下此文送给他。

【原文】

西南山水,惟川蜀最奇。然去中州万里,陆有剑阁栈道之险①,水有瞿塘、滟滪之虞②。跨马行,则竹间山高者,累旬日不见其巅际。临上而俯视,绝壑万仞,杳莫测其所穷,肝胆为之掉栗③。水行,则江石悍利④,波恶涡诡,舟一失势尺寸,辄糜碎土沉,下饱鱼鳖。其难至如此。故非仕有力者,不可以游;非材有文者,纵游无所得;非壮强者,多老死于其地。嗜奇之士恨焉。

【注释】

①栈道:又称"阁道"、"复道"等。古代在川、陕、甘诸省境内峭岩陡壁上凿孔架桥连阁而成的一种道路。②滟滪(yàn yù):即滟滪滩,是旧时长江三峡著名的险滩。③掉栗:因恐惧而发抖。④悍利:坚硬而锐利。悍,本指强劲、凶横,此处形容石之险。

【译文】

我国西南地区的山水,唯独四川地区最为奇特。但是四川距离中原有万里之遥，陆路有剑阁、栈道那样的险阻；水路有瞿塘峡、滟滪堆那样的顾虑。骑着马行走在密密的竹林间，山势高峻，连续走十天都看不到山顶。登上山顶往下俯瞰，陡峭的山谷有几万尺深，幽深而看不到谷底，让人胆战心惊。从水路行走，长江中的礁石尖利，波涛险恶，漩涡变化不定，船只只要稍微偏离航道，就会被撞得粉碎，像泥土般沉入水中，船中人便成了鱼鳖之食。通往那个地区的道路竟然如此艰难。因此，除非是做官又有财力的人，否则是不能前往游览的；除非是博览全书又富有文才的人，否则游览也无所得；除非是身壮体强的人，否则去了也大多会老死在那里。爱好奇异山水的人往往对此望洋兴叹，遗憾不已。

【原文】

天台陈君庭学，能为诗，由中书左司掾，屡从大将北征，有劳，擢四川都指挥司照磨[1]，由水道至成都。成都，川蜀之要地，扬子云、司马相如、诸葛武侯之所居，英雄俊杰战攻驻守之迹，诗人文士游眺、饮射、赋咏、歌呼之所[2]，庭学无不历览。既览必发为诗，以纪其景物时世之变，于是其诗益工。越三年，以例自免归，会予于京师。其气愈充，其语愈壮，其志意愈高，盖得于山水之助者侈矣[3]。

【注释】

[1]擢：提升。都指挥司：军事机构的通称。照磨：都指挥司下属官吏。[2]饮射：古代用文字隐写事物，令人猜度的一种行酒令的游戏。[3]侈：极多之意。

【译文】

天台陈庭学君，擅长写诗，任中书左司掾，屡次随从大将北征，并立下功劳，后被提升为四川都指挥司照磨，他便从水路赶去成都赴任。成都，是四川的要塞之地，是扬雄、司马相如、诸葛亮的居所之地，有英雄俊杰战斗和驻守的遗迹，也是诗人文士们游览登临、饮酒投壶、赋诗歌唱的处所，庭学没有一处没有观览过。游览之后，他必定会写诗抒发感慨，描写景物和时世的变迁，于是他的诗歌也日益精工。过了三年，庭学依照朝廷规定请求免官归家，在京城与我相见。他的精神更加饱满，言谈更加豪迈，志向更加高昂，这大概是得到了川蜀山水极大的滋养吧。

【原文】

予甚自愧，方予少时，尝有志于出游天下，顾以学未成而不暇。及年壮方可出，而四方兵起，无所投足。逮今圣主兴而宇内定①，极海之际，合为一家，而予齿益加耄矣②。欲如庭学之游，尚可得乎？

【注释】

①逮：及，到。②耄（mào）：古代八十岁到九十岁曰耄，年老。

【译文】

我感到非常惭愧，当年我年轻的时候，曾经有过游遍天下的志向，但因学业无成而没有闲暇的时间。一直等到壮年的时候才可以出游，但这时却又是四处战乱，连落脚的地方都没有。及至当今，圣明天子兴起，平息了战乱，四海之内合为一家，但是我却更加衰老了。我想要学庭学君那样四处去游历，难道还能做到吗？

【原文】

然吾闻古之贤士，若颜回、原宪，皆坐守陋室，蓬蒿没户，而志意常充然，有若囊括于天地者。此其故何也？得无有出于山水之外者乎？庭学其试归而求焉，苟有所得，则以告予，予将不一愧而已也。

【译文】

但是，我听说古代的贤士，如颜回、原宪等人，大都坐守在简陋的屋舍中，虽然蓬蒿杂草遮没了门户，但他们的志向和意气却始终非常高昂，就像能囊括天地一样。这是什么原因呢？莫非他们的胸怀中有超出于山水之外的东西吗？庭学君归去之后，可以尝试从这方面探求一番，如果真的有所得，一定要告诉我，我将不仅仅因为庭学曾经游览过川蜀这一点而惭愧了。

【评析】

在文中，作者既赞扬了陈庭学，又含蓄地劝诫他要进德修业，这是长辈对后辈寄予的殷切希望。

文章的开头便紧密地结合了陈庭学的生活实际，描述了巴蜀地区险峻的山势及入川如何困难，由此引出游览川蜀必须具备的条件——"仕有力"、"材有文"、"壮强"，十分具体地写出游川蜀的困难。

　　接下来开始写陈庭学的经历。在如此艰难的地方，他却能够由山路到达，饱览了山水胜景，也陶冶了他的志趣和情操，突出了陈庭学的才学和品德。紧接着，作者不无遗憾地回顾了自己的一生，由于种种原因，一直未能游览川蜀。最后，他列举颜回、原宪的事例，提出一种新的见解："坐守陋室"也可以修身养性，进而劝谏陈庭学不要把游览名山大川当作提高自己的唯一途径。

　　这篇文章用笔简练，没有雕琢之气，尤其是对巴蜀路途的描写，生动而明朗。通篇前后呼应，浑然一体，是赠序中的经典之作。

司马季主论卜

明·刘基

【题解】

刘基，是元末明初有名的诗文作家，颇具才华，诗文俱佳，传世有《诚意伯文集》。此外，他还精通天文地理，善于占卜，后世的占卜书籍都爱假借他的名义。司马季主是西汉初年非常有名的占卜士，文章借汉初昭平与卜者司马季主之间的问答，表明其有关人生观的见解。他认为，乱世时人们难以掌握自己的命运，应顺应时势，而不可一味逞强追求功名利禄。

【原文】

东陵侯既废，过司马季主而卜焉。季主曰："君侯何卜也？"东陵侯曰："久卧者思起，久蛰者思启①，久懑者思嚏②。吾闻之：'蓄极则泄，閟极则达③，热极则风，壅极则通。一冬一春，靡屈不伸④；一起一伏，无往不复。'仆窃有疑，愿受教焉！"季主曰："若是，则君侯已喻之矣！又何卜为？"东陵侯曰："仆未究其奥也，愿先生卒教之。"

【注释】

①蛰：虫类冬眠，也比喻人深藏不出。启：开，出来。②懑：心中苦闷。嚏：打喷嚏。③閟（bì）：关闭的意思。④靡：无，没有。

【译文】

东陵侯被朝廷废黜为平民之后，就去拜访司马季主，并请他占卜。季主说："您要占卜什么呢？"东陵侯说："躺卧时间久了的人想要起来，闭门独居的人时间久了想要出去，长久烦闷的人想要打喷嚏。我听说：'积蓄得太多就要宣泄，关闭得太久了就要通风，热得过火就会刮风，阻塞得过分就会畅通。经过一春一冬，不会总是屈而不伸的；一起一伏，没有往而不返的。'我心里有一个疑问，希望能得到您的指教。"季主说："照你这么说，那么您已经明白事理了，又何必来占卜呢？"东陵侯说："我还没有知晓其中深奥的道理，希望先生能彻底地开导我。"

【原文】

季主乃言曰："呜呼！天道何亲？惟德之亲。鬼神何灵？因人而灵。夫蓍①，枯草也；龟，枯骨也，物也。人，灵于物者也，何不自听而听于物乎？且君侯何不思昔者也？有昔者必有今日。是故碎瓦颓垣，昔日之歌楼舞馆也；荒榛断梗，昔日之琼蕤玉树也②；露蛩风蝉，昔日之凤笙龙笛也；鬼磷萤火，昔日之金釭华烛也；秋荼春荠，昔日之象白驼峰也；丹枫白荻，昔日之蜀锦齐纨也③。昔日之所无，今日有之不为过；昔日之所有，今日无之不为不足。

【注释】

①蓍（shī）：一种古人用来占卜的草。②琼蕤：美玉般的花木。蕤，花垂下的样子。③蜀锦齐纨：珍贵的丝织品。

【译文】

季主说："唉！天道和什么人亲近呢？它只亲近贤德之人。鬼神有什么灵验呢？它是根据不同的人来显灵的。蓍草，仅仅只是枯草；龟壳，也仅仅只是枯骨，都是没有知觉的东西。人比任何东西都灵慧聪明，为什么不相信自己，却相信无知之物呢？况且您为什么不想想过去呢？有过去也就一定有现在。所以，今天破碎的瓦片、倒塌的土墙，就是过去的歌楼舞馆；现在的枯树断枝，就是过去的琼花玉树；那露中蟋蟀秋蝉的鸣叫，就是过去的凤箫龙笛声；现在的鬼火萤光，就是过去的辉煌灯烛；秋荼野荠，就是过去的美味佳肴；红枫白荻，就是过去的锦织玉帛。过去没有的，现在有了，这不算是什么过错；过去有的，现在没有了，这也不算是不足。

【原文】

是故一昼一夜，华开者谢；一春一秋，物故者新。激湍之下，必有深潭；高丘之下，必有浚谷。君侯亦知之矣，何以卜为？"

【译文】

所以，从白昼到黑夜，盛开的花朵凋谢了；从秋天到春天，凋萎的植物又重新焕发生机了。飞流的急湍下面，必定有深潭；高山下面，必定有深谷。您已经明白了这个道理，为什么还要占卜呢？"

【评析】

本文是一篇假托古人言行、反映社会现实的寓言，文章采用对话的形式展开，借东陵侯被废黜以后想重新得到起用，向司马季主问卜一事发表议论，表达了事物必然变化和物极必反的朴素辩证法思想。

季主问东陵侯为什么占卜时，东陵侯没有直接表明自己的心愿，而是用自然界的事物作一连串的比喻，委婉地提出了九个问题，用此来证明事物衰落得太久就会兴盛，说明他相信自己将会再次被起用。司马季主就这一问题展开更深入的剖析，他以六种事物的昔日显赫而转变为今日的衰败，说明事物由盛必然转向衰亡的道理，并且对天道、鬼神及占卜提出了疑问和否定。同时，说明人世间事物有必然变化和物极必反的道理，但是也不可排除带有一定的宿命论观点。

文末，季主提出反问，东陵侯未作回答，但一切已不言而喻。文章用寓言故事说理，句式整散间错，音韵和谐，善于用比喻和排比，加强了论证力量。

卖柑者言

明·刘基

【题解】

元朝末年，朝廷腐败，奸人当权，盗贼四起，百姓贫困，社会动荡不安。作者因此作了多篇寓言杂文，从其作用看，本文类似当前的讽刺小品。文章借卖柑者之口，揭露了元末那些尸位素餐的文武大臣，揭露和讽刺了这种黑暗的社会现实。

【原文】

杭有卖果者，善藏柑，涉寒暑而不溃①，出之烨然②，玉质而金色，剖其中，干若败絮。予怪而问之曰："若所市于人者，将以实笾豆③，奉祭祀，供宾客乎？将衒外以惑愚瞽乎④？甚矣哉，为欺也！"

【注释】

①涉：经历。溃：腐坏，腐烂。②烨（yè）然：光彩鲜明的样子。③笾豆：宴会和祭祀时盛食品或供品的器具。竹制的叫笾，木制的叫豆。④衒（xuàn）：同"炫"，炫耀。瞽（gǔ）：瞎子。

【译文】

杭州有个卖水果的商贩，很会保存柑子，即使经历寒冬酷暑，柑子也不会腐烂，拿出来仍然水亮光鲜，玉石般的质地，黄金般的光泽。可是把它剖开一看，里面干枯得像破旧的棉絮。我感到奇怪，就责问他："你要卖给别人的柑子，是准备让人装在盘子里面，供奉祭祀或招待客人呢？还是只是炫耀它的外表，去迷惑、欺骗那些傻瓜或盲人呢？你这样欺骗人，实在太过分了！"

【原文】

卖者笑曰："吾业是有年矣。吾赖是以食吾躯。吾售之，人取之，未闻有言，而独不足子所乎？世之为欺者不寡矣，而独我也乎？吾子未之思也。今夫佩虎符、坐皋比者①，洸洸乎干城之具也②，果能授孙、吴之略耶？峨大冠、拖长绅者，昂昂乎庙堂之器也，果能建伊、皋之业耶？盗起而不知御，民困而不知救，吏奸而不知禁，法斁而不知理③，坐縻廪粟而不知耻④。观其坐高堂，骑大马，醉醇醴而饫肥鲜者⑤，孰不巍巍乎可畏、赫赫乎可象也？

【注释】

①皋比（pí）：虎皮。这里指虎皮椅子。②洸洸：威武的样子。干城：指保卫国家。干，盾牌。③斁（dù）：败坏。④縻：通"靡"，耗费。廪粟：国库的粮食，这里指俸禄。⑤醇醴：美酒。饫：饱食。

【译文】

那个卖柑子的人却笑着说："我从事这种行业已经有多年了，我靠着它养活自己。我卖柑子，人家买柑子，从来没听到过什么闲言碎语，为什么却偏偏不合您的心意呢？世上玩弄欺骗手段的人不少，难道就我一个吗？您没有考虑这些。如今那些佩戴着虎符、坐虎皮交椅的人，耀武扬威地真像是保卫国家的人才，他们真的有孙武、吴起那样的策略吗？那些头戴高帽、腰垂长带的人，神气十足，真像是朝廷的栋梁之材，他们真的能建立伊尹、皋陶那样的功业吗？盗贼兴起却不知道抵御，百姓困苦却不知道解救，官吏使诈却不知道禁止，法纪败坏却不知道整顿，他们白白地耗费国家的俸禄却不知道羞耻。看他们坐在高堂之上，骑着大马，醉饮美酒，饱吃鱼肉的样子，哪个不是看起来仪表堂堂、令人敬畏、显赫威武、值得效法的呢？

【原文】

又何往而不金玉其外、败絮其中也哉！今子是之不察，而以察吾柑！"予默然无以应。退而思其言，类东方生滑稽之流。岂其忿世嫉邪者耶，而托于柑以讽耶？

· 400 ·

【译文】

然而他们哪个不是外表像金玉,而内心却是破棉败絮呢!如今你没有看到这些,却来挑剔我的柑子!"我沉默了,无话可答。后来我仔细品味他的话,觉得他有些类似东方朔那样诙谐幽默能言善辩的人,难道他真是个愤世嫉俗的人,他是借柑子来讽刺时势吗?

【评析】

这是一篇寓言体散文,围绕一个"欺"字展开,由事引起,以柑隐喻。文章首先讲述杭州一卖水果的人善于收藏柑子,而作者买到"玉质而金色"的柑子,却是徒有虚表,里面"败絮其中",心中愤怒,便责问卖柑者。卖柑者"笑着"反驳,用了一连串的排比勾画出那些 "佩虎符、坐皋比者"、"峨大冠、拖长绅者" 才是真正欺世盗名之辈,虽然他们身居高位,却是一些愚蠢之材。同时揭示了当时盗贼蜂起、官吏贪污、法制败坏、民不聊生的社会现实,有力地讽刺了那些在位的文武大臣,表达了作者对黑暗现实的清醒认识和无比憎恶。文章最后画龙点睛,道破卖柑者实际上是一个"忿世嫉邪者",假借柑子以作讽刺。

"金玉其外,败絮其中"是人尽皆知的名言警句,它教育我们对待人或事物都不要被其外表所迷惑,要深入分析,认清其本来的面目。

亲政篇
明·王鏊

【题解】

本文是王鏊在明世宗即位之后所作的一篇答谢世宗慰问的信。亲政，即皇帝直接了解下情、亲自执政的意思。明代中期后的皇帝大多昏庸无能，朝纲沦丧，大权旁落，尤以明武宗为甚。针对这一现象，作者以此文上奏世宗，希望皇帝亲自执政，革除种种弊端，并以历史的经验供皇帝参考。

【原文】

《易》之《泰》曰："上下交而其志同。"其《否》曰："上下不交而天下无邦。"盖上之情达于下，下之情达于上，上下一体，所以为"泰"。下之情壅阏而不得上闻①，上下间隔，虽有国而无国矣，所以为"否"也。交则泰，不交则否，自古皆然。而不交之弊，未有如近世之甚者。君臣相见，止于视朝数刻②；上下之间，章奏批答相关接、刑名法度相维持而已。非独沿袭故事，亦其地势使然。何也？国家常朝于奉天门，未尝一日废，可谓勤矣。然堂陛悬绝，威仪赫奕，御史纠仪，鸿胪举不如法③，通政司引奏，上特视之，谢恩见辞，惴惴而退。上何尝治一事，下何尝进一言哉？此无他，地势悬绝，所谓堂上远于万里，虽欲言无由言也。

【注释】

①阏（è）：堵塞。②视朝：皇帝上朝接见臣属。刻：古代计时单位，一昼夜为一百刻。③鸿胪：掌管礼仪的官员。

【译文】

《周易》的《泰》卦称："君臣之间互相交流意见，志向就会一致。"它的《否》卦称："君臣之间不能互相交流意见，有国家就如同没有国家。"上面的旨意能够传达到下面，下面的情况能够汇报给上面，君臣结为一体，这就是所谓的"泰"。下面的情况因为被堵塞而不能够汇报到上面，君臣之间被隔绝，有邦国却如同没有邦国，这就是所谓的"否"。所以君臣相互交流国家就太平，君臣相互不交流国家就不太平，自古以来都是如此。然而，上下不沟通的弊病，从来没有像近代这样严重的。君臣相见，只是上朝听政那短短的时间；上下之间的关系，仅靠批答奏章相互联系，只凭法令和制度相互维持罢了。这不仅是承袭旧例，也是相互间的地位悬殊形成的。为什么这样说呢？国家总是在奉天门举行朝会，没有一天废止过，可以说很勤勉了。然而，殿堂前台阶高耸，典礼仪式威严显赫，有御史监察百官进退，鸿胪检举不遵礼仪的官员，通政使引领大家入朝上奏，皇上只是接见一下，而大臣则是谢恩告辞，诚惶诚恐地退出殿堂。皇上何曾办过一件事，臣下何曾当面说过一句话？这没有别的原因，只是因为上下地位悬殊造成的，这正如人们所说的宫殿之上远隔万里，臣下即使有意见想向皇上陈述也无从讲起啊。

【原文】

愚以为欲上下之交，莫若复古内朝之法。盖周之时有三朝：库门之外为正朝①，询谋大臣在焉；路门之外为治朝②，日视朝在焉；路门之内为内朝，亦曰燕朝。《玉藻》云："君日出而视朝，退视路寝听政。"盖视朝而见群臣，所以正上下之分；听政而视路寝，所以通远近之情。汉制：大司马、左右前后将军、侍中、散骑诸吏为中朝，丞相以下至六百石为外朝③。唐皇城之北南三门曰承天，元正、冬至受万国之朝贡，则御焉，盖古之外朝也。其北曰太极门，其西曰太极殿，朔、望则坐而视朝，盖古之正朝也。又北曰两仪殿，常日听朝而视事，盖古之内朝也。

【注释】

①库门：天子宫中最外面的一个门。②路门：天子宫中最里面的一个门。③六百石：汉代的官员品级之一，为一般官员。二千石以上为高级官员。

【译文】

　　我个人认为，想要使君臣互相沟通，不如恢复古代的内朝制度。周朝时，天子设有三朝：库门之外为正朝，君主在这里向臣下咨询并商议朝制；路门之外为治朝，君主在这里举行每日的朝会；路门之内称为内朝，也称燕朝。《玉藻》中说："君主在日出之时接见百官，退朝后到路寝处理政事。"上朝时要接见百官，以此来表明上下的名分；到路寝处理政事，以此来通晓远近的情况。汉朝的制度：皇帝接见大司马、左右前后将军、侍中、散骑等官员，称为中朝，接见丞相以下至六百石的官员，称为外朝。唐朝皇城北阙往南的三座门称为承天门，每年元旦和冬至，皇帝到这里接受各国使节的朝见和进贡，这大概就是古代的外朝。它的北面是太极门，西面是太极殿，每月初一、十五，皇帝在这里坐朝理事，接见百官，这大概就是古代的正朝。再往北面是两仪殿，皇帝平时在这里坐朝理事，这大概就是古代的内朝。

【原文】

　　宋时常朝则文德殿，五日一起居则垂拱殿，正旦、冬至、圣节称贺则大庆殿，赐宴则紫宸殿或集英殿，试进士则崇政殿。侍从以下，五日一员上殿，谓之轮对，则必入陈时政利害。内殿引见，亦或赐坐，或免穿靴①，盖亦有三朝之遗意焉。盖天有三垣②，天子象之。正朝，象太极也；外朝，象天市也；内朝，象紫微也。自古然矣。

【注释】

　　①穿靴：唐代臣属上朝必须穿朝靴。②三垣：古代分周天恒星为三垣二十八宿。三垣即太微、紫微、天市。

【译文】

　　宋朝的时候，皇帝平日在文德殿听朝，而臣下每五日在垂拱殿向皇帝请安。每年元旦、冬至和皇帝寿辰的庆典，则在大庆殿举行，皇帝赐宴招待群臣在紫宸殿或集英殿，皇帝面试进士在崇政殿。侍从以下的官员，每五日就有一位官员上殿朝见，称为轮对，此时一定要向皇帝陈述当前政事之得失利弊。皇帝在内殿引见臣下时，有时赏赐他们座位，有时免去他们穿朝靴的礼节。上述大概还保留着周、汉、三朝制度的遗风吧。原来上天有三垣之分，皇帝在模仿上天行事：正朝象征太极，外朝象征天市，内朝象征紫微。自古以来就是如此了。

【原文】

　　国朝圣节、正旦、冬至①大朝会则奉天殿，即古之正朝也。常日则奉天门，即古之外朝也。而内朝独缺。然非缺也，华盖、谨身、武英等殿，岂非内朝之遗制乎？洪武中如宋濂、刘基，永乐以来如杨士奇、杨荣等，日侍左右，大臣蹇义、夏元吉等，常奏对便殿。于斯时也，岂有壅隔之患哉？今内朝未复，临御常朝之后，人臣无复进见，三殿高阁，鲜或窥焉。故上下之情，壅而不通；天下之弊，由是而积。孝宗晚年，深有慨于斯，屡召大臣于便殿，讲论天下事。方将有为，而民之无禄②，不及睹至治之美，天下至今以为恨矣。

【注释】

　　①国朝：指本朝，即大明朝。②民之无禄：在这里暗喻明孝宗的去世。这是一种委婉的表达方式。

【译文】

　　本朝皇帝寿辰、元旦、冬至等大朝会，在奉天殿举行，这就是古代的正朝。而平日皇帝在奉天门设朝，这就是古代的外朝。然而唯独缺少内朝。其实内朝并不是真缺，华盖、谨身、武英等殿的朝会，难道不是内朝的遗制吗？洪武年间的宋濂、刘基，永乐以来如扬士奇、杨荣等人，每日侍奉在皇上左右；大臣蹇义、夏元吉等人，常在便殿启奏政事或回答皇帝的询问。在那个时期，难道会有上下阻隔的忧患吗？如今内朝没有恢复，皇上驾临日常的朝会后，臣下就不能再进见了。三座殿高大幽深，很少有人能够看见殿内情况。因而君臣上下思想堵塞，难以沟通，国家的弊病由此堆积。孝宗皇帝晚年时，对这一问题深为感慨，屡次在便殿召集大臣商议政事。孝宗正要有所作为之时，他却去世了，天下百姓没有福气看到天下大治的美好光景，臣民至今对此感到遗憾。

【原文】

　　惟陛下远法圣祖，近法孝宗，尽划近世壅隔之弊。常朝之外，即文华、武英二殿，仿古内朝之意。大臣三日或五日一次起居，侍从、台谏各一员上殿轮对①。诸司有事咨决，上据所见决之，有难决者，与大臣面议之。不时引见群臣，凡谢恩辞见之类，皆得上殿陈奏。虚心而问之，和颜色而道之②，如此，人人得以自尽。陛下虽身居九重③，而天下之事灿然毕陈于前。外朝所以正上下之分，内朝所以通远近之情。如此，岂有近时壅隔之弊哉？唐、虞之时，明目达聪④，嘉言罔伏，野无遗贤，亦不过是而已。

【注释】

①台谏：台官和谏官。台官指御史台官员，谏官指谏议大夫、给事中等。②道：同"导"，开导，引导。③九重：泛指帝王居室，形容其处深邃幽深。④聪：听力敏锐。

【译文】

但愿陛下远效圣明的先祖，近效孝宗皇帝，彻底铲除近世以来上下阻隔的弊病。除平时朝会之外，再到文华、武英二殿设立朝会，以仿照古代内朝之制。大臣们每隔三天或五天进宫问安一次，侍从官和台官谏官各选一人轮流上殿奏事或回答皇上的询问。各主管衙门有事请示，皇上就根据了解的情况决断；有些难以决断的，就跟大臣们当面商议。这样不定期地引见群臣，凡属谢恩、辞别一类的事情，有关官员也都可以上殿陈述启奏。皇上虚心地询问他们，和颜悦色地开导他们。这样，人人都可以畅所欲言。陛下虽然深居在九重内宫，但天下大事都能鲜明地全部展现在眼前。外朝制度是用来端正君臣上下之分的，内朝制度是用来沟通远近情况的。如果这样做的话，难道还会发生近世上下堵塞隔绝的弊病吗？唐尧、虞舜的时代，眼睛看得见，耳朵听得清，好的意见不会被埋没，偏僻的地方也没有被遗弃的贤才，也不过像我上面所说的这样罢了。

【评析】

本文开篇便引用《易经》中的卦辞，提出中心论点："上下交而其志同"，"上下不交而天下无邦"。作者将这两种情形作了详细的对比，然后笔锋一转，讨论起当朝君臣之间的关系，指出当朝"上下不能交"的原因在于"堂上远于千里，虽欲言无由言"。

紧接着，作者又提出解决此问题的办法，引历代制度为例，从周代的三朝制度开始说起，历数内朝在沟通君臣、上通下达中的重要作用。然后，由历史转向现实，说明当朝制度与古代相比是"内朝独缺"。因此，作者向皇帝提出建议，希望皇帝能够效法远祖和孝宗，常朝之外，实行内朝制度，以消除君臣之间的隔阂。

文章一气呵成，文字顺畅，旁征博引，具有一定的说服力。

象祠记

明·王守仁

【题解】

王守仁，字伯安，号阳明子，世称阳明先生，其学术思想在中国、日本、朝鲜半岛以及东南亚国家乃至全球都有重要而深远的影响。象祠，为纪念虞舜的同父异母弟象而修建的祠堂。象，在父亲瞽瞍的支持下，多次企图杀害舜，但都未能得逞。后来，在舜的感化下，象终于改过自新。舜不计前嫌，即位后仍封他为有鼻国国君。本文是一篇记文，但没有一字描述景物，只是借此阐述自己的哲学思想。

【原文】

灵博之山，有象祠焉。其下诸苗夷之居者，咸神而祠之。宣尉安君，因诸苗夷之请，新其祠屋，而请记于予。予曰："毁之乎，其新之也？"曰："新之。""新之也，何居乎？"曰："斯祠之肇也，盖莫知其原。然吾诸蛮夷之居是者，自吾父、吾祖溯曾高而上，皆尊奉而禋祀焉，举而不敢废也。"予曰："胡然乎？有鼻之祀，唐之人盖尝毁之。象之道，以为子则不孝，以为弟则傲。斥于唐，而犹存于今；坏于有鼻，而犹盛于兹土也，胡然乎？"

【译文】

灵鹫山和博南山有座供奉象的祠庙。山下居住的苗民都把象当作神来祭祀。宣尉使安先生根据苗民的请求，将祠庙重新修整一番，并请求我写一篇文章记述。我说："是把它拆毁，还是重新修整呢？"宣慰使说："是重新修整。"我说："我们为什么要重新修整它呢？"宣尉使说："这座祠庙的来历，大概已经没有人知道了。但是我们这些居住在这里的苗民，从我的父辈、祖辈，一直追溯到曾高祖父以上，都尊奉它，祭祀它，按时举行祭典从来没有废止过。"我说："这是为什么呢？对有鼻氏的祭祀，唐朝人曾经把它毁掉。象的为人，作为人子可说是不孝，作为弟弟就是蔑视兄长。对象的祭祀在唐朝就已被废弃，然而今天还保留着；有鼻那里的祠庙已被拆毁，然而在这里却还兴盛，这是为什么呢？"

【原文】

我知之矣：君子之爱若人也，推及于其屋之乌①，而况于圣人之弟乎哉？然则祀者为舜，非为象也。意象之死②，其在干羽既格之后乎③？不然，古之骜桀者岂少哉？而象之祠独延于世，吾于是盖有以见舜德之至，入人之深，而流泽之远且久也。象之不仁，盖其始焉耳，又乌知其终之不见化于舜也？《书》不云乎："克谐以孝，烝烝乂④，不格奸。""瞽瞍亦允若。"则已化而为慈父。象犹不弟，不可以为谐。进治于善，则不至于恶；不抵于奸，则必入于善。信乎，象盖已化于舜矣！《孟子》曰："天子使吏治其国。"象不得以有为也。

【注释】

①语出《尚书大传·大战》："爱人者，爱其屋上之乌。"比喻因为爱一个人而推及到与之有关的人或物。成语有"爱屋及乌"。②意：猜想，估计。③干羽：都是古代舞人所执的舞具。干，盾。舞干羽，表示偃武修文，不再进行战争。既格，已经使苗氏归服。格，来，到，引申为归顺。④烝烝：淳厚的样子。

【译文】

我明白了：君子要是喜欢一个人的时候，就会连这个人居住的屋子上的乌鸦也喜欢，更何况是圣人舜的弟弟呢？这样，修祠祭祀的是舜，而不是象。我推想象的死去，大概是在苗民归顺之后吧？如果不是这样，那么古代凶暴乖戾的人难道还少吗？但是唯独象的祠庙却能传到今世，我因此可以想象舜的德行是多么至高无上、深入人心，以至于他的德泽流传能够如此长久。象的顽劣不仁，大概是他早年间的事，又怎见得他后来不被舜感化而改善从恶呢？《尚书》中不是说："舜能够用孝使全家和睦，使家人忠厚善良，不至于犯奸作恶。""舜的父亲被舜感化了。"证明舜的父亲已经变成慈父了。如果象不尊敬兄长，那么就不能说全家和睦。不断自我修行向善，他就不会走上邪恶的道路；不走上邪恶的道路，就一定会走向善道。象已经被舜感化了，确实是这样啊！孟子说："天子派官吏治理象的封地。"这样象就不能为所欲为。

【原文】

斯盖舜爱象之深而虑之详，所以扶持辅导之者之周也。不然，周公之圣，而管、蔡不免焉。斯可以见象之见化于舜，故能任贤使能而安于其位，泽加于其民，既死而人怀之也。诸侯之卿，命于天子，盖《周官》之制，其殆仿于舜之封象欤？

【译文】

这大概可以看出舜爱象爱得深，因而替他考虑得很周详，用来扶持辅导他的办法也是面面俱到。如果不是这样，以周公那样的圣明，管叔和蔡叔最后却仍然不能免于被杀。这也可见象已经被舜感化，所以能够任用贤人，安守自己的职位，并把恩泽施给百姓，在他死了以后，人们才怀念他。诸侯的卿，都是由天子任命的，这是《周官》的制度，这大概也是仿效舜封象的办法吧！

【原文】

吾于是盖有以信人性之善，天下无不可化之人也。然则唐人之毁之也，据象之始也；今之诸苗之奉之也，承象之终也①。斯义也，吾将以表于世，使知人之不善，虽若象焉，犹可以改；而君子之修德，及其至也，虽若象之不仁，而犹可以化之也。

【注释】

①承：接受。这里有根据的意思。

【译文】

于是，我相信人的本性是善良的，天下没有不可以感化的人。那么由此看来，唐朝人拆毁象的祠庙，是根据象早年的作为；如今苗民祭祀他，是信奉象后来的品行。这个意义，我将把它揭示给世人，使人们知道人心不善良，即使跟象一样，也还可以改造；君子修养自己的品德如果到了至高无上的境界，即使遇上像象那样的不仁之徒，也还可以感化他。

【评析】

这是一篇阐明作者"致良知"的观点的论文。文章开篇点题，并提出为什么对象的祭祀在唐代就废除了而在苗地却仍兴盛的疑问。从以下两方面议论：一是认为人们"爱屋及乌"，是为了纪念舜。从中看出舜德的深入人心。二是引经据典，判断象之不仁表现于早期，后期经过舜的教化已经改邪归正。

本文中，引用了《尚书》、《孟子》中的言论，从理论上阐明推想的合理性，并猜测周代的分封制度就是源于舜对象这种宽厚而仁爱的做法。最后得出结论：君子要修养德行以感化恶人，而恶人也能够被君子的德行所感化。以上所有这些，都有助于增强文章的说服力，还增强了文章的可读性。

信陵君救赵论

明·唐顺之

【题解】

唐顺之，明代儒学大师、军事家、散文家。字应德，世称荆川先生，是明代后期著名的散文作家，为文效法唐宋，在当时有一定声誉。信陵君，名无忌，战国四公子之一。一直以来，人们对信陵君称颂有加，但本篇一反常论，立足于社稷，批驳其以私义救人的错误。

【原文】

论者以窃符为信陵君之罪，余以为此未足以罪信陵也。夫强秦之暴亟矣，今悉兵以临赵，赵必亡。赵，魏之障也。赵亡，则魏且为之后。赵、魏，又楚、燕、齐诸国之障也，赵、魏亡，则楚、燕、齐诸国为之后。天下之势，未有岌岌于此者也①。故救赵者，亦以救魏；救一国者，亦以救六国也。窃魏之符以纾魏之患②，借一国之师以分六国之灾，夫奚不可者？然则信陵果无罪乎？曰：又不然也。余所诛者，信陵君之心也。

【注释】

①岌岌：危险的样子。②纾（shū）：解除。

【译文】

评论史事的人把盗窃兵符一事看作是信陵君的罪过，我认为这不足以成为怪罪信陵君的理由。那强大的秦国已经暴虐到极点了，如今出动全国的兵力来进攻赵国，赵国必亡无疑。赵国是魏国的屏障，赵国灭亡了，魏国也会跟着灭亡。赵国与魏国，又是楚、燕、齐各国的屏障，赵、魏灭亡了，那么楚、燕、齐各国也将随之灭亡。天下的形势，没有比这更危险的了。因此，救了赵国也就是救了魏国；救了一个国家，也就是救了六个国家啊。盗窃魏国的兵符来解救魏国的危难，借用一国的军队来解除六国的灾难，这又有什么不可以的呢？那么，信陵君就当真无罪了吗？我说：这并非如此。我所谴责的是信陵君的动机啊。

【原文】

信陵一公子耳，魏固有王也。赵不请救于王，而谆谆焉请救于信陵①，是赵知有信陵，不知有王也。平原君以婚姻激信陵，而信陵亦自以婚姻之故，欲急救赵，是信陵知有婚姻，不知有王也。其窃符也，非为魏也，非为六国也，为赵焉耳。非为赵也，为一平原君耳。

【注释】

①谆谆（zhūn）：恳切不知疲倦的样子。

【译文】

信陵君不过是魏国的一个公子罢了，魏国本来就有君王。赵国却不向魏王求救，而是恳切地向信陵君求救，这说明赵国心目中只有信陵君，不知道还有个魏王。赵国的平原君也竟然用姻亲的关系来激将信陵君，而信陵君自己也因为姻亲关系，想急于救赵，这说明信陵君只知道有姻亲，也不知道还有个魏王。信陵君盗窃兵符的行为，不是为了魏国，不是为了六国，而是为了赵国。其实也不是为了赵国，只是为了一个平原君罢了。

【原文】

使祸不在赵，而在他国，则虽撤魏之障，撤六国之障，信陵亦必不救。使赵无平原，而平原亦非信陵之姻戚，虽赵亡，信陵亦必不救。则是赵王与社稷之轻重，不能当一平原公子，而魏之兵甲所恃以固其社稷者，只以供信陵君一姻戚之用。幸而战胜，可也；不幸战不胜，为虏于秦，是倾魏国数百年社稷以殉姻戚，吾不知信陵何以谢魏王也。

【译文】

假如灾难不发生在赵国，而发生在其他国家，那么，即使关系到失去魏国的屏障、失去六国的屏障，信陵君也必然不会去拯救。假如赵国没有平原君，或者平原君不是信陵君的姻亲，即使赵国要灭亡，信陵君也必然不会去拯救。这就是说，赵王及其国家的重要性，还不如一个平原君，而且魏国赖以保卫国家安全的军队，如今只不过是供信陵君救援亲戚罢了。幸而战胜了，总算还可以交待；如果不幸而战不胜，做了秦国的俘虏，那就是毁灭魏国几百年来建立的基业去为姻亲殉葬，我不知道信陵君怎样去向魏王交代。

【原文】

夫窃符之计，盖出于侯生，而如姬成之也。侯生教公子以窃符，如姬为公子窃符于王之卧内，是二人亦知有信陵，不知有王也。余以为信陵之自为计，曷若以唇齿之势激谏于王①，不听，则以其欲死秦师者而死于魏王之前，王必悟矣。侯生为信陵计，曷若见魏王而说之救赵，不听，则以其欲死信陵君者而死于魏王之前，王亦必悟矣。

【注释】

①曷若：哪里比得上，还不如。唇齿：比喻关系密切，利害相关。

【译文】

盗窃兵符的计策，原来出自于侯生，却是由如姬办成的。侯生教魏公子去盗窃兵符，如姬替魏公子从魏王卧室内偷得兵符，因此这两人心目中也只知道有信陵君，而不知道还有个魏王啊。我认为信陵君要是替自己打算，不如用赵、魏两国唇齿相依的利害关系，以激发劝谏魏王，如果魏王不听，就拿出跟秦军拼死的勇气，死在魏王面前，魏王一定会感悟过来。侯生要是为信陵君打算，不如去朝见魏王，劝说魏王援救赵国，如果魏王不听，就拿出为信陵君而死的决心，死在魏王面前，魏王也一定会感悟过来。

【原文】

如姬有意于报信陵，曷若乘王之隙而日夜劝之救，不听，则以其欲为公子死者而死于魏王之前，王亦必悟矣。如此，则信陵君不负魏，亦不负赵；二人不负王，亦不负信陵君。何为计不出此？信陵知有婚姻之赵，不知有王。内则幸姬，外则邻国，贱则夷门野人①，又皆知有公子，不知有王。则是魏仅有一孤王耳。

【注释】

①夷门：魏国都城大梁的东门。

【译文】

如姬有意报答信陵君，不如寻找机会，日夜劝说魏王援救赵国，如果魏王不听，就拿出想为公子而死的心愿，死在魏王面前，魏王也一定会感悟。这样，信陵君就不辜负魏国，也不辜负赵国；侯生和如姬二人不辜负魏王，也不辜负信陵君。为什么不用这样的计策呢？信陵君只知道有姻亲关系的赵国，而不知道有魏王。宫内的宠妾，外面的邻国，地位卑贱的看城门的老头，又都心目中只有信陵君，却不知道还有个魏王。那么，魏王也仅仅是一个孤立的君王罢了。

【原文】

呜呼！自世之衰，人皆习于背公死党之行而忘守节奉公之道，有重相而无威君，有私仇而无义愤，如秦人知有穰侯，不知有秦王，虞卿知有布衣之交，不知有赵王。盖君若赘瘤久矣①。由此言之，信陵之罪，固不专系乎符之窃不窃也。其为魏也，为六国也，纵窃符犹可。其为赵也，为一亲戚也，纵求符于王，而公然得之，亦罪也。

【注释】

①赘瘤：多余的瘤子。

【译文】

唉！自从世道衰败以来，人们都习惯于违背公益，而甘心为私党效力，却忘掉了坚守节操、奉行公事的道理，只有手握大权的宰相却没有威严的君王，只有一己私仇而没有义愤的局面，就像秦国人只知道有穰侯魏冉，而不知道有秦王；虞卿只知道贫贱之交，而不知道有赵王。大概那时的君王就像多余的瘤子已经很久了。从这一点来说，信陵君的罪过，确实不仅仅在于兵符的盗窃与否。如果他是为了魏国，为了六国，纵然是盗了兵符，也还是可以的。如果他是为了赵国，为了一个亲戚，纵然向魏王请求兵符，并且公开地得到了它，信陵君也是有罪过的。

【原文】

虽然，魏王亦不得为无罪也。兵符藏于卧内，信陵亦安得窃之？信陵不忌魏王，而径请之如姬，其素窥魏王之疏也；如姬不忌魏王，而敢于窃符，其素恃魏王之宠也。木朽而蛀生之矣。古者人君持权于上，而内外莫敢不肃。则信陵安得树私交于赵？赵安得私请救于信陵？如姬安得衔信陵之恩？信陵安得卖恩于如姬？履霜之渐①，岂一朝一夕也哉！由此言之，不特众人不知有王②，王亦自为赘瘤也。

【注释】

①履霜之渐：踩到了霜就知道严冬快要到了。比喻事情的发生都有一个过程。履，踩。②不特：不只是，不但，不仅。

【译文】

虽然是这样，论起魏王，也不能说是没有罪过。兵符好好地藏在卧室之内，信陵君又怎么能偷得到呢？信陵君不害怕魏王，直接去请托如姬，说明他平日就窥察到魏王的疏忽了；如姬不害怕魏王，而敢于盗窃兵符，说明她素来仗恃魏王的宠爱。木头枯朽了蛀虫才会产生。古代的君王在上手握大权，而宫廷内外无不表示尊敬。那么信陵君怎能与赵国有私交呢？赵国又怎能私下向信陵君请求救援呢？如姬怎能一直承受信陵君的恩惠图报呢？信陵君又怎能利用自己对如姬有恩而求助于她呢？冰冻三尺，岂是一朝一夕之寒所能结成的呢？由此说来，不仅是众人心目中没有魏王，就连魏王也甘心把自己当作多余的瘤子啊。

【原文】

故信陵君可以为人臣植党之戒，魏王可以为人君失权之戒。《春秋》书葬原仲、翚帅师。嗟夫！圣人之为虑深矣！

【译文】

因此，信陵君可以作为警戒臣子结党营私的反面榜样，魏王可以作为警戒君王丧失权柄的反面榜样。《春秋》上记载着季友私葬原仲、翚帅伐郑的事。唉！圣人考虑问题是多么深远啊！

【评析】

这篇文章以大家所熟知的"信陵君窃符救赵"的事件为题材，开篇首先肯定了信陵君救赵这一行动本身并没有过错，然后再逐步深入地对他进行批判，是一种"欲擒先纵"、"欲抑先扬"的写作方法。

作者在文中提出了自己的观点："余所诛者，信陵君之心也"。作者认为，信陵君之所以救赵，并非为保魏国或六国，而为其姐与赵之婚姻关系，并由此引出，其实信陵君不仅不会救魏国，甚至他心中根本没有魏王。接下来，作者又将矛头指向魏王，说明信陵君窃符救赵之计所以能成功，魏王本身也有一定疏漏。

文章末尾对全篇进行综合性的评价，指出为人臣的信陵君之罪在于结党营私，目无君主；为人君的魏王之罪在于君权不明，君威不振，才使得臣子有犯罪的余地。此是为针砭当时阉党结党隐私、误国害民而发的，所以此文具有现实意义。

沧浪亭记

明·归有光

【题解】

沧浪亭，为北宋著名文学家苏舜钦所建。原为五代时吴越广陵王元璙的花园，不过到明朝时已经荒废。明朝僧人又在它的遗址上修建了沧浪亭，并请归有光撰文以记其事。本文作者用朴素简洁的语言、自然流畅的笔调，记述了沧浪亭演变过程。与盛极一时的吴越国的宫馆苑囿相比，此时沧浪亭中，各种古迹都已经不复存在，从而得出结论：使士人千载垂名的不是兴建的建筑物，而是士人的品德和文章。

【原文】

浮图文瑛[①]，居大云庵，环水，即苏子美沧浪亭之地也。亟求余作《沧浪亭记》，曰："昔子美之记，记亭之胜也。请子记吾所以为亭者。"

【注释】

①浮图：即浮屠，梵语音译，指佛。这里指信奉佛教的僧人，也叫和尚。

【译文】

文瑛和尚居住在大云庵，那里流水环绕，原来是苏子美建造沧浪亭的地方。文瑛屡次请我写一篇《沧浪亭记》，并说："过去苏子美的《沧浪亭记》，是记述沧浪亭的胜迹，请您记下我重新修建这个亭子的缘由吧。"

【原文】

余曰："昔吴越有国时，广陵王镇吴中，治南园于子城之西南。其外戚孙承佑①，亦治园于其偏。迨淮海纳土②，此园不废。苏子美始建沧浪亭，最后禅者居之。此沧浪亭为大云庵也。有庵以来二百年，文瑛寻古遗事，复子美之构于荒残灭没之余，此大云庵为沧浪亭也。夫古今之变，朝市改易。

【注释】

①外戚：帝王的母族和妻族。②迨：到，等到。

【译文】

我说："从前五代时期吴越建国时，广陵王镇守苏州，曾在内城的西南地方修筑园林。他的儿女亲家孙承佑，也在它的旁边修筑园林。到了吴越献出国土归顺宋朝之时，这些园林也还没有荒废。苏子美开始在此建筑沧浪亭，后来是些僧人居住在这里。这就是沧浪亭变成大云庵的过程。大云庵距今已有二百年的历史了，文瑛寻访古代的遗迹，又在荒芜残破的废墟上，按照以前的结构重新修建沧浪亭，这是大云庵又变成沧浪亭的过程。历史在变迁，就连朝廷和集市也发生了变化。

【原文】

尝登姑苏之台，望五湖之渺茫，群山之苍翠，太伯、虞仲之所建，阖闾、夫差之所争，子胥、种、蠡之所经营，今皆无有矣！庵与亭何为者哉？虽然，钱镠因乱攘窃，保有吴越，国富兵强，垂及四世，诸子姻戚，乘时奢僭①，宫馆苑囿②，极一时之盛；而子美之亭，乃为释子所钦重如此。可以见士之欲垂名于千载，不与澌然而俱尽者③，则有在矣！"文瑛读书喜诗，与吾徒游，呼之为沧浪僧云。

【注释】

①奢僭：奢侈僭越。僭，超越本分，指冒用上一级的名义与器物。②苑囿：畜养禽兽并种植林木的园林。③澌然：冰块融化的样子。

【译文】

我曾经登上姑苏台，远眺浩渺的五湖、苍翠的群山，那太伯、虞仲所建立的吴国，阖闾、夫差所争夺的土地，子胥、文种、范蠡所筹划的事业，如今都已荡然无存！大云庵和沧浪亭又算什么呢？虽然钱镠趁天下大乱，窃取权位，占据了吴越地区，国富兵强，政权延续了四代，他的子孙和姻戚趁机肆意挥霍，修造的宫馆苑囿都盛极一时。但苏子美的沧浪亭，却被一个佛家弟子如此看重。由此可见，士人想要千载垂名，不像冰块那样片刻融化，是另有原因的。"文瑛和尚爱好读书，又喜好诗歌，同我们这些人交游，大家称他为沧浪僧。

【评析】

本文开门见山点出沧浪亭，并交代僧人文瑛请作者作此记的原因，即记叙其修复沧浪亭的原因，而没有记叙具体如何建、如何修沧浪亭。接着又用开阔的笔触写登临沧浪亭的种种感受，进而回顾沧浪亭演变史：从五代吴越王室贵族修建南园、花园，至宋苏子美造沧浪亭，后又变为大云庵，直至二百年后僧人文瑛又为恢复沧浪亭而重修。

由文中可知，沧浪亭从变迁改易中突出了亭的不变，论亭的不变实际上是论亭的不朽，论亭的不朽又并非着意于作为有形的建筑物之亭的存在与否，而是将附着于亭上的一种文化精神薪火相传。

文章短小精悍，言简意赅，由近及远，以小见大，可为古人"上德立德，其次立功，其次立言"的"三不朽"之说张目，令天下士子奋然自振，具有很强的教育意义和现实意义。

青霞先生文集序

明·茅坤

【题解】

青霞先生，即沈炼，字纯甫，别号青霞山人，明嘉靖年间曾官至锦衣卫经历。当时皇帝昏庸，沈炼为人刚直不阿，因反对严嵩专权误国而被陷害至死，受到当时进步人士的同情与钦佩。茅坤在这篇序文中记叙了沈炼的事迹，将其与古代的志士屈原、伍子胥、贾谊等人相提并论，并从思想内容上高度肯定了沈炼的诗文。

【原文】

青霞沈君，由锦衣经历上书诋宰执①，宰执深疾之。方力构其罪，赖明天子仁圣，特薄其谴，徙之塞上。当是时，君之直谏之名满天下。已而，君累然携妻子，出家塞上。会北敌数内犯，而帅府以下，束手闭垒，以恣敌之出没，不及飞一镞以相抗。甚且及敌之退，则割中土之战没者与野行者之馘以为功②。而父之哭其子，妻之哭其夫，兄之哭其弟者，往往而是，无所控吁。

【注释】

①锦衣经历：即锦衣卫的经历官，负责文书往来。锦衣卫原是皇室亲军，明代起监管刑狱、巡捕，明中叶以后，和东厂、西厂同为特务机构。②馘（guó）：被杀者的左耳。古代作战时割取对方战死者的左耳来统计杀敌人数，记战功。

【译文】

沈青霞先生，以锦衣卫经历的身份，向皇帝上书斥责宰相，宰相因此非常痛恨他。正当竭力捏造罪名陷害他时，幸亏皇帝仁慈圣明，特地减轻对他的处罚，只将他流放到边塞去。那时，沈先生敢于直谏的名声传遍天下。不久，沈先生就携带着妻子儿女，离家迁居塞上。当时正逢北方敌兵频频进犯，而帅府以下的各级官员都束手无策，闭关不战，任凭敌寇任意进出侵扰，竟连射一支箭抵抗敌人的事都没有做到。甚至在等到敌人退兵之后，他们就割下自己队伍中阵亡者和在郊野行走百姓的耳朵以邀功请赏。而百姓中父亲哭儿子、妻子哭丈夫、哥哥哭弟弟的惨状，到处都是，他们又无处控诉。

【原文】

君既上愤疆场之日弛，而下痛诸将士日菅刈我人民以蒙国家也①，数鸣咽欷歔②，而以其所忧郁发之于诗歌文章，以泄其怀，即集中所载诸什是也。君故以直谏为重于时，而其所著为诗歌文章，又多所讥刺，稍稍传播，上下震恐。始出死力相煽构，而君之祸作矣。君既没，而一时阃寄所相与谗君者③，寻且坐罪罢去。又未几，故宰执之仇君者亦报罢。而君之门人给谏俞君，于是裒辑其生平所著若干卷④，刻而传之。而其子以敬，来请予序之首简。

【注释】

①菅刈：割草，这里指像割草似的滥杀无辜。②欷歔：叹息。③阃（kǔn）寄：领兵在外的将官。阃，外城城门，表示远离国都在外。④裒（póu）辑：搜集，编辑。

【译文】

沈先生对上既痛恨边疆防务的日益废弛，对下又痛恨众将士任意残杀人民，蒙骗朝廷，他多次为之哭泣哀叹，于是将他的忧郁表现在诗歌文章之中，以抒发其情怀，他的文集中所载诸篇都是这类作品。沈先生本来就以敢于直谏而为世人敬重，而他所写的诗文又常有讥刺之言，稍稍传播，朝廷上下都感到震惊恐慌。于是他们开始拼命造谣，陷害沈先生，于是大祸也就落到了沈先生的头上。沈先生被害以后，而那些一同陷害沈先生的领军在外的将领们，不久也都因罪罢免。又过了不久，原来仇视沈君的宰相也被罢官。于是沈先生的老朋友俞君，收集编辑了沈先生一生的著述若干卷，并加以刊刻流传。沈君的儿子沈襄，来请我写篇序言放在文集前面。

【原文】

茅子受读而题之曰：若君者，非古之志士之遗乎哉？孔子删《诗》，自《小弁》①之怨亲，《巷伯》②之刺谗而下，其忠臣、寡妇、幽人、怼士之什③，并列之为"风"，疏之为"雅"，不可胜数。岂皆古之中声也哉？然孔子不遽遗之者，特悯其人、矜其志，犹曰"发乎情，止乎礼义"，"言之者无罪，闻之者足以为戒"焉耳。予尝按次《春秋》以来，屈原之《骚》疑于怨，伍胥之谏疑于胁，贾谊之《疏》疑于激，叔夜之诗疑于愤，刘蕡之对疑于亢。然推孔子删《诗》之旨而哀次之，当亦未必无录之者。君既没，而海内之荐绅大夫，至今言及君，无不酸鼻而流涕。

【注释】

①小弁：《诗经·小雅》中的一篇，描写一个被遗弃者的哀怨。②巷伯：《诗经·小雅》中的一篇，描写一个遭受谗言而受到官刑处罚的人的悲愤。③怼士：心怀愤懑的人。

【译文】

我恭读了沈先生的文集后写道：像沈先生这样的人，不就是古代那些有高尚节操的那一类志士吗？孔子删定《诗经》，从怨恨亲人的《小弁》、讥讽谗人的《巷伯》以下，那些忠臣、寡妇、隐士和愤世嫉俗之人的作品，一起被列入"国风"、分入"小雅"的，数不胜数。难道这些作品都符合古诗的音律吗？然而孔子不轻易删掉它们，那只是怜悯这些人的不幸遭遇，推崇他们志向的缘故。他还说"这些诗歌都是发自内心，又能以礼仪加以约束"，"说话的人没有罪，听的人完全可以把它作为鉴戒"。我曾依次考察《春秋》以来的作品，发现屈原的《离骚》，似乎有发泄怨恨之嫌；伍子胥的进谏，似乎有进行威胁之嫌；贾谊的《陈政事疏》，似乎有过于偏激之嫌；嵇康的诗歌，似乎有过分激愤之嫌；刘蕡的对策，似乎有亢奋偏执之嫌。然而按照孔子删《诗经》的原则编纂它们，看来也未必不可取。沈先生虽已去世，但海内的士大夫至今一提到他，无不心酸落泪。

【原文】

呜呼！集中所载《鸣剑》、《筹边》诸什，试令后之人读之，其足以寒贼臣之胆，而跃塞垣战士之马，而作之忾也，固矣！他日国家采风者之使出而览观焉[1]，其能遗之也乎？予谨识之。至于文词之工不工，及当古作者之旨与否，非所以论君之大者也，予故不著。嘉靖癸亥孟春望日归安茅坤拜手序。

【注释】

[1]国家采风：古代君主定期派人分赴全国各地收集民谣，用作施政时的参考，称为"采风"。

【译文】

啊！文集中所记载的《鸣剑》、《筹边》等篇，如果让后代人读了，足以使奸臣胆寒，使边防战士跃马杀敌，激起他们同仇敌忾的义愤，这是毫无疑问的！日后朝廷派遣了解民情、采集歌谣的使者看到这些诗篇，难道会把它们遗漏掉吗？我是怀着恭谨的心情把它记述在这里。至于文采辞藻精美与否，以及与古代作者的意旨是否相合，这些都与评论沈先生的大节无关，所以我就不加以论述了。嘉靖癸亥年（1563年）孟春望日（正月十五日）归安茅坤拜书。

【评析】

文章以崇敬的笔调介绍了沈炼的忧国忧民及与权奸抗争遭受迫害的经历，具体说明了文集所产生的社会意义。

全文的前两段介绍了沈炼的为人及其文集刊行的过程，进而表现出他的文风。在第三段中，作者首先肯定了沈炼是一位"古之志士之遗"，这是对他进行评价的基调。接下来的一段中，作者通过一些具体的作品和具体的人物，如屈原、伍子胥、贾谊、嵇康、刘蕡等人加以衬托，不言而喻地证明了他便是不折不扣的"古之志士之遗"。在结尾一段中，作者又用委婉的语言指出，在阅读文集时应着眼于"大者"，也就是说，评价一篇作品时应首先考虑它的思想内容。

另外，文章在写法上还有一个显著的特点：自始至终紧密结合当时的政治、军事局面和诗文传统来论沈炼其人其诗。文中还多次运用排比句，笔酣墨饱，浩荡苍凉，读来凛凛有生气。

蔺相如完璧归赵论

明·王世贞

【题解】

王世贞，字浮美，号凤洲，明朝杰出的文学家，诗文俱佳，为当时文学派别"后七子"的领袖之一，与李攀龙齐名，合称"王李"。关于蔺相如完璧归赵的历史故事，人们称颂的较多。但在本文中作者却是力排众议，提出了自己独到的见解，指出了蔺相如的行动中有不少失策之处。此文虽然以贬为主，但论证严密，论据翔实，很有说服力。

【原文】

蔺相如之完璧，人皆称之，予未敢以为信也。夫秦以十五城之空名，诈赵而胁其璧，是时言取璧者情也①，非欲以窥赵也。赵得其情则弗予，不得其情则予；得其情而畏之则予，得其情而弗畏之则弗予。此两言决耳，奈之何既畏而复挑其怒也？且夫秦欲璧，赵弗予璧，两无所曲直也②。入璧而秦弗予城，曲在秦；秦出城而璧归，曲在赵。欲使曲在秦，则莫如弃璧；畏弃璧，则莫如弗予。

【注释】

①情：实情。指秦国的真实意图。②曲直：理亏、理直。

【译文】

蔺相如完璧归赵一事，人们都在称赞，但我却不敢苟同这一看法。秦国用十五座城的空话，欺骗赵国并胁迫其交出和氏璧，此时秦国本意是想得到和氏璧，并不是想打赵国的主意。如果赵国了解秦国的真实意图就不给它，不了解秦国的真实意图就给它；了解秦国的真实意图却惧怕秦国就给它，了解秦国的真实意图但不惧怕秦国就不给它。这件事只需两句话就可以解决了，为什么既怕它又要去激怒它呢？况且秦国想要得到和氏璧，但赵国不愿意给，双方都没有什么是非曲直可言。如果赵国把和氏璧送到了秦国，而秦王却不给十五城，这是秦国理亏；如果秦王拿出了十五城，而赵国却把和氏璧送回去了，这是赵国理亏。要想让秦国理亏，就不如放弃和氏璧；害怕失去和氏璧，就不如不给秦国。

【原文】

夫秦王既按图以予城，又设九宾①，斋而受璧，其势不得不予城。璧入而城弗予，相如则前请曰："臣固知大王之弗予城也。夫璧非赵璧乎？而十五城秦宝也。今使大王以璧故，而亡其十五城，十五城之子弟，皆厚怨大王以弃我如草芥也②。大王弗予城而绐赵璧③，以一璧故而失信于天下，臣请就死于国，以明大王之失信。"秦王未必不返璧也。今奈何使舍人怀而逃之④，而归直于秦？

【注释】

①设九宾：古代举行朝会大典用的极隆重的礼节。②草芥：比喻轻贱，引申以指轻微纤细的事物。③绐（dài）：欺骗，欺诈。④舍人：指蔺相如的门客。

【译文】

秦王既然按照地图明确告知将那些城池送给赵国，又设了九宾的大礼，斋戒之后准备接受和氏璧，那形势明摆着不得不交出十五城了。如果秦王得到了和氏璧，却又不给城，相如就可以上前去质问他："我本来就知道大王是不肯给十五城的。和氏璧不就是赵国的一块璧吗？那十五座城却是秦国的宝地。现在如果大王因为一块璧的缘故，而抛弃了这十五座城，十五城的百姓都会深深怨恨大王，认为您把他们如草芥一般抛弃。如果大王不给城而骗取赵王的和氏璧，为了一块璧而失信于天下，那么我请求死在这里，以死表明大王不守信用的事实。"这样，秦王不一定不归还和氏璧。而当时为什么要让人携璧逃回去而让秦国理直气壮呢？

【原文】

是时秦意未欲与赵绝耳。令秦王怒，而僇相如于市①，武安君十万众压邯郸，而责璧与信，一胜而相如族，再胜而璧终入秦矣！吾故曰：蔺相如之获全于璧也，天也。若其劲渑池，柔廉颇②，则愈出而愈妙于用③。所以能完赵者，天固曲全之哉！

【注释】

①僇：同"戮"，杀戮。市：市口，市集，指人众汇集的地方。古代处决犯人都在集市。②劲：强，有顽强坚决之意。柔：安抚，这里有忍让、团结之意。③愈出而愈妙于用：计策越来越巧妙高明。

【译文】

当时，秦国还不想和赵国绝交啊。如果秦王发了怒，就当众杀死蔺相如，并派武安君带领十万大军进攻邯郸，叫赵王交出璧并谴责赵王的失信，那么，秦国打一次胜仗就可使相如灭族，打两次胜仗，和氏璧就会落入秦国人之手！所以我说：蔺相如之所以能够保全那块璧，的确是天意啊！他在渑池会上对秦国采取顽强坚决的态度，对廉颇又采取忍让团结的态度，计策也越来越显得高明了。他之所以能够保护赵国，的确是上天在曲意成全他啊！

【评析】

文章开篇便亮出自己的观点和态度，接着巧妙运用实例辩驳之法分析蔺相如完璧归赵之不妥之处。

首先作者从当时的形势开始分析。他从情理两方面剖析秦、赵两国的外交，摆出事实，指出秦国的目的只在于威胁、恐吓诈取赵国的和氏璧，尚未处心积虑以璧为借口一举吞并赵国。

蔺相如在完璧归赵这一历史事件中，表现出的胆识、智慧、气度，实在令人钦佩，因而被历代的人们传扬赞颂。但是，作者却提出蔺相如让舍人带璧逃归赵国的做法不明智，因为这"归直于秦"，使秦国占了理，实为不妥当。最后作者又分析蔺相如之所以能保全自己的生命，而和氏璧和赵国也得以保全，全部都是侥幸。

五人墓碑记

明·张溥

【题解】

明末的政治极其腐败，明熹宗时以魏忠贤为首的阉党把持朝政，排除异己，大肆杀戮无辜百姓，以致形成了冤狱遍布全国、处处怨声载道的局面。本文是一篇碑记，记叙了阉党在追捕不满魏忠贤的退职官员周顺昌时激起民变的过程，高度赞扬了五位义士抗暴、至死不屈的英勇行为，阐发了"匹夫之有重于社稷"的思想。

【原文】

五人者，盖当蓼洲周公之被逮，激于义而死焉者也。至于今，郡之贤士大夫，请于当道①，即除魏阉废祠之址以葬之，且立石于其墓之门，以旌其所为。呜呼，亦盛矣哉！夫五人之死，去今之墓而葬焉，其为时止十有一月耳。夫十有一月之中，凡富贵之子、慷慨得志之徒，其疾病而死，死而湮没不足道者，亦已众矣。况草野之无闻者欤②？独五人之皦皦③，何也？

【注释】

①当道：掌权者。这里指江苏巡抚，苏州知府。②草野：原指乡野，此处指民间。③皦（jiǎo）皦：有光彩的样子。

【译文】

这墓中的五个人，是在周蓼洲先生被捕之时激于义愤而赴难的。到现在，苏州一些贤德的士大夫向当局请求，清理宦官魏忠贤的废祠来安葬他们五个人，并且在他们的墓门前立了一块石碑，来表彰他们的事迹。啊！真是隆重啊！这五个人的殉难，到现在修墓安葬他们，为时不过十一个月罢了。在这十一个月里，那些富贵人家的子弟和志得意满、官运亨通的人，他们中患病而死，死后却无声无息无足称道的，也太多了，何况那些乡间默默无闻的人呢？唯独这五人死后声名显耀，这是为什么呢？

【原文】

予犹记周公之被逮，在丁卯三月之望。吾社之行为士先者，为之声义，敛资财以送其行，哭声震动天地。缇骑按剑而前①，问："谁为哀者？"众不能堪，抶而仆之②。是时以大中丞抚吴者，为魏之私人，周公之逮所由使也。吴之民方痛心焉，于是乘其厉声以呵，则噪而相逐，中丞匿于溷藩以免③。既而以吴民之乱请于朝，按诛五人④，曰：颜佩韦、杨念如、马杰、沈扬、周文元，即今之傫然在墓者也。

【注释】

①缇骑：本指古代贵官的侍从，此处指明代专事侦查、逮捕人犯的差役。②抶（chì）：笞打。仆之：使缇骑倒下，打倒在地。③溷（hùn）藩：厕所。藩，篱笆。④按：追究，审查。

【译文】

我还记得周先生被逮捕，是在丁卯年三月十五日。我们社里那些士大夫中的佼佼者，为他伸张正义，募集财物，替他送行，一时间哭声惊天动地。差役手握宝剑跑上前来喝问道："谁在为他哀哭？"众人再也无法忍受了，就把他们打倒在地。当时以大中丞职衔做江苏巡抚的是魏忠贤的心腹，周先生被捕就是他指使的。吴地的百姓正对他恨之入骨，于是趁着差役厉声喝问时，就呼叫着追赶他。这位大中丞吓得躲在厕所里，这才免遭袭击。后来他就以吴地百姓暴乱的罪名向朝廷诬告请求，追究这件事，处死了五个人。他们是：颜佩韦、杨念如、马杰、沈扬、周文元，就是现在墓中躺着的五个人。

【原文】

然五人之当刑也，意气扬扬，呼中丞之名而詈之，谈笑以死。断头置城上，颜色不少变。有贤士大夫发五十金，买五人之脰而函之①，卒与尸合。故今之墓中,全乎为五人也。嗟夫!大阉之乱,缙绅而能不易其志者②,四海之大,有几人欤?而五人生于编伍之间③,素不闻《诗》《书》之训,激昂大义,蹈死之顾,亦曷故哉?且矫诏纷出④,钩党之捕遍于天下,卒以吾郡之发愤一击,不敢复有株治。大阉亦逡巡畏义,非常之谋,难于猝发,待圣人之出而投缳道路,不可谓非五人之力也!

【注释】

①脰(dòu):颈项。这里指头。函:匣子。此作动词,用匣子收藏。②缙绅:古代官吏的装束,以缙绅代指做官。缙,同"搢",插。绅,束衣的大带。③编伍:平民。古时编制户口,以五人或五家为一"伍"。④矫诏:假的诏书。

【译文】

但是这五个人临刑的时候,神情昂然自若,喊着中丞的名字痛骂他,谈笑自若,从容就义。断头挂在城墙上,脸色一点也没有改变。有些贤明的士大夫拿出五十两银子,买下这五个人的头颅,并用木匣装起来,最终与他们的尸体合到了一起。所以现在墓里是五个人的全身。唉!魏忠贤为非作歹的时候,做官的能不改变自己的节操的,天下之大,能有几个人呢?可是这五个人生在平民之家,从来没有受过学校的教育,却能被正义激发,置生死于度外,这又是什么原因呢?况且,当时伪造的诏书纷纷下达,追捕同党的人遍于天下,终究因为我们吴郡人的这一次奋起反抗,使他们不敢再株连治罪。魏忠贤也迟疑不决,畏惧正义,篡夺帝位的阴谋难以立刻发动,等到当今皇帝即位,他就在路上上吊自杀,这一切不能不说是这五个人的功绩。

【原文】

由是观之,则今之高爵显位,一旦抵罪,或脱身以逃,不能容于远近;而又有剪发杜门①,佯狂不知所之者。其辱人贱行,视五人之死,轻重固何如哉?是以蓼洲周公,忠义暴于朝廷,赠谥美显②,荣于身后。而五人亦得以加其土封,列其姓名于大堤之上。凡四方之士,无有不过而拜且泣者,斯固百世之遇也!

【注释】

①剪发杜门：剪发为僧、闭门不出。②谥：古代的帝王或官僚死后，按其生前事迹追赠的称号。

【译文】

由此看来，如今那些做大官、居高位的人，一旦犯罪被罚，有的脱身逃跑，却无处可以容身；也有的削发为僧，关起门来，假装疯癫，不知逃到何处的。他们这些人卑贱无耻的行为，与这五个人相比，轻重到底如何呢？因此，周蓼洲先生的忠诚义节得到了朝廷褒扬，皇帝赐给他美好光荣的谥号，死后也荣耀无比。而这五个人也得以扩建了坟墓，并将他们的姓名刻在大堤之上，所有来自四方的过路人经过此地，没有一个不下拜哭泣的。这真是百代难得的际遇啊。

【原文】

不然，令五人者保其首领，以老于户牖之下①，则尽其天年，人皆得以隶使之，安能屈豪杰之流，扼腕墓道②，发其志士之悲哉？故予与同社诸君子，哀斯墓之徒有其石也，而为之记，亦以明死生之大，匹夫之有重于社稷也。贤士大夫者：冏卿因之吴公、太史文起文公，孟长姚公也。

【注释】

①户牖：门窗，这里指家。②扼腕：握住手腕，形容感情激动。

【译文】

不这样的话，如果这五人保全他们的头颅，在家中一直生活到老，以终其天年，人人都能把他们当奴仆一样使唤，又怎么能让豪杰们屈身下拜，在墓前为他们扼腕叹息，抒发有识之士的悲愤之情呢？所以我和同社的几位仁人君子，惋惜这座墓只有一块空白的石碑，就替他们写了这篇碑记，用以阐明正确对待生死的重大意义，即使一个普通百姓也能对国家安危起重大作用啊。几位贤明的士大夫是：太仆卿吴默先生，翰林院修撰文震孟先生和姚希孟先生。

【评析】

　　全文贯穿了一个"义"字，文中通过记述五人之墓建立的缘起、五人的功绩、为五人请求建墓立碑之人，热情洋溢地表彰了这五位市民的英雄形象，和他们不畏强暴、不怕牺牲，敢于向恶势力抗争的精神。作者为此作记，又何尝不是为了一个"义"字。作者的这种朴素的民主思想，是有着一定的进步意义的。

　　值得注意的是，文章夹叙夹议，运用了多种对比以及反衬，凸显了五位义士的高贵品质和不朽功绩。作者在文中倡导一种匹夫有益于国家、有益于人心的价值观。此文艺术上的精彩之处是运用夹叙夹议的方法，融叙事、抒情、议论于一体。

　　历朝历代都有为国家的正义事业而英勇献身的英雄，"人固有一死，或重于泰山，或轻于鸿毛"，他们的牺牲是有价值的，他们会永垂青史，辉煌千古。

中华传统文化核心读本书目

【处世经典】

《论语全集》
享有"半部《论语》治天下"美誉的儒家圣典
传世悠久的中国人修身养性安身立命的智慧箴言

《大学全集》
阐述诚意正心修身的儒家道德名篇
构建齐家治国平天下体系的重要典籍

《中庸全集》
倡导诚敬忠恕之道修养心性的平民哲学
讲求至仁至善经世致用的儒家经典

《孟子全集》
论理雄辩气势充沛的语录体哲学巨著
深刻影响中华民族精神与性格的儒家经典

《礼记精粹》
首倡中庸之道与修齐治平的儒家经典
研究中国古代社会情况、典章制度的必读之书

《道德经全集》
中国历史上最伟大的哲学名著,被誉为"万经之王"
影响中国思想文化史数千年的道家经典

中华传统文化核心读本书目

《菜根谭全集》
旷古稀世的中国人修身养性的奇珍宝训
集儒释道三家智慧安顿身心的处世哲学

《曾国藩家书精粹》
风靡华夏近两百年的教子圣典
影响数代国人身心的处世之道

《挺经全集》
曾国藩生前的一部"压案之作"
总结为人为官成功秘诀的处世哲学

《孝经全集》
倡导以"孝"立身治国的伦理名篇
世人奉为准则的中华孝文化经典

【 成功谋略 】

《孙子兵法全集》
中国现存最早的兵书,享有"兵学圣典"之誉
浓缩大战略、大智慧,是全球公认的成功宝典

《三十六计全集》
历代军事家政治家企业家潜心研读之作
中华智圣的谋略经典,风靡全球的制胜宝鉴

中华传统文化核心读本书目

《鬼谷子全集》
风靡华夏两千多年的谋略学巨著
成大事谋大略者必读的旷世奇书

《韩非子精粹》
法术势相结合的先秦法家集大成之作
蕴涵君主道德修养与政治策略的帝王宝典

《管子精粹》
融合先秦时期诸家思想的恢弘之作
解密政治家齐家治国平天下的大经大法

《贞观政要全集》
彰显大唐盛世政通人和的政论性史书
阐述治国安民知人善任的管理学经典

《尚书全集》
中国现存最早的政治文献汇编类史书
帝王将相视为经时济世的哲学经典

《周易全集》
八八六十四卦,上测天下测地中测人事
睥睨三千余年,被后世尊为"群经之首"

中华传统文化核心读本书目

《素书全集》
阐发修身处世治国统军之法的神秘谋略奇书
以道家为宗集儒法兵思想于一体的智慧圣典

《智囊精粹》
比通鉴有生活，比通鉴有血肉，堪称平民版通鉴
修身可借鉴，齐家可借鉴，古今智慧尽收此囊中

【文史精华】

《左传全集》
中国现存的第一部叙事详细的编年体史书
在"春秋三传"中影响最大，被誉为"文史双巨著"

《史记·本纪精粹》
中国第一部贯通古今、网罗百代的纪传体通史
享有"史家之绝唱，无韵之离骚"赞誉的史学典范

《庄子全集》
道家圣典，兼具思想性与启发性的哲学宝库
汪洋恣肆的传世奇书，中国寓言文学的鼻祖

《容斋随笔精粹》
宋代最具学术价值的三大笔记体著作之一
历史学家公认的研究宋代历史必读之书

中华传统文化核心读本书目

《世说新语精粹》

记言则玄远冷隽，记行则高简瑰奇
名士的教科书，志人小说的代表作

《古文观止精粹》

囊括古文精华，代表我国古代散文的最高水准
与《唐诗三百首》并称中国传统文学通俗读物之双璧

《诗经全集》

中国第一部具有浓郁现实主义风格的诗歌总集
被称为"纯文学之祖"，开启中国数千年来文学之先河

《山海经全集》

内容怪诞包罗万象，位列上古三大奇书之首
山怪水怪物怪，实为先秦神话地理开山之作

《黄帝内经精粹》

中国现存最早、地位最高的中医理论巨著
讲求天人合一、辨证论治的"医之始祖"

《百喻经全集》

古印度原生民间故事之中国本土化版本
大乘法中少数平民化大众化的佛教经典